「刷够好题」阶段——觉晓必刷题系列

法考必刷题

——行政法核心真题+模拟题集

行政法

2024版

觉晓法考组　编著

中国政法大学出版社

2024・北京

图书在版编目（CIP）数据

法考必刷题. 行政法核心真题+模拟/觉晓法考组编著. —北京：中国政法大学出版社，2024. 1
ISBN 978-7-5764-1149-2

Ⅰ. ①法…　Ⅱ. ①觉…　Ⅲ. ①行政法—中国—资格考试—习题集　Ⅳ. ①D920. 4

中国国家版本馆 CIP 数据核字(2023)第 206821 号

出 版 者　中国政法大学出版社
地　　址　北京市海淀区西土城路 25 号
邮寄地址　北京 100088 信箱 8034 分箱　邮编 100088
网　　址　http://www.cuplpress.com (网络实名：中国政法大学出版社)
电　　话　010-58908285(总编室) 58908433（编辑部） 58908334(邮购部)
承　　印　重庆天旭印务有限责任公司
开　　本　787mm×1092mm　1/16
印　　张　18
字　　数　460 千字
版　　次　2024 年 1 月第 1 版
印　　次　2024 年 1 月第 1 次印刷
定　　价　62.00 元（全两册）

KEEP AWAKE

CSER 高效学习模型

觉晓坚持每年组建“名师 + 高分学霸”教学团队，按照 Comprehend（讲考点→理解）→ System（搭体系→不散）→ Exercise（刷够题→会用）→ Review（多轮背→记住）学习模型设计教学产品，让你不断提高学习效果。

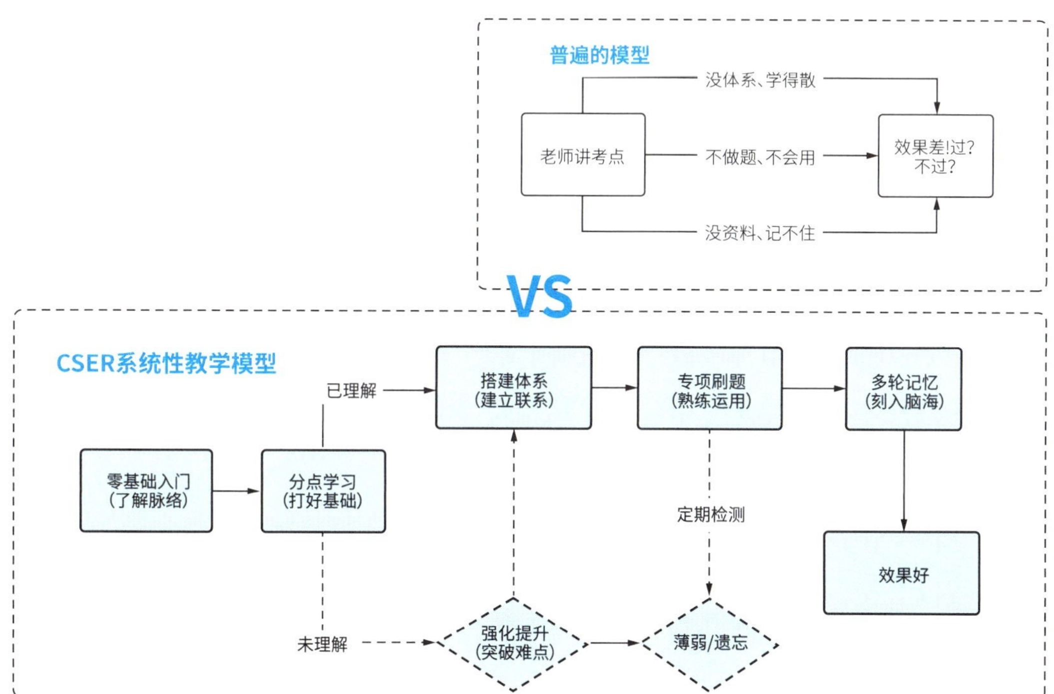

前面理解阶段跟名师，但后面记忆应试阶段，“高分学霸”更擅长，这样搭配既能保证理解，又能应试；时间少的在职考生可以直接跟“学霸”学习高效应试。

同时，知识要成体系性，后期才能记住，否则学完就忘！因此，觉晓有推理背诵图（推背图）、诉讼流程图等产品，辅助你建立知识框架体系，后期可以高效复习！

KEEP AWAKE

坚持数据化学习

觉晓已经实现听课、刷题、模考、记忆全程线上化学习。在学习期间，觉晓会进行数据记录，自2018年APP上线，觉晓已经积累了上百万条数据，并有十多万过线考生的精准学习数据。

觉晓有来自百度、腾讯、京东等大厂的AI算法团队，建模分析过线考生与没过线考生的数据差异，建立**“过考模型”**，其应用层包括：

1. **精准的数据指标，**让你知道过线**每日**需要消耗的“热量、卡路里”，有标准，过线才稳！

2. **按照数据优化教学产品，**一些对过线影响不大的科目就减少知识点，重要的就加强；**课时控制，留够做题时间，**因为中后期做题比听课更重要！

3. **精准预测分数，**实时检测你的数据，对比往年相似考生数据模型，让你知道，你这样学下去，最后会考多少分！

4. **AI智能推送，**根据**过线数据模型**推送二轮课程和题目，精准且有效地查漏补缺，让你的时间花得更有价值！

注：觉晓每年都会分析当年考生数据，出具一份完整的通过率数据分析报告，包括“客观题版”“主客一体版”“主观题二战版”，可以在微信订阅号“sikao411”，或通过“蒋四金法考”“觉晓法考”微博获取。

KEEP AWAKE

目录
Contents

第一章　行政法的基本原则......001
第二章　行政主体......005
第三章　公务员......008
第四章　抽象行政行为......012
第五章　具体行政行为概述......015
第六章　行政许可......018
第七章　行政处罚......021
第八章　治安管理处罚......024
第九章　行政强制措施......026
第十章　行政强制执行......030
第十一章　政府信息公开......033
第十二章　行政复议与诉讼......036
第十三章　行政复议与诉讼受案范围......039
第十四章　行政复议与诉讼主体......042
第十五章　行政复议......046
第十六章　行政诉讼管辖......053
第十七章　行政诉讼程序......057
第十八章　行政诉讼证据制度......065
第十九章　行政诉讼的裁判......069
第二十章　行政协议案件......073
第二十一章　行政公益诉讼......075
第二十二章　行政赔偿......076
第二十三章　司法赔偿......079
第二十四章　国家赔偿......083

第一章 行政法的基本原则

一、历年真题及仿真题*

（一）合理行政

【单选】

1 2201046

采用非强制手段可以达到行政管理目的的，不得设定和实施行政强制，这体现了哪项行政法基本原则？

A．公众参与原则

B．程序正当原则

C．信赖利益保护原则

D．比例原则

2 1002039

关于行政法的比例原则，下列哪一说法是正确的？

A．是权责统一原则的基本内容之一

B．主要适用于羁束行政行为

C．是合法行政的必然要求

D．属于实质行政法治范畴

【多选】

3 1901040

关于比例原则的要求，下列说法正确的是？

A．行政机关行使裁量权所采取的具体措施必须符合法律目的

B．行政机关所选择的具体措施和手段应当为法律所必需

C．行政机关在可以采用多种方式实现某一行政目的的情况下，应当采用对当事人权益损害最小的方式

D．行政机关作出行政处罚应当听取当事人意见

4 1402078

廖某在某镇沿街路边搭建小棚经营杂货，县建设局下发限期拆除通知后强制拆除，并对廖某作出罚款 2 万元的处罚。廖某起诉，法院审理认为廖某所建小棚未占用主干道，其违法行为没有严重到既需要拆除又需要实施顶格处罚的程度，判决将罚款改为 1000 元。法院判决适用了下列哪些原则？

A．行政公开

B．比例原则

C．合理行政

D．诚实守信

5 1202078

合理行政是依法行政的基本要求之一。下列哪些做法体现了合理行政的要求？

A．行政机关在作出重要决定时充分听取公众的意见

B．行政机关要平等对待行政管理相对人

C．行政机关行使裁量权所采取的措施符合法律目的

D．非因法定事由并经法定程序，行政机关不得撤销已生效的行政决定

（二）程序正当

【单选】

6 1401002

某省政府向社会公布了政府在行政审批领域中的权力清单。关于该举措，下列哪一说法是错误的？

A．旨在通过政务公开约束政府权力

B．有利于保障行政相对人权利

C．体现了比例原则

D．符合法治原则

【多选】

7 1202077

程序正当是行政法的基本原则。下列哪些选项是程序正当要求的体现？

A．实施行政管理活动，注意听取公民、法人或其他组织的意见

B．对因违法行政给当事人造成的损失主动进行赔偿

* 注：下列题号对应觉晓 APP 的题号规则。本书中以 18~23 开头的题号均为 2018 年 ~2023 年的仿真题。

解析页码
001—003

C．严格在法律授权的范围内实施行政管理活动

D．行政执法中要求与其管理事项有利害关系的公务员回避

（三）高效便民

【多选】

8 1402076

高效便民是行政管理的基本要求，是服务型政府的具体体现。下列哪些选项体现了这一要求？

A．简化行政机关内部办理行政许可流程

B．非因法定事由并经法定程序，行政机关不得撤回和变更已生效的行政许可

C．对办理行政许可的当事人提出的问题给予及时、耐心的答复

D．对违法实施行政许可给当事人造成侵害的执法人员予以责任追究

9 1102077

高效便民是社会主义法治理念的要求，也是行政法的基本原则。关于高效便民，下列哪些说法是正确的？

A．是依法行政的重要补充

B．要求行政机关积极履行法定职责

C．要求行政机关提高办事效率

D．要求行政机关在实施行政管理时排除不相关因素的干扰

（四）诚实守信

【单选】

10 1901021

马某购买了幸福小区的一套商品房，并获得了房屋所有权证，但该区为了修建高铁需要将该幸福小区予以拆迁，区政府依法及时地给予了马某补偿金，这体现了哪项基本原则？

A．高效便民

B．程序正当

C．诚实守信

D．权责一致

11 1502043

行政机关公开的信息应当准确，是下列哪一项行政法原则的要求？

A．合理行政

B．高效便民

C．诚实守信

D．程序正当

12 1401004

依法行政是依法治国的一个关键环节，是法治国家对政府行政活动的基本要求。依法行政要求行政机关必须诚实守信。下列哪一行为违反了诚实守信原则？

A．某县发生煤矿重大安全事故，政府部门通报了相关情况，防止了现场矛盾激化

B．某市政府在招商引资过程中承诺给予优惠，因国家政策变化推迟兑现

C．某县政府因县内其他民生投资导致资金紧张，未按合同及时支付相关企业的市政工程建设款项

D．某区政府经过法定程序对已经公布的城建规划予以变更

【多选】

13 1302078

某县政府发布通知，对直接介绍外地企业到本县投资的单位和个人按照投资项目实际到位资金金额的千分之一奖励。经张某引荐，某外地企业到该县投资500万元，但县政府拒绝支付奖励金。县政府的行为不违反下列哪些原则或要求？

A．比例原则

B．行政公开

C．程序正当

D．权责一致

（五）权责统一

【多选】

14 1801052

权责统一是依法行政的必然要求，下列说法正确的有？

A．权责统一，要求行政机关拥有的职权应与其承担的职责相适应。不应当有无责任的权力，也

解析页码 003—005

不应当有无权力的责任
B. 法律法规对行政机关的授权要充分，否则行政机关难以应对日趋复杂的新形势、新任务
C. 法律、法规对行政机关的授权要严格，立法在赋予有关行政机关必要职权的同时，也要规定其行使职权的条件、程序和应承担的责任
D. 不受监督的权力必然导致腐败。为了保证行政权力的行使始终在法律的轨道上进行，必须加强对行政权力行使的监督

15 1302077

权责一致是行政法的基本要求。下列哪些选项符合权责一致的要求？
A. 行政机关有权力必有责任
B. 行政机关作出决定时不得考虑不相关因素
C. 行政机关行使权力应当依法接受监督
D. 行政机关依法履行职责，法律、法规应赋予其相应的执法手段

16 1102076

权责一致是社会主义法治理念的要求，也是行政法的基本原则。下列哪些做法是权责一致的直接体现？
A. 某建设局发现所作出的行政决定违法后，主动纠正错误并赔偿当事人损失
B. 某镇政府定期向公众公布本镇公款接待费用情况
C. 某国土资源局局长因违规征地受到行政记过处分
D. 某政府召开座谈会听取群众对政府的意见

（六）综合知识点

【单选】

17 1801121

王某夏季驾车运送活鱼途中，因撞坏公路设施而被执法机关暂扣车辆，王某表示活鱼受热会死亡，请求妥善处理后扣车，对方未予理会，后活鱼果然大量死亡，损失一万多元。王某遂提起行政诉讼，并请求赔偿。下列说法正确的是？
A. 执法机关采取强制措施，应追求所造成的不利影响最小化
B. 若执法机关采取的措施于法有据，则无需对王某损失承担责任
C. 王某扣车所受损失由其撞坏公路设施引起，一切后果自负
D. 行政诉讼仅审查行政行为合法性，不审查是否合理、适当

【多选】

18 2001111

乐果水果店在门外树立广告招牌“全市最好水果”，市监局依据《广告法》对其作出罚款10万元的处罚决定，该水果店提起行政诉讼后，法院认为处罚过重，将罚款改为3万元，下列选项正确的是？
A. 法院判决将罚款数额降低，体现了合理行政原则
B. 体现了执法优益性，市监局确定的罚款数额需要水果店店主协商同意
C.《广告法》属于行政法规
D. 行政处罚要根据情理和法理作出

19 1901046

民警以刘某的车辆涉嫌套牌为由将该车扣留。后刘某提供了发动机缸体、更换发动机缸体造成不显示发动机号码、车架用钢板铆钉加固致使车架号码被遮盖等证明材料，但交管局依然既不返还，又不积极调查核实，反复要求刘某提供客观上已无法提供的其他合法来历证明，长期扣留涉案车辆不予处理，对此，下列选项正确的是？
A. 交管局又有乱作为，又有不作为
B. 车主有权对交警扣押车辆的行为提起行政诉讼
C. 行政强制应当选择对当事人侵害最小的方式实施
D. 行政机关在作出行政行为时应当考虑到相对人的合法权益

20 1402077

程序正当是当代行政法的基本原则，遵守程序是行政行为合法的要求之一。下列哪些做法违背了这一要求？
A. 某环保局[①]对当事人的处罚听证，由本案的调

① 2018年4月16日，中华人民共和国生态环境部正式揭牌。国家环境保护部更名为生态环境部，各省环保厅陆续更名为生态环境厅，因而环保局也相继更名为生态环境局。

解析页码
005—007

查人员担任听证主持人

B. 某县政府自行决定征收基本农田 35 公顷

C. 某公安局拟给予甲拘留 10 日的治安处罚，告知其可以申请听证

D. 乙违反治安管理的事实清楚，某公安派出所当场对其作出罚款 500 元的处罚决定

21 1202076

执法为民是社会主义法治的本质要求，行政机关和公务员在行政执法中应当自觉践行。下列哪些做法直接体现了执法为民理念？

A. 行政机关将行政许可申请书格式文本的费用由 2 元降为 1 元

B. 行政机关安排工作人员主动为前来办事的人员提供咨询

C. 工商局要求所属机构提高办事效率，将原 20 工作日办结事项减至 15 工作日办结

D. 某区设立办事大厅，要求相关执法部门进驻并设立办事窗口

22 1102078

依法行政是法治国家对政府行政活动提出的基本要求，而合法行政则是依法行政的根本。下列哪些做法违反合法行政的要求？

A. 因蔬菜价格上涨销路看好，某镇政府要求村民拔掉麦子改种蔬菜

B. 为解决残疾人就业难，某市政府发布《促进残疾人就业指导意见》，对录用残疾人达一定数量的企业予以奖励

C. 孙某受他人胁迫而殴打他人致轻微伤，某公安局决定对孙某从轻处罚

D. 某市政府发布文件规定，外地物流公司到本地运输货物，应事前得到当地交通管理部门的准许，并缴纳道路特别通行费

二、模拟训练

【单选】

23 61905143

下列哪一选项体现了诚实信用原则？

A. 行政机关违法或者不当行使职权，应当依法承担法律责任

B. 行政机关发布的信息应当全面、准确、真实

C. 行政机关行使行政权力应当方便公民

D. 行政机关不得法外设定权力，没有法律法规依据不得作出减损公民、法人和其他组织合法权益或者增加其义务的决定

24 62105017

关于行政法的基本原则，下列说法错误的是？

A. 行政机关作出决定时不得考虑不相关因素，这是合理行政原则的要求之一

B. 行政机关应当依照法律授权活动，不得法外设定权力

C. 合理行政原则属于形式行政法治的范畴

D. 行政责任原则是权责统一原则的要求之一

【多选】

25 61905083

下列哪些选项是合理行政原则的直接体现？

A. 王某对甲区交通运输监察大队作出的罚款 2000 元的处罚决定提起行政诉讼，人民法院经审理后认为，相关法律法规并未授权交通运输监察大队处罚权，判决撤销该行政处罚决定

B. 乙区公安局在处理卢某殴打储某的案件中，在决定处罚幅度时，考虑卢某的殴打情节轻重

C. 丙县城管大队在对违法占用人行道的摊贩采取行政处罚时，没有因李某系该县公安局局长的亲戚而免于处罚

D. 戊县市场监督管理局在采取财产保全时，未扣押某公司的生产设备，而是扣押了其相关产品

26 62205208

下列说法中，哪些符合实施行政许可便民、效率原则？

A. 公民的行政许可申请书需要采用格式文本的，行政机关应当向申请人提供行政许可申请书的格式文本

B. 行政许可申请材料存在可以当场更正的错误的，应当允许申请人当场更正

C. 申请企业设立许可，申请人提交的申请材料齐全、符合法定形式的，行政机关应当当场予以

解析页码
007—009

登记

D. 某市人民政府为了方便房地产开发商办理土地使用权证和房地产开发许可证，组织自然资源局和房管局联合办公

27 62205002

程序正当是行政法的基本要求。下列选项哪些违反了程序正当的要求?

A. 涉及公共利益的重大行政许可事项，行政机关应当向社会公告，并举行听证

B. 行政机关在作出行政处罚决定之前，应当听取当事人的意见

C. 行政机关在作出冻结决定书之前，应当告知当事人冻结的理由、依据和期限，听取当事人的意见

D. 行政机关应当指定审查该行政许可申请的工作人员为听证主持人

28 62205207

关于合理行政原则，下列哪些说法是正确的?

A. 市场监督管理局在执法检查时，进行抽样取证，是这一原则的体现

B. 市政府组织多个部门统一办理、联合办理、集中办理行政许可，是这一原则的体现

C. 行政管理活动只能考虑相关因素，要排除无关因素的干扰，这是合理行政的基本要求

D. 合理行政禁止差别对待

参考答案

[1] D	[2] D	[3] ABC	[4] BC	[5] BC
[6] C	[7] AD	[8] AC	[9] BC	[10] C
[11] C	[12] C	[13] ABCD	[14] ABCD	[15] ACD
[16] AC	[17] A	[18] AD	[19] ABCD	[20] AD
[21] BCD	[22] ACD	[23] B	[24] C	[25] BCD
[26] ABCD	[27] CD	[28] AC		

第二章 行政主体

一、历年真题及仿真题

(一) 中央国家行政机关

【单选】

1 2201042

国家邮政局是由交通运输部管理的国家行政机构，关于该机构，下列说法正确的是?

A. 该机构由国务院交通运输部门管理，主管特定业务，行使行政管理职能

B. 该机构根据工作需要应当设立司、处两级内设机构

C. 该机构的设立、撤销或者合并由国务院机构编制管理机关审核批准

D. 该机构增加或者减少编制，由交通运输部审核，报国务院决定

2 1702043

关于国务院行政机构设置和编制管理的说法，下列哪一选项是正确的?

A. 国务院议事协调机构的撤销经由国务院常务会议讨论通过后，由国务院总理提交国务院全体会议讨论决定

B. 国务院行政机构增设司级内设机构，由国务院机构编制管理机关提出方案，报国务院决定

C. 国务院议事协调机构的编制根据工作需要单独确定

D. 国务院行政机构的编制在国务院行政机构设立时确定

3 1402043

国家税务总局为国务院直属机构。就其设置及编制，下列哪一说法是正确的?

A. 设立由全国人大及其常委会最终决定

B. 合并由国务院最终决定

解析页码
009—011

C．编制的增加由国务院机构编制管理机关最终决定

D．依法履行国务院基本的行政管理职能

4 1302044

国家海洋局为国务院组成部门管理的国家局。关于国家海洋局，下列哪一说法是正确的？

A．有权制定规章

B．主管国务院的某项专门业务，具有独立的行政管理职能

C．该局的设立由国务院编制管理机关提出方案，报国务院决定

D．该局增设司级内设机构，由国务院编制管理机关审核批准

5 1102040

国家禁毒委员会为国务院议事协调机构。关于该机构，下列哪一说法是正确的？

A．撤销由国务院机构编制管理机关决定

B．可以规定行政措施

C．议定事项经国务院同意，由有关的行政机构按各自的职责负责办理

D．可以设立司、处两级内设机构

6 1002040

国务院某部拟合并处级内设机构。关于机构合并，下列哪一说法是正确的？

A．该部决定，报国务院机构编制管理机关备案

B．该部提出方案，报国务院机构编制管理机关批准

C．国务院机构编制管理机关决定，报国务院备案

D．国务院机构编制管理机关提出方案，报国务院决定

【多选】

7 2201054

以下哪些属于国务院组成部门？

A．国资委

B．证监会

C．审计署

D．民族事务委

8 1801080

海关总署为国务院的直属机构、正部级单位。关于海关总署的设立和编制管理，下列哪些选项是错误的？

A．它的设立由全国人大或者全国人大常委会决定

B．海关总署有权制定规章

C．海关总署可以自行设立司级和处级内设机构

D．海关总署编制的增加由国务院机构编制管理机关最终决定

（二）地方国家行政机关

【单选】

9 1901022

甲省乙市政府拟将本市的环境资源管理局与国土资源局合并，应当报哪个机关予以批准？

A．国务院

B．甲省政府

C．乙市人大常委会

D．甲省人大常委会

10 1602043

根据规定，地方的事业单位机构和编制管理办法由省、自治区、直辖市人民政府机构编制管理机关拟定，报国务院机构编制管理机关审核后，由下列哪一机关发布？

A．国务院

B．省、自治区、直辖市人民政府

C．国务院机构编制管理机关

D．省、自治区、直辖市人民政府机构编制管理机关

11 1502045

甲市某县环保局与水利局对职责划分有异议，双方协商无法达成一致意见。关于异议的处理，下列哪一说法是正确的？

A．提请双方各自上一级主管机关协商确定

B．提请县政府机构编制管理机关决定

C．提请县政府机构编制管理机关提出协调意见，并由该机构编制管理机关报县政府决定

解析页码
011—013

D. 提请县政府提出处理方案，经甲市政府机构编制管理机关审核后报甲市政府批准

12 1202044

根据行政法规规定，县级以上地方各级政府机构编制管理机关应当评估行政机构和编制的执行情况。关于此评估，下列哪一说法是正确的?

A. 评估应当定期进行

B. 评估具体办法由国务院制定

C. 评估结果是调整机构编制的直接依据

D. 评估同样适用于国务院行政机构和编制的调整

【不定项】

13 1102098

甲市为乙省政府所在地的市。关于甲市政府行政机构设置和编制管理，下列说法正确的是?

A. 在一届政府任期内，甲市政府的工作部门应保持相对稳定

B. 乙省机构编制管理机关与甲市机构编制管理机关为上下级领导关系

C. 甲市政府的行政编制总额，由甲市政府提出，报乙省政府批准

D. 甲市政府根据调整职责的需要，可以在行政编制总额内调整市政府有关部门的行政编制

（三）综合知识点

【单选】

14 2301081

2023 年国务院机构改革，组建国家数据局，负责数字经济、数字社会规划和建设等，国家数据局由国家发展和改革委员会下设统筹，下列说法正确的是?

A. 国家数据局的设立，由国务院机构编制管理机关提出方案，报国家发展和改革委员会决定

B. 国家发展和改革委员会主管专门业务，行使行政管理职能

C. 国家数据局可以制定规章

D. 国家数据局可以只设立处级内设机构

15 2101066

为深入推进乡村扶贫、振兴工作，2021 年 2 月，国务院的议事协调机构扶贫开发领导小组办公室改组为国务院直属机构国家乡村振兴局。下列说法正确的是?

A. 国家乡村振兴局的设立由国务院决定

B. 国家乡村振兴局依法无权制定相关部门规章

C. 扶贫开发领导小组办公室有独立的人员编制

D. 国家乡村振兴局主管特定业务，行使行政管理职能

二、模拟训练

【单选】

16 62205209

县政府设立具有独立职能的市场监督管理部门——县市场监督管理局，下列哪一说法是错误的?

A. 设立县市场监督管理局，由县政府提出方案，经市政府机构编制管理机关审核后，报市政府批准

B. 设立县市场监督管理局，需要向县人大常委会备案

C. 若编制总额未增加，设立县市场监督管理局，县政府有权调整县公安局、县生态环境局的编制

D. 在一届政府任期内，地方政府的工作机构应当保持相对稳定

17 62205210

甲县为乙市政府所在地的县。关于甲县政府行政机构的设置和编制管理，下列哪一说法是错误的?

A. 甲县政府可以自主决定设立议事协调机构

B. 乙市政府不可以自主调配使用甲县政府的编制

C. 甲县政府的行政编制总额，由甲县政府提出，报乙市政府批准

D. 甲县政府根据调整职责的需要，可以在行政编制总额内调整县政府有关部门的行政编制

18 62205211

国家能源局为国务院组成部门发展与改革委员会管理的国家局。关于国家能源局，下列哪一说法是错误的?

解析页码
014—016

A．设立由国务院决定

B．主管特定业务，行使行政管理职能

C．司级内设机构的领导职数应为一正二副

D．增加或者减少编制，由国务院机构编制管理机关审核方案，报国务院批准

19 62205212

为加强金融监管协调、补齐监管短板，设立国务院议事协调机构金融稳定委员会，就其设置及编制，下列哪一说法是正确的？

A．主管某项专门业务，具有独立的行政管理职能

B．可以规定行政管理措施

C．设立报国务院决定

D．可以设立司、处两级内设机构，也可以只设立处级内设机构

20 62205213

2018年3月，为加强市场的综合监督管理，将国家工商行政管理总局、国家质量监督检验检疫总局、国家食品药品监督管理总局等机关的职责整合，组建国家市场监督管理总局作为国务院直属机构。关于国家市场监督管理总局，下列哪一选项是正确的？

A．其设立由国务院机构编制管理机关提出方案，报国务院决定

B．主管特定业务，行使行政管理职能

C．增设司级内设机构，由国务院编制管理机关审核批准

D．无权制定部门规章

【多选】

21 62105042

关于国务院各行政机构，下列哪些说法是正确的？

A．教育部主管特定业务，其设立需由国务院决定

B．国务院国家科技教育领导小组属于国务院议事协调机构，其设立需报国务院决定

C．国家税务总局是国务院直属机构，其设立由国务院决定

D．司法部如要设立一个负责法律职业资格考试的处级内设机构，需报国务院决定

参考答案

[1]A	[2]D	[3]B	[4]C	[5]C
[6]A	[7]CD	[8]ACD	[9]B	[10]B
[11]C	[12]A	[13]AD	[14]D	[15]A
[16]D	[17]C	[18]C	[19]C	[20]A
[21]BC				

第三章 公务员

一、历年真题及仿真题

（一）公务员制度概述

【单选】

1 1901146

关于公务员的下列说法，哪个选项是错误的？

A．国家公务员的职务包括领导职务和非领导职务

B．公务员的级别根据所任领导职务、职级及其德才表现、工作实绩和资历确定

C．公务员的领导职务、职级应当对应相应的级别

D．公务员的工资和保险列入财政预算

2 1502044

根据《公务员法》规定，下列哪一选项不是公务员应当履行的义务？

A．公道正派

B．忠于职守

C．恪守职业道德

D．参加培训

3 1102039

对具有职位特殊性的公务员需要单独管理的，可以增设《公务员法》明确规定的职位之外的职位类别。下列哪一机关享有此增设权？

A．全国人大常委会

B．国务院

C．中央公务员主管部门

解析页码 016—018

D. 省级公务员主管部门

（二）公职的取得

【单选】

4 2001126

聘任制公务员按照国家规定实行协议工资制，具体办法由下列哪一部门规定?

A. 省级公务员主管部门

B. 中央公务员主管部门

C. 省级人力资源与社会保障部门

D. 国务院人力资源与社会保障部门

5 1202043

关于公务员录用的做法，下列哪一选项是正确的?

A. 县公安局经市公安局批准，简化程序录用一名特殊职位的公务员

B. 区财政局录用一名曾被开除过公职但业务和能力优秀的人为公务员

C. 市环保局以新录用的公务员李某试用期满不合格为由，决定取消录用

D. 国务院卫生健康行政部门规定公务员录用体检项目和标准，报中央公务员主管部门备案

【多选】

6 1702076

根据《公务员法》规定，经省级以上公务员主管部门批准，机关根据工作需要可以对下列哪些职位实行聘任制?

A. 涉及国家秘密的职位

B. 专业性较强的职位

C. 辅助性职位

D. 机关急需的职位

7 1302079

孙某为某行政机关的聘任制公务员，双方签订聘任合同。下列哪些说法是正确的?

A. 对孙某的聘任须按照公务员考试录用程序进行公开招聘

B. 该机关应按照《公务员法》和聘任合同对孙某进行管理

C. 对孙某的工资可以按照国家规定实行协议工资

D. 如孙某与该机关因履行聘任合同发生争议，可以向人事争议仲裁委员会申请仲裁

【不定项】

8 1002098

关于聘任制公务员，下列做法正确的是？

A. 某县保密局聘任两名负责保密工作的计算机程序员

B. 某县财政局与所聘任的一名精算师实行协议工资制

C. 某市林业局聘任公务员的合同期限为十年

D. 某县公安局聘任网络管理员的合同需经上级公安机关批准

（三）公职的履行

【多选】

9 1402085

根据《公务员法》的规定，下列哪些选项属于公务员交流方式?

A. 调任

B. 转任

C. 挂职锻炼

D. 接受培训

（四）公务员考核与奖励制度

【单选】

10 2101067

甲县生态环境局的副局长李某在参与2020年度考核中被评定为不称职。关于李某，下列说法正确的是?

A. 李某能够按照规定享受2020年度的年终奖金

B. 对于李某的考核评定不属于人事管理

C. 应当按照相关规定对李某给予降职

D. 李某的考核等次由生态环境局局长或授权的考核委员会确定

解析页码
019—020

（五）任职禁止义务

【多选】

11 1602076

财政局干部李某在机关外兼职。关于李某兼职，下列哪些说法是正确的？

A．为发挥个人专长可在外兼职

B．兼职应经有关机关批准

C．不得领取兼职报酬

D．兼职情况应向社会公示

（六）处分制度

【单选】

12 2201132

某区生态环境局工作人员李某因截留该局征收的污水排污费被给予记大过处分。下列说法正确的是？

A．处分决定自作出之日起生效

B．18 个月后处分自动解除

C．应按规定降低李某的级别

D．李某不再享有培训权利

13 1702044

某县工商局科员李某因旷工被给予警告处分。关于李某的处分，下列哪一说法是正确的？

A．处分决定可以口头方式通知李某

B．处分决定自作出之日起生效

C．受处分期间为 12 个月

D．李某在受处分期间不得晋升工资档次

14 1002041

关于国家机关公务员处分的做法或说法，下列哪一选项是正确的？

A．张某受记过处分期间，因表现突出被晋升一档工资

B．孙某撤职处分被解除后，虽不能恢复原职但应恢复原级别

C．童某受到记大过处分，处分期间为二十四个月

D．田某主动交代违纪行为，主动采取措施有效避免损失，应减轻处分

（七）公职的丧失

【多选】

15 1502076

关于公务员的辞职和辞退，下列哪些说法是正确的？

A．重要公务尚未处理完毕的公务员，不得辞去公职

B．领导成员对重大事故负有领导责任的，应引咎辞去公职

C．对患病且在规定的医疗期内的公务员，不得辞退

D．被辞退的公务员，可根据国家有关规定享受失业保险

（八）综合知识点

【单选】

16 2201125

区自然资源局拟招录一名公务员。下列说法正确的是？

A．报考者应具备工作要求的心理素质

B．区人社局负责公务员招录工作

C．招录单位对报考者资料真实性负责

D．某公务员试用期考核不合格被取消录用，可向人民法院提起诉讼

17 2201056

区财政局法制办副科长王某工作年限达 30 年，王某申请提前退休，下列哪一选项是正确的？

A．王某的提前退休要经过任免机关批准

B．王某不能按照公务员退休待遇领取退休金

C．王某申请提前退休应当不能通过

D．王某退休后 3 年内不得到与原工作业务直接相关的企业任职

18 2101068

因甲市卫健委副主任刘某在疫情期间玩忽职守，经甲市监察委调查后，决定给予刘某记大过处分。下列说法正确的是？

A．若刘某对处分不服，可以依法向甲市监察委提出申诉

解析页码
020—023

B．应当依照相关规定对刘某给予降低级别的处理

C．主管部门不能对刘某玩忽职守的行为再次进行处分

D．处分期间，刘某可以晋升工资级别

19 1901145

关于公务员，下列说法正确的是？

A．张某曾被国有企业开除公职，可以被录用为公务员

B．李某被判有期徒刑 3 年，执行完毕后可以被录用为公务员

C．蔡某被行政拘留 10 日不能被录用为公务员

D．陆某年度考核不称职被降职

20 1901039

关于公务员的下列说法，哪个选项是错误的？

A．国家公务员实行职务和职级并行

B．公务员的领导职务、职级与级别是确定公务员工资以及其他待遇的依据

C．职级公务员可以采用委任制和聘任制

D．只能在县处级以下设立职级

21 1901027

关于公务员，下列哪个选项是正确的？

A．留党察看的李某不能被录用为公务员

B．被行政拘留的夏某不能被录用为公务员

C．对派出所民警的考核有定期考核，年度为一年

D．年度考核不称职则辞退

22 1801049

某市发生一起火灾事故，因王某在处置过程中过失处置不当，造成了社会上强烈的反响，王某引咎辞去领导职务。关于引咎辞职，下列说法哪一个是正确的？

A．行政处分是追究刑事责任的必经程序

B．是行政处分

C．是行政问责

D．王某不再具有公务员身份

【多选】

23 2301071

在定期考核中，民政局工作人员刘某被评为基本称职。下列说法中正确的是？

A．若对考核结果不服，刘某可以向原机关申请复核

B．刘某不享受年终奖金

C．对于刘某的考核需要由主管机关根据相关规定进行

D．该考核结果可以作为对刘某奖励、培训、辞退的依据

24 2201060

甲为生态环境局二级主任科员，以下说法正确的有？

A．如甲符合任职履历资历可以直接晋升一级主任科员

B．若甲个人觉得其应该晋升一级主任科员而未获得晋升，其可以依照公务员管理法提出申诉

C．二级主任科员是甲的职级

D．对甲的定期考核采用的是年度考核的方式

二、模拟训练

【单选】

25 62205218

某县税务局干部沈某违反规定超计划生育，被给予撤职处分。下列说法哪项是不正确的？

A．沈某受处分的期间为 18 个月

B．受处分期间，沈某不得晋升工资档次

C．应当按规定降低沈某的级别

D．处分决定应当以书面形式通知沈某

26 62205214

徐某系甲省乙市市场监督管理局聘任的检疫员，下列有关公务员聘任制的说法哪一项是错误的？

A．乙市市场监督管理局经甲省公务员主管部门批准，可以对检疫员的职位实行聘任制

B．徐某应当与市场监督管理局签订书面聘任合同

C．聘任合同期限可以约定为 5 年，试用期为 6 个月

D．乙市市场监督管理局经甲省公务员主管部门批准，可以解除与徐某签订的聘任合同

解析页码
023—026

27 62105077

下列有关公务员管理的说法错误的是？

A. 某自然资源部干部刘某已工作满 30 年，经本人提出申请，可以提前退休

B. 某环保部干部王某到某国有公司挂职锻炼，原人事关系不发生变化

C. 某市监局干部何某在年度考核中被确定为基本称职的，不可以按规定享受年终奖金

D. 某卫生健康委员会干部马某经有关机关批准可以在外兼职并可领取兼职报酬

【多选】

28 62205217

下列哪些情形下不得录取为公务员？

A. 刘某，因严重违反单位纪律被开除公职

B. 王某，党员，因个人作风问题被留党察看

C. 李某，曾因盗窃罪被判处管制 3 个月，现管制期限已届满

D. 方某，名牌大学研究生，但受西方腐朽思想的侵蚀，对社会主义制度颇为不满

29 62205216

公务员有下列哪些情形，不得辞去公职？

A. 未满国家规定的最低服务年限的

B. 重要公务尚未处理完毕，且须由本人继续处理的

C. 正在接受审计、纪律审查的

D. 涉嫌犯罪，司法程序尚未终结的

30 62205215

2020 年 7 月下旬，湖北恩施州建始县遭特大暴雨袭击引发洪灾，县公安局全体工作人员忠于职守，积极工作，勇于担当，其中民警李某连续奋战 2 个昼夜，在抢险救灾过程中做出突出贡献。根据《公务员法》的规定，下列哪些说法是正确的？

A. 可以给予民警李某记二等功奖励

B. 可以给予民警李某 2000 元的一次性奖金

C. 可以给予县公安局奖励

D. 应当坚持精神奖励与物质奖励相结合、以物质奖励为主的原则

参考答案

[1] A	[2] D	[3] B	[4] B	[5] C
[6] BC	[7] BCD	[8] B	[9] AB	[10] C
[11] BC	[12] A	[13] B	[14] D	[15] CD
[16] A	[17] A	[18] C	[19] D	[20] D
[21] C	[22] C	[23] BD	[24] CD	[25] A
[26] D	[27] D	[28] ACD	[29] ABCD	[30] ABC

第四章 抽象行政行为

一、历年真题及仿真题

（一）抽象行政行为概述

【单选】

1 2001125

《外国人来华登山管理办法》1991 年 7 月 13 日由国务院批准，1991 年 8 月 29 日由国家体育运动委员会发布实施。该办法是下列哪一性质的文件？

A. 部委制定的其他规范性文件

B. 行政法规

C. 国务院发布的决定和命令

D. 部门规章

2 1402046

《计算机信息网络国际联网安全保护管理办法》于 1997 年 12 月 11 日经国务院批准，由公安部于 1997 年 12 月 30 日以公安部部令发布。该办法属于哪一性质的规范？

A. 行政法规

B. 国务院的决定

C. 规章

D. 一般规范性文件

解析页码
026—027

（二）行政法规制定程序

【单选】

3 2101069

为促进上海自贸试验区的发展，有关部门决定在上海暂停实施行政法规《国际海运条例》的部分规定，以下哪个主体可以决定暂时停止适用？

A．上海市政府

B．上海市人民代表大会

C．国务院

D．全国人民代表大会常务委员会

4 1702045

关于行政法规的立项，下列哪一说法是正确的？

A．省政府认为需要制定行政法规的，可于每年年初编制国务院年度立法工作计划前向国务院报请立项

B．国务院法制机构根据有关部门报送的立项申请汇总研究，确定国务院年度立法工作计划

C．列入国务院年度立法工作计划的行政法规项目应适应改革、发展、稳定的需要

D．国务院年度立法工作计划一旦确定不得调整

5 1202045

起草部门将一部重要的行政法规草案报送国务院审查。该草案不向社会公布，征求意见，应报经下列哪一机关同意？

A．起草部门

B．国务院办公厅

C．国务院法制办

D．国务院

6 1002042

关于行政法规的决定与公布，下列哪一说法是正确的？

A．行政法规均应由国务院常务会议审议通过

B．行政法规草案在国务院常务会议审议时，可由起草部门作说明

C．行政法规草案经国务院审议报国务院总理签署前，不得再作修改

D．行政法规公布后由国务院法制机构报全国人大常委会备案

【多选】

7 1901041

国务院颁布了行政法规《医疗纠纷预防和处理条例》，该意见 2018 年 6 月 20 日通过，2018 年 8 月 31 日向社会公布，对于该行政法规，下列说法正确的是？

A．总理签署以国务院令的形式向社会公布

B．总理签署以总理令的形式向社会公布

C．该行政法规应当自公布之日起 30 日内向全国人大常委会备案

D．该行政法规应当自通过之日起 30 日内向全国人大常委会备案

8 1801056

2018 年 2 月 7 日，国务院第 198 次常务会议通过《快递暂行条例》，经国务院总理签署，于 2018 年 3 月 2 日公布，该条例应当在下列哪些载体上刊载？

A．国务院公报

B．中国政府法制信息网

C．全国范围的报纸

D．全国人大常委会公报

9 1102085

国务院法制机构在审查起草部门报送的行政法规送审稿时认为，该送审稿规定的主要制度存在较大争议，且未与有关部门协商。对此，可以采取下列哪些处理措施？

A．缓办

B．移交其他部门起草

C．退回起草部门

D．向社会公布，公开征求意见

【不定项】

10 1602100

行政法规条文本身需进一步明确界限或作出补充规定的，应对行政法规进行解释。关于行政法规的解释，下列说法正确的是？

A．解释权属于国务院

解析页码
028—029

B. 解释行政法规的程序，适用行政法规制定程序
C. 解释可由国务院授权国务院有关部门公布
D. 行政法规的解释与行政法规具有同等效力

（三）规章制定程序

【单选】

11 2201051

中国人民银行和中国银行保险监督管理委员会发布了一则规章《办法》，下列关于《办法》的说法正确的是？

A. 送审稿报国务院法制机构审查
B. 列入国务院年度立法计划
C. 中国人民银行和中国银行保险监督管理委员会应当召开部门会议讨论通过或决定
D. 两部门领导共同署名发布

【多选】

12 1702077

关于规章的起草和审查，下列哪些说法是正确的？

A. 起草规章可邀请专家参加，但不能委托专家起草
B. 起草单位就规章起草举行听证会，应制作笔录，如实记录发言人的主要观点和理由
C. 起草规章应广泛听取有关机关、组织和公民的意见
D. 如制定规章的基本条件不成熟，法制机构应将规章送审稿退回起草单位

13 1602077

某省会城市的市政府拟制定限制电动自行车通行的规章。关于此规章的制定，下列哪些说法是正确的？

A. 应先列入市政府年度规章制定工作计划中，未列入不得制定
B. 起草该规章应广泛听取有关机关、组织和公民的意见
C. 此规章送审稿的说明应对制定规章的必要性、规定的主要措施和有关方面的意见等情况作出说明
D. 市政府法制机构认为制定此规章基本条件尚不成熟，可将规章送审稿退回起草单位

14 1002080

某企业认为，甲省政府所在地的市政府制定的规章同某一行政法规相抵触，可以向下列哪些机关书面提出审查建议？

A. 国务院
B. 国务院法制办
C. 甲省政府
D. 全国人大常委会

【不定项】

15 1402097

有关规章的决定和公布，下列说法正确的是？

A. 审议规章草案时须由起草单位作说明
B. 地方政府规章须经政府全体会议决定
C. 部门联合规章须由联合制定的部门首长共同署名公布，使用主办机关的命令序号
D. 规章公布后须及时在全国范围内发行的有关报纸上刊登

（四）综合知识点

【多选】

16 2001113

甲省乙市政府制定的规章《城市生活垃圾分类管理办法》规定，未分类投放垃圾的，由城市管理主管部门责令限期改正，逾期未改，对单位处1000元以下罚款，对个人处200元罚款，关于该办法的说法正确的是？

A. 超出地方政府规章立法事项
B. 公布后应在中国政府法制信息网刊载
C. 应当报甲省政府备案
D. 设定的罚款不能超出该省人大常委会对政府规章规定的罚款限额

二、模拟训练

【单选】

17 62105049

按照《立法法》和相关法律的规定，下列哪个机

解析页码
030—032

关或者机构不具有制定规章的权力？

A. 农业农村部

B. 武汉市政府

C. 国务院办公厅

D. 国家税务总局

【多选】

18 62105047

下列有关行政法规、规章的说法，哪些是正确的？

A. 重要行政管理的行政法规草案由国务院法制机构组织起草

B. 行政法规草案均应向社会公布并征求意见

C. 行政法规、规章与法律的规定产生冲突，可以构成被撤销的理由

D. 除特定情况外，规章应当自公布之日起 20 日后施行

19 62205219

关于行政法规的制定程序，下列选项哪些是错误的？

A. 国务院法制机构拟订国务院年度立法工作计划，由国务院审批后向社会公布

B. 起草专业性较强的行政法规，起草部门应当吸收相关领域的专家参与起草工作

C. 起草行政法规涉及重大利益调整事项的，应当进行论证咨询

D. 起草部门将行政法规草案及其说明向社会公布的，征求意见的期限一般不少于 30 日

20 62205220

为更好地满足社会公众多样化的出行需求，促进共享单车行业和互联网融合发展，规范网络共享单车经营服务行为，保障运营安全和消费者合法权益，交通运输部、工信部等 7 部委联合制定规章《网络共享单车经营服务管理暂行办法》。关于该规章的制定，下列哪些选项是错误的？

A. 起草专业性较强的行政规章，起草部门应当委托有关专家、教学科研单位、社会组织起草

B. 公民认为规章同法律相抵触的，可以向国务院书面提出审查的建议

C. 部门公报或者国务院公报上刊登的规章文本为标准文本

D. 部门规章的名称一般称“规定”、“办法”、“条例”

【不定项】

21 62205077

关于国务院的《优化营商环境条例》和省政府制定的规章《优化营商环境办法》，下列说法不正确的有？

A.《优化营商环境条例》在实施中产生的具体应用问题，由省政府法制机构负责解释

B.《优化营商环境办法》由省政府法制机构报请备案

C. 若因政策调整，《优化营商环境条例》的部分规定不利于某省贸易经济的发展，国务院可决定在该省范围内暂停实施该条例的部分规定

D. 审查《优化营商环境办法》有不同意见，且经协调不能达成一致的，省政府法制机构应报省政府领导协调，或者报国务院决定

参考答案

[1] B	[2] A	[3] C	[4] C	[5] D
[6] B	[7] AC	[8] ABC	[9] AC	[10] ACD
[11] D	[12] BC	[13] BCD	[14] AC	[15] C
[16] BCD	[17] C	[18] AC	[19] AB	[20] AD
[21] AD				

第五章 具体行政行为概述

一、历年真题及仿真题

（一）具体行政行为的性质与类型

【单选】

 1901028

某县政府发布公告，要求某小区居民与县政府协商拆迁安置补偿款事宜，根据补偿标准签订安置

解析页码 032—034

补偿协议，并于60日内搬离。该公告的法律性质为？

A．行政协议

B．行政指导

C．单方行政行为

D．行政强制

2 1702046

行政机关所实施的下列行为中，哪一项属于具体行政行为？

A．公安交管局在辖区内城市快速路入口处悬挂“危险路段，谨慎驾驶”的横幅

B．县公安局依照《刑事诉讼法》对李某进行拘留

C．区政府对王某作出房屋征收决定

D．因民间纠纷引起的打架斗殴双方经公安派出所调解达成的协议

3 1602044

为落实淘汰落后产能政策，某区政府发布通告：凡在本通告附件所列名单中的企业两年内关闭。提前关闭或者积极配合的给予一定补贴，逾期不履行的强制关闭。关于通告的性质，下列哪一选项是正确的？

A．行政规范性文件

B．具体行政行为

C．行政给付

D．行政强制

4 1502046

某地连续发生数起以低价出售物品引诱当事人至屋内后实施抢劫的事件，当地公安局通过手机短信告知居民保持警惕以免上当受骗。公安局的行为属于下列哪一性质？

A．履行行政职务的行为

B．负担性的行为

C．准备性行政行为

D．强制行为

【多选】

5 2101072

下列哪些行为属于具体行政行为？

A．市场监管局发布相关文件，要求电商平台合法经营、规范经营

B．防汛指挥部发布大雨蓝色预警，提醒市民们出行关注天气，注意出行安全

C．中国证监会对某公司负责人采取终身禁入证券市场措施

D．证监局向某证券公司出具警示函，指出其执业中存在的问题并责令采取整改措施

（二）具体行政行为的效力

【多选】

6 1302085

关于具体行政行为的合法性与效力，下列哪些说法是正确的？

A．遵守法定程序是具体行政行为合法的必要条件

B．无效行政行为可能有多种表现形式，无法完全列举

C．因具体行政行为废止致使当事人的合法权益受到损失的，应给予赔偿

D．申请行政复议会导致具体行政行为丧失拘束力

7 1002081

关于具体行政行为的效力，下列哪些说法是正确的？

A．可撤销的具体行政行为在被撤销之前，当事人应受其约束

B．具体行政行为废止前给予当事人的利益，在该行为废止后应收回

C．为某人设定专属权益的行政行为，如此人死亡其效力应终止

D．对无效具体行政行为，任何人都可以向法院起诉主张其无效

【不定项】

8 2201143

关于行政行为，下列说法错误的是？

A．违反法定程序的具体行政行为均为无效

B．生效的具体行政行为只约束行政机关和相对人

C．具体行政行为被废止的，自废止之日起失效

D．具体行政行为一经成立即生效

解析页码 034—036

9 1402099

有关具体行政行为的效力和合法性，下列说法正确的是？

A．具体行政行为一经成立即生效

B．具体行政行为违法是导致其效力终止的唯一原因

C．行政机关的职权主要源自行政组织法和授权法的规定

D．滥用职权是具体行政行为构成违法的独立理由

（三）综合知识点

【单选】

10 2301072

关于无效行政行为，下列说法正确的是?

A．我国法律对于无效行政行为未作出规定

B．行政机关滥用裁量权作出的行政行为均无效

C．无效行政行为对当事人和行政机关均无拘束力

D．行政行为一经确认无效应对当事人进行国家赔偿

11 1801122

海关总署发布公告提醒消费者谨慎通过直邮方式从境外购买奶粉，下列说法正确的是?

A．公告是具有强制力的行政决定

B．海关总署是国务院直属事业单位

C．公告属于负担的具体行政行为

D．公告属于事实行为

12 1102049

关于具体行政行为，下列哪一说法是正确的?

A．行政许可为依职权的行政行为

B．具体行政行为皆为要式行政行为

C．法律效力是具体行政行为法律制度中的核心因素

D．当事人不履行具体行政行为确定的义务，行政机关予以执行是具体行政行为确定力的表现

13 1002046

某区城管局以甲摆摊卖“麻辣烫”影响环境为由，将其从事经营的小推车等物品扣押。在实施扣押过程中，城管执法人员李某将甲打伤。对此，下列哪一说法是正确的?

A．扣押甲物品的行为，属于行政强制执行措施

B．李某殴打甲的行为，属于事实行为

C．因甲被打伤，扣押甲物品的行为违法

D．甲被打伤的损失，应由李某个人赔偿

【多选】

14 1901042

下列关于具体行政行为正确的是？

A．确定力是指具体行政行为一经生效，行政机关和相对人必须遵守

B．2014年修改的行政诉讼法中并未出现具体行政行为这一用语

C．具体行政行为是指对特定人或者特定事项的一次性处理

D．授益性行政行为与裁量性行政行为是相对应的

15 1801123

关于无效行政行为，下列表述正确的是?

A．减损权利的行政行为没有法律规范依据，为无效行政行为

B．行政行为的内容客观上不可能实施，为无效行政行为

C．行政行为实施主体不具有行政主体资格，为无效行政行为

D．因无效行政行为自始没有法律效力，所以，公民、法人或其它组织向法院起诉确认2015年5月1日前作出的行政行为无效的，法院应予以受理

二、模拟训练

【单选】

16 62105051

下列哪一行为不是具体行政行为?

A．某市监局对不符合卫生标准的餐饮饭店作出责令关闭的处罚

B．因民间借款纠纷引起打架斗殴的甲乙双方经公安派出所调解达成的协议

C．某生态环境局对超标排污的化工厂收取20万

解析页码
036—039

元的超标排污费

D. 某市卫健委对患有新冠肺炎的丙强制居家隔离

17 62105052

何某一家人家住荆门，在拆迁过程中与开发商多次协商，都没有达成拆迁补偿协议，后被开发商申请行政仲裁，要求其腾空房屋予以拆除。行政机关经审查裁决支持了开发商的请求，该行政机关的行为属于？

A. 行政处罚

B. 行政裁决

C. 行政确认

D. 行政调解

18 62105079

下列选项关于行政给付的说法错误的是？

A. 行政机关给退伍军人分配工作并安置住宿是行政给付

B. 某地政府给当地农村的低保家庭给予最低生活保障金是行政给付

C. 行政给付是依职权的行政行为

D. 行政给付的对象是特定的行政相对人

【多选】

19 62205221

关于行政行为的合法性与效力，下列哪些说法是正确的？

A. 不得滥用职权是行政行为合法的必要条件

B. 无效的行政行为自始无效

C. 因行政行为废止致使当事人的合法权益受到损失的，应给予赔偿

D. 行政诉讼期间行政行为暂停执行

20 62205078

下列行政行为中哪些属于具体行政行为？

A. 县政府未按照法定程序进行通知、公告等，直接派遣拆迁人员将甲的违规房屋拆除

B. 县公安分局工作人员发现复议申请人乙的材料有欠缺，向乙作出《材料补充通知》

C. 丙政府联合区房屋征收部门、村拆迁指挥部召开内部会议，共同确定《阳光小区改造方案内部决议》并交由村拆迁指挥部执行

D. 区房管局根据区法院的判决将牡丹小区某房屋的所有权人变更登记为丁

21 62205081

下列关于具体行政行为的说法正确的是？

A. 具体行政行为的拘束力，是指具体行政行为生效之后不再争议，不得更改

B. 具体行政行为的执行力，是履行期过后产生的

C. 具体行政行为的确定力，是指当事人应当接受并履行义务，作出具体行政行为的行政机关不得随意更改

D. 原则上，具体行政行为一经成立即生效

参考答案

[1] C	[2] C	[3] B	[4] A	[5] CD
[6] AB	[7] AC	[8] ABD	[9] CD	[10] C
[11] D	[12] C	[13] B	[14] BC	[15] ABC
[16] B	[17] B	[18] C	[19] AB	[20] AC
[21] BD				

第六章 行政许可

一、历年真题及仿真题

（一）行政许可的设定

【多选】

1 1602079

关于行政许可的设定权限，下列哪些说法是不正确的？

A. 必要时省政府制定的规章可设定企业的设立登记及其前置性行政许可

B. 地方性法规可设定应由国家统一确定的公民、法人或者其他组织的资格、资质的行政许可

C. 必要时国务院部门可采用发布决定的方式设定临时性行政许可

D. 省政府报国务院批准后可在本区域停止实施行

解析页码 039—041

政法规设定的有关经济事务的行政许可

（二）行政许可实施程序

【单选】

2 1702047

天龙房地产开发有限公司拟兴建天龙金湾小区项目，向市规划局申请办理建设工程规划许可证，并提交了相关材料。下列哪一说法是正确的？

A．公司应到市规划局办公场所提出申请

B．公司应对其申请材料实质内容的真实性负责

C．公司的申请材料不齐全的，市规划局应作出不受理决定

D．市规划局为公司提供的申请格式文本可收取工本费

（三）行政许可的听证程序

【不定项】

3 1102099

关于行政许可实施程序的听证规定，下列说法正确的是？

A．行政机关应在举行听证 7 日前将时间、地点通知申请人、利害关系人

B．行政机关可视情况决定是否公开举行听证

C．申请人、利害关系人对听证主持人可以依照规定提出回避申请

D．举办听证的行政机关应当制作笔录，听证笔录应当交听证参与人确认无误后签字或者盖章

（四）许可的监督

【单选】

4 1502047

市场监督管理局向一药店发放药品经营许可证。后接举报称，该药店存在大量非法出售处方药的行为，该局在调查中发现药店的药品经营许可证系提供虚假材料欺骗所得。关于对许可证的处理，该局下列哪一做法是正确的？

A．撤回

B．撤销

C．吊销

D．待有效期限届满后注销

5 1102042

某市安监局向甲公司发放《烟花爆竹生产企业安全生产许可证》后，发现甲公司所提交的申请材料系伪造。对于该许可证的处理，下列哪一选项是正确的？

A．吊销

B．撤销

C．撤回

D．注销

【多选】

6 2201057

关于行政许可的注销和撤销，下列说法错误的是？

A．都属于行政处罚

B．都属于不可诉的行政行为

C．都是裁量的行政行为

D．都是依申请的行政行为

7 1702078

下列哪些情形中，行政机关应依法办理行政许可的注销手续？

A．某企业的产品生产许可证有效期限届满未申请延续的

B．某企业的旅馆业特种经营许可证被认定为以贿赂手段取得而被撤销的

C．某房地产开发公司取得的建设工程规划许可证被吊销的

D．拥有执业医师资格证的王医生死亡的

（五）综合知识点

【单选】

8 1002043

刘某向卫生局申请在小区设立个体诊所，卫生局受理申请。小区居民陈某等人提出，诊所的医疗废物会造成环境污染，要求卫生局不予批准。对此，下列哪一选项符合《行政许可法》规定？

A．刘某既可以书面也可以口头申请设立个体诊所

解析页码
041—044

B. 卫生局受理刘某申请后，应当向其出具加盖本机关专用印章和注明日期的书面凭证

C. 如陈某等人提出听证要求，卫生局同意并听证的，组织听证的费用应由陈某等人承担

D. 如卫生局拒绝刘某申请，原则上应作出书面决定，必要时口头告知即可

【多选】

9　2301082

采砂场获得水利局发放的采砂许可证，后由于采砂场区域划入湿地保护范围，水利局撤回采砂许可证，采砂场要求补偿 250 万元损失于是提起行政诉讼。下列说法正确的是？

A. 提起行政诉讼前，采砂场应先向水利局申请补偿

B. 补偿额以实际投入损失为准

C. 法院应判决水利局履行补偿义务

D. 水利局撤回采砂许可前应组织听证

10　1602078

《执业医师法》规定，执业医师需依法取得卫生行政主管部门发放的执业医师资格，并经注册后方能执业。关于执业医师资格，下列哪些说法是正确的？

A. 该资格属于直接关系人身健康，需按照技术规范通过检验、检测确定申请人条件的许可

B. 对《执业医师法》规定的取得资格的条件和要求，部门规章不得作出具体规定

C. 卫生行政主管部门组织执业医师资格考试，应公开举行

D. 卫生行政主管部门组织执业医师资格考试，不得组织强制性考前培训

11　1002082

下列哪些地方性法规的规定违反《行政许可法》？

A. 申请餐饮服务许可证，须到当地餐饮行业协会办理认证手续

B. 申请娱乐场所表演许可证，文化主管部门收取的费用由财政部门按一定比例返还

C. 外地人员到本地经营网吧，应当到本地电信管理部门注册并缴纳特别管理费

D. 申请建设工程规划许可证，须安装建设主管部门指定的节能设施

二、模拟训练

【单选】

12　62205222

杨某系医科大学护理专业毕业生，向卫健委申请《护士执业证书》。下列哪一选项是错误的？

A. 对杨某按照技术标准、技术规范鉴定通过后，可以颁发证书

B. 杨某应当以书面形式提出申请

C. 卫健委作出准予行政许可决定的，应当予以公开，且公众有权查阅

D. 按行政许可法的规定，卫健委作出准予行政许可的决定，应当自作出决定之日起 10 日内向杨某颁发证书

【多选】

13　61805042

下列关于行政许可听证的说法，哪些是正确的？

A. 行政机关应当在举行听证的 7 日前通知申请人、利害关系人

B. 听证会不能由负责审查行政许可申请的工作人员主持

C. 利害关系人认为主持人与该行政许可事项有直接利害关系的，有权申请回避

D. 行政机关可以按照听证笔录作出许可决定

14　62205223

玩美医疗公司向某市卫健委申请《放射诊疗许可证》，关于该许可的实施程序，下列说法哪些是错误的？

A. 卫健委提供申请书格式文本的，可以收取合理的成本费用

B. 卫健委事后审查发现该公司需补充材料的，应当在 5 日内一次性通知补正，否则视为准予该项许可

C. 不需要对申请材料实质内容进行核实的，卫健委可以指定一名工作人员邓某进行审查

解析页码
044—046

D. 卫健委应当在受理该项许可之日起60日内作出行政许可决定

15 62105097

下列关于行政许可设定的说法中，哪些是正确的?

A. 甲市政府未经听证程序即发布一项通知，规定本市从事电动三轮车运营的，都应当取得市政府的运营许可证，本规定因违反程序而违法

B. 成都市政府的规章无权设定临时性行政许可

C. 财政部规章有权对《会计法》设定的行政许可作出具体规定

D. 生态环境部规章对实施《环境保护法》作出具体规定，在必要时可以增设相关许可

【不定项】

16 61905181

对于行政许可的撤销、撤回、吊销和注销，下列说法正确的是?

A. 市场监督管理局向某个体经营户发放营业执照后，发现该个体经营户所提交的申请材料系伪造，市场监督管理局依法吊销其营业执照

B. 市场监督管理局向某食品店发放经营许可证后，发现该店食品生产不符合法律所要求的安全标准，市场监督管理局依法撤销其经营许可证

C. 律师四金，因故丧失行为能力，司法局依法撤回四金的律师执业证书

D. 行政许可依法被撤销、撤回、吊销后，都应当履行注销手续

17 62205224

下列事项不适用《行政许可法》的有？

A. 某市建委对企业建设工程项目的开工审批

B. 某省教委对其直接管理的高校财务事项的审批

C. 某省公安厅对某高校教师出国护照的审批

D. 国家卫生健康委员会对其直接管理的医院外事事项的审批

参考答案

[1] ABC [2] B [3] ACD [4] B [5] B
[6] ABCD [7] ABCD [8] B [9] ABC [10] CD
[11] ABCD [12] A [13] ABC [14] ABD [15] BC
[16] D [17] BD

第七章 行政处罚

一、历年真题及仿真题

(一) 行政处罚概述

【单选】

1 1002044

下列哪一行为属于行政处罚?

A. 公安交管局暂扣违章驾车张某的驾驶执照六个月

B. 工商局对一企业有效期届满未申请延续的营业执照予以注销

C. 卫生局对甲类流行性传染病患者强制隔离

D. 市场监督管理局责令某食品生产者召回其已上市销售的不符合食品安全标准的食品

(二) 行政处罚的程序

【单选】

2 1102044

质监局发现王某生产的饼干涉嫌违法使用添加剂，遂将饼干先行登记保存，期限为1个月。有关质监局的先行登记保存行为，下列哪一说法是正确的?

A. 系对王某的权利义务不产生实质影响的行为

B. 可以由2名执法人员在现场直接作出

C. 采取该行为的前提是证据可能灭失或以后难以取得

D. 登记保存的期限合法

解析页码
046—048

（三）综合知识点

【单选】

3 2301074

为了规范水行政处罚行为，保障和监督行政机关有效实施水行政管理，维护公共利益和社会秩序，保护公民、法人或者其他组织的合法权益，中华人民共和国水利部2023年3月10日水利部令第55号发布《水行政处罚实施办法》（以下简称“办法”），该办法自2023年5月1日起施行，对此下列选项正确的是？

A. 地方政府规章可以对该《办法》进行补充设定

B.《办法》可另行设定简易程序的适用

C.《办法》可另行设定普通程序中行政处罚的期限

D.《办法》可另行设定地域管辖

4 2101071

国家市场监督管理总局、生态环境部联合签署《机动车排放召回规定》，《规定》由市场监督管理总局以40号令对外发布，以下说法正确的是？

A.《规定》应当在国务院公报上发布

B.《规定》的解释权属于国家市场监督管理总局

C. 可以依据《规定》对机动车排放召回进行相应的行政处罚

D. 如认为《规定》违反上位法，公民可以书面申请国务院进行审查

5 1402045

某县公安局开展整治非法改装机动车的专项行动，向社会发布通知：禁止改装机动车，发现非法改装机动车的，除依法暂扣行驶证、驾驶证6个月外，机动车所有人须到指定场所学习交通法规5日并出具自行恢复原貌的书面保证，不自行恢复的予以强制恢复。某县公安局依此通知查处10辆机动车，要求其所有人到指定场所学习交通法规5日并出具自行恢复原貌的书面保证。下列哪一说法是正确的？

A. 通知为具体行政行为

B. 要求10名机动车所有人学习交通法规5日的行为为行政指导

C. 通知所指的暂扣行驶证、驾驶证6个月为行政处罚

D. 通知所指的强制恢复为行政强制措施

6 1102041

关于规章，下列哪一说法是正确的？

A. 较大的市的人民政府制定的规章可以在上位法设定的行政许可事项范围内，对实施该行政许可作出具体规定

B. 行政机关实施许可不得收取任何费用，但规章另有规定的，依照其规定

C. 规章可以授权具有管理公共事务职能的组织实施行政处罚

D. 违法行为在二年内未被发现的，不再给予行政处罚，但规章另有规定的除外

【多选】

7 2101070

关于部门规章权限下列正确的是？

A. 可以制定行政处罚违法所得计算的特别规定

B. 可以根据上位法对行政许可的实施进行细化

C. 可以对行政处罚的地域管辖进行特别规定

D. 法律、行政法规对违法行为未作出行政处罚规定，为实施法律、行政法规，可以补充设定行政处罚

8 1602081

下列哪些行政行为不属于行政处罚？

A. 质监局对甲企业涉嫌冒用他人商品识别代码的产品予以先行登记保存

B. 市场监管局责令乙企业召回已上市销售的不符合药品安全标准的药品

C. 环保局对排污超标的丙企业作出责令停产6个月的决定

D. 工商局责令销售不合格产品的丁企业支付消费者3倍赔偿金

9 1602080

关于一个行政机关行使有关行政机关的行政许可权和行政处罚权的安排，下列哪些说法是正确的？

解析页码
048—050

A. 涉及行政处罚的，由国务院或者省、自治区、直辖市政府决定
B. 涉及行政许可的，由经国务院批准的省、自治区、直辖市政府决定
C. 限制人身自由的行政处罚只能由公安机关和法律规定的其他机关行使，不得交由其他行政机关行使
D. 由公安机关行使的行政许可，不得交由其他行政机关行使

10 1502077

对下列哪些拟作出的决定，行政机关应告知当事人有权要求听证?
A. 税务局扣押不缴纳税款的某企业价值 200 万元的商品
B. 交通局吊销某运输公司的道路运输经营许可证
C. 规划局发放的建设用地规划许可证，直接涉及申请人与附近居民之间的重大利益关系
D. 公安局处以张某行政拘留 10 天的处罚

11 1202084

规划局认定一公司所建房屋违反规划，向该公司发出《拆除所建房屋通知》，要求公司在 15 日内拆除房屋。到期后，该公司未拆除所建房屋，该局发出《关于限期拆除所建房屋的通知》，要求公司在 10 日内自动拆除，否则将依法强制执行。下列哪些说法是正确的?
A.《拆除所建房屋通知》与《关于限期拆除所建房屋的通知》性质不同
B.《关于限期拆除所建房屋的通知》系行政处罚
C. 公司可以对《拆除所建房屋通知》提起行政诉讼
D. 在作出《拆除所建房屋通知》时，规划局可以适用简易程序

12 2001128

某货车司机因超载、不按信号灯指示变道行使，分别被公安交管部门处以罚款 1800 元、扣 6 分和罚 200 元、扣 6 分。其驾照先被扣留，后被注销。对此，下列说法错误的是?
A. 罚 200 元扣 6 分合法
B. 注销驾照合法
C. 扣留驾照是行政处罚
D.《行政许可法》未规定许可撤销程序

二、模拟训练

【单选】

13 62005011

2022 年 5 月 16 日，某地市场监督管理局在杨某生产的豆腐皮中检测到法律规定不得添加的非食用物质。5 月 20 日，该局作出行政处罚，要求杨某自处罚决定作出之日起五年内不得申请食品生产经营许可并处罚款 3000 元。下列哪一说法是正确的?
A. 市场监督管理局对杨某采取的行政处罚属于申诫罚
B. 市场监督管理局在紧急情况下可以直接作出行政处罚决定，无须告知杨某处罚的事实等
C. 市场监督管理局在调查时，执法人员不得少于两人，并应当向当事人出示证件
D. 市场监督管理局可用电子邮件向杨某送达行政处罚书

14 62105016

下列有关罚款的执行，说法错误的是?
A. 罚款的执行原则上是“罚缴分离”
B. 行政机关在边远、水上、交通不便地区作出罚款决定，当事人向指定的银行或者通过电子支付系统缴纳罚款确有困难，执法人员可以当场收缴罚款
C. 当场收缴的罚款应当在收缴之日起 2 日内交至行政机关
D. 当事人逾期不缴纳罚款，对其加处罚款的数额不得超出罚款的数额

15 62105020

程某多次盗版他人书籍，县文化局经调查，拟对程某处以 2000 元罚款并吊销其经营许可证。关于本案，下列哪一说法是正确的?
A. 县文化局应当告知程某享有听证权
B. 县文化局可当场处罚
C. 县文化局可当场收缴

解析页码
051—053

D．如程某欲焚烧这批书籍，执法人员可自行决定将这批书籍先行登记保存

16　62105056

下列说法正确的是？

A．市级政府规章设定罚款的限额，由同级的市人大常委会规定

B．地方性法规可设定限制人身自由以及暂扣营业执照以外的行政处罚

C．主动供述行政机关尚未掌握的违法行为的，应当从轻或减轻行政处罚

D．受他人诱骗实施违法行为的，可从轻或减轻行政处罚

【多选】

17　62105010

关于行政处罚的实施，下列说法错误的是？

A．国务院可以将行政拘留的实施权交由工商局实施

B．委托实施行政处罚的，受委托组织的工作人员必须取得行政执法资格

C．法律、法规、规章可以授权具有管理公共事务职能的组织实施行政处罚

D．国务院或者省级人大及其常委会可以决定一个行政机关行使有关行政机关的行政处罚权

【不定项】

18　62105012

生态环境局到甲漂染织造企业现场检查，发现甲企业没有进行预处理，而是直接将纺织品机器制造的污水排放到附近的河流中，严重污染了当地环境。生态环境局担心甲企业转移排放污水的机器，欲对该机器进行登记保存。下列说法正确的是？

A．生态环境局应当派 2 人及以上的执法人员到现场调查

B．实施登记保存应经行政机关负责人批准

C．登记保存的期限为 14 日

D．经审核发现该企业存在重大违法行为的，经生态环境局负责人决定可对其予以处罚

参考答案

[1] A	[2] C	[3] D	[4] C	[5] C
[6] A	[7] ABC	[8] ABD	[9] ABC	[10] BC
[11] AC	[12] BC	[13] C	[14] B	[15] A
[16] C	[17] ACD	[18] AB		

第八章 治安管理处罚

一、历年真题及仿真题

（一）治安管理处罚程序

【单选】

1　1602045

李某多次发送淫秽短信、干扰他人正常生活，公安机关经调查拟对李某作出行政拘留 10 日的处罚。关于此处罚决定，下列哪一做法是适当的？

A．由公安派出所作出

B．依当场处罚程序作出

C．应及时通知李某的家属

D．紧急情况下可以口头方式作出

（二）综合知识点

【多选】

2　2301084

小王（15 周岁）踢破房门并故意伤害徐某。经伤情鉴定，徐某为轻微伤，区公安局对小王的故意伤害行为处以行政拘留 10 日，罚款 500 元；对毁坏财物行为处于行政拘留 5 日。下列说法正确的是？

A．区公安局对小王的行为应分别决定处罚，可以合并执行

B．因为小王已满 14 周岁，所以可以对小王执行拘留

C．本案因民间纠纷引起，区公安局应当先行调解

解析页码
054—055

D. 伤情鉴定时间不计算在处罚决定期限内

3 1702079

某公安派出所以李某放任所饲养的烈性犬恐吓张某为由对李某处以 500 元罚款。关于该处罚决定，下列哪些说法是正确的？

A. 公安派出所可以自己名义作出决定

B. 可当场作出处罚决定

C. 应将处罚决定书副本抄送张某

D. 如李某不服处罚决定向法院起诉，应以该派出所所属的公安局为被告

4 1702082

根据相关法律规定，在行政决定作出前，当事人有权就下列哪些情形要求举行听证？

A. 区工商分局决定对个体户王某销售的价值 10 万元的假冒他人商标的服装予以扣押

B. 县公安局以非法种植罂粟为由对陈某处以 3000 元罚款

C. 区环保局责令排放污染物严重的某公司停业整顿

D. 胡某因酒后驾车，被公安交管部门吊销驾驶证

二、模拟训练

【多选】

5 61805054

某镇的派出所以张某违反治安管理为由作出罚款 500 元处罚。下列哪些说法是正确的？

A. 派出所可以以自己名义作出处罚

B. 处罚决定书应加盖作出处罚决定的公安机关的印章

C. 如处罚决定书无法当场交给田某，派出所应在 5 日内送达田某

D. 张某有权申请举办听证

6 61905096

2019 年 5 月 16 日，耿某殴打卢某造成轻微伤。后来，辉星乡公安派出所根据举报得知耿某殴打卢某的事实，对耿某作出罚款 300 元的决定。下列说法正确的是？

A. 辉星乡派出所可以对耿某当场作出该罚款决定

B. 如果 2019 年 12 月 20 日辉星乡派出所才知耿某殴打卢某，并对其进行罚款处罚，则该罚款决定违法

C. 辉星乡派出所可以以自己的名义作出该罚款决定

D. 辉星乡派出所应当将此决定书副本抄送给卢某

7 62205225

在当事人提出请求的情况下，下列哪些案件应当适用听证程序？

A. 市场监督管理机关作出的吊销卫生许可证的处罚

B. 市场监督管理机关作出的罚款 2 万元的处罚

C. 公安局作出的警告处罚

D. 公安局作出的暂扣驾驶执照的处罚

8 62105059

某派出所以刘某违反治安管理规定为由，对其作出罚款 400 元的处罚，刘某不服，向法院提起行政诉讼。下列哪些做法是不正确的？

A. 根据一事不再罚原则，派出所对刘某的行为不能再给予其他处罚

B. 应当以派出所为被告

C. 如处罚决定书无法当场交给刘某，派出所应在 5 日内送达刘某

D. 派出所应当告知刘某有权要求举行听证

【不定项】

9 62005014

2019 年 4 月 15 日 16 时许，朱某与邻居红某发生纠纷，朱某进入红某家中将其打伤，红某丈夫报警。湖州市公安局南浔区分局经传唤调查，认定朱某殴打红某，致其多处部位受伤，对朱某作出拘留 13 日并处罚款 500 元的行政处罚。下列说法正确的是？

A. 公安分局传唤朱某询问查证时，最长不得超过 24 小时

B. 若罚款数额为 1000 元，则公安分局应当告知朱某有权要求听证

C. 如朱某对处罚决定不服直接起诉的，应当暂缓对其行政拘留的执行

解析页码
055—057

D．若朱某无正当理由不接受传唤，则公安分局可强制传唤

参考答案

[1]C [2]AD [3]AC [4]BCD [5]AB
[6]BCD [7]AB [8]ACD [9]AD

第九章 行政强制措施

一、历年真题及仿真题

（一）行政强制措施概述

【单选】

1 1302043

李某长期吸毒，多次自费戒毒均未成功。某公安局在一次检查中发现后，将李某送至强制隔离戒毒所进行强制隔离戒毒。强制隔离戒毒属于下列哪一性质的行为？

A．行政处罚
B．行政强制措施
C．行政强制执行
D．行政许可

【不定项】

2 1302097

市林业局接到关于孙某毁林采矿的举报，遂致函当地县政府，要求调查。县政府召开专题会议形成会议纪要：由县林业局、矿产资源管理局与安监局负责调查处理。经调查并与孙某沟通，三部门形成处理意见：要求孙某合法开采，如发现有毁林或安全事故，将依法查处。再次接到举报后，三部门共同发出责令孙某立即停止违法开采，对被破坏的生态进行整治的通知。责令孙某立即停止违法开采的性质是？

A．行政处罚
B．行政强制措施
C．行政征收
D．行政强制执行

（二）行政强制措施的种类

【多选】

3 2001129

下列哪些行为属于行政强制措施？

A．李某酒后驾车，公安机关决定暂扣其机动车驾驶证6个月
B．公安机关发现吴某醉酒影响公共秩序，将其带离现场，并约束至酒醒
C．市场监督管理局发现张某销售未经检验检疫的猪肉，暂扣尚未出售的猪肉
D．税务稽查局认定某公司涉嫌逃税，为防止其转移财产，扣押其相应财物

（三）强制措施与强制执行的区分

【单选】

4 2001107

为了解决海上交通拥堵乱象，公安部将某沿海城市规划为试点城市，实行“海上城市环境优化”计划，开展海上运输环境清理活动，重点清理未登记停靠、未登记航行的船舶。甲的船舶未办理登记，行政机关向其发出通知，责令其3日内将船舶停靠在指定规划区域内，并限期不得驶离。该行政机关的行政行为的性质是？

A．查封
B．财产扣押
C．行政强制执行
D．其他行政强制措施

（四）行政强制措施的实施程序

【单选】

5 1801050

市场监督管理局针对福禧公司涉嫌生产的过期的鸡肉依法实施了扣押，下列哪一说法是正确的？

A．经市场监督管理局负责人批准，执法人员张某可以单独实施扣押
B．如情况紧急，执法人员当场扣押的，返回单位后应当立即向市场监督管理局负责人报告并补

解析页码 058—060

办批准手续

C．执法人员张某应当佩戴执法记录仪全程录像

D．市场监督管理局扣押后，可以委托他人保管

6 1702048

某市质监局发现王某开设的超市销售伪劣商品，遂依据《产品质量法》对发现的伪劣商品实施扣押。关于扣押的实施，下列哪一说法是错误的？

A．因扣押发生的保管费用由王某承担

B．应制作现场笔录

C．应制作并当场交付扣押决定书和扣押清单

D．不得扣押与违法行为无关的财物

7 1402047

某区公安分局以非经许可运输烟花爆竹为由，当场扣押孙某杂货店的烟花爆竹100件。关于此扣押，下列哪一说法是错误的？

A．执法人员应当在返回该分局后立即向该分局负责人报告并补办批准手续

B．扣押时应当制作现场笔录

C．扣押时应当制作并当场交付扣押决定书和清单

D．扣押应当由某区公安分局具备资格的行政执法人员实施

【多选】

8 2101077

甲市交通管理部门对甲市运营车辆展开全面检查。某日，在检查现场发现方某驾驶车辆在哒哒平台接单，经查方某并没有办理《互联网平台接单许可证》，遂对方某的车辆进行了扣押，并停放于一收费停车场。下列说法正确的是？

A．扣押应由两名执法人员实施

B．应当现场制作扣押清单

C．如经查不需要扣押的应制作解除扣押的决定书

D．因扣押停放车辆而产生停车费用应由方某承担

9 1801130

某城管局发现李某未经批准在农贸市场的公共通道中擅自摆摊经营，经多次劝说无效后，遂对其商品进行了扣押，并对扣押过程全程录像，关于扣押的实施，下列哪些说法是正确的？

A．应制作并当场交付扣押决定书和扣押清单

B．应制作现场笔录

C．城管局不得在法定节假日实施扣押

D．扣押时应当全程录像是《行政强制法》的要求

10 1502078

某公安交管局交通大队民警发现王某驾驶的电动三轮车未悬挂号牌，遂作出扣押的强制措施。关于扣押应遵守的程序，下列哪些说法是正确的？

A．由两名以上交通大队行政执法人员实施扣押

B．当场告知王某扣押的理由和依据

C．当场向王某交付扣押决定书

D．将三轮车及其车上的物品一并扣押，当场交付扣押清单

11 1302080

某工商分局接举报称肖某超范围经营，经现场调查取证初步认定举报属实，遂扣押与其经营相关物品，制作扣押财物决定及财物清单。关于扣押程序，下列哪些说法是正确的？

A．扣押时应当通知肖某到场

B．扣押清单一式二份，由肖某和该工商分局分别保存

C．对扣押物品发生的合理保管费用，由肖某承担

D．该工商分局应当妥善保管扣押的物品

12 2201137

甲县市场监督管理局接群众举报称在辖区内的“臻好吃熟食店”购买到变质食品，遂到店开展检查，发现该熟食店多项卫生不合格，当即决定查封该店并作出停业整顿决定书。下列说法正确的是？

A．停业整顿属于行政强制措施

B．应当有两个以上执法人员

C．可以当场作出停业整顿决定书

D．查封需要制作并当场交付查封决定书和清单

（五）综合知识点

【单选】

13 1602046

下列哪一行政行为不属于行政强制措施？

解析页码
060—063

A．审计局封存转移会计凭证的被审计单位的有关资料

B．公安交通执法大队暂扣酒后驾车的贾某机动车驾驶证 6 个月

C．税务局扣押某企业价值相当于应纳税款的商品

D．公安机关对醉酒的王某采取约束性措施至酒醒

14 1302048

关于部门规章的权限，下列哪一说法是正确的？

A．尚未制定法律、行政法规，对违反管理秩序的行为，可以设定暂扣许可证的行政处罚

B．尚未制定法律、行政法规，且属于规章制定部门职权的，可以设定扣押财物的行政强制措施

C．可以在上位法设定的行政许可事项范围内，对实施该许可作出具体规定

D．可以设定除限制人身自由以外的行政处罚

【多选】

15 2201129

市监局认定李某擅自经营网吧，依法查封经营场所并扣押其用于经营的电脑，随后对电脑作出没收决定。下列说法正确的是？

A．国务院部门制作的部门规章不得设定扣押

B．市监局不得委托其他行政机关进行查封扣押

C．没收电脑属于财产罚

D．查封经营场所由全国人大常委会制定的法律设定

16 2201058

9 月 5 日区城管局认定甲在道路上违法经营，扣押了相关经营物品，9 月 8 日区城管局向甲交付了扣押决定书和清单，10 月 30 日，区城管局对扣押物品予以没收后进行了销毁，下列哪些选项是正确的？

A．城管局在作出扣押决定时应当场交付扣押决定书

B．城管局交付扣押决定书和清单的行为违法

C．没收扣押物品属于行政处罚

D．城管局对物品的销毁应有法律、行政法规依据

17 1801081

下列选项中，哪些行为不属于行政强制措施？

A．市场监督管理局责令某食品生产企业停产 1 年

B．市场监督管理局对某企业有效期届满未申请延续的营业执照予以注销

C．为防止生态破坏，市林业局责令超范围采伐树木的孙某种十棵树

D．公安交管局暂扣违章驾车的赵某驾驶执照 6 个月

18 1602082

某工商局因陈某擅自设立互联网上网服务营业场所扣押其从事违法经营活动的电脑 15 台，后作出没收被扣电脑的决定。下列哪些说法是正确的？

A．工商局应制作并当场交付扣押决定书和扣押清单

B．因扣押电脑数量较多，作出扣押决定前工商局应告知陈某享有要求听证的权利

C．对扣押的电脑，工商局不得使用

D．因扣押行为系过程性行政行为，陈某不能单独对扣押行为提起行政诉讼

19 1302076

合法行政是行政法的重要原则。下列哪些做法违反了合法行政要求？

A．某规章规定行政机关对行政许可事项进行监督时，不得妨碍被许可人正常的生产经营活动

B．行政机关要求行政处罚听证申请人承担组织听证的费用

C．行政机关将行政强制措施权委托给另一行政机关行使

D．行政机关对行政许可事项进行监督时发现直接关系公共安全、人身健康的重要设备存在安全隐患，责令停止使用和立即改正

20 1202080

某工商局以涉嫌非法销售汽车为由扣押某公司 5 辆汽车。下列哪些说法是错误的？

A．工商局可以委托城管执法局实施扣押

B．工商局扣押汽车的最长期限为 90 日

C．对扣押车辆，工商局可以委托第三人保管

D．对扣押车辆进行检测的费用，由某公司承担

解析页码
063—065

【不定项】

21 2201144

宋某被公安机关决定强制戒毒2年，在强制戒毒期间，宋某不服提起诉讼。下列说法正确的是？

A．强制戒毒只能由法律设定

B．强制戒毒属于行政强制执行

C．宋某可以口头委托近亲属以其名义起诉

D．宋某可以向经常居住地法院起诉

22 1202099

某交通局在检查中发现张某所驾驶货车无道路运输证，遂扣留了张某驾驶证和车载货物，要求张某缴纳罚款1万元。张某拒绝缴纳，交通局将车载货物拍卖抵缴罚款。下列说法正确的有？

A．扣留驾驶证的行为为行政强制措施

B．扣留车载货物的行为为行政强制措施

C．拍卖车载货物的行为为行政强制措施

D．拍卖车载货物的行为为行政强制执行

23 2001132

某石油销售公司未经批准，将加油站改造重建，住建局根据《城乡规划法》第64条的规定，限其15日内改正，并按工程价款的6%对其处以1万元罚款。石油销售公司不服，向法院提起诉讼。关于本案，下列说法错误的是？

A．石油销售公司如申请临时许可，应对申请材料的真实性负责

B．城市临时建设许可属于关系公共利益的特定行业准入许可

C．《行政许可法》未对撤销行政许可的具体程序作出规定

D．如石油销售公司逾期不缴纳罚款，住建局可按每日罚款3%加收罚款，但追加处罚不得超过1万元

二、模拟训练

【单选】

24 62205227

下列选项中，哪一行为属于行政强制措施？

A．市场监督管理局责令某食品生产企业停产1年

B．市场监督管理局对某企业有效期届满未申请延续的营业执照予以注销

C．市矿产资源管理局责令正在以破坏生态的方式采矿的孙某停止违法开采

D．公安交管局暂扣违章驾车的赵某驾驶执照6个月

25 62105118

下列关于行政强制措施的说法正确的是？

A．规章可以设定行政强制措施

B．具有非惩罚性

C．有基础决定作为前提

D．行政机关可以在其法定权限内书面委托符合条件的其他组织实施行政强制措施

【多选】

26 62005019

2019年8月3日，孙某驾驶车辆行至遵义市董公市高速路收费站时，公安海曙分局的交警发现孙某无道路运输证，暂扣了孙某的驾驶证，并扣押了货物（汽车）。经调查，孙某一直从事非法销售汽车的业务，公安海曙分局便将此事告知遵义市监局，市监局遂展开调查。下列哪些说法错误？

A．若市监局以孙某非法销售汽车为由扣押5辆汽车，市监局既可委托城管执法局实施扣押，也可委托第三人保管

B．市监局的工作人员在调查过程中，孙某的儿子孙某飞（严重精神病患者）一直追打工作人员，工作人员可将其送入指定医院强制治疗，事后立即补办手续

C．市监局的工作人员在调查过程中应制作现场笔录且由当事人和执法人员共同签名并盖章

D．孙某可就交警扣押货物（汽车）的行为申请听证

27 62005082

刘某雇佣的司机任某驾驶车辆行驶至太原市和平路西峪乡路口时，晋源交警一大队的执勤民警以该车未经年审为由将该车扣留并于当日存入存车场。刘某携带行驶证前去处理。执勤民警在核实

解析页码

065—068

过程中发现该车的发动机号码和车架号码看不到，遂以该车涉嫌套牌及号码无法查对为由对该车继续扣留，并口头告知刘某提供其他合法有效手续。刘某虽多次托人交涉并提供相关材料，但晋源交警一大队一直以其不能提供车辆合法来历证明为由扣留该车。关于本案，下列选项正确的是？

A. 应当由两名以上行政执法人员实施扣押

B. 因扣押发生的保管费用由刘某承担

C. 刘某未能提供合法有效的手续，交警大队一直扣押的行为合法

D. 扣押清单一式二份，由刘某和晋源交警一大队分别保存

28 62005083

丰祥公司分别从山东省一盐厂、安徽省某盐矿调入食用盐共计 302 吨，于某日到达上海。盐务局认定丰祥公司在不具备经营食用盐资格的情况下，擅自从外省调入食用盐至本市，违反了《上海市盐业管理若干规定》的有关规定，遂对丰祥公司采取盐业违法物品扣押强制措施，并将《盐业违法物品封存、扣押通知书》送达丰祥公司。关于本案，下列说法正确的是？

A. 执法人员应当在返回盐务局后立即向负责人报告并补办批准手续

B. 扣押时应当制作现场笔录

C. 扣押时应当制作并当场交付扣押决定书和清单

D. 扣押应当由盐务局具备资格的行政执法人员实施

29 62205226

冰冰影视公司涉嫌偷逃税款被税务局立案调查，税务局依法冻结其账户，下列说法哪些是错误的？

A. 金融机构接到税务局的冻结通知书后，在实施冻结之前应当听取该公司的陈述申辩

B. 冻结金额不得明显超过涉案款项

C. 应当保障企业正常经营需要的资金不被冻结

D. 如果税务局之后解除冻结，可以视为确认冻结行为违法

参考答案

[1]B	[2]B	[3]BCD	[4]D	[5]D
[6]A	[7]A	[8]ABC	[9]AB	[10]ABC
[11]ABD	[12]BD	[13]B	[14]C	[15]ABC
[16]ABCD	[17]ABD	[18]AC	[19]BC	[20]ABD
[21]ACD	[22]ABD	[23]B	[24]C	[25]B
[26]ACD	[27]AD	[28]BCD	[29]ACD	

第十章 行政强制执行

一、历年真题及仿真题

（一）行政强制执行的种类和设定

【多选】

1 1702080

下列哪些规范无权设定行政强制执行？

A. 法律

B. 行政法规

C. 地方性法规

D. 部门规章

（二）行政机关强制执行程序

【单选】

2 1502049

在行政强制执行过程中，行政机关依法与甲达成执行协议。事后，甲应当履行协议而不履行，行政机关可采取下列哪一措施？

A. 申请法院强制执行

B. 恢复强制执行

C. 以甲为被告提起民事诉讼

D. 以甲为被告提起行政诉讼

解析页码 068—069

【多选】

3 1702081

林某在河道内修建了“农家乐”休闲旅社，在紧急防汛期，防汛指挥机构认为需要立即清除该建筑物，林某无法清除。对此，下列哪些说法是正确的？

A. 防汛指挥机构可决定立即实施代履行

B. 如林某提起行政诉讼，防汛指挥机构应暂停强制清除

C. 在法定节假日，防汛指挥机构也可强制清除

D. 防汛指挥机构可与林某签订执行协议约定分阶段清除

4 1402081

代履行是行政机关强制执行的方式之一。有关代履行，下列哪些说法是错误的？

A. 行政机关只能委托没有利害关系的第三人代履行

B. 代履行的费用均应当由负有义务的当事人承担

C. 代履行不得采用暴力、胁迫以及其他非法方式

D. 代履行 3 日前应送达决定书

(三) 申请法院强制执行程序

【多选】

5 2101135

博达公司涉嫌排放污染物，生态环境局对其罚款 10 万元，并责令其改正违法行为。博达公司在催告后逾期不缴纳罚款，也不申请行政复议或提起行政诉讼。生态环境局遂向法院申请强制执行。关于本案，下列哪些说法是错误的？

A. 法院执行庭应对被执行行为的合法性进行审查

B. 生态环境局应当向博达公司所在地的基层法院申请强制执行

C. 生态环境局应当缴纳执行费用

D. 如法院经审查认为符合强制执行条件，应判决予以执行

(四) 综合知识点

【单选】

6 2301075

关于行政机关的收费问题，下列说法中正确的是？

A. 行政机关申请法院强制执行，所产生的费用应由被执行人承担

B. 代履行的费用一律由当事人承担

C. 扣押中产生的费用由当事人承担

D. 行政许可一般不收费，但规章另有规定除外

7 1801120

县林业局认定陈某未办理林木采伐许可证而砍伐 2 棵杨树，告知其拟罚款 300 元，并责令补种 5 棵杨树。陈某辩称杨树归自己所有不应处罚。林业局认为陈某对抗执法，遂处罚陈某 500 元，并责令补种 10 棵杨树，下列哪个选项是正确的？

A. 如陈某收到通知之日起 15 日内未补种 10 棵杨树，林业局可对其按日加处处罚

B. 如陈某所种杨树不符合国家有关规定，可由林业局催告后代为补种

C. 县林业局从拟罚款 300 元到罚款 500 元，符合程序规定

D. 县林业局责令陈某补种 5 棵杨树属于行政强制措施

8 1202048

某市质监局发现一公司生产劣质产品，查封了该公司的生产厂房和设备，之后决定没收全部劣质产品、罚款 10 万元。该公司逾期不缴纳罚款。下列哪一选项是错误的？

A. 实施查封时应制作现场笔录

B. 对公司的处罚不能适用简易程序

C. 对公司逾期缴纳罚款，质监局可以每日按罚款数额的 3% 加处罚款

D. 质监局可以通知该公司的开户银行划拨其存款

9 1801128

关于省、自治区、直辖市政府规章的设定权，下列说法正确的是？

解析页码
069—072

A．可设警告、罚款、没收违法所得等行政处罚

B．可依法设定临时性的行政许可

C．可依法设定扣押财物的行政强制措施

D．可设定加处滞纳金的行政强制执行

【多选】

10 2201138

区市场监督管理局以某公司违反广告法的规定发布虚假广告为由，对其作出罚款10万元的处罚。该公司逾期不缴纳罚款，区市场监督管理局对其每日按罚款金额的3%加处罚款。下列关于加处罚款的说法，正确的有？

A．诉讼期间加处罚款不予计算

B．加处罚款是间接强制执行

C．加处罚款数额不超过10万元

D．加处罚款决定作出前应当履行听证程序

11 1901045

关于省规章的设定权，下列说法正确的是？

A．可以设定临时性许可

B．可以设定一定数量罚款

C．可以设定扣押的行政强制措施

D．可以设定划拨的行政强制执行

12 1901047

某超市售卖过期变质的香肠，区市监局对其作出没收香肠和罚款1万元的处罚决定，但超市逾期不缴纳罚款。对此，下列说法正确的是?

A．区市监局可以按日加处3%的罚款

B．区市监局可以拍卖香肠抵扣罚款

C．区市监局可以和超市签订执行协议，约定分期缴纳罚款

D．区市监局作出处罚通知书可以告知超市有申请听证的权利

二、模拟训练

【单选】

13 62105120

下列有关行政强制执行的说法正确的是?

A．在紧急情况下，行政机关可以在夜间实施行政强制执行

B．行政机关不得对某公司采取停止供水、供电、供热、供燃气等方式迫使其履行相关行政决定

C．对违法的建筑物、构筑物、设施等需要强制拆除的，应当由行政机关予以公告，限期当事人自行拆除。当事人在法定期限内不自行拆除的，行政机关可以依法强制拆除

D．若当事人坚持不履行金钱给付义务，则加处罚款的数额可超出金钱给付义务的数额，以示惩戒

【多选】

14 62005085

杜某未办理审批手续就在其房屋上擅自加建第二层。明光市城乡规划局对此作出限期拆除决定书，责令其三日内自行拆除，逾期将依法强制拆除，杜某不予理睬。随后，城乡规划局直接向杜某送达了拆除催告书，限其在10日内自行拆除。期限届满杜某仍未自行拆除，明光市政府依法责成城乡规划局组织实施对杜某房屋的强制拆除。关于本案，下列说法错误的是?

A．明光市城乡规划局有权对违章建筑作出强制拆除决定，但无权强制执行

B．对杜某房屋实施的强制拆除行为，属于行政强制措施

C．杜某逾期不履行限期拆除决定的行为，是明光市政府责成城乡规划局实施强制拆除的前提之一

D．对杜某作出限期拆除决定后，明光市城乡规划局无需再向杜某送达拆除催告书

15 62205228

某医院未将医疗废物按照类别分置于专用包装物或者容器，存放于露天仓库。卫健委责令医院清除这些医疗废物，医院拒绝清除。下列哪些选项是正确的?

A．医院拒绝清除的，卫健委可以实施代履行

B．医院拒绝清除的，卫健委可以委托没有利害关系的第三人实施代履行

C．实施代履行前，卫健委无需催告医院履行义务

D．卫健委应制作代履行决定书并且载明费用预算

解析页码
072—074

16 62105122

某市市场监督管理局发现一公司生产劣质产品，于是查封了该公司的生产厂房和设备，之后决定没收全部劣质产品、罚款10万元。该公司逾期不缴纳罚款，该局每日对其按罚款数额的2%加处罚款。该公司对该局的上述决定无异议（既未申请行政复议也未提起行政诉讼），但就是不履行。该局催告后，该公司仍不履行，于是该局将之前查封的生产厂房和设备依法拍卖抵缴罚款。下列说法正确的是?

A．市场监督管理局无权加处罚款

B．加处罚款为间接强制执行

C．拍卖为直接强制执行

D．市场监督管理局应当申请法院执行，不得自行对该生产厂房和设备进行拍卖

17 62205107

质监局在执法过程中发现甲公司的一辆小货车上运输的40袋（1吨）食用大米农药残留量超过了正常比例，不符合食品安全标准（但可以当作饲料粮），遂对货车和40袋大米进行扣押，并作出了罚款1万元的处罚决定。甲公司逾期未缴纳罚款。对此，下列说法正确的是?

A．质监局将货车和大米一并扣押的行为合法

B．扣押的保管费用应当由甲公司承担

C．甲公司逾期不申请救济又不缴纳罚款的，质监局可以申请法院强制执行

D．甲公司在法定期限内不复议、不诉讼，经催告仍不履行的，质监局可以将扣押的大米拍卖抵缴罚款

参考答案

[1]BCD	[2]B	[3]AC	[4]ABD	[5]ABCD
[6]A	[7]B	[8]D	[9]B	[10]ABC
[11]AB	[12]ACD	[13]A	[14]ABD	[15]ABD
[16]BC	[17]CD			

第十一章 政府信息公开

一、历年真题及仿真题

（一）公开的方式和程序

【多选】

1 2201127

陈某3个月内连续申请信息公开30次，下列有关行政机关的处理，正确的是?

A．行政机关可以要求陈某说明申请公开的理由

B．如果申请理由不合理，行政机关可以告知陈某不予处理

C．行政机关不得收取信息处理费

D．行政机关对于陈某申请的部分信息可以纳入主动公开的范围

2 1901049

戴某连续55次申请了镇政府的防汛信息公开，2019年又向镇政府申请了信息公开，政府可以采取的正确处理方式有?

A．可以收取相应信息处理费用

B．可以以其不具有申请人资格为由不予提供

C．可以以其此前多次重复申请为由不予处理

D．可以要求其说明理由

【不定项】

3 1702097

某环保联合会对某公司提起环境民事公益诉讼，因在诉讼中需要该公司的相关环保资料，遂向县环保局提出申请公开该公司的排污许可证、排污口数量和位置等有关环境信息。申请书中载明了单位名称、住所地、联系人及电话并加盖了公章、获取信息的方式等。县环保局收到申请后，要求环保联合会提供申请人身份的证明材料。环保联合会提供了社会团体登记证复印件。县环保局以申请公开的内容不明确为由拒绝公开。该环保联

解析页码
074—076

合会不服申请复议，复议机关作出维持决定后环保联合会提起行政诉讼。关于本案的信息公开申请及其处理，下列说法正确的是?

A. 环保联合会可采用数据电文形式提出信息公开

B. 环保联合会不具有提出此信息公开申请的资格

C. 县环保局有权要求环保联合会提供申请人身份的证明材料

D. 县环保局认为申请内容不明确的，应一次性告知环保联合会作出更改、补充

(二)综合知识点

【多选】

4 2301086

张某通过信息网络申请政府信息公开，区规划局告知张某需补正材料，说明申请甲村的具体四界范围，后审查发现甲村建筑规划四界的信息已移交档案局保存，告知张某应向区档案局申请公开，故区规划局驳回了张某信息公开申请，张某不服申请复议，复议机关作出维持决定后，张某仍不服提起行政诉讼。对此下列说法正确的是?

A. 法院应判决驳回原告诉讼请求

B. 申请公开之日为在网上提交申请之日

C. 区规划局的回复期限应当自材料补正后开始计算

D. 区规划局第二次告知行为违法

5 1502050

某环保公益组织以一企业造成环境污染为由提起环境公益诉讼，后因诉讼需要，向县环保局申请公开该企业的环境影响评价报告、排污许可证信息。环保局以该组织无申请资格和该企业在该县有若干个基地，申请内容不明确为由拒绝公开。下列哪些说法是正确的?

A. 该组织提出申请时应出示申请人的有效身份证明

B. 环保局认为该环保公益组织无申请资格不成立

C. 对该组织的申请内容是否明确，环保局的认定和处理是正确的

D. 该组织所申请信息属于依法不应当公开的信息

6 1102079

某镇政府主动公开一胎生育证发放情况的信息。下列哪些说法是正确的?

A. 该信息属于镇政府重点公开的信息

B. 镇政府可以通过设立的信息公告栏公开该信息

C. 在无法律、法规或者规章特别规定的情况下，镇政府应当在该信息形成之日起 3 个月内予以公开

D. 镇政府应当及时向公共图书馆提供该信息

7 1002045

区房管局向某公司发放房屋拆迁许可证。被拆迁人王某向区房管局提出申请，要求公开该公司办理拆迁许可证时所提交的建设用地规划许可证，区房管局作出拒绝公开的答复。对此，下列哪些说法是正确的?

A. 王某提出申请时，应出示有效身份证件

B. 因王某与申请公开的信息无利害关系，拒绝公开是正确的

C. 因区房管局不是所申请信息的制作主体，拒绝公开是正确的

D. 拒绝答复应自收到王某申请之日起一个月内作出

【不定项】

8 2201141

李某因打架斗殴被区公安分局传唤，后区公安分局对其作出行政拘留 5 日的处罚决定。后李某以平邮方式向区公安分局申请公开对其作出行政拘留处罚的案卷材料，区公安分局不予公开，李某不服向区政府申请复议，区政府作出维持决定后李某提起行政诉讼。下列说法正确的是?

A. 李某申请信息公开时应当提供身份证明

B. 区公安分局签收之日为收到李某信息公开申请之日

C. 现场发现李某打架斗殴的，民警可以口头传唤

D. 李某申请公开信息属于行政执法案卷信息，应当不予公开

解析页码 076—078

二、模拟训练

【单选】

9 62205230

徐某因为自己家的房屋拆迁问题反复、大量地向县政府申请公开政府信息。下列哪一说法是错误的?

A. 徐某大量反复地申请政府信息公开，县政府可以要求其说明理由

B. 县政府已就徐某提出的政府信息公开申请作出答复，徐某重复申请公开相同政府信息的，县政府告知徐某不予重复处理

C. 可以向徐某收取信息处理费

D. 收取信息处理费的具体办法由国务院价格主管部门会同全国政府信息公开工作主管部门制定

【多选】

10 62005088

2019 年 6 月 1 日，李某通过“政府信息网依申请公开系统”向广东省交通运输厅递交了政府信息公开申请。该系统以申请编号 11060100011 予以确认，并通过短信通知李某确认该政府信息公开申请提交成功。7 月 28 日，交通运输厅作出受理记录确认上述事实，并于 8 月 4 日向李某送达《关于政府信息公开的答复》和《政府信息公开答复书》。后李某以交通运输厅未在法定期限内答复及提供所申请的政府信息为由提起行政诉讼，请求判决确认被告行为违法。被告辩称，广东省人民政府公开网络系统是省政府政务外网，而非被告的内部局域网。外网的信息到达内网需要一定时间，其正式收到并确认受理申请的日期是 7 月 28 日。关于本案，下列哪些说法是正确的?

A. 6 月 1 日应视为交通运输厅收到李某的申请之日

B. 7 月 28 日为交通运输厅收到李某的申请之日

C. 如果李某所申请的政府信息是需要交通运输厅对现有政府信息进行加工的，交通运输厅可不予提供

D. 如有多个申请人就与本案相同的政府信息向交通运输厅提出公开申请，交通运输厅应当将该信息纳入主动公开的范围

11 62205232

孟某计划在甲县汽车站旁经营烟草专卖店，向县市场监督管理局申请营业执照。隔壁店铺的个体户李某表示反对，并向县市场监督管理局提出申请，要求公开孟某办理营业执照时所提交的烟草专卖零售许可证，县市场监督管理局作出拒绝公开的答复，告知李某向县烟草专卖局申请公开。对此，下列哪些说法是错误的?

A. 甲县政府是甲县行政区域的政府信息公开工作主管部门

B. 县市场监督管理局拒绝公开的答复违法

C. 李某应当提交身份证明

D. 可以向李某收取合理的信息处理费

12 62205231

为了打击非法上访、缠访、闹访，维护行政机关正常的办公秩序，甲省公安厅牵头甲省司法厅联合制定和下发《省公安厅省司法厅关于规范信访秩序依法打击非法上访行为的通告》(以下简称《通告》)。孙某因为多次越级上访，被甲省乙市公安局依据《通告》认定为非法上访，给予行政拘留 10 日。孙某向甲省公安厅申请公开《通告》的内容。对此，下列哪些说法是错误的?

A.《通告》的内容由甲省公安厅负责公开

B.《通告》的内容由甲省公安厅和甲省司法厅负责公开

C. 甲省公安厅收到信息公开申请后，可以征求甲省司法厅的意见

D. 应当自收到申请之日起 30 个工作日内予以答复

13 62205229

某镇政府主动公开筹资筹劳的信息。下列哪些说法是正确的?

A. 该信息属于镇政府重点公开的信息

B. 镇政府可以通过设立的电子信息屏公开该信息

C. 原则上镇政府应当在该信息形成之日起 40 个工作日内予以公开

D. 镇政府应当在政务服务场所设置政府信息查阅场所

解析页码
079—080

14 62105102

下列关于政府信息公开的表述错误的是?

A. 申请公开的政府信息中如果包含部分不能公开的内容，行政机关只需要提供可以公开的信息内容，无需理会不能公开的部分

B. 行政机关应建立健全政府信息公开协调机制

C. 申请公开政府信息的，行政机关只能收取检索、复制、邮寄等成本费用，其他费用不得收取

D. 政府信息公开申请内容不明确的，行政机关自收到申请之日起7个工作日内一次性告知申请人作出补正即可

参考答案

[1] AB	[2] ACD	[3] ACD	[4] AC	[5] AB
[6] BD	[7] AC	[8] AC	[9] D	[10] AC
[11] ABD	[12] BD	[13] ABD	[14] ACD	

第十二章 行政复议与诉讼[1]

一、历年真题及仿真题

（一）行政复议与诉讼的衔接

【多选】

1 1801083

下列哪些情形下当事人需要先申请行政复议，才可以提起行政诉讼?

A. 某企业对反垄断执法机构作出的禁止和限制经营者集中的决定不服的

B. 江某对省政府作出的行政行为不服的

C. 县政府为孙某颁发采矿许可证，刘某认为该行为已经侵犯了自己已有的采矿权

D. 王某不服税务局要求其补缴2300元个人所得税决定的

（二）综合知识点

【单选】

2 1302045

田某为在校大学生，以从事研究为由向某工商局提出申请，要求公开该局2012年度作出的所有行政处罚决定书，该局拒绝公开。田某不服，向法院起诉。下列哪一说法是正确的?

A. 因田某不具有申请人资格，拒绝公开合法

B. 因行政处罚决定为重点公开的政府信息，拒绝公开违法

C. 田某应先申请复议再向法院起诉

D. 田某的起诉期限为6个月

3 1002048

《环境保护法》规定，当事人对行政处罚决定不服，可以在接到处罚通知之日起十五日内申请复议，也可以在接到处罚通知之日起十五日内直接向法院起诉。某县环保局依据《环境保护法》对违法排污企业作出罚款处罚决定，该企业不服。对此，下列哪一说法是正确的?

A. 如该企业申请复议，申请复议的期限应为六十日

B. 如该企业直接起诉，提起诉讼的期限应为三个月

C. 如该企业逾期不缴纳罚款，县环保局可从该企业的银行账户中划拨相应款项

D. 如该企业逾期不缴纳罚款，县环保局可扣押该企业的财产并予以拍卖

4 1502048

公安局以田某等人哄抢一货车上的财物为由，对田某处以15日行政拘留处罚，田某不服申请复议。下列哪一说法是正确的?

A. 田某的行为构成扰乱公共秩序

B. 公安局对田某哄抢的财物应予以登记

C. 公安局对田某传唤后询问查证不得超过12小时

D. 田某申请复议的期限为6个月

[1] 2023年9月1日，新修订的《行政复议法》经十四届全国人大常委会第五次会议表决通过，自2024年1月1日起施行。本题集相关题目请适用新法作答。

解析页码 081—083

5 1102048

某国土资源局以陈某违反《土地管理法》为由，向陈某送达决定书，责令其在 10 日内拆除擅自在集体土地上建造的房屋 3 间，恢复土地原状。陈某未履行决定。下列哪一说法是错误的?

A．国土资源局的决定书应载明，不服该决定申请行政复议或提起行政诉讼的途径和期限

B．国土资源局的决定为负担性具体行政行为

C．因《土地管理法》对起诉期限有特别规定，陈某对决定不服提起诉讼的，应依该期限规定

D．如陈某不履行决定又未在法定期限内申请复议或起诉的，国土资源局可以自行拆除陈某所建房屋

【多选】

6 1302083

当事人对下列哪些事项既可以申请行政复议也可以提起行政诉讼?

A．行政机关对民事纠纷的调解

B．出入境边防检查机关对外国人采取的遣送出境措施

C．是否征收反倾销税的决定

D．税务机关作出的处罚决定

7 2201128

税务局因企业逾期不缴纳税款，对其罚款 30 万元。后依企业申请，税务局举行听证。下列说法正确的是?

A．企业可委托代理人参加听证

B．听证费用由企业承担

C．企业对处罚决定不服可直接起诉

D．税务局应制作听证笔录

8 1402079

某公安局以刘某引诱他人吸食毒品为由对其处以 15 日拘留，并处 3000 元罚款的处罚。刘某不服，向法院提起行政诉讼。下列哪些说法是正确的?

A．公安局在作出处罚决定前传唤刘某询问查证，询问查证时间最长不得超过 24 小时

B．对刘某的处罚不应当适用听证程序

C．如刘某为外国人，可以附加适用限期出境

D．刘某向法院起诉的期限为 3 个月

9 1102081

某区公安分局以沈某收购赃物为由，拟对沈某处以 1000 元罚款。该分局向沈某送达了听证告知书，告知其可以在 3 日内提出听证申请，沈某遂提出听证要求。次日，该分局在未进行听证的情况下向沈某送达 1000 元罚款决定。沈某申请复议。下列哪些说法是正确的?

A．该分局在作出决定前，应告知沈某处罚的事实、理由和依据

B．沈某申请复议的期限为 60 日

C．该分局不进行听证并不违法

D．该罚款决定违法

10 2001114

某公司超标排污，甲向生态部门申请公开该公司的环评文件，行政机关征求公司意见，公司以涉及商业秘密为由拒绝，行政机关即以涉及商业秘密为由拒绝公开。下列选项正确的是?

A．若某公司逾期未答复，则视为同意公开

B．行政机关拒绝公开违法

C．对于行政机关的拒绝决定，甲应当先申请行政复议后才可以再提起行政诉讼

D．甲申请信息公开时应当提供身份证明

【不定项】

11 2001133

李某申请镇政府公开所在村土地承包经营权流转的信息，镇政府以李某申请公开的信息与其本人的生产、生活等没有关系为由，通知不予公开。李某申请行政复议。对此，下列说法错误的是?

A．镇政府不予公开理由是合法的

B．李某申请行政复议时间为 60 日

C．李某提交申请公开信息应证明与自身有利害关系

D．申请复议时间由李某与镇政府协商确定

解析页码
083—086

二、模拟训练

【单选】

12 62105110

某公司为扩大营业规模，向本市的枸杞基地收购枸杞 1 吨，市税务局根据其收购情况决定该公司需缴纳增值税 2030 元。该公司不服，欲寻求救济。下列说法正确的是？

A. 该公司可以选择申请行政复议或者提起行政诉讼

B. 该公司必须先申请行政复议，否则不能提起行政诉讼

C. 该公司可以先申请复议，对该复议决定不服的，可以申请国务院终局裁决

D. 该公司可以先申请复议，对复议决定不服的再提起行政诉讼或申请国务院终局裁决

13 62205125

下列情形中，当事人可以不经复议直接起诉的有？

A. 甲公司今年的应缴税额比去年的应缴税额多了一半，甲公司对该增加的纳税数额有异议

B. 乙公司为扩大市场份额，多次收购国内的同类经营企业，反垄断执法机构经调查作出了限制其收购集中的决定

C. 县林业局在新一轮的林地统计中，将属于甲村的一块荒地划给了乙村，甲村对此决定不服

D. 县市场监督管理局在年检时以赵某销售过期食品为由，撤销了其经营许可证，赵某不服

14 62205128

县政府依法出让一块土地给乙使用并颁发国有土地使用证。甲认为出让的土地中包括了自己享有使用权的土地，遂和乙因土地使用权发生争议并大打出手，甲将乙打成轻伤，县公安局出面调停，对甲处以 500 元罚款，建议其申请政府进行裁决。甲、乙遂将土地使用权争议提请县政府裁决，后县政府裁决争议土地的使用权归乙所有。对此，下列说法错误的是？

A. 若乙认为县公安局罚款 500 元处罚过轻，可向法院起诉

B. 若甲对县政府将争议土地使用权给乙的裁决不服，应当先提起行政复议

C. 若甲认为县公安局罚款 500 元处罚过重，可直接向法院提起诉讼

D. 若甲对县政府的裁决不服，向市政府申请复议，市政府的复议决定是终局裁决

【多选】

15 62005137

袁某与沈渡村第五村民小组签订合同，承包了本组荒滩地 21 亩，合同中约定承包地上的果树归袁某所有。合同到期时，该组部分村民与袁某因林木权属发生争议。袁某向王营镇政府申请确权。2019 年 1 月 31 日，镇政府作出处理决定，确认承包地中属于集体所栽桃树共计 180 棵，袁某所栽桃树 128 棵、梨树 125 棵。袁某 2 月 1 日知晓后，不服此决定，向法院起诉，经法院释明应先申请复议后，其申请撤诉，法庭裁定准许。关于本案，下列哪些说法是错误的？

A. 袁某应先向镇政府申请行政复议

B. 袁某应当在 2019 年 3 月 28 日之前申请行政复议

C. 如撤诉后袁某申请行政复议被维持，其起诉撤销原处理决定的，法院应予受理

D. 如撤诉后袁某申请行政复议被维持，其起诉撤销原处理决定的，法院不应受理

参考答案

[1] ACD	[2] C	[3] A	[4] B	[5] D
[6] CD	[7] ACD	[8] AC	[9] ABD	[10] BCD
[11] ACD	[12] B	[13] D	[14] D	[15] ABD

解析页码
086—087

第十三章 行政复议与诉讼受案范围

一、历年真题及仿真题

(一) 行政诉讼与复议受案范围

【单选】

1 1702049

下列哪一选项属于法院行政诉讼的受案范围?

A. 张某对劳动争议仲裁裁决不服向法院起诉的

B. 某外国人对出入境边检机关实施遣送出境措施不服申请行政复议，对复议决定不服向法院起诉的

C. 财政局工作人员李某对定期考核为不称职不服向法院起诉的

D. 某企业对县政府解除与其签订的政府特许经营协议不服向法院起诉的

【多选】

2 2201122

大学教师张某对其所在高校给予的职称评定不服，向市教育局投诉，市教育局将处理该投诉事项的《对某高校教师张某职称评定投诉处理的初步意见》(以下简称《初步意见》)报送市政府复核。张某知晓初步意见的内容后心生不满，向法院提起行政诉讼。下列说法中正确的是?

A. 职称评定属于内部行为，不可诉

B. 职称评定属于高校内部管理行为，不可诉

C.《初步意见》属于过程性行为，不可诉

D. 市政府的复核属于上级对下级的监督，不可诉

3 1801082

下列案件，哪些属于行政诉讼受案范围?

A. 李某不服县生态环境局作出的行政处罚决定，向县政府申请复议，在法定复议期间内向法院起诉的

B. 李某不服房屋征收部门对其作出的补偿决定，提起行政诉讼

C. 房屋征收部门以李某不履行房屋征收补偿协议为由提起行政诉讼

D. 郭某不服房屋征收部门对其作出的征收决定，提起行政诉讼

4 1602083

下列起诉，哪些不属于行政诉讼受案范围?

A. 某公司与县政府签订天然气特许经营协议，双方发生纠纷后该公司以县政府不依法履行协议向法院起诉

B. 环保局干部孙某对定期考核被定为不称职不服，向法院起诉

C. 李某与房屋征收主管部门签订国有土地上的房屋征收补偿安置协议，后李某不履行协议，房屋征收主管部门向法院起诉

D. 县政府发布全县征地补偿安置标准的文件，村民万某以文件确定的补偿标准过低为由向法院起诉

5 1102080

下列当事人提起的诉讼，哪些属于行政诉讼受案范围?

A. 某造纸厂向市水利局申请发放取水许可证，市水利局作出不予许可决定，该厂不服而起诉

B. 食品药品监管局向申请餐饮服务许可证的李某告知补正申请材料的通知，李某认为通知内容违法而起诉

C. 化肥厂附近居民要求环保局提供对该厂排污许可证监督检查记录，遭到拒绝后起诉

D. 某国土资源局以建城市绿化带为由撤回向一公司发放的国有土地使用权证，该公司不服而起诉

【不定项】

6 1502098

下列选项属于行政诉讼受案范围的是?

A. 方某在妻子失踪后向公安局报案要求立案侦查，遭拒绝后向法院起诉确认公安局的行为违法

B. 区房管局以王某不履行双方签订的房屋征收补偿协议为由向法院起诉

C. 某企业以工商局滥用行政权力限制竞争为由向

解析页码
088—090

法院起诉

D．黄某不服市政府发布的征收土地补偿费标准直接向法院起诉

7　1102097

当事人不服下列行为提起的诉讼，属于行政诉讼受案范围的是？

A．某人保局以李某体检不合格为由取消其公务员录用资格

B．某公安局以新录用的公务员孙某试用期不合格为由取消录用

C．某人保局给予工作人员田某记过处分

D．某财政局对工作人员黄某提出的辞职申请不予批准

（二）综合知识点

【单选】

8　1402044

王某经过考试成为某县财政局新录用的公务员，但因试用期满不合格被取消录用。下列哪一说法是正确的？

A．对王某的试用期限，由某县财政局确定

B．对王某的取消录用，应当适用辞退公务员的规定

C．王某不服取消录用向法院提起行政诉讼的，法院应当不予受理

D．对王某的取消录用，在性质上属于对王某的不予录用

9　1202085

法院应当受理下列哪些对政府信息公开行为提起的诉讼？

A．黄某要求市政府提供公开发行的 2010 年市政府公报，遭拒绝后向法院起诉

B．某公司认为工商局向李某公开的政府信息侵犯其商业秘密向法院起诉

C．村民申请乡政府公开财政收支信息，因乡政府拒绝公开向法院起诉

D．甲市居民高某向乙市政府申请公开该市副市长的兼职情况，乙市政府以其不具有申请人资格为由拒绝公开，高某向法院起诉

【多选】

10　1901048

刘某在沿街边修建违章建筑物，区规划局向刘某发出《拆除所建房屋通知》，要求刘某在 30 日内拆除房屋。到期后，刘某未拆除所建房屋，第 2 日，区规划局将其违章建筑物强制拆除。下列哪些说法是正确的？

A．刘某就责令限期拆除通知书起诉，法院应当受理本案

B．区规划局强制拆除行为违法

C．责令限期拆除通知书的性质为行政指导

D．刘某应先申请复议再向法院起诉

【不定项】

11　2101073

甲县政府为吸引、鼓励外来投资，印发了《甲县关于推动招商引资的意见》，允诺对介绍外地企业到本县投资的单位和个人按照实际投资金额的 1% 给予奖励。经李某引荐，乙公司与甲县政府签订投资协议，以建设经营转让的方式（BOT）投资 5000 万元建设垃圾焚毁厂并经营至今。李某多次向县政府请求支付当初承诺给予的 10 万元奖励，县政府均拒绝支付，遂提起行政诉讼。下列说法正确的是？

A．甲县政府发布的《意见》属于具体行政行为

B．李某获得的 10 万元可免缴个人所得税

C．县政府拒绝支付奖励的行为违反了信赖利益保护原则

D．乙公司就投资协议发生争议的，可提起行政诉讼

12　1302098

市林业局接到关于孙某毁林采矿的举报，遂致函当地县政府，要求调查。县政府召开专题会议形成会议纪要：由县林业局、矿产资源管理局与安监局负责调查处理。经调查并与孙某沟通，三部门形成处理意见：要求孙某合法开采，如发现有毁林或安全事故，将依法查处。再次接到举报后，三部门共同发出责令孙某立即停止违法开采，对

解析页码
090—092

被破坏的生态进行整治的通知。就上述事件中的行为的属性及是否属于行政诉讼受案范围，下列说法正确的是？

A. 市林业局的致函不具有可诉性

B. 县政府的会议纪要具有可诉性

C. 三部门的处理意见是行政合同行为

D. 三部门的通知具有可诉性

二、模拟训练

【单选】

13 62205079

下列选项中属于行政诉讼受案范围的是？

A. 李某因贩卖毒品而被公安局刑事拘留，李某不服起诉，请求法院确认公安局行为违法

B. 觉晓公司对某区政府单方解除与其签订的城市供水协议的行为不服，提起行政诉讼

C. 出于防疫目的，某市政府呼吁本地市民假期期间减少大型聚餐活动

D. 民警徐某聚众赌博，被所属的乙市公安局记大过，徐某不服提起行政诉讼

14 62205120

下列属于行政诉讼的受案范围的是？

A. 甲县车管所向申请机动车驾驶证的王某下达补正申请材料的通知，王某认为该通知内容违法而起诉

B. 乙市政府以觉晓公司不履行双方签订的矿业权出让协议而起诉

C. 美国人托某在中国居住期间因醉酒驾驶被乙区公安分局出入境管理机构处以拘留 5 日，托某不服向区政府复议，区政府改为处以拘留 3 日，托某对复议决定不服，提起诉讼

D. 县税务局以赵某申报税额远小于实际应缴税额为由，对其处以 5000 元罚款，赵某对决定不服，向县法院提起诉讼

【多选】

15 62005131

简阳市（成都的县级市）政府以通告的形式，对本市区范围内客运人力三轮车实行限额管理，对一共 401 辆客运人力三轮车进行了登记并收取有偿使用费 3500 元，但并未告知有偿使用期限。随后简阳市政府针对有偿使用期限已届满两年的客运人力三轮车，发布《公告》和《补充公告》：要求原取得使用资格的经营者限期重新办理登记并缴纳有偿使用费。张某、陶某等 182 名客运人力三轮车经营者认为简阳市政府作出的《公告》和《补充公告》构成重复收费，侵犯其合法经营权，向法院提起行政诉讼，要求判决撤销简阳市政府作出的上述《公告》和《补充公告》。关于本案，下列哪些说法是正确的？

A.《公告》和《补充公告》属于抽象行政行为

B.《公告》和《补充公告》不可诉

C. 简阳市政府作出的通告程序违法

D. 张某等人除了可以向成都市政府申请行政复议，还可以向成都市中级人民法院提起行政诉讼

16 62205237

蒋某与县政府签订《征地拆迁补偿安置协议》，下列有关做法或说法哪些是正确的？

A. 蒋某以县政府不履行《征地拆迁补偿安置协议》为由向法院起诉的，属于行政诉讼的受案范围

B. 蒋某以县政府单方变更《征地拆迁补偿安置协议》为由向法院起诉的，属于行政诉讼的受案范围

C. 蒋某向法院提起行政诉讼，要求撤销其与县政府签订的《征地拆迁补偿安置协议》，属于行政诉讼的受案范围

D. 县政府以蒋某不履行《征地拆迁补偿安置协议》为由向法院起诉的，属于行政诉讼的受案范围

参考答案

[1]D	[2]BD	[3]BD	[4]BCD	[5]ACD
[6]C	[7]A	[8]C	[9]B	[10]AB
[11]CD	[12]AD	[13]B	[14]D	[15]CD
[16]ABC				

解析页码

092—094

第十四章 行政复议与诉讼主体

一、历年真题及仿真题

（一）被告与复议被申请人

【不定项】

1 2201131

区政府作出第 17 号房屋征收决定，赵某的房屋位于征收范围内。赵某不服该征收决定向市政府申请行政复议，市政府认为已过复议申请期限故不予受理，后赵某对第 17 号房屋征收决定提起行政诉讼。下列说法正确的是？

A．本案应以区政府为被告

B．本案应以市政府为被告

C．区政府和市政府作为共同被告

D．市政府为被告，区政府为第三人

（二）第三人

【多选】

2 1202082

村民甲带领乙、丙等人，与造纸厂协商污染赔偿问题。因对提出的赔偿方案不满，甲、乙、丙等人阻止生产，将工人李某打伤。公安局接该厂厂长举报，经调查后决定对甲拘留 15 日、乙拘留 5 日，对其他人未作处罚。甲向法院提起行政诉讼，法院受理。下列哪些人员不能成为本案的第三人？

A．丙

B．乙

C．李某

D．造纸厂厂长

3 2001112

某市政建设管理部门依法授予甲公司城市管道燃气独占专营权。在甲公司经营权与营业权存续期间，该市政建设管理部门确定了城市管道燃气项目招标方案，并举行招标，乙公司中标。对于市政建设管理部门实施的招标行为，甲公司向法院提起诉讼。下列哪些说法是正确的？

A．授予甲公司城市管道燃气独占专营权的行为属于民事行为

B．如果法院受理此案，乙公司为第三人

C．非因法定事由并经法定程序，市政建设管理部门不得撤回甲公司依法取得的城市管道燃气独占专营权

D．授予甲公司城市管道燃气独占专营权的行为属于行政许可

（三）综合知识点

【单选】

4 2001127

某公司在高速路口违规设置广告牌，甲县政府责令限期拆除，该公司未处理。后甲县政府指派乙镇政府予以拆除。该公司不服，以甲县政府为被告起诉至法院，请求确认拆除行为违法并赔偿损失。对此，下列哪些说法是正确的？

A．法院不应通知变更被告为乙镇政府

B．法院应当追加乙镇政府为第三人

C．两个诉讼请求应当分别立案

D．追加乙镇政府为被告

5 2101082

为规范辖区内的环境管理活动，甲区政府发布《关于规范甲区废弃物处理活动的第六号文件》（以下简称《六号文件》）指定绿源公司实施辖区的废弃物清理回收活动。甲区畜牧兽医局为落实《六号文件》的要求，发函要求甲区五家生猪屠宰场必须与绿源公司签订废弃物回收清运协议，违者将给予相应的行政处罚。五家生猪屠宰场不服，向法院提起诉讼。下列说法正确的是？

A．《六号文件》属于具有普遍约束力的行政性规范文件

B．《六号文件》不属于行政复议的受理范围

C．五家生猪屠宰场有权对甲区畜牧兽医局的行为申请复议

D．甲区畜牧兽医局的行为属于行政确权行为

解析页码
094—095

6 2201047

县公安局以张某殴打他人并致轻伤为由，决定对张某行政拘留五日并处罚款 200 元，张某对该处罚决定不服，向县政府申请行政复议，县政府维持处罚决定。张某向法院起诉。关于本案，哪项正确？

A．张某申请行政复议期限为 90 日
B．县公安局对张某作出治安处罚期限为 90 日
C．本案被告为县政府
D．张某申请行政复议时可向公安局提出暂缓执行行政拘留的申请

7 1302047

某公司向规划局交纳了一定费用后获得了该局发放的建设用地规划许可证。刘某的房屋紧邻该许可规划用地，刘某认为建筑工程完成后将遮挡其房屋采光，向法院起诉请求撤销该许可决定。下列哪一说法是正确的？

A．规划局发放许可证不得向某公司收取任何费用
B．因刘某不是该许可的利害关系人，规划局审查和决定发放许可证无需听取其意见
C．因刘某不是该许可的相对人，不具有原告资格
D．因建筑工程尚未建设，刘某权益受侵犯不具有现实性，不具有原告资格

8 2101079

市税务局发现甲出口公司存在“假自营、真代理”的行为，依法追缴甲公司 500 万的退税款，随后市税务局便强制从甲公司账户上扣缴 500 万元。甲公司申请行政复议，复议机关决定维持，甲公司仍不服，向法院提起诉讼。下列说法正确的是？

A．追缴 500 万退税款属于行政处罚
B．强制扣缴 500 万属于行政强制执行
C．甲公司的起诉期间为 3 个月
D．本案被告为市税务局

9 1202046

经王某请求，国家专利复审机构宣告授予李某的专利权无效，并于 2011 年 5 月 20 日向李某送达决定书。6 月 10 日李某因交通事故意外死亡。李某妻子不服决定，向法院提起行政诉讼。下列哪一说法是正确的？

A．李某妻子应以李某代理人身份起诉
B．法院应当通知王某作为第三人参加诉讼
C．本案原告的起诉期限为 60 日
D．本案原告应先申请行政复议再起诉

【多选】

10 2101083

张某以患尘肺病为由向区人社局申请工伤认定，区人社局以原用人单位因股份制改革已消亡为由作出《不予受理决定书》。张某不服向区政府申请行政复议，区政府认为不是工伤遂作出《不予认定决定书》。张某以区人社局为被告向法院提起行政诉讼。下列说法错误的是？

A．应当驳回起诉
B．应当告知张某变更被告
C．应当驳回诉讼请求
D．应当通知张某追加区政府为共同被告

11 2001115

区政府征收了李某房屋，李某不服提起复议，市政府认为复议超过法定期限，不予受理。李某提起诉讼，下列选项正确的是？

A．李某就征收决定提起诉讼，被告为区政府
B．本案为复议前置案件，李某对征收决定提起诉讼，法院不应受理
C．李某就复议机关不予受理提起诉讼，被告为市政府
D．本案为复议前置案件，李某对复议不受理提起诉讼，法院不应受理

12 2001118

王某下班路上驾驶摩托车侧翻倒地死亡，交警大队多次调查未查明事故原因。因为交通事故原因客观上无法查清，交警大队出具了《道路交通事故证明》，记载了人员、受伤时间、经过等情况。王某所供职的嘉宝公司向人社局申请工伤认定，该局以《道路交通事故证明》未查明原因为由不予认定工伤，出具了《工伤认定中止书》。王某妻子对该《工伤认定中止书》不服提起诉讼，下列

解析页码
096—098

哪些说法是正确的?

A.《道路交通事故证明》为行政裁决

B.《工伤认定中止书》可诉

C. 王某妻子起诉时应当附身份证明

D. 嘉宝公司可为本案第三人

13 2201044

某船舶公司向县政府申请筹建和经营渡口，县政府向县海事管理机构征求意见，县海事管理机构复函认定船舶公司目前不具备筹建和经营渡口的条件，县政府经过勘验、调查、取证后作出了不予许可的决定，船舶公司对不予许可不服申请复议，下列哪些选项是正确的?

A. 某船舶公司对其提交材料内容承担实质性责任

B. 设立渡口许可属于关系公共利益的特定行业的准入类特许

C. 船舶公司对复函不服的可以提起诉讼

D. 县政府和县海事管理机构为共同被申请人

14 2101076

为保障本市一大型活动的顺利召开，甲市交通局出台了《关于甲市交通出行限制的公告》,《公告》要求 7 月 20 日到 7 月 25 日期间部分道路交通管制，禁止通行。甲市 A 区交警支队通过电子监控发现李某在此期间违反限行规定，决定作出罚款 200 元的行政处罚，李某不服提起行政诉讼。下列说法正确的是?

A. 发布的《公告》属于具体行政行为

B. 对李某的行政处罚可以适用简易程序

C. 电子监控录像应当经审核后才可使用

D. 李某提起诉讼，被告是 A 区交警支队和 A 区交管局

15 2301077

张某和王某因林地使用权发生争议，请求镇政府解决。镇政府表示林地使用权证为县政府颁发，以自己无权处理为由拒绝处理。张某不服，向法院提起行政诉讼请求责令镇政府履行职责。下列说法正确的是?

A. 张某应当先申请行政复议

B. 县政府为本案第三人

C. 根据《森林法》，镇政府无权对此纠纷作出处理

D. 若镇政府对此纠纷作出处理决定，其性质为行政裁决

【不定项】

16 1302100

村民甲、乙因自留地使用权发生争议，乡政府作出处理决定，认定使用权归属甲。乙不服向县政府申请复议，县政府以甲乙二人争议属于农村土地承包经营纠纷，乡政府无权作出处理决定为由，撤销乡政府的决定。甲不服向法院起诉。下列说法正确的是?

A. 县政府撤销乡政府决定的同时应当确定系争土地权属

B. 甲的代理人的授权委托书应当载明委托事项和具体权限

C. 本案被告为县政府

D. 乙与乡政府为本案的第三人

二、模拟训练

【单选】

17 62105063

甲厂违反了《消费者权益保护法》的规定，丙省乙市政府批准乙市市场监督管理局对甲厂作出行政处罚决定，处罚决定由乙市市场监督管理局署名。甲厂不服提起行政诉讼。本案的被告是?

A. 乙市政府

B. 乙市市场监督管理局

C. 乙市政府和乙市市场监督管理局

D. 丙省市场监督管理局

18 62205129

张某经营的山城包子店因卫生问题多次遭到群众的投诉。区卫健委经区政府批准以自己的名义对张某处以罚款 3000 元并暂扣其餐饮服务许可证。对此，下列说法正确的是?

A. 若张某不服罚款决定，应先申请复议后才能提起诉讼

B. 若张某起诉，应以区卫健委为被告

解析页码 098—100

C. 若张某申请复议，应以区卫健委为被申请人

D. 暂扣餐饮服务许可证属于暂时性行为，张某不能提起诉讼

【多选】

19 62005127

孙某系中力公司员工，某日上午受中力公司负责人指派去北京机场接人。他从中力公司所在的商业中心八楼下楼，当行至一楼门口台阶处时，孙某脚下一滑，从四层台阶处摔倒在地面上。经医院诊断为颈髓过伸位损伤合并颈部神经根牵拉伤、上唇挫裂伤、左手臂擦伤、左腿皮擦伤。后孙某向园区人社局提出工伤认定申请，园区人社局作出《工伤认定决定书》，认为没有证据表明孙某的摔伤事故系由工作原因造成，决定不予认定为工伤事故。孙某不服，向天津市南开区人民法院提起行政诉讼。关于本案，下列说法正确的是？

A. 孙某的妻子可就本案提起行政诉讼

B. 孙某应当以园区人社局为被告提起行政诉讼

C. 天津市南开区人民法院应当通知中力公司参加诉讼

D. 若法院作出撤销园区人社局《工伤认定决定书》的判决，中力公司有权上诉

20 62205204

甲省乙市政府非法征收某村集体土地，储某和李某的耕地在征收范围内。储某向乙市自然资源局申请查处乙市政府非法征地行为，乙市自然资源局作出《办理情况告知书》，告知储某不存在非法征收土地问题。于是储某要求甲省自然资源厅对乙市政府非法征地和乙市自然资源局“官官相护”行为调查处理。甲省自然资源厅作出处理并答复储某后，李某和储某申请行政复议，甲省政府作出《行政复议决定书》，认为其已经履行了相应职责，决定驳回行政复议申请。储某不服，向法院提起诉讼。关于本案，下列说法正确的是？

A. 甲省政府作出的《行政复议决定书》属于行政复议维持

B. 本案应以甲省自然资源厅与甲省政府为被告

C. 本案应当由中级人民法院管辖

D. 若李某不愿意参加诉讼，但表示仍要追究甲省政府的违法责任的，法院可以追加李某为第三人

21 62105024

甲市建委印发了一份文件《关于提升甲河沿岸地区规划建设质量的通知》，要求位于甲河沿岸的某钢材厂里的住户 6 个月内一律搬迁，否则将进行强制拆除。该厂 20 名住户不服，向法院提起行政诉讼。下列说法正确的是？

A. 市建委的文件为抽象行政行为，不属于行政诉讼受案范围

B. 市建委的文件针对的是特定的人，属于可诉的具体行政行为

C. 因文件未对该厂住户产生实际影响，不属于行政诉讼受案范围

D. 若该案可以起诉，20 名住户可以推选 3 名诉讼代表人

22 62205010

由于长期食用某快餐厅的麦辣鸡腿堡，王某发现自己胸部发育异常，严重影响形象，遂邀请张某、李某前往该快餐厅协商赔偿问题。因对其提出的赔偿方案不满，王某、张某、李某等人阻止餐厅营业，将餐厅经理钱某打伤。区公安分局将王某拘留 10 日，张某拘留 5 日，王某不服，提起行政诉讼。关于该案的第三人，下列说法正确的是？

A. 法院可以通知张某作为第三人参加诉讼

B. 法院可以通知李某作为第三人参加诉讼

C. 法院应当通知钱某作为第三人参加诉讼

D. 若王某不服向区政府复议的，区政府应当通知钱某作为第三人参加复议

【不定项】

23 62205201

寿光市（县级市）政府授权寿光市住房和城乡建设局与昆仑燃气公司协商共同开发寿光市天然气综合利用项目，双方签订《合作协议》，协议约定寿光市住房和城乡建设局同意昆仑燃气公司在寿光市从事城市天然气特许经营。由于昆仑燃气公司的燃气配套设施建设工程一直未完成，寿光市

解析页码
100—102

政府决定按照合作协议中有关违约责任的规定，收回昆仑燃气公司的特许经营权。昆仑燃气公司不服，向潍坊市政府申请行政复议。潍坊市政府作出维持决定，昆仑燃气公司遂以寿光市政府为被告提起行政诉讼，法院经审理查明燃气配套设施建设工程的建设期限尚未到期。关于本案，下列说法错误的是？

A．本案被告为寿光市政府

B．若法院认为应当追加潍坊市政府为被告，昆仑燃气公司不同意追加的，则法院应当通知潍坊市政府以第三人身份参加诉讼

C．本案应由潍坊市政府所在地的中级人民法院管辖

D．法院应判决驳回昆仑燃气公司的诉讼请求，并责令寿光市政府赔偿其相应的损失

参考答案

[1] A	[2] AD	[3] BCD	[4] A	[5] C
[6] D	[7] A	[8] B	[9] B	[10] ABC
[11] AC	[12] BCD	[13] AB	[14] BC	[15] AD
[16] BCD	[17] B	[18] B	[19] BCD	[20] AB
[21] BD	[22] AC	[23] ABD		

第十五章 行政复议

一、历年真题及仿真题

（一）行政复议管辖

【单选】

1 1901032

国家市场监督管理总局对某公司作出处罚，本案的复议机关为？

A．国家市场监督管理总局

B．国务院

C．全国人大常委会

D．全国人大

2 1102084

甲市乙区公安分局所辖派出所以李某制造噪声干扰他人正常生活为由，对其处以500元罚款。李某不服申请复议。下列哪些机关可以成为本案的复议机关？

A．乙区公安分局

B．乙区政府

C．甲市公安局

D．甲市政府

（二）综合知识点

【单选】

3 2001122

根据相关法律法规的规定，关于人类遗传资源项目研究许可，需要首先经过省级科技厅初步审查批准，再由省级科技厅将相关申请以及研究报告上报国家科技部批准通过。甲医院现将研究资料报告以及申请许可材料递交该医院所在省科技厅，该省科技厅审查通过后，将甲医院的申请材料及相关资料上报科技部，科技部审核后对外作出了不予批准的决定。下列说法正确的是？

A．科技部可以要求甲医院重复提供申请材料

B．如果甲医院提起诉讼，省科技厅和科技部应当作为共同被告

C．如果甲医院提起复议，复议机关是科技部

D．本案应当先行政复议，才可提起行政诉讼

4 2001131

市政府对市自然资源局作出批复，同意其提交的收回某公司国有土地使用权方案。市自然资源局收到批复后，将批复交市自然资源局下属的内设机构土地储备中心执行。某公司不服批复，向法院提起行政诉讼。对此，下列哪一说法是正确的？

A．批复不属于行政诉讼受案范围

B．被告是市自然资源局

C．收回某公司国有土地使用权的行为是行政强制措施

D．若公司对批复不服申请行政复议，市政府为被申请人

解析页码 103—104

5 **1602048**

某区市场监管局以某公司生产经营超过保质期的食品违反《食品安全法》为由，作出处罚决定。公司不服，申请行政复议。关于此案，下列哪一说法是正确的?

A. 申请复议的期限为60日

B. 公司不得以电子邮件的形式提出复议申请

C. 行政复议机关不能进行调解

D. 公司如在复议决定作出前撤回申请，则行政复议中止

6 **1402049**

某县环保局因某新建水电站未报批环境影响评价文件，且已投入生产使用，给予该水电站罚款10万元的处罚。水电站不服，申请复议，复议机关作出维持处罚的复议决定书。下列哪一说法是正确的?

A. 复议机构应当为某县政府

B. 如复议期间案件涉及法律适用问题，需要有权机关作出解释，行政复议终止

C. 复议决定书一经送达，即发生法律效力

D. 水电站对复议决定不服向法院起诉，应由复议机关所在地的法院管辖

7 **1302050**

甲市乙区政府决定征收某村集体土地100亩。该村50户村民不服，申请行政复议。下列哪一说法是错误的?

A. 申请复议的期限为30日

B. 村民应推选1至5名代表参加复议

C. 甲市政府为复议机关

D. 如要求申请人补正申请材料，应在收到复议申请之日起5日内书面通知申请人

8 **1202049**

国务院某部对一企业作出罚款50万元的处罚。该企业不服，向该部申请行政复议。下列哪一说法是正确的?

A. 在行政复议中，不应对罚款决定的适当性进行审查

B. 企业委托代理人参加行政复议的，可以口头委托

C. 如在复议过程中企业撤回复议的，即不得再以同一事实和理由提出复议申请

D. 如企业对复议决定不服向国务院申请裁决，企业对国务院的裁决不服向法院起诉的，法院不予受理

9 **2201123**

某企业与市政府签订建设用地使用合同，并约定动工期限，后企业闲置土地超期不用，市自然资源局经市政府批准后以自己的名义作出《征收闲置费决定》，对某企业征收80万闲置费，企业对此不服欲寻求救济。下列说法正确的是?

A. 复议机关为市政府

B. 建设用地使用合同为不可撤销合同

C.《征收闲置费决定》属于行政确认

D. 被告为市自然资源局

10 **1901044**

因胡某以刻划方式损坏博物馆里的文物，县公安局决定对其作出拘留15日的处罚。胡某对此不服，提起复议。下列说法是正确的是?

A. 胡某的行为属于妨害公共安全的行为

B. 在处罚之前，公安局应告知胡某有申请听证的权利

C. 复议机关可以是县政府

D. 当事人提起诉讼的时候可以申请暂缓行政拘留

11 **1302046**

因关某以刻划方式损坏国家保护的文物，县公安局决定对其作出拘留10日，罚款500元的处罚。关某申请复议，并向该局提出申请、交纳保证金后，该局决定暂缓执行拘留决定。下列哪一说法是正确的?

A. 关某的行为属于妨害公共安全的行为

B. 公安局应告知关某有权要求举行听证

C. 复议机关只能是县公安局的上一级公安机关

D. 如复议机关撤销对关某的处罚，公安局应当及时将收取的保证金退还关某

12 **1202047**

经传唤调查，某县公安局以散布谣言，谎报险情

解析页码
105—108

为由，决定对孙某处以10日行政拘留，并处500元罚款。下列哪一选项是正确的？

A. 传唤孙某时，某县公安局应当将传唤的原因和依据告知孙某

B. 传唤后对孙某的询问查证时间不得超过48小时

C. 孙某对处罚决定不服申请行政复议，应向市公安局申请

D. 如孙某对处罚决定不服直接起诉的，应暂缓执行行政拘留的处罚决定

13 2201048

廖某的房屋在城区规划范围内，后被征收，廖某以邮寄平信的方式向市自然资源与规划局申请公开涉及项目地块的控制性规划，该局以廖某所申请信息不存在为由拒绝，廖某不服申请复议，复议机关作出维持决定后廖某提起行政诉讼，法院受理了本案。下列选项中哪个是正确的？

A. 市自然资源与规划局收到申请的日期为该局信件签收日

B. 廖某需要对申请信息的存在承担证明责任

C. 市自然资源与规划局有权要求廖某对申请的信息与自身的特殊需要作出说明

D. 本案复议机关为市政府

14 2101134

博达公司未按规定申报上年度营业所得税，市税务局责令补缴2万元税款，并罚款1万元。博达公司不服申请复议。对此，下列哪一说法是正确的？

A. 如博达公司未按时补缴，市税务局可以书面通知银行划扣其存款

B. 罚款1万元的复议机关是市政府

C. 对补缴决定不服的，博达公司可以直接提起行政诉讼

D. 博达公司申请复议的期限为6个月

【多选】

15 2301076

王某酒后在闹市追逐辱骂过往人群并随意破坏公共设施，甲县乙街道派出所民警得知后立即对其进行劝阻，王某不顾劝阻仍继续实施破坏行为，后乙街道派出所对王某采取强制措施，并进行询问，次日乙街道派出所对王某处以警告和罚款200元的行政处罚，王某不服，申请复议。对此下列说法中正确的是？

A. 应以派出所作为被申请人

B. 王某可以选择向县公安局申请行政复议

C. 本案复议机关是县政府

D. 询问笔录由民警签字并加盖公章

16 2101074

远洋船舶公司向区政府申请设置和经营港口。区政府向当地海事管理局征求意见，海事管理局复函该公司不具备设置条件。区政府根据该复函并经实地勘探、专家评估和研究后，作出不予许可的决定。船舶公司不服，申请复议。下列说法正确的是？

A. 如船舶公司起诉，法院应将海事管理局列为第三人

B. 该公司可对复函提起行政诉讼

C. 专家评估时间不计入行政许可期限

D. 复议决定一经送达即发生法律效力

17 2001124

某银保监局[①]以某银行金融机构未按照规定提供报表、报告等资料为由，依据《银行业监督管理法》对其处以20万元罚款。该机构不服，申请行政复议，下列说法不正确的是？

A. 如果复议期间银保监局将罚款数额改为10万元，行政复议中止

B. 如果该机构逾期不缴纳罚款，银保监会可以通知其开户银行从其存款中扣缴

C. 如果该机构与银保监局在复议决定作出前自愿达成和解协议，行政复议中止

D. 申请行政复议期限为6个月

18 1901054

甲公司工作人员田某下班途中发生车祸死亡，公司向市人社局申请工伤认定，人社局驳回了其认定请求，田某妻子不服，向市政府申请复议，下

① 2023年3月国务院机构改革，在中国银行保险监督管理委员会（简称“银保监会”）基础上组建了国家金融监督管理总局，已不再保留银保监会。

解析页码
108—110

列说法正确是？

A．工伤认定的性质为行政裁决

B．田某妻子不具有申请人资格

C．公司可委托代理人参加行政复议

D．市政府发现人社局决定违法，可以制作复议意见书

19 1702084

县市监局认定某公司用超保质期的食品原料生产食品，根据《食品安全法》没收违法生产的食品和违法所得，并处5万元罚款。公司不服申请行政复议。下列哪些说法是正确的？

A．公司可向市市监局申请行政复议，也可向县政府申请行政复议

B．公司可委托1至2名代理人参加行政复议

C．公司提出行政复议申请时错列被申请人的，行政复议机构应告知公司变更被申请人

D．对县市监局的决定，申请行政复议是向法院起诉的必经前置程序

20 1702083

关于行政复议案件的审理和决定，下列哪些说法是正确的？

A．行政复议期间涉及专门事项需要鉴定的，当事人可自行委托鉴定机构进行鉴定

B．对重大、复杂的案件，被申请人提出采取听证方式审理的，行政复议机构应采取听证方式审理

C．申请人在行政复议决定作出前自愿撤回行政复议申请的，经行政复议机构同意，可以撤回

D．行政复议人员调查取证时应向当事人或者有关人员出示证件

21 1502080

某区工商分局对一公司未取得出版物经营许可证销售电子出版物100套的行为，予以取缔，并罚款6000元。该公司向区政府申请复议。下列哪些说法是正确的？

A．公司可委托代理人代为参加行政复议

B．在复议过程中区工商分局不得自行向申请人和其他有关组织或个人收集证据

C．区政府应采取开庭审理方式审查此案

D．如区工商分局的决定明显不当，区政府应予以撤销

22 1102047

关于行政复议，下列哪一说法是正确的？

A．《行政复议法》规定，被申请人应自收到复议申请书或笔录复印件之日起10日提出书面答复，此处的10日指工作日

B．行政复议期间，被申请人不得改变被申请复议的具体行政行为

C．行政复议期间，复议机关发现被申请人的相关行政行为违法，可以制作行政复议意见书

D．行政复议实行对具体行政行为进行合法性审查原则

23 1002084

关于行政复议有关事项的处理，下列哪些说法是正确的？

A．申请人因不可抗力不能参加行政复议，到行政复议中止满六十日的，行政复议终止

B．复议进行现场勘验的，现场勘验所用时间不计入复议审理期限

C．申请人对行政拘留不服申请复议，复议期间因申请人同一违法行为涉嫌犯罪，该行政拘留变更为刑事拘留的，行政复议中止

D．行政复议期间涉及专门事项需要鉴定的，当事人可以自行委托鉴定机构进行鉴定

24 2101075

甲县生态环境保护局在日常检查中发现绿源畜牧有限责任公司的养殖场存在着处理污染不到位的情况，已经有污染环境的危险，急需整改。甲县生态环境保护局向绿源公司下达了《责令停产整改决定书》。绿源公司对此不服，遂提起诉讼。下列说法正确的是？

A．起诉期间是15天

B．该决定书属于责令改正违法行为，该决定不属于行政处罚

C．该企业应向县政府申请复议

D．若县生态局决定关闭该企业，需要征得有关政府批准

解析页码

111—113

25 1402080

《反不正当竞争法》规定，当事人对监督检查部门作出的处罚决定不服的，可以自收到处罚决定之日起15日内向上一级主管机关申请复议；对复议决定不服的，可以自收到复议决定书之日起15日内向法院提起诉讼；也可以直接向法院提起诉讼。某县工商局认定某企业利用广告对商品作引人误解的虚假宣传，构成不正当竞争，处10万元罚款。该企业不服，申请复议。下列哪些说法是正确的？

A. 复议机关应当为该工商局的上一级工商局

B. 申请复议期间为15日

C. 如复议机关作出维持决定，该企业向法院起诉，起诉期限为15日

D. 对罚款决定，该企业可以不经复议直接向法院起诉

26 1901043

某县规划局为甲公司颁发了建设工程规划许可证，后查明甲公司在申请规划许可时提供了虚假材料，于是，某县规划局将该许可证予以撤销，下列说法正确的是？

A. 撤销许可证的性质属于行政处罚

B. 颁发行政许可不得收取任何费用

C. 准予许可的决定应当向社会公开

D. 甲公司提起行政复议，复议机关为县政府

【不定项】

27 2001130

方某与陈某发生冲突，用砖头砸伤陈某9岁的儿子陈某某，经法医鉴定构成轻微伤，县公安局决定对方某拘留10日，方某申请行政复议。对此，下列说法正确的是？

A. 因致未成年人受到伤害，对方某应从重处罚

B. 陈某某为复议第三人

C. 方某可以向县政府申请行政复议

D. 因方某申请行政复议，应暂停执行行政拘留

28 1801100

甲市乙县卫健委以韩某未取得《医疗机构执业许可证》擅自执业为由，作出没收违法所得1200元和罚款7000元的决定。韩某不服，申请行政复议。关于此案，下列说法不正确的是？

A. 韩某应当向市卫健委提出复议申请

B. 行政复议期间，县卫健委不得改变被申请复议的行政行为

C. 韩某申请复议材料不齐全的，复议机关可以自收到该行政复议申请之日起5日内书面通知韩某补正

D. 权利义务关系明确，争议不大的，可以由1名行政复议人员参加行政复议案件的审理

29 1602097

市工商局认定豪美公司的行为符合《广告法》第28条第2款第2项规定的“商品或者服务有关的允诺等信息与实际情况不符，对购买行为有实质性影响”情形，属发布虚假广告，予以行政处罚。豪美公司向市政府申请行政复议，市政府受理。关于此案的复议，下列说法正确的是？

A. 豪美公司委托代理人参加复议，应提交授权委托书

B. 应由2名以上行政复议人员参加审理

C. 市政府应为公司查阅有关材料提供必要条件

D. 如处罚决定认定事实不清，证据不足，市政府不得作出变更决定

30 1602098

市工商局认定豪美公司的行为符合《广告法》第28条第2款第2项规定的“商品或者服务有关的允诺等信息与实际情况不符，对购买行为有实质性影响”情形，属发布虚假广告，予以行政处罚。豪美公司向市政府申请行政复议，市政府受理。如市政府在法定期限内不作出复议决定，下列说法正确的是？

A. 有监督权的行政机关可督促市政府加以改正

B. 可对市政府直接负责的主管人员和其他直接负责人员依法给予警告、记过、记大过的行政处分

C. 豪美公司可向法院起诉要求市政府履行复议职责

D. 豪美公司可针对原处罚决定向法院起诉市工商局

解析页码
113—115

31 1002100

2006年5月9日，县公安局以甲偷开乙的轿车为由，向其送达1000元罚款的处罚决定书。甲不服，于同月19日向县政府申请行政复议。6月8日，复议机关同意甲撤回复议申请。6月20日，甲就该处罚决定向法院提起行政诉讼。下列说法正确的是？

A. 对甲偷开的轿车，县公安局可以扣押

B. 如甲能够证明撤回复议申请违背其真实意思表示，可以同一事实和理由再次对该处罚决定提出复议申请

C. 甲逾期不缴纳1000元罚款，县公安局可以每日按罚款数额的3%加处罚款

D. 法院不应当受理甲的起诉

二、模拟训练

【单选】

32 62205234

甲市乙区卫健委针对某医疗美容有限公司雇佣不具备相应资质的人员从事放射诊疗工作的行为，作出罚款2000元的决定。该公司不服，向区政府申请复议。关于此案，下列哪一说法是错误的？

A. 区政府受理行政复议申请，不得向申请人收取费用

B. 区政府审查罚款的合法性和适当性

C. 该公司应当在60日内申请行政复议

D. 区卫健委可以委托代理人代为参加行政复议

33 62405001

廖某因与国大公司发生纠纷，遂向市自然资源与规划局申请公开国大公司的项目规划书，该局以信息不存在为由拒绝。下列说法中正确的是？

A. 市自然资源与规划局有权要求廖某对申请的信息与自身的特殊需要作出说明

B. 若廖某不服，只能向市政府申请复议

C. 若廖某申请复议，复议机关应当适用普通程序审理该案

D. 若廖某申请复议，复议机关有权指派1名调查人员向有关单位调查取证

【多选】

34 62005115

罗某为高家镇罗边槽村村民，因房屋年久失修，成为危房，遂向高家镇政府提出农村宅基地用地申请。高家镇政府收到申请后进行了审核，并将该申请报丰都县政府审批。十五天后，罗某收到了高家镇政府工作人员转交的县政府批件，发现批件上所核定的面积比自己申请的用地面积少了近一半，遂心生不满，要找相关人员和部门理论。关于本案，下列哪些说法正确？

A. 罗某如果申请行政复议，复议机关为丰都县政府的上一级政府

B. 罗某应当先申请行政复议，然后才能提起行政诉讼

C. 罗某如果申请行政复议，应当自收到批件之日起六十日内提出复议申请

D. 罗某如果提起行政诉讼，丰都县政府是被告，高家镇政府是第三人

35 62005117

曹某随其母曹陈氏居住在徐州市民安巷31号，该住处原为3间平房。2005年，女婿张某迁入民安巷31号居住。2010年，曹某出嫁，搬出民安巷31号。之后民安巷31号进行翻建，并以张某的名字办理了建筑工程施工执照。2012年，曹陈氏去世。2013年6月，张某向徐州市房管局提出为其办理民安巷31号的上述3间房屋产权和土地使用权登记的书面申请。随后徐州市房管局为张某办理了房屋所有权证。2013年10月12日，曹某得知后，第二日就向徐州市人民政府申请行政复议，请求撤销将民安巷31号房屋产权和土地使用权确权登记给张某的具体行政行为。关于本案，下列说法不正确的是？

A. 曹某不是行政相对人，无权申请行政复议

B. 由于超过了60日复议申请期限，曹某无权提起行政复议

C. 张某可以以第三人的身份申请参加行政复议

D. 徐州市人民政府应当通知张某参加行政复议

解析页码
116—118

36　62205196

梧州市藤县地质矿产局为贯彻和执行广西壮族自治区安全生产委员会桂安委电（2019）1号《关于整顿全区矿山生产的紧急通知》及梧州市人民政府办公室梧政办发（2019）91号《关于整顿我市矿山生产的紧急通知》，向全县范围内的各矿场、砖厂、石场发出藤地矿安字（2019）02号《关于矿山采掘业停业整顿的通知》，通知要求即日起全面停止采掘作业。某矿场主卢某收到要求其矿山采掘业停业整顿的通知后，向有关单位申请行政复议。关于本案，下列说法错误的是？

A. 矿安字（2019）02号《关于矿山采掘业停业整顿的通知》属于具体行政行为

B. 卢某可以向藤县人民政府或者梧州市地质矿产局申请行政复议

C. 若在行政复议期间卢某下落不明，则行政复议终止

D. 卢某必须先申请行政复议，不得直接提起行政诉讼

37　62105083

生态环境部对某公司作出罚款30万元的行政处罚决定，该公司不服，申请行政复议。关于本案，下列说法正确的是？

A. 该公司可以向国务院申请复议

B. 该公司可以向生态环境部申请复议

C. 复议机关收到复议申请后，应当在5日内进行审查

D. 行政复议过程中，生态环境部可以自行向该公司收集必要的证据

38　62405003

某小区业主彭某向区规划局反映，邻居陆某存在违法搭建钢结构玻璃幕墙的行为。区规划局对陆某分别作出《责令停止违法行为通知书》和《责令限期拆除通知书》，但陆某始终未拆除玻璃幕墙，区规划局也并未监督。彭某认为区规划局对后续执行情况不管不问，属于行政不作为，欲申请行政复议。下列选项正确的是？

A. 若书面申请有困难，彭某可以口头申请行政复议

B. 若彭某准备书面申请行政复议，可以通过指定的互联网渠道提交复议申请书

C. 若彭某准备的申请材料不齐全，复议机关应当不予受理

D. 若复议机关受理彭某的申请后，发现本案不属于行政复议范围，应当驳回申请

39　62405005

因李某无证驾驶，县交管局扣押其机动车并处以500元罚款。李某不服申请复议，复议机关以普通程序审理此案。下列哪些说法是正确的？

A. 若无法当面交流，复议机关可以通过电话的方式听取李某的意见

B. 因李某自身原因不能听取意见的，复议机关可以书面审理

C. 若复议机关组织听证，应于举行听证的10日前告知听证事项

D. 若复议机关组织听证，县交管局负责人不能参加的，可以出具书面说明

40　62405007

县政府在审理以下复议案件时，哪些案件可以决定变更行政行为？

A. 交通局因谢某违反交通规则处以罚款1000元的事实清楚、程序合法，但罚款数额过高

B. 市监局适用已废止的法规向A公司作出处罚决定

C. 公安局未查清违法事实便对李某处以罚款，但县政府在审理过程中已经查清的

D. 自然资源局未依法召开听证程序便对林某发放许可证

【不定项】

41　62405002

李某摆摊售卖色情光碟，B市A县城管局发现李某的违法行为，当场作出200元罚款决定。李某对该处罚决定不服，申请复议。下列说法正确的是？

A. 复议机关为A县政府或者B市城管局

B. 李某可以委托2名代理人参加复议

C. 复议机关认为事实清楚、并无争议的，可以直接适用简易程序审理

解析页码
118—120

D. 李某可就该处罚决定直接向法院提起行政诉讼

42 62405004

甲省乙市司法局是甲省乙市政府确定的履行行政复议机构职责的司法行政部门。2023 年 4 月，徐某作为律师接受曾某家属委托在甲省乙市看守所会见曾某，并且未以其所属律师事务所的名义统一接受委托、统一收取律师服务费，而是私自通过微信向曾某违规收费 1 万元。甲省乙市司法局根据《中华人民共和国律师法》第四十八条第一项之规定，对徐某私自收取费用的行为给予停止执业 3 个月的行政处罚。徐某对该行政处罚不服，准备申请复议。下列说法正确的是?

A. 徐某可以向甲省政府申请复议

B. 徐某可以向乙市政府申请复议

C. 徐某可以向甲省司法厅申请复议

D. 徐某可以向乙市司法局申请复议

43 62405006

县公安局以县交管局发布的《机动车违法驾驶管理办法》为依据，对违法驾驶的林某作出罚款 1000 元的决定。林某不服，向县政府申请复议，并提出对该办法的附带审查申请。下列说法正确的有?

A. 县政府应在 7 日内处理规范性文件的附带审查申请

B. 县政府应自复议中止之日起 3 日内，书面通知县交管局就相关条款的合法性提出书面答复

C. 县交管局应当自收到书面通知之日起 10 日内提交书面答复

D. 县政府认为相关条款违法的，不能直接决定停止该条款的执行

参考答案

[1]A	[2]B	[3]C	[4]D	[5]A
[6]C	[7]A	[8]D	[9]D	[10]D
[11]D	[12]A	[13]D	[14]A	[15]AC
[16]CD	[17]ABCD	[18]CD	[19]BC	[20]ACD
[21]AB	[22]AC	[23]BD	[24]BCD	[25]CD
[26]BCD	[27]B	[28]ABCD	[29]ABC	[30]ABCD
[31]BC	[32]D	[33]B	[34]AC	[35]ABD
[36]BCD	[37]BC	[38]ABD	[39]AB	[40]ABC
[41]BC	[42]BC	[43]BC		

第十六章 行政诉讼管辖

一、历年真题及仿真题

（一）综合知识点

【单选】

1 1901030

某企业被甲市乙区税务局罚款 20 万，某企业对此不服，向甲市税务局（位于甲市丙区）提起复议，甲市税务局改为罚款 10 万，某企业依然不服，提起诉讼，下列哪个选项是正确的?

A. 被告是乙区税务局和甲市税务局，甲市中院有管辖权

B. 被告是乙区税务局和甲市税务局，乙区法院有管辖权

C. 被告是甲市税务局，甲市中院有管辖权

D. 被告是甲市税务局，乙区法院有管辖权

2 1801046

某药厂以过期药为主原料，更改生产日期和批号后生产出售药品。甲市市场监督管理局以该厂违反《药品管理法》第 49 条第 1 款关于违法生产药品规定，作出没收药品并处罚款 20 万元的决定。药厂不服遂向甲市政府申请复议，甲市政府依《药品管理法》第 49 条第 3 款关于生产劣药行为的规定，决定维持处罚决定。药厂随后起诉。关于本案的被告和管辖，下列说法哪一个是正确的?

A. 被告为甲市市场监督管理局

B. 被告为甲市政府

C. 药厂的起诉期限为 6 个月

D. 基层法院对此案有管辖权

3 2301069

为优化营商环境，某市商务局将进出口许可委托当地海关代为办理。甲公司申请进口许可，当地海关作出不予许可的决定，后甲公司向市政府申请复议，市政府作出维持决定。甲公司不服，提

解析页码 120—122

起行政诉讼。关于本题以下说法正确的是？

A．本案应当由基层法院管辖

B．本案应当由中级法院管辖

C．本案被告为市政府

D．本案被告为市商务局和海关

4 2201121

美国人卡尔打了李某，区公安分局给予其7天拘留和200元罚款的处罚，卡尔不服处罚决定，欲提起行政诉讼。下列说法正确的有？

A．《治安管理处罚法》中没有规定外国人处罚程序制度

B．卡尔在诉讼中可以委托外籍律师代理诉讼

C．可以对卡尔附加限期一个月出境

D．本案应由基层法院管辖

5 1102043

刘某系某工厂职工，该厂经区政府批准后改制。刘某向区政府申请公开该厂进行改制的全部档案、拖欠原职工工资如何处理等信息。区政府作出拒绝公开的答复，刘某向市政府申请复议，市政府维持。刘某不服向法院起诉。下列哪一说法是正确的？

A．区政府在作出拒绝答复时，应告知刘某并说明理由

B．刘某向法院起诉的期限为二个月

C．此案应由区政府所在地的区法院管辖

D．因刘某与所申请的信息无利害关系，区政府拒绝公开答复是合法的

【多选】

6 2001117

某公司欠缴企业所得税20万元，区税务局责令其限期缴纳税款，逾期不缴每日加处5万元滞纳金，该公司不服提起行政复议，复议机关作出维持决定，该公司不服提起行政诉讼。下列说法正确的是？

A．本案复议机关为区政府或市税务局

B．本案诉讼被告为区政府和区税务局

C．本案可以由区税务局所在地基层法院管辖

D．加处滞纳金的数额不得超过20万元本金

7 1202079

甲县宋某到乙县访亲，因醉酒被乙县公安局扣留24小时。宋某认为乙县公安局的行为违法，提起行政诉讼。下列哪些说法是正确的？

A．扣留宋某的行为为行政处罚

B．甲县法院对此案有管辖权

C．乙县法院对此案有管辖权

D．宋某的亲戚为本案的第三人

8 1002085

某县工商局认定王某经营加油站系无照经营，予以取缔。王某不服，向县政府申请复议，在县政府作出维持决定后向法院提起诉讼，要求撤销取缔决定。关于此案，下列哪些说法是正确的？

A．县政府审理王某的复议案件，应由二名以上行政复议人员参加

B．此案的被告应为某县工商局

C．县政府所在地的法院对此案有管辖权

D．如法院认定取缔决定违法予以撤销，县政府的复议决定自然无效

9 2201140

潘某向县财政局申请公开关于农村耕地补贴的相关信息，县财政局经县政府批准，以自身名义作出公开信息。但潘某认为公开的内容形式不符合要求，遂提起行政诉讼。下列说法正确的是？

A．潘某不可以口头申请信息公开

B．潘某应当向县法院起诉

C．法院应当通知县财政局应诉

D．潘某应当举证证明其申请公开的信息与本人具有利害关系

10 2001116

某区市场监督管理局在工作检查时发现某面粉厂房内有外地面粉包装袋，用本地面粉伪造外地面粉进行销售，便扣押了包装袋，扣留了面粉1吨，罚款10万元，该厂不服，提起复议，并打算申请对该面粉进行鉴定。后复议机关区政府复议维持了处罚决定。下列选项正确的是？

A．面粉复议鉴定的费用应当由当事人承担

解析页码
122—124

B．罚款 10 万元是羁束行为

C．本案被告是区市监局和区政府

D．本案应当以区市监局确定级别管辖

11 1002083

公安局认定朱某嫖娼，对其拘留十五日并处罚款 5,000 元。关于此案，下列哪些说法是正确的？

A．对朱某的处罚决定书应载明处罚的执行方式和期限

B．如朱某要求听证，公安局应当及时依法举行听证

C．朱某有权陈述和申辩，公安局必须充分听取朱某的意见

D．如朱某对拘留和罚款处罚不服起诉，该案应由公安局所在地的法院管辖

12 2301070

张某、韩某二人因琐事发生肢体冲突，经鉴定二人均为轻微伤。县公安局作出处罚决定，给予张某行政拘留 10 日，罚款 500 元的处罚；给予韩某行政拘留 5 日，罚款 200 元的处罚。张某不服处罚决定，向县政府申请行政复议，并申请暂缓执行对其的拘留决定。县政府作出维持原处罚的复议决定，张某不服向法院起诉。关于本题下列说法正确的是？

A．本案应由县法院管辖

B．对张某作出处罚决定前，县公安局应告知其享有申请听证的权利

C．如果对韩某的处罚不能现场送达，应在 2 日内送达

D．县公安局决定暂缓执行对张某的拘留，应同时决定暂缓执行对韩某的拘留

13 2001109

某区市场监督管理局以生产不符合标准的运动服为由对某公司处以罚款 6000 元，没收违法所得 1.5 万元，某公司不服向区政府申请复议，区政府将没收违法所得改为 1.3 万元后，维持了其他处罚。某公司不服提起诉讼。下列哪个说法是正确的？

A．本案被告是区市场监督管理局

B．本案可以由区市场监督管理局所在地的中院管辖

C．没收违法所得是行为罚

D．如果该公司表示拒绝缴纳罚款，区市场监督管理局可对其加处罚款，但加处罚款的标准要告知公司

14 2201134

某市政府发布文件，明确对本市内职工人数在 200 人以上的企业征收环境保护费，并指令市生态环境局进行征收。该市 A 公司不服该文件，提起行政诉讼。下列说法正确的是？

A. 该文件属于具体行政行为

B.A 公司可直接就该文件提起诉讼

C. 本案被告为市生态环境局

D. 本案应由基层法院管辖

【不定项】

15 1602099

市工商局认定豪美公司的行为符合《广告法》第 28 条第 2 款第 2 项规定的“商品或者服务有关的允诺等信息与实际情况不符，对购买行为有实质性影响”情形，属发布虚假广告，予以行政处罚。豪美公司向市政府申请行政复议，市政府受理。如市政府在复议时认定，豪美公司的行为符合《广告法》第 28 条第 2 款第 4 项规定的“虚构使用商品或者接受服务的效果”情形，亦属发布虚假广告，在改变处罚依据后维持了原处罚决定。公司不服起诉。下列说法正确的是？

A．被告为市工商局和市政府

B．被告为市政府

C．市工商局所在地的法院对本案有管辖权

D．市政府所在地的法院对本案无管辖权

16 1202097

某药厂以本厂过期药品作为主原料，更改生产日期和批号生产出售。甲市乙县市监局以该厂违反《药品管理法》第 49 条第 1 款关于违法生产药品的规定，决定没收药品并处罚款 20 万元。药厂不服向县政府申请复议，县政府依《药品管理法》第 49 条第 3 款关于生产劣药行为的规定，决定维

解析页码
124—126

持处罚决定。药厂起诉。关于本案的被告和管辖，下列说法正确的有？

A．被告为乙县市监局，由乙县法院管辖

B．被告为乙县市监局，甲市中级法院对此案有管辖权

C．被告为乙县政府，乙县法院对此案有管辖权

D．被告是乙县市监局和乙县政府，由乙县法院管辖

17 1102100

甲县政府设立的临时机构基础设施建设指挥部，认定有10户居民的小区自建的围墙及附属房系违法建筑，指令乙镇政府具体负责强制拆除。10户居民对此决定不服起诉。下列说法正确的是？

A．本案被告为乙镇政府

B．本案应由中级法院管辖

C．如10户居民在指定期限内未选定诉讼代表人的，法院可以依职权指定

D．如10户居民对此决定申请复议，复议机关为甲县政府

二、模拟训练

【多选】

18 62205238

威某是英国公民，在甲市出差时因为嫖娼被甲市乙区公安分局处以1000元罚款、行政拘留10日的处罚。威某不服，向区政府申请行政复议。区政府驳回了威某的复议申请。威某不服，向法院提起行政诉讼。下列哪些说法是错误的？

A．本案由乙区法院管辖

B．本案由甲市中级人民法院管辖

C．本案被告为区政府

D．乙区公安局作出处罚决定前应当告知威某有申请举行听证的权利

19 62105070

下列有关行政诉讼管辖的说法哪些是正确的？

A．甲区李某对乙区公安分局限制其人身自由的行政强制措施不服，可向甲区法院起诉

B．周某对市生态环境局提起行政诉讼，市生态环境局应在收到起诉状副本之日起5日内提出管辖权异议

C．乙市丙区的市自然资源局对于某作出罚款2万元的处罚，乙市政府（位于丁区）复议后决定将罚款改为1万元，于某仍不服的，可以向乙市中级人民法院提起诉讼

D．乡政府对两村庄的土地所有权纠纷进行裁决后，一村庄向县政府申请复议，县政府维持了乡政府的裁决，该村庄可以向争议土地所在地的人民法院提起诉讼

20 62105071

下列有关行政诉讼管辖的说法哪些是错误的？

A．乙区公安分局对李某作出罚款1000元的处罚决定，李某不服，向乙区政府申请复议，乙区政府维持该处罚决定。李某仍不服向法院起诉。本案乙区政府所在地法院和乙区公安分局所在地法院均有管辖权

B．周某对行政机关复议不作为不服提起诉讼的，可以构成选择管辖

C．某省公安厅在突击扫黄行动中对李某实施行政拘留行为。李某不服，以省公安厅为被告提起行政诉讼。本案应由中级人民法院管辖

D．甲、乙两村因土地权属纠纷向乡政府申请裁决，后乙村不服乡政府将土地裁决给甲村的结果，向县政府申请复议。县政府将土地裁决给了乙村。甲村不服，提起诉讼。本案应由中级人民法院管辖

21 62205135

关于行政诉讼的管辖，下列说法正确的是？

A．某县卫健委认定天天化工厂排放污水量超标，决定征收排污费30000元。化工厂不服向县政府申请复议，要求撤销该决定。县政府维持该决定，化工厂仍不服，应当向中级人民法院提起诉讼

B．县政府发布公告决定征收马某所在的幸福小区土地，马某不服，应当向中级人民法院提起诉讼

C．李某醉酒后在街头闹事，砸坏路边的交通设施，区公安分局对李某作出罚款2000元的处

解析页码
127—129

罚决定。李某不服，向区政府申请复议，区政府将罚款改为3000元。若李某提起诉讼，则区政府所在地中级人民法院有管辖权

D. A市C区的市规划局认定李某在A市B区的房屋为违章建筑，对李某作出限期自行拆除房屋的行政处罚决定，李某不服提起诉讼，应当由B区法院管辖

22 62205239

县文旅局以徐某违规销售出版物为由对其处以3000元罚款。徐某不服，向县政府申请复议，县政府以徐某复议请求理由不成立为由驳回了该复议申请。徐某不服，向法院提起诉讼。下列说法哪些是错误的？

A. 本案被告是县政府
B. 本案县文旅局和县政府是共同被告
C. 本案由基层人民法院管辖
D. 本案由中级人民法院管辖

23 62205124

张某因往文化公园的人工湖泊中投放不明液体，致使湖中的部分鱼虾死亡，县公安分局对其处以罚款2000元的处罚。张某不服处罚，向县政府申请行政复议，县政府经审查认为2000元罚款的处罚过轻，遂改为处以3000元罚款。张某对复议决定不服，向法院提起诉讼，对此，下列说法正确的是？

A. 对县公安分局的处罚决定不服，张某可直接向法院起诉
B. 张某应以县政府为被告起诉
C. 张某可向县公安分局所在地的基层人民法院起诉
D. 张某可以在收到复议决定之日起6个月内提起诉讼

【不定项】

24 61905208

某省地方性法规规定，从事燃气经营活动的企业必须先获得政府燃气管理部门核发的燃气许可证后，才能申请企业登记，违者将受到处罚。经市场监督管理局核准，四金公司取得企业法人营业执照，经营范围为燃气的买卖及运输，但四金公司未按该省地方性法规办理燃气许可证。四金公司与甲公司签订合同，甲公司购买四金公司1000罐燃气。省燃气部门以四金公司未向其申请许可证为由，责令其停止经营行为，并处以10万元罚款，四金公司对此不服提起诉讼。四金公司因此无法履行与甲公司签订的合同，甲公司要求返还货款并赔偿损失。对此，下列说法正确的是？

A. 该地方性法规应属无效
B. 甲公司也有权对该行政决定起诉
C. 甲公司可以第三人的身份参加诉讼
D. 该案由省燃气部门所在地的中级人民法院管辖

参考答案

[1]D	[2]D	[3]A	[4]C	[5]A
[6]CD	[7]BC	[8]AC	[9]BC	[10]ACD
[11]ABCD	[12]AC	[13]D	[14]AB	[15]AC
[16]D	[17]BC	[18]ACD	[19]ACD	[20]BC
[21]BCD	[22]AD	[23]AB	[24]A	

第十七章 行政诉讼程序

一、历年真题及仿真题

（一）行政诉讼一审普通程序

【单选】

1 2201052

李某向市国土局申请公开其房屋所在区域1997年进行征收的相关政府信息，但市国土局作出拒绝公开答复，李某不服申请复议，复议机关做出维持决定后李某提起诉讼，法院适用简易程序对本案进行了审理，下列选项正确的是？

A. 如果双方已经协商了举证期限，法院应当适用其协商的期限
B. 法院可以短信送达裁判文书
C. 法院可以电话传唤当事人到庭参加诉讼

解析页码 129—130

D. 本案应当在立案之日起60日内审结

【多选】

2 1602084

交警大队以方某闯红灯为由当场处以50元罚款，方某不服申请复议，复议机关作出维持决定后方某起诉。法院适用简易程序审理。关于简易程序，下列哪些说法是正确的？

A. 由审判员一人独任审理

B. 法院应在立案之日起30日内审结，有特殊情况需延长的，经批准可延长

C. 法院在审理过程中发现不宜适用简易程序的，裁定转为普通程序

D. 对适用简易程序作出的判决，当事人不得提出上诉

3 1502083

关于行政诉讼简易程序，下列哪些说法是正确的？

A. 对第一审行政案件，当事人各方同意适用简易程序的，可以适用

B. 案件涉及款额2000元以下的发回重审案件和上诉案件，应适用简易程序审理

C. 适用简易程序审理的行政案件，由审判员一人独任审理

D. 适用简易程序审理的行政案件，应当庭宣判

（二）撤诉、保全、先予执行等程序

【单选】

4 1002047

陈某申请领取最低生活保障费，遭民政局拒绝。陈某诉至法院，要求判令民政局履行法定职责，同时申请法院先予执行。对此，下列哪一说法是正确的？

A. 陈某提出先予执行申请时，应提供相应担保

B. 陈某的先予执行申请，不属于《行政诉讼法》规定的先予执行范围

C. 如法院作出先予执行裁定，民政局不服可以申请复议

D. 如法院作出先予执行裁定，情况特殊的可以采用口头方式

（三）附带审查抽象行政行为

【单选】

5 1801047

6月1日，甲省乙市房管局出台《关于乙市商品住宅项目公证摇号销售实施意见》（以下简称《实施意见》），从7月1日起，乙市商品住宅项目，实行公证摇号方式公开销售。《实施意见》要求即日起乙市商品住宅已办理预售许可证未公开销售的楼盘暂不销售，违者处罚。某房屋企业德利公司为回笼资金，在此期间仍然组织楼盘销售，被市房管局依据《实施意见》的有关规定处以20万元处罚。德利公司不服该处罚决定和《实施意见》，向法院提起诉讼。下列哪一选项是错误的？

A. 德利公司对《实施意见》有关规定不服的，也可以直接起诉

B. 法院在审查中发现《实施意见》可能不合法的，应当听取市房管局的意见

C. 法院经审查发现《实施意见》不合法的，可以在裁判生效之日起3个月内向市房管局提出司法建议，市房管局应当在收到司法建议之日起60日内予以书面答复

D. 法院认为《实施意见》不合法的，应当在裁判生效后报送上一级法院备案

【不定项】

6 1901089

区公安分局依据省公安厅和司法厅联合制定的《律师管理意见》对涉嫌寻衅滋事的律师王某罚款5000元，王某对处罚不服提起诉讼，一并要求审查《律师管理意见》，下列说法正确的是？

A. 两个制定机关申请出庭陈述意见，法院应当准许

B. 一审法院可以向省人大常委会提出修改该文件的司法建议

C. 法院有权宣告该文件无效

D. 法院在对该文件审查过程中，应当听取两个制定机关的意见

解析页码
131—132

（四）一并审理相关民事争议

【多选】

7 2201043

甲认为乙侵权，区知识产权局认为不侵权，甲向区政府申请复议，区政府作出复议维持决定，甲向法院起诉请求撤销区政府的决定，并请求乙停止侵害。下列说法正确的是？

A．法院应当一并审理行政和民事争议

B．法院对责令侵权人停止侵害的诉讼请求应当一并立案

C．该案件按行政案件标准收费

D．法院对责令侵权人停止侵害的诉讼请求应单独立案

8 1602085

甲、乙两村因土地使用权发生争议，县政府裁决使用权归甲村。乙村不服向法院起诉撤销县政府的裁决，并请求法院判定使用权归乙村。关于乙村提出的土地使用权归属请求，下列哪些说法是正确的？

A．除非有正当理由的，乙村应于第一审开庭审理前提出

B．法院作出不予准许决定的，乙村可申请复议一次

C．法院应单独立案

D．法院应另行组成合议庭审理

（五）综合知识点

【单选】

9 2201050

甲省住建厅、省自然资源厅和省交通厅联合下发《甲省推动城市停车设施发展实施意见》（以下简称《实施意见》），规定了以市场为导向，科学制定差异化收费标准，甲省乙市交通局对达瑞公司的停车场核定征收标准为停车后前半小时为1.2元，半小时至三小时2.4元/小时，三小时后4元/小时。达瑞公司对征收标准不服，提起诉讼，下列说法正确的是？

A．达瑞公司可以直接就《实施意见》提起诉讼

B．达瑞公司可以在起诉征收标准时，一并请求法院对《实施意见》进行审查

C．法院审理本案应当依据《实施意见》

D．法院审理本案应当参照《实施意见》

10 1402084

2009年3月15日，严某向某市房管局递交出让方为郭某（严某之母）、受让方为严某的房产交易申请表以及相关材料。4月20日，该局向严某核发房屋所有权证。后因家庭纠纷郭某想出售该房产时发现房产已不在名下，于2013年12月5日以该局为被告提起诉讼，要求撤销向严某核发的房屋所有权证，并给自己核发新证。一审法院判决维持被诉行为，郭某提出上诉。下列哪一说法是正确的？

A．本案的起诉期限为2年

B．本案的起诉期限从2009年4月20日起算

C．如诉讼中郭某解除对诉讼代理人的委托，在其书面报告法院后，法院应当通知其他当事人

D．第二审法院应对一审法院的裁判和被诉具体行政行为是否合法进行全面审查

11 2301079

某设区市的市政府颁发了规章《扬尘污染防治管理办法》（以下简称《办法》），对此下列说法正确的是？

A．该《办法》应当在省政府公报上刊载

B．法院审理行政案件时，可对该《办法》一并进行审查

C．该《办法》可以设定临时性行政许可

D．该《办法》应当报国务院备案

【多选】

12 2201126

甲村、乙村就A地块的权属问题发生争议，两村均认为自己享有该土地所有权，县政府裁决A地块为乙村所有。甲村不服起诉并要求确定土地权属。下列说法正确的是？

A．若甲村不服裁决申请复议后提起行政诉讼的，起诉期限为15日

B．本案应由中院管辖

解析页码
133—134

C. 本案应分别立案

D. 法院撤销行政裁决的同时确认归属，应分别裁判

13 2201059

甲向省生态环境厅申请环评许可，省生态环境厅作出不予许可决定。复议机关作出维持决定后，甲用邮政邮寄的方式提交起诉状，要求准予环评许可。诉讼中，省生态环境厅发放许可，甲不撤诉，下列说法不正确的是?

A. 甲的起诉期限为6个月

B. 法院应判决驳回甲的诉讼请求

C. 法院可以直接以短信方式送达诉讼文书

D. 对于甲的起诉，法院以邮政签收日期为起诉日期

14 2201135

某公司申请将住房用地变更为商业用地，该市自然资源与规划局作出了准许变更许可决定。附近小区的50户居民不服该准予变更决定，向法院提起诉讼。下列说法正确的是?

A. 该50户居民可以推选2–5个居民代表参加诉讼

B. 本案应当由争议土地所在地的法院管辖

C. 起诉的居民应当对自己具有原告身份承担证明责任

D. 行政机关无正当理由拒不到庭的，法院可以缺席审判

15 2001120

县生态环境局调查后，发现某企业有严重的环境污染问题，县政府据此责令企业停业整顿，企业不服，提起行政诉讼，下列说法正确的是?

A. 本案被告是县生态环境局

B. 责令停业整顿是行政处罚

C. 本案审理对象为责令停业整顿和某企业排污行为的合法性

D. 如果当事人同意，一审法院可以适用简易程序审理本案

16 2001119

苏某依法获得相关许可后，在县六里养殖场饲养2000头猪。2019年，县政府发布《关于县六里畜禽养殖禁养区划定及整治工作方案》(以下简称《工作方案》)，县畜牧局根据该《工作方案》责令苏某限期关闭养殖场，以下说法正确的是?

A. 若苏某起诉责令限期关闭行为，被告为县畜牧局

B. 苏某可对《工作方案》直接提起行政诉讼

C. 制定《工作方案》应参照《规章制定程序条例》规定的程序执行

D. 若苏某对责令限期关闭行为起诉，可一并请求对《工作方案》进行审查

17 1901052

辉煌公司向河水中超标排放污水，区生态环境局向其送达《限期整改通知》，要求其在规定时间内达标排放。整改期限届满，经过检测，辉煌公司排放的污水仍然不符合国家标准。于是，区生态环境局对该公司作出《水污染防治设施验收不合格认定书》，后责令该公司停业整顿。辉煌公司就责令停业整顿提起行政诉讼，对此，下列说法不正确的是?

A.《限期整改通知》性质为行政指导

B.《不合格认定书》不属于行政诉讼受案范围

C. 区生态环境局作出责令停业整顿决定前，应当告知辉煌公司有申请听证的权利

D. 法院可以作出先予执行裁定

18 1901153

某市交通局向社会发布通告，要求凡在本市从事人力三轮车客运经营的，必须办理客运经营许可证，否则没收人力三轮车。由于张某没有办理客运经营许可证从事人力三轮车客运经营，某市交通局按照通告没收张某的人力三轮车，张某不服提起行政诉讼，一并要求审查某市交通局向社会发布的通告。下列选项正确的有?

A. 某市交通局向社会发布的通告是法院审判的参照

B. 法院认为通告不合法的，可以向市交通局提出修改或者废止该通告的司法建议

C. 法院认为通告不合法的，应当在裁判生效后报送上一级法院进行备案

解析页码
135—137

D. 法院建议市交通局负责人出庭应诉，但市交通局负责人经传唤拒不出庭的，可以拘传到庭

19 1901051

甲省乙市政府发布通知，对直接介绍外地企业到本市投资的单位和个人按照投资项目实际到位资金金额的千分之一奖励。经张某引荐，某外地企业到该市投资，但市政府拒绝支付5万元的奖励金，张某对此不服。下列选项正确的是？

A. 市政府的行为违反诚实守信原则
B. 张某应当向省政府申请行政复议
C. 如果张某提起行政诉讼，行政机关负责人不出庭，法院可以传唤其出庭
D. 如果张某提起行政诉讼，法院应当适用简易程序进行审理

20 1901050

陈某为综合执法局工作人员，在执法过程中与公民李某发生肢体冲突，将李某打成轻微伤。区公安分局对陈某作出拘留5天，罚款500元的处罚决定，陈某向区政府复议，区政府认为陈某打伤李某属于职务行为，遂撤销区公安分局的处罚决定。李某不服，提起诉讼。下列哪些选项是正确的？

A. 本案争议焦点是陈某的行为是否是职务行为
B. 被告可就打人一事提起反诉
C. 本案被告是区政府
D. 如果陈某起诉，李某可以成为第三人

21 1502082

李某不服A县公安局对其作出的行政拘留5日的处罚，向A县政府申请行政复议，A县政府作出维持决定。李某不服，提起行政诉讼。下列哪些选项是正确的？

A. 李某应向A县政府申请行政复议
B. 被告为A县公安局和A县政府
C. A县法院对本案有管辖权
D. 如李某的起诉状内容有欠缺，法院应给予指导和释明，并一次性告知需要补正的内容

22 1901053

2019年2月国务院发布了《关于在市场监管领域全面推行部门联合“双随机、一公开”监管的意见》(国发〔2019〕5号)，对此，说法正确的是？

A. 该意见可以作为法官裁判的依据
B. 该意见为行政法规
C. 该意见可以作为制定部门规章的依据
D. 该意见不能进行附带性审查

23 2301085

甲市市场监督管理局对某公司的产品进行抽样检查，发现不合格，故发布《检查通知》，责令公司改正违法行为。该公司不改正，市监管局作出罚款1万元的处罚决定，并将处罚决定和信息进行了公开。该公司不服提起行政诉讼，下列说法正确的是？

A. 该公司可以申请对《通知》一并进行合法性审查
B. 公开处罚决定和信息的行为不可诉
C. 若法院判决改变处罚金额，市监管局应当将撤销处罚的信息向社会公开
D. 责令改正违法行为属于行政处罚

24 2301078

某区综合执法局行政执法人员认定，某旅行社未征得旅行者书面同意，委托其他旅行社履行包价旅游合同，经听证，该局责令旅行社立即改正，并作出责令停业整顿3个月、罚款30万元的行政处罚，并对直接责任人员罚款1万元。旅行社向区政府申请复议，区政府以该局作出处罚超出法定期限为由确认处罚决定违法。旅行社不服，提起行政诉讼。下列选项中，正确的有？

A. 对旅行社及其直接责任人员罚款，违反一事不再罚原则
B. 对旅行社作出行政处罚前，应当由法制审核人员进行法制审核
C. 本案由中级人民法院管辖
D. 法院审查原行为合法性的同时，应当审查复议决定的合法性

25 2301073

甲市市场监督管理局因当地乙超市销售的奶制品

解析页码 137—140

未标明反式脂肪酸，作出没收违法所得 50 元，罚款 2000 元的处罚决定，乙超市对该处罚决定不服，申请行政复议。对此下列说法错误的是？

A．乙超市逾期不缴纳罚款，可以加处罚款，金额不超过 5000 元

B．本案可以适用简易程序作出行政处罚

C．复议机关为某市政府或上一级市场监督管理局

D．作出处罚前应当告知超市享有申请听证的权利

26 1002086

县计生委认定孙某违法生育第二胎，决定对孙某征收社会抚养费 40，000 元。孙某向县政府申请复议，要求撤销该决定。县政府维持该决定，并在征收总额中补充列入遗漏的 3，000 元未婚生育社会抚养费。孙某不服，向法院起诉。下列哪些选项是正确的？

A．此案的被告应为县计生委与县政府

B．此案应由中级法院管辖

C．此案的复议决定违法

D．被告应当在收到起诉状副本之日起十日内提交答辩状

【不定项】

27 2301083

区房管局以刘某享有安置房为由停发其住房租赁补贴，刘某向区政府复议，区政府以超过复议期限为由作出驳回复议申请决定，刘某以区房管局为被告提起行政诉讼。下列说法正确的是？

A．本案复议期限为 60 日

B．法院应追加区政府为共同被告

C．住房补贴属于行政给付行为

D．刘某可以对住房安置补贴申请先予执行

28 1901088

罗某被某电信公司收取了定价为 50 元的 UIM 卡卡费，罗某认为将手机 UIM 卡定价为 50 元 / 张属于违法收费，要求市场监督管理局对该公司进行查处，退还自己被违法征收的 50 元卡费。市监局进行调查后答复："省通管局和省发改委联合下发的《关于电信全业务套餐资费优化方案的批复》规定：UIM 卡收费上限标准——入网 50 元 / 张。我局非常感谢您对物价工作的支持和帮助。"下列选项正确的是？

A．罗某的行为属于信访行为

B．市监局的行为属于对信访问题的复查

C．罗某可就《关于电信全业务套餐资费优化方案的批复》直接申请复议

D．罗某就行政行为申请复议的同时，可就《关于电信全业务套餐资费优化方案的批复》一并请求复议机关进行审查

29 1702099

某环保联合会对某公司提起环境民事公益诉讼，因在诉讼中需要该公司的相关环保资料，遂向县环保局提出申请公开该公司的排污许可证、排污口数量和位置等有关环境信息。申请书中载明了单位名称、住所地、联系人及电话并加盖了公章、获取信息的方式等。县环保局收到申请后，要求环保联合会提供申请人身份的证明材料。环保联合会提供了社会团体登记证复印件。县环保局以申请公开的内容不明确为由拒绝公开，该环保联合会不服申请复议，复议机关作出维持决定后环保联合会提起行政诉讼。若法院受理此案，关于此案的审理，下列说法正确的是？

A．法院审理第一审行政案件，当事人各方同意适用简易程序的，可适用简易程序

B．县环保局负责人出庭应诉的，可另委托 1 至 2 名诉讼代理人

C．县环保局应当对拒绝的根据及履行法定告知和说明理由义务的情况举证

D．法院应要求环保联合会对其所申请的信息与其自身生产、生活、科研等需要的相关性进行举证

30 1702100

县政府以某化工厂不符合国家产业政策、污染严重为由，决定强制关闭该厂。该厂向法院起诉要求撤销该决定，并提出赔偿请求。一审法院认定县政府决定违法，予以撤销，但未对赔偿请求作出裁判，县政府提出上诉。下列说法正确的是？

A．本案第一审应由县法院管辖

解析页码
140—143

B. 二审法院不得以不开庭方式审理该上诉案件
C. 二审法院应对一审法院的判决和被诉行政行为进行全面审查
D. 如二审法院经审查认为依法不应给予该厂赔偿的，应判决驳回其赔偿请求

31 1702098

某环保联合会对某公司提起环境民事公益诉讼，因在诉讼中需要该公司的相关环保资料，遂向县环保局提出申请公开该公司的排污许可证、排污口数量和位置等有关环境信息。申请书中载明了单位名称、住所地、联系人及电话并加盖了公章、获取信息的方式等。县环保局收到申请后，要求环保联合会提供申请人身份的证明材料。环保联合会提供了社会团体登记证复印件。县环保局以申请公开的内容不明确为由拒绝公开，该环保联合会不服向县政府申请复议，复议机关作出维持决定后环保联合会提起行政诉讼。关于本案的起诉，下列说法正确的是?
A. 本案由县法院管辖
B. 起诉期限为 6 个月
C. 如法院当场不能判定起诉是否符合条件的，应接受起诉状，出具注明收到日期的书面凭证，并在 7 日内决定是否立案
D. 如法院当场不能判定起诉是否符合条件，经 7 日内仍不能作出判断的，应裁定暂缓立案

32 1002099

张某通过房产经纪公司购买王某一套住房并办理了转让登记手续，后王某以房屋买卖合同无效为由，向法院起诉要求撤销登记行为。行政诉讼过程中，王某又以张某为被告就房屋买卖合同的效力提起民事诉讼。下列选项正确的是:
A. 本案行政诉讼中止，等待民事诉讼的判决结果
B. 法院可以决定民事与行政案件合并审理
C. 如法院判决房屋买卖合同无效，应当判决驳回王某的行政诉讼请求
D. 如法院判决房屋买卖合同有效，应当判决确认转让登记行为合法

33 2201142

国务院印发《关于取消和下放一批行政许可事项的决定》(以下简称《决定》)，取消 29 项行政许可事项。下列说法正确的是?
A. 体现了高效便民原则
B. 对该《决定》不服可以提起附带审查
C. 该《决定》属于行政法规
D. 该《决定》可以作为地方政府制定规章的依据

34 2301067

孙某向甲市乙区客运管理局申请发放网络预约出租车运输许可证，甲市乙区客运管理局以孙某的驾龄不满三年，不符合甲市出台的网约车规定为由，拒绝许可申请。孙某不服申请行政复议，复议机关作出维持决定后仍不服，提起行政诉讼并请求一并审查该网约车规定。下列说法正确的是?
A. 网络预约出租车运输许可证属于核准
B. 可以用电子邮件的方式申请行政许可
C. 制定机关申请出庭对规定的合法性作说明意见，法院应当准许
D. 由于网约车属于公共交通运输重要工具，应当经技术检测部门检测合格后才能申请该许可

二、模拟训练

【单选】

35 62205241

关于行政诉讼案件的一般审理期限，下列哪一说法是正确的?
A. 第一审适用普通程序的审理期限为 3 个月，第二审的审理期限为 2 个月
B. 适用简易程序的审理期限为 1 个月，第二审的审理期限为 3 个月
C. 如无特殊情况，第一审适用普通程序的审理期限为 6 个月，第二审的审理期限为 3 个月
D. 适用简易程序的审理期限为 45 日，第二审的审理期限为 3 个月

【多选】

36 61805096

关于行政诉讼程序，下列说法不正确的是？
A. 朱某起诉县政府，法院经审查当场不能判定是否符合起诉条件的，应当接收起诉状，出具书

解析页码
143—145

面凭证，并在7日内作出是否立案的决定

B. 李某向法院起诉，法院接收起诉状后拒绝出具书面凭证，李某可以此为由向上级法院申诉

C. 江某书写起诉状确有困难，故以口头形式向法院起诉，法院应当记入笔录，并出具注明日期的书面凭证，告知对方当事人

D. 吴某向法院起诉，法院认为吴某的起诉状存在瑕疵，不符合起诉条件，可以拒绝接受吴某的起诉状

37 62105002

有共同被告的行政案件中，如何确定出庭应诉的行政机关负责人？

A. 由共同被告分别确定负责人出庭应诉

B. 由共同被告协商确定负责人出庭应诉

C. 由人民法院直接确定负责人出庭应诉

D. 由人民法院与各共同被告协商确定负责人出庭应诉

38 62205240

甲市人大常委会制定《甲市轨道运输管理条例》，授权甲市地铁集团有限公司针对乘客在轨道交通公共设施和场所"吸烟，随地吐痰、便溺、吐口香糖，乱扔果皮、纸屑等废弃物"的，可以给予警告和500元以下罚款的处罚。乘客李某在地铁中随地乱扔泡椒凤爪，被甲市地铁集团有限公司罚款300元。李某不服，向法院提起行政诉讼。下列哪些说法是正确的？

A. 本案被告为甲市地铁集团有限公司

B. 本案应当公开开庭审理

C. 若法院裁定不予立案的，李某可以向上一级法院起诉

D. 本案甲市地铁集团有限公司负责人应当出庭

39 62005030

2019年8月3日，孙某驾驶车辆行至湖北省董公寺高速路收费站时，被公安海曙分局的交警查出醉酒驾驶，遂将其约束至酒醒并罚款50元。孙某不服该处罚决定便申请复议，复议结果为维持该处罚决定。孙某在知悉复议结果之后提起诉讼。下列哪些说法正确？

A. 对孙某罚款50元可以当场作出

B. 法院对孙某的起诉应不予受理

C. 若孙某只起诉了公安海曙分局，法院应将复议机关追加为共同被告

D. 若孙某和公安海曙分局在复议机关的主持下达成调解协议，事后孙某反悔就该协议提起诉讼，法院应不予受理

【不定项】

40 61905114

甲市乙县政府发布《通告》规定：凡本县农民焚烧秸秆须取得乡镇政府签发的秸秆焚烧证，否则给予5000元以下罚款。丙乡政府据此通告以付某未取得秸秆焚烧证就焚烧秸秆为由处以其4000元罚款。付某不服乡政府的处罚向县法院起诉，请求撤销该处罚决定和一并审查县政府的通告。下列说法正确的是？

A. 付某可以请求法院一并审查该通告的合法性

B. 付某可以在一审法庭辩论终结前提出一并审查《通告》的请求

C. 若无正当理由，付某应当在一审开庭前提出一并审查《通告》的请求

D. 该《通告》不得作为人民法院认定行政行为合法的依据

41 61905121

法院审理下列行政案件，可以调解结案的是？

A. 卢某对公安局行政拘留的行为不服而提起的行政赔偿案件

B. 付某对县政府征收自己土地的补偿款不服而起诉的案件

C. 金大公司对市场监督管理局罚款4000元的行为不服而起诉的案件

D. 通达公司对税务机关征收10000元税款不服而起诉的案件

42 62105111

下列有关法院一并审理相关民事争议的说法错误的是？

A. 法院一并审理相关民事争议，适用民事法律规范的相关规定，法律另有规定的除外

解析页码 145—147

B. 当事人在调解过程中对民事权益的处分，可以作为审查被诉行政行为合法性的根据

C. 因行政裁决产生的民事争议，民事争议应当单独立案

D. 当事人有正当理由的，可以在二审法庭调查中提出一并解决该民事争议

参考答案

[1] C	[2] AC	[3] AC	[4] C	[5] A
[6] A	[7] BC	[8] AB	[9] B	[10] D
[11] D	[12] ABD	[13] ABCD	[14] ACD	[15] BD
[16] ACD	[17] ABD	[18] BC	[19] AB	[20] ACD
[21] ABCD	[22] CD	[23] AC	[24] BD	[25] ACD
[26] BC	[27] AC	[28] D	[29] ABC	[30] CD
[31] AC	[32] A	[33] A	[34] ABCD	[35] C
[36] BD	[37] BC	[38] ABD	[39] AD	[40] ACD
[41] ABC	[42] BCD			

第十八章 行政诉讼证据制度

一、历年真题及仿真题

（一）证据种类与要求

【多选】

1 1502084

梁某酒后将邻居张某家的门、窗等物品砸坏。县公安局接警后，对现场进行拍照、制作现场笔录，并请县价格认证中心作价格鉴定意见，对梁某作出行政拘留 8 日处罚。梁某向法院起诉，县公安局向法院提交照片、现场笔录和鉴定意见。下列哪些说法是正确的？

A. 照片为书证

B. 县公安局提交的现场笔录无当事人签名的，不具有法律效力

C. 县公安局提交的鉴定意见应有县价格认证中心的盖章和鉴定人的签名

D. 梁某对现场笔录的合法性有异议的，可要求县公安局的相关执法人员作为证人出庭作证

（二）取证、质证与认证

【单选】

2 1002049

关于在行政诉讼中法庭对证据的审查，下列哪一说法是正确的？

A. 从证据形成的原因方面审查证据的合法性

B. 从证人与当事人是否具有利害关系方面审查证据的关联性

C. 从发现证据时的客观环境审查证据的真实性

D. 从复制件与原件是否相符审查证据的合法性

（三）综合知识点

【单选】

3 2201049

市监局查出某奶茶公司外包装标签违法，决定没收该公司奶茶包装和生产设备，并罚款 20 万元，奶茶公司不服提起诉讼，市监局向法院提供了现场笔录、外包装和询问该公司员工李某的询问笔录等证据，下列哪个选项是正确的？

A. 现场笔录应当加盖市监局公章

B. 询问笔录应加盖该公司公章

C. 该公司应在法庭辩论终结前提供相关证据

D. 该公司对现场笔录的真实性有异议，可要求市监局的相关执法人员出庭说明

4 1801048

张某因自己居住的房屋楼上漏水，遂找楼上住户李某洽谈赔偿事宜。因协商不成，张某殴打李某致其轻微伤，被公安局处以行政拘留 10 日并处 500 元罚款，张某不服，提起行政诉讼。下列哪一选项是正确的？

A. 本案调查中，警察经出示工作证件，可以检查张某的住所

B. 对张某的询问查证时间不得超过 48 小时

C. 诉讼中，公安局局长必须亲自出庭

D. 诉讼中，若证人刘某出庭的，交通、住宿等费用由败诉一方承担

解析页码
147—148

【多选】

5 2101080

王某向区公安分局申请公开该局在2020年12月作出的行政处罚决定，区公安分局以所申请的信息不属于应该公开的范围为由拒绝公开。王某向区政府申请行政复议，区政府以区公安分局的答复超期为由，确认违法并作出不予公开的复议决定。王某提起行政诉讼。下列说法正确的是?

A．区政府应对复议决定的合法性承担证明责任

B．行政处罚决定属于区公安分局应当主动公开的信息

C．本案可由区公安分局所在地法院管辖

D．本案应以区公安分局和区政府为共同被告

6 2001121

县生态环境局认为某公司超标排污，在委托市监测中心站检测后，依据监测中心站出具的检测报告、现场录像与证人证言，对该公司作出罚款30万元的处罚，某公司不服起诉，该局向法院提交了相关证据，下列说法正确的是？

A．证言应有证人身份证明文件

B．提交视频应该注明制作方法、制作时间、制作人员以及证明对象

C．检测报告是现场笔录

D．若依法应该对该公司作出处罚，县生态环境局却不给予处罚，市生态环境局可以直接作出处罚决定

7 2001123

区生态环境局执法监察大队调查认为某混凝土公司所建水泥储罐、输送带等部分建（构）筑物位于一级水源保护区，虽办理了环境影响评价审批手续并验收合格，但生产中却超标排污，区生态环境局依据现场笔录、调查询问笔录等证据，依据《水污染防治法》，作出责令公司关闭建设项目决定，该公司申请行政复议，复议机关区政府维持原决定后公司向法院起诉。下列选项说法正确的是?

A．现场笔录为书证

B．复议机关和原行政机关对责令关闭决定的合法性共同承担举证责任

C．责令关闭决定为行政处罚

D．被告为区生态环境局和区政府

8 1002089

市城管执法局委托镇政府负责对一风景区域进行城管执法。镇政府接到举报并经现场勘验，认定刘某擅自建房并组织强制拆除。刘某父亲和嫂子称房屋系二人共建，拆除行为侵犯其合法权益，向法院起诉，法院予以受理。关于此案，下列哪些说法是正确的?

A．此案的被告是镇政府

B．刘某父亲和嫂子应当提供证据证明房屋为二人共建或与拆除行为有利害关系

C．如法院对拆除房屋进行现场勘验，应当邀请当地基层组织或当事人所在单位派人参加

D．被告应当提供证据和依据证明有拆除房屋的决定权和强制执行的权力

9 2201139

市自然资源与规划局依A公司申请，向其颁发了《建设工程规划许可证》，相邻小区户主怕建筑建成后影响该小区采光，于是向市自然资源与规划局投诉。该局查明，A公司在申请规划许可时提供了虚假材料，遂将其颁发的《建设工程规划许可证》予以撤销。A公司对撤销行为不服提起行政诉讼，法院依职权勘验现场，并制作了勘验笔录。下列说法错误的有?

A．A公司在1年内不得再次申请该项许可

B．诉讼审理过程中，法庭应当出示勘验笔录，说明有关情况并听取当事人的意见

C．A公司应当就其未提供虚假材料承担举证责任

D．只有市自然资源与规划局有权撤销《建设工程规划许可证》

10 1602047

甲公司与乙公司发生纠纷向县工商局申请公开乙公司的工商登记信息。该局公开了乙公司的名称、注册号、住所、法定代表人等基本信息，但对经营范围、从业人数、注册资本等信息拒绝公开。甲公司向法院起诉。关于此事，下列哪一说法是正确的?

解析页码
149—151

A. 甲公司应先向县政府申请复议，对复议决定不服再向法院起诉

B. 县工商局应当对拒绝公开的依据以及履行法定告知和说明理由义务的情况举证

C. 本案审理不适用简易程序

D. 因相关信息不属政府信息，拒绝公开合法

11 1502079

沈某向区住建委申请公开一企业向该委提交的某危改项目纳入危改范围的意见和申报材料。该委以信息中有企业联系人联系电话和地址等个人隐私为由拒绝公开，沈某向区政府申请复议，区政府复议维持。沈某不服起诉，法院受理。下列哪些说法是错误的？

A. 在作出拒绝公开决定前，住建委无需书面征求企业联系人是否同意公开的意见

B. 本案的起诉期限为 6 个月

C. 住建委应对拒绝公开的根据及履行法定告知和说明理由义务的情况举证

D. 住建委拒绝公开答复合法

12 1402048

某乡属企业多年未归还方某借给的资金，双方发生纠纷。方某得知乡政府曾发过 5 号文件和 210 号文件处分了该企业的资产，遂向乡政府递交申请，要求公开两份文件。乡政府不予公开，理由是 5 号文件涉及第三方，且已口头征询其意见，其答复是该文件涉及商业秘密，不同意公开，而 210 号文件不存在。方某向县政府提出复议，县政府作出复议维持决定。方某不服，向法院起诉。下列哪些说法是正确的？

A. 方某申请时应当出示有效身份证明或者证明文件

B. 对所申请的政府信息，方某不具有申请人资格

C. 乡政府不公开 5 号文件合法

D. 方某能够提供 210 号文件由乡政府制作的相关线索的，可以申请法院调取证据

【不定项】

13 2101078

交警大队民警在交通排查中发现王某涉嫌驾驶违法拼装车辆，当场作出扣押决定。后根据专门机构出具的系违法拼装车辆的鉴定报告，收缴了该车，并作出报废该车的决定。王某不服提起行政诉讼。下列说法正确的是？

A. 报废属于行政处罚

B. 收缴属于行政处罚

C. 若王某证明该鉴定结论错误，法院对鉴定意见应不予采纳

D. 民警应在扣押后 24 小时内向交警大队负责人报告并补办批准手续

二、模拟训练

【单选】

14 62205153

甲市乙区市场监督管理局在一次餐馆卫生检查中，发现幸福餐馆的卫生情况不符合标准，于是对其作出罚款 1 万元的行政处罚。幸福餐馆不服，向法院提起行政诉讼，市场监督管理局向法院提交了鉴定结论、现场笔录和该餐馆服务员的证言等证据。下列哪个说法正确？

A. 服务员的证言不得作为定案依据

B. 幸福餐馆对现场笔录的真实性有异议时，可以要求执法人员出庭

C. 在一审诉讼期间，市场监督管理局收集到一些新的证人证言，这些证言均证明在幸福餐馆就餐后有急性胃肠炎的情况，法院可以据此证明处罚行为的合法性

D. 如果被告委托的鉴定机构在鉴定程序上存在轻微瑕疵，法院应对其作出的鉴定意见不予采纳

【多选】

15 62005041

2018 年 3 月 21 日，北京市市场监督管理局朝阳分局接到北京广智星诚科技有限公司变更法定代表人的申请及相关申请材料，经审查后准予变更登记。周某（北京广智星诚科技有限公司法定代表人）对朝阳分局所依据的部分登记材料真实性存疑，遂提起行政诉讼。在诉讼中，周某提交了一份北京华夏物证鉴定中心的鉴定意见，表明《郑

解析页码
152—153

重承诺》、《北京广智星诚科技有限公司股东决定》及两份《转让协议》中"周某"的签名字迹与样本中原告签名字迹不是由同一人书写。下列说法正确的是？

A．若被告要求鉴定人出庭接受询问，鉴定人应当出庭

B．若鉴定人因正当事由不能出庭，法院不得采纳该鉴定意见

C．提交的鉴定意见应有鉴定中心的盖章和鉴定人的签名

D．对于出庭接受询问的鉴定人，法庭自行决定是否核实其身份、与当事人及案件的关系

16 62005042

2018年3月21日，北京市市监局朝阳分局接到北京广智星诚科技有限公司变更法定代表人的申请及相关申请材料，经审查后准予变更登记。周某（北京广智星诚科技有限公司法定代表人）对朝阳分局所依据的部分登记材料真实性存疑，遂提起行政诉讼。下列说法正确的是？

A．若市监局朝阳分局认为周某起诉超过法定期限的，由市监局朝阳分局承担举证责任

B．对于当事人无争议的事实，若涉及第三人的合法权益的，法院可以责令当事人提供有关证据

C．若登记材料由国家有关部门保存须由法院调取的，周某可以申请法院调取相关证据

D．若该案中，周某申请对其在申请材料上的签字进行鉴定，得到鉴定结果后又认为鉴定结果可能存在错误，可以在法庭辩论终结前申请重新鉴定

17 62205155

蓝亚公司在获得甲市乙区规划局的规划许可后，在静安村南侧新建了一处游乐场，该村住户李某因游乐场噪音过大将规划局诉至法院，并申请一并解决与该公司的赔偿争议。规划局收到起诉状副本后，未提交相关证据，蓝亚公司提交了相关证据以证明其获得的规划许可合法。下列说法错误的是？

A．蓝亚公司和规划局共同对规划许可的合法性承担举证责任

B．蓝亚公司在诉讼中提供的，但规划局作出许可决定时未作为依据的证据，不得作为法院认定规划许可合法的依据

C．如果蓝亚公司提交的证据涉及商业秘密，则不得在公开开庭时出示

D．规划局应当在开庭前提交证据

【不定项】

18 62005161

中原区政府将付某位于中原区西大庄园小区的房屋拆除。因未告知付某何时拆迁，致使付某屋内财产未搬离、未清点，并且在强拆过程中，中原区政府也未依法对付某的室内物品进行清点、登记和保存。付某遂向法院提起诉讼，请求法院判决确认被告的强制拆除行为违法，并赔偿屋内物品损失共计人民币8万。诉讼中，原告向法院提供了原房间内物品的照片。关于本案，下列选项正确的有？

A．付某应提供证据证明被告的强制拆除行为违法

B．付某应提供证据证明因强制拆除行为造成的屋内物品损失

C．法院不得为证明强制拆除行为合法，调取中原区政府在强制拆除时未收集的证据

D．在诉讼过程中，中原区政府可自行向付某收集证据

参考答案

[1]AC	[2]C	[3]D	[4]D	[5]ACD
[6]ABD	[7]BCD	[8]BCD	[9]ACD	[10]AB
[11]ABD	[12]AD	[13]BCD	[14]B	[15]AC
[16]ABC	[17]AD	[18]C		

解析页码 154

第十九章 行政诉讼的裁判

一、历年真题及仿真题

（一）一审裁判

【多选】

1　1402082

在行政诉讼中，针对下列哪些情形，法院应当判决驳回原告的诉讼请求？

A．起诉请求变更处罚决定，法院审查认为处罚无误

B．受理案件后发现起诉不符合起诉条件的

C．被诉具体行政行为合法，但因法律变化需要变更或者废止的

D．被告在一审期间改变被诉具体行政行为，原告不撤诉的

【不定项】

2　1502099

某镇政府以一公司所建钢架大棚未取得乡村建设规划许可证为由责令限期拆除。该公司逾期不拆除，镇政府现场向其送达强拆通知书，组织人员拆除了大棚。该公司向法院起诉要求撤销强拆行为。如一审法院审理认为强拆行为违反法定程序，可作出的判决有？

A．撤销判决

B．确认违法判决

C．履行判决

D．变更判决

（二）综合知识点

【单选】

3　1102050

县环保局以一企业逾期未完成限期治理任务为由，决定对其加收超标准排污费并处以罚款1万元。该企业认为决定违法诉至法院，提出赔偿请求。一审法院经审理维持县环保局的决定。该企业提出上诉。下列哪一说法是正确的？

A．加收超标准排污费和罚款均为行政处罚

B．一审法院开庭审理时，如该企业未经法庭许可中途退庭，法院应予训诫

C．二审法院认为需要改变一审判决的，应同时对县环保局的决定作出判决

D．一审法院如遗漏了该企业的赔偿请求，二审法院应裁定撤销一审判决，发回重审

4　2001108

汪某和邻居杨某因集体土地使用权产生争议，2010年3月10日，县政府为汪某颁发集体土地使用证并通知了杨某，4月20日，杨某认为该行为侵犯了自己已有的集体土地使用权，向市政府申请复议，市政府认为杨某的复议请求超过了复议申请期，于是驳回了杨某的复议请求，4月25日，杨某就县政府颁发集体土地使用证行为向法院提起行政诉讼。下列说法哪个是正确的？

A．杨某申请复议超过了复议申请期

B．法院应当以未经过复议为由，裁定驳回杨某的起诉

C．法院可以受理本案

D．法院应当驳回杨某起诉，并判决确认复议决定违法

5　1102046

市政府决定，将牛某所在村的集体土地征收转为建设用地。因对补偿款数额不满，牛某对现场施工进行阻挠。市公安局接警后派警察到现场处理。经口头传唤和调查后，该局对牛某处以10日拘留。牛某不服处罚起诉，法院受理。下列哪一说法是正确的？

A．市公安局警察口头传唤牛某构成违法

B．牛某在接受询问时要求就被询问事项自行提供书面材料，不予准许

C．市政府征收土地决定的合法性不属于本案的审查范围

D．本案不适用变更判决

6　2101081

吴某通过发送电子邮件的方式向区政府申请公开

解析页码
155—157

作出强拆决定的会议纪要，区政府以相关内容部分未制作、另一部分制作后未保存为由拒绝。吴某不服申请复议，复议机关作出维持决定后吴某提起诉讼，以下说法正确的是？

A. 会议纪要属于内部信息

B. 若吴某能提供证据证明该会议纪要存在或由区政府制作，法院应当要求区政府公开

C. 区政府收到电子邮件之日为吴某的申请之日

D. 区政府应当向法院证明自己已经尽了检索义务

7　1901031

罗某向海事局申请公开海事局的设立、主要职责、内设机构和人员编制的文件，海事局以该信息不存在为由，拒绝公开，罗某不服申请复议，复议机关作出维持决定后罗某提起行政诉讼，下列哪个选项是正确的？

A. 罗某应当提供个人的身份证明

B. 罗某需要说明政府信息公开用途

C. 因为拒绝公开行为是合法的，法院应当判决驳回原告诉讼请求

D. 原告需要举证证明该信息不存在

8　2201124

区政府认定李某房屋为超过规划范围的违法建筑物，于是组织人员拆除，李某对强制拆除行为不服提起诉讼。诉讼中，对于区政府是否在夜间进行强拆行为产生争议，李某邻居张某提供证言证明房屋是夜间拆除的，区政府的工作人员王某提供证言证明房屋不是夜间拆除的。对此，下列哪个选项是正确的？

A. 张某的证言的证明力优先于王某的证言

B. 区政府对于强制拆除造成的损害结果承担举证责任

C. 如果法院认定强拆行为合法，则区政府对强制拆除造成的损失不承担任何责任

D. 如果法院认定强拆行为违法，则应当撤销拆除决定

9　1602049

某区卫计局以董某擅自开展诊疗活动为由作出没收其违法诊疗工具并处 5 万元罚款的处罚。董某向区政府申请复议，区政府维持了原处罚决定。董某向法院起诉。下列哪一说法是正确的？

A. 如董某只起诉区卫计局，法院应追加区政府为第三人

B. 本案应以区政府确定案件的级别管辖

C. 本案可由区卫计局所在地的法院管辖

D. 法院应对原处罚决定和复议决定进行合法性审查，但不对复议决定作出判决

【多选】

10　2301068

某街道办发现王某不符合市民政局、市财政局《关于外地援建的退休干部回本市定居人员补助通知》发放补助金的条件，故停止发放补助，王某不服申请复议，并要求对《通知》一并进行审查。下列说法正确的是？

A. 街道办事处属于派出机关

B. 王某有权请求对该《通知》进行审查

C. 本案中《通知》属于行政法规

D. 若复议机关审查后发现王某符合发放条件的，可决定街道办履行给付义务

11　1102082

余某拟大修房屋，向县规划局提出申请，该局作出不予批准答复。余某向县政府申请复议，在后者作出维持决定后，向法院起诉。县规划局向法院提交县政府批准和保存的余某房屋所在中心村规划布局图的复印件一张，余某提交了其房屋现状的录像，证明其房屋已破旧不堪。下列哪些说法是正确的？

A. 县规划局提交的该复印件，应加盖县政府的印章

B. 余某提交的录像应注明制作方法和制作时间

C. 如法院认定余某的请求不成立，应当判决驳回余某的诉讼请求

D. 如法院认定余某的请求成立，在对县规划局的行为作出裁判的同时，应对县政府的复议决定作出裁判

12　1302081

2012 年 9 月，某计划生育委员会以李某、周某二

解析页码
157—159

人于2010年7月违法超生第二胎，作出要求其缴纳社会抚养费12万元，逾期不缴纳每月加收千分之二滞纳金的决定。二人不服，向法院起诉。下列哪些说法是正确的?

A. 加处的滞纳金数额不得超出12万元

B. 本案为共同诉讼

C. 二人的违法行为发生在2010年7月，到2012年9月已超过《行政处罚法》规定的追究责任的期限，故决定违法

D. 法院不能作出允许少缴或免缴社会抚养费的变更判决

13 2201136

甲市乙区17岁的李某拿小刀在甲市丙区某小区停车场内刮划多辆私家车，后丙区公安分局对李某处以拘留5日，并处罚款1000元。李某不服，提起行政诉讼。一审法院以超过起诉期限为由，裁定不予受理。李某不服上诉，二审法院认为未超过起诉期限，应予以立案。下列说法错误的是?

A. 公安分局应对李某从轻或减轻处罚

B. 公安分局应对李某执行拘留

C. 李某可向甲市乙区法院起诉

D. 二审法院应当指令一审法院依法立案

14 1801129

村民夏某以生活需要为由，向省财政厅申请公开2017年本县农民退耕还林补贴信息。省财政厅以该信息不存在为由决定不公开，夏某不服向法院起诉。关于本案，下列哪一说法正确?

A. 夏某申请时应明确说明申请公开的政府信息用途

B. 夏某应先申请行政复议再向法院起诉

C. 若诉讼中夏某能够提供该信息是省财政厅制作或者保存的相关线索，可申请法院调取证据

D. 法院应判决省财政厅公开信息

15 1202081

田某认为区人社局记载有关他的社会保障信息有误，要求更正，该局拒绝。田某向法院起诉。下列哪些说法是正确的?

A. 田某应先申请行政复议再向法院起诉

B. 区人社局应对拒绝更正的理由进行举证和说明

C. 田某应提供区人社局记载有关他的社会保障信息有误的事实根据

D. 法院应判决区人社局在一定期限内更正

16 1402098

经夏某申请，某县社保局作出认定，夏某晚上下班途中驾驶摩托车与行人发生交通事故受重伤，属于工伤。夏某供职的公司认为其发生交通事故系醉酒所致，向法院起诉要求撤销认定。某县社保局向法院提交了公安局交警大队交通事故认定书、夏某住院的病案和夏某同事孙某的证言。下列说法正确的是?

A. 夏某为本案的第三人

B. 某县社保局提供的证据均系书证

C. 法院对夏某住院的病案是否为原件的审查，系对证据真实性的审查

D. 如有证据证明交通事故确系夏某醉酒所致，法院应判决撤销某县社保局的认定

17 1202098

某药厂以本厂过期药品作为主原料，更改生产日期和批号生产出售。甲市乙县药监局以该厂违反《药品管理法》关于违法生产药品规定，决定没收药品并处罚款20万元。药厂不服向县政府申请复议，县政府依《药品管理法》关于生产劣药行为的规定，决定维持处罚决定。药厂提起行政诉讼。关于本案的举证与审理裁判，下列说法正确的有?

A. 法院应对被诉行政行为和药厂的行为是否合法一并审理和裁判

B. 药厂提供的证明被诉行政行为违法的证据不成立的，不能免除被告对被诉行政行为合法性的举证责任

C. 如在本案庭审过程中，药厂要求证人出庭作证的，法院不予准许

D. 法院对本案的裁判，应当以证据证明的案件事实为依据

【不定项】

18 2201063

市人社局将田某的养老保险关系转入到社会保险

解析页码
160—162

关系，田某认为自己应该是按照事业单位保险缴纳，于是向市政府申请复议。市政府审查后作出维持决定，田某不服，提起诉讼，法院以不属于受案范围为由裁定驳回田某起诉。下列选项正确的是？

A．法院应当裁定一并驳回对市政府和市人社局的起诉

B．市政府对市人社局行政行为合法性不承担举证责任

C．田某应当在收到复议决定之日起 60 日内提起诉讼

D．本案应当由中级法院管辖

二、模拟训练

【单选】

19 62105084

下列有关案件的裁判与执行的说法正确的是？

A．2018 年 5 月甲进行了一次嫖娼，2019 年 8 月行政机关决定对甲罚款 500 元。甲不服起诉，法院判决驳回甲的诉讼请求

B．在审理行政机关不作为的行政诉讼中，法院经审理认为被告无法定职责，应判决驳回原告的诉讼请求

C．若某县法院发现已生效的行政判决书中有错别字，应作出书面决定，补正该笔误

D．乙擅自砍伐位于其小区的香樟树，涉嫌金额较大，市林业局给予其拘留 5 日的处罚（未实施拘留），乙不服起诉，法院作出变更判决

【多选】

20 61805123

在下列情形中，哪些在行政诉讼中适用确认违法判决？

A．孙某诉甲市生态环境局行政行为违法，经法院查明确实违法，但甲市生态环境局的行政行为不具有可撤销内容

B．冯某诉乙县公安局，乙县公安局在行政诉讼审理期间改变原被诉行为，法院查明乙县公安局原行为合法

C．涂某起诉请求撤销丙区房管局针对自己作出的具体行政行为。法院审查后发现该行为确实违法应予撤销，但若判决撤销将会对社会公共利益造成重大损失

D．易某诉丁县政府，丁县政府在诉讼中改变被诉行为，法院按易某要求查明丁县政府原行为违法

21 61805147

某市政府因建设交通轨道对羊村的部分集体土地进行征收拆迁，羊某的房屋被列入拆迁范围，市政府作出支付 200 万元拆迁补偿费用的决定。羊某认为补偿费用太少向省政府申请复议，省政府把拆迁补偿费用减少为 100 万元。羊某遂向法院提起诉讼。法院经审理，认为复议机关改变原行政行为错误。下列说法正确的是？

A．法院可以判决市政府重新作出行政决定

B．法院可以判决省政府重新作出复议决定

C．法院可以判决恢复原行政行为的法律效力

D．法院可以在撤销复议决定的同时责令复议机关重新作出决定

【不定项】

22 62205243

县交通运输局以东安汽车运输公司作为道路货物运输经营者不按照规定携带《道路运输证》为由，决定对该公司处以罚款 5000 元。该公司不服，向法院起诉，要求确认罚款行为无效。法院经过审查，认定县交通运输局的罚款行为违法但不属于无效情形。下列选项错误的是？

A．法院应当判决驳回该公司诉讼请求

B．法院应当判决撤销罚款 5000 元

C．若罚款数额有错误，法院应当作出变更判决

D．法院应当先向原告释明，建议原告变更诉讼请求

参考答案

[1] AC	[2] B	[3] C	[4] B	[5] C
[6] D	[7] A	[8] A	[9] C	[10] ABD
[11] ABCD	[12] AB	[13] BC	[14] BC	[15] ABC
[16] ACD	[17] BD	[18] A	[19] B	[20] ACD
[21] BCD	[22] ABC			

解析页码
162—163

第二十章
行政协议案件

一、历年真题及仿真题

(一)行政协议审理规则

【单选】

1 2101085

市政府与王某签订了《征收补偿协议书》，约定若发生争议则由某仲裁委仲裁。之后王某以受胁迫为由请求法院解除该协议。下列说法正确的是?

A. 因有仲裁条款，法院应裁定不予受理

B. 王某要对自己受胁迫承担举证责任

C. 本案不适用调解

D. 该协议因包含仲裁条款而无效

(二)综合知识点

【单选】

2 2301080

某区政府实施土地房屋征收，确定由区规划和自然资源局实施。区征地办受区规划和自然资源局委托与陈某签订《房屋征收补偿协议》(简称《协议》)，陈某以区征地办没有签订主体资格诉至法院，请求确认该协议无效。下列说法正确的是?

A. 被告为区政府

B. 该协议不得约定争议管辖法院

C. 该案不得进行调解

D. 该案由区法院管辖

3 2201041

孙某和孙小某是父子，孙某是户主，孙小某以孙某的名义跟政府签订了房屋征收协议，孙某称不知情向法院提起诉讼请求确认协议无效。下列哪一说法是正确的?

A. 法院不能用民事法律规范确认行政协议无效

B. 若协议约定管辖，则管辖无效

C. 若无效的事由在一审法庭辩论终结前消失，法院可驳回原告起诉

D. 法院应审查被告签订协议的合法性

【多选】

4 2201053

2016年10月，方某与区政府签订了房屋征收补偿协议。区政府未按照约定发放补偿款，方某认为区政府违约，遂于2017年3月15日诉至法院。法院审查后认为该协议无效，告知方某变更诉讼请求，方某拒绝。下列说法正确的是?

A. 方某拒绝变更，法院可驳回其诉讼请求

B. 因征收补偿协议签订于2016年，法院可驳回方某起诉

C. 安置协议具有公益性质

D. 案件由中级人民法院管辖

5 2101086

黄某房屋在拆迁范围内，甲县政府与黄某签订房屋拆迁补偿协议，约定拆迁款100万元，后甲县政府认为黄某房屋面积不足，单方将拆迁款改为80万元，黄某不服提起诉讼，以下说法错误的是?

A. 本案起诉期间应适用行政诉讼法及其司法解释规定

B. 甲县政府的行为违反职权法定原则，因此法院应当判决其行为违法

C. 因黄某未及时搬出，违反了协议约定，甲县政府可以提起反诉

D. 黄某应先申请复议再起诉

【不定项】

6 2001134

某县政府招商引资，与沈某签订河道采砂协议。协议履行期间，县政府因保护生态环境需要，决定不再继续履行原采砂协议。沈某认为县政府不履行协议的行为构成违约，遂向法院起诉请求判决解除合同并要求政府赔偿损失。对此，下列选项正确的是?

A. 本案适用行政起诉期限6个月

B. 沈某对解除合同的主张承担证明责任

C. 双方可以约定由基层法院管辖

解析页码
164—166

D. 法院无权判决县政府赔偿沈某的实际损失

二、模拟训练

【多选】

7 62005040

黄某的房屋被列为征收对象，但黄某就征收补偿安置问题一直未能与政府达成一致意见。2020 年 7 月 30 日，在县政府主持下，临澧县发展和改革局与黄某就征收补偿安置问题达成协议。此外，李某对黄某宅基地有地役权。下列说法正确的是？

A. 若临澧县发展和改革局一直不支付征收的费用，黄某可以提起诉讼

B. 若李某认为该协议损害了自己的合法权益而提起诉讼，法院应当受理

C. 协议中约定原告所在地人民法院有管辖权无效

D. 若在履行协议过程中出现了严重损害社会公共利益的情形，临澧县发展和改革局解除了该协议。后黄某请求撤销该解除行为，法院应判决驳回原告的诉讼请求

8 62205205

山南市政府就位于香山区物流园区的天然气特许经营事项发布招标公告，甲、乙两家燃气公司参与竞标。山南市政府确定与甲燃气公司签订《天然气综合利用项目合作协议》，同时约定协议履行中发生争议的，由山南市政府所在地的乐平区法院管辖。协议签订后，经多次催告，甲燃气公司迟迟未能完成项目建设，影响到物流园区的燃气供应，山南市政府遂告知甲燃气公司解除特许经营协议并收回特许经营权。甲燃气公司向法院提起行政诉讼，请求撤销山南市政府解除协议并收回特许经营权的行为。对此，下列说法正确的是？

A. 若法院审理认为山南市政府解除行为合法的，应当判决其补偿甲燃气公司损失

B. 法院可就甲燃气公司与山南市政府之间的纠纷进行调解

C. 乐平区法院对本案没有管辖权，应由合同履行地即香山区法院进行管辖

D. 乙燃气公司不服山南市政府与甲燃气公司签订合作协议，有权提起行政诉讼

9 62205242

孙某与南张街道办事处签订《房屋征收补偿安置协议》后，经审计局审计，发现对被征收人房屋补偿面积认定存在重大偏差，导致对孙某的房屋补偿面积计算有误，补偿安置标准超过其应得补偿标准。南张街道办事处随后单方变更了《房屋征收补偿安置协议》中有关补偿面积认定的相关内容。孙某不服，向法院起诉。下列选项正确的有？

A.《房屋征收补偿安置协议》属于行政协议

B. 南张街道办事处有权单方变更《房屋征收补偿安置协议》中有关补偿面积认定的内容

C. 孙某应当按照行政诉讼法关于起诉期限的规定提起诉讼

D. 若《房屋征收补偿安置协议》约定采用仲裁方式解决纠纷的，孙某向法院起诉，法院不予受理

10 62205149

2018 年 11 月 29 日，临海市政府与衡态公司签订了《临海餐厨垃圾处理试运行项目合同书》，约定将临海餐厨垃圾处理试运行项目交由衡态公司，并约定若发生争议则由临海市仲裁委仲裁。此后，衡态公司一直按合同约定履行，但临海市政府一直未履行其义务。衡态公司遂提起诉讼要求解除合同。下列说法不正确的是？

A. 因有仲裁条款，法院应裁定不予受理

B. 若临海市政府认为衡态公司的履行不符合约定标准，可以提起反诉

C. 本案应当由衡态公司就解除合同的事由承担举证责任

D. 本案不适用调解

11 62205150

下列选项中关于行政协议效力，说法正确的是？

A. 因被告县政府的违法行为导致行政协议无效的，法院可以同时判决责令县政府采取补救措施

B. 小刘以行政协议是被市政府胁迫签订的为由请求撤销，法院经审查后认定确实存在胁迫的情形，可以依法判决撤销该协议

解析页码
166—168

C. 市规划局在判决前消除行政协议无效事由的，法院可以确认协议有效

D. 经批准生效的行政协议在一审法庭辩论终结前仍未获批的，法院应确认协议无效

【不定项】

12 62205151

甲市政府与清净公司签订为期 5 年的特许经营协议，约定由清净公司利用净水技术对甲市污水进行治理。两年后甲市政府单方面解除该协议，清净公司不服，遂提起行政诉讼，下列说法中正确的是？

A. 对于甲市政府单方面解除协议的行为，清净公司只能提起民事诉讼

B. 本案起诉期限应适用行政诉讼法及其司法解释规定

C. 甲市政府的行为违反职权法定原则，法院应判决确认其行为违法

D. 甲市政府与清净公司可以通过书面协议来约定管辖

参考答案

[1] B	[2] D	[3] D	[4] ACD	[5] BCD
[6] B	[7] ABD	[8] BD	[9] ABC	[10] ABD
[11] AB	[12] BD			

第二十一章 行政公益诉讼

一、历年真题及仿真题

（一）综合知识点

【多选】

1 2101084

森林公安局发现甲企业违规砍伐树林，责令其停业整顿并罚款 20000 元。甲企业缴纳罚款 20000 元后，森林公安局直接决定结案，不再追究企业责任。森林检察机关发现后，向森林公安局发出检察建议要求其依法履行环保监督职责，公安局置之不理。森林检察机关随后提起公益诉讼。下列说法正确的是？

A. 本案起诉期为 6 个月

B. 检察机关提起公益诉讼以提出了检察建议为前提

C. 检察机关必须在其他公益组织都没有提起诉讼的情况下才能起诉

D. 本案属于行政公益诉讼

2 2201061

某公司私自在一个河段上设置渡口，县交通运输局认为设置渡口属于行政许可事项，故责令某公司限期恢复原状，罚款 20 万元，某公司缴纳了罚款但是期满并未恢复原状，县交通局并未进一步督促其履行。对此，县检察院向法院提起行政公益诉讼。下列说法正确的是？

A. 设置渡口属于特许事项

B. 县检察院应当先向县交通运输局提出检察建议

C. 设置渡口的事项属于公共利益范围

D. 县交通运输局可以直接代为履行恢复原状

【不定项】

3 2201062

某县林草局发现某公司在国有林地进行开挖，经查该公司未获取相关行政许可，遂责令该公司限期恢复原状并罚款 50 万元，在收到罚款后予以结案。县检察院以该局怠于监督公司恢复原状为由提起诉讼，下列说法正确的是？

A. 检察院应在诉讼前提出检察建议

B. 对于恢复原状，县林草局可以依法代为履行

C. 该公司有义务对林地恢复原状

D. 检察院提起诉讼的时效为 6 个月

二、模拟训练

【单选】

4 61805150

某医院在建设住院楼时没有配备相应的污水处理设施，导致周边地下水和土壤被污染，损害了公

解析页码
169—171

共利益。生态环境局知晓后并未采取任何行动。对于生态环境局的不作为，下列说法正确的是？

A. 本案行政公益诉讼的提起主体可以是环境保护协会

B. 检察院必须先进行公告才能提起行政公益诉讼

C. 检察院应当先向行政机关提出检察建议，督促其履行法律职责，行政机关仍不履行的，检察院才可以提起行政公益诉讼

D. 若检察院向生态环境局提出检察建议，生态环境局应当在收到检察建议书之日起1个月内依法履行职责

【多选】

5 62205159

甲县乙村村民李某利用其经营的蔬菜种植专业合作社伪造乙村村民委员会公章、贫困户、村支书、村主任签名以及乙村部分贫困户土地使用权流转合同等一系列材料，以乙村贫困户的名义申请扶贫项目补贴150万元。甲县检察院接到群众举报后，决定立案调查。查明事实后向甲县扶贫办发出检察建议，建议依法取消该合作社并追回被骗的扶贫补贴。后甲县检察院以县扶贫办未依法履职为由向法院提起诉讼。下列说法正确的是？

A. 甲县检察院在向法院提起诉讼之前必须向甲县扶贫办提出检察建议

B. 县扶贫办应当在收到检察建议20日内书面回复，如遇紧急情况时，可口头回复

C. 该行政诉讼可以适用人民陪审制，由7人组成合议庭审理

D. 受理法院应当在开庭3日前向县检察院送达传票

【不定项】

6 62205160

某区税务局监管本地15个房地产开发项目在建工程、2个快速路市政在建工程及8个公共停车场建设工程项目，其中有工程施工单位未依法申报缴纳环境保护税，应收税款未及时足额入库，致使国有财产流失，损害国家利益。区人民检察院向区税务局公开宣告送达检察建议。后该区检察院向当地法院提起诉讼，区检察院对一审结果不服，提起上诉。下列选项正确的是？

A. 区检察院向区税务局送达检察建议后，可直接向法院提起公益诉讼

B. 二审中，市检察院也应当派员参加

C. 案件审理过程中，区税务局依法履行了职责，致使区检察院的诉讼请求全部实现，检察院应当变更诉讼请求，请求确认原行为违法

D. 若区税务局不履行生效裁判，法院应当移送执行

参考答案

[1] ABD [2] ABC [3] ABCD [4] C [5] AC [6] D

第二十二章 行政赔偿

一、历年真题及仿真题

（一）行政赔偿程序（诉讼）

【多选】

1 1002088

关于行政赔偿诉讼，下列哪些选项是正确的？

A. 当事人在提起行政诉讼的同时一并提出行政赔偿请求，法院应分别立案

B. 除特殊情形外，法院单独受理的一审行政赔偿案件的审理期限为三个月

C. 如复议决定加重损害，赔偿请求人只对复议机关提出行政赔偿诉讼的，复议机关为被告

D. 提起行政诉讼时一并提出行政赔偿请求的，可以在提起诉讼后至法院一审判决前提出

（二）综合知识点

【多选】

2 1502085

丁某以其房屋作抵押向孙某借款，双方到房管局

解析页码 171—173

办理手续，提交了房产证原件及载明房屋面积100平方米、借款50万元的房产抵押合同，该局以此出具房屋他项权证。丁某未还款，法院拍卖房屋，但因房屋面积只有70平方米，孙某遂以该局办理手续时未尽核实义务造成其15万元债权无法实现为由，起诉要求认定该局行为违法并赔偿损失。对此案，下列哪些说法是错误的？

A. 法院可根据孙某申请裁定先予执行

B. 孙某应对房管局的行为造成其损失提供证据

C. 法院应对房管局的行为是否合法与行政赔偿争议一并审理和裁判

D. 孙某的请求不属于国家赔偿范围

3 1302084

某区规划局以一公司未经批准擅自搭建地面工棚为由，限期自行拆除。该公司逾期未拆除。根据规划局的请求，区政府组织人员将违法建筑拆除，并将拆下的钢板作为建筑垃圾运走。如该公司申请国家赔偿，下列哪些说法是正确的？

A. 可以向区规划局提出赔偿请求

B. 区政府为赔偿义务机关

C. 申请国家赔偿之前应先申请确认运走钢板的行为违法

D. 应当对自己的主张提供证据

二、模拟训练

【多选】

4 62005152

祁县华誉纤维厂主要生产二硫化碳及其他化工产品。2017年5月27日，祁县政府以污染严重为由，下令关闭该厂。但直至6月8日，该厂仍在生产，祁县政府遂对其采取了断电、停水等措施，强制其停止生产。该厂不服提起行政诉讼，法院判决确认祁县政府的行政行为违法。判决生效后该厂向祁县政府提出赔偿请求，祁县政府作出不予赔偿决定书，该厂对此决定不服，向法院起诉要求赔偿。经查明，该厂未办理环境影响评价手续、安全生产许可证和企业占地合法手续。关于本案，下列哪些选项是正确的？

A. 祁县政府的具体行政行为违法，应当赔偿华誉纤维厂的损失

B. 华誉纤维厂对祁县政府的具体行政行为不服提起诉讼时，可一并提出赔偿请求

C. 祁县政府作出不予行政赔偿决定的，无须说明理由

D. 华誉纤维厂对自己提出的赔偿主张，应当提供证据

5 62205181

陈某在其自建房屋上擅自加建第二层且未办理相关审批手续。甲市规划局发现后责令陈某3日内自行拆除，逾期将依法强制拆除。陈某不服，向法院提起诉讼，法院经审理驳回了陈某的诉讼请求。随后，甲市规划局请求市政府拆除，市政府直接向陈某送达了拆除催告书，限其在1日内自行拆除，陈某未自行拆除，市政府遂组织相关人员对陈某房屋进行强制拆除，市政府拆除前，陈某表示屋内还有贵重物品没有搬走，欲进入屋内取出贵重物品，市政府工作人员并没有对屋内财产进行清点并以陈某妨碍执行为由将其带离现场。后陈某就拆除行为提起国家赔偿。关于本案，下列说法错误的是？

A. 陈某应当对自己的所有损失承担举证责任

B. 甲市规划局是赔偿义务机关

C. 市政府强拆前无需进行催告，因为市规划局之前已经向陈某送达了责令拆除决定书

D. 陈某逾期不履行已生效的限期拆除决定的行为，是市政府实施强制拆除的前提

6 62205188

2022年5月，甲市乙县市场监督管理局以张某所经营的店铺违法经营为由，作出责令停产停业2个月的处罚决定。张某不服申请复议，复议机关撤销原决定，并作出责令停产停业3个月的处罚决定。张某仍不服，向法院提起行政诉讼，法院经审查认为处罚决定违法，遂作出撤销判决。下列哪些说法是正确的？

A. 复议机关应当是乙县政府

B. 若张某在提起行政诉讼时一并提出行政赔偿请求的，可以在一审庭审终结前提出

C. 张某在诉讼后另行提起赔偿诉讼的，需先经乙

解析页码
173—174

县市场监督管理局和复议机关处理

D. 张某在诉讼中可请求赔偿所有停业损失

【不定项】

7 62005048

2012年，俞某在其承包的土地上建造房屋。2018年，巧英乡政府认定俞某未经城乡规划行政主管部门审批，擅自建造房屋的行为违法，作出责令其限期拆除的通知。俞某不服该通知书，向法院提起行政诉讼。因未在限定的期限内自行拆除，2018年9月，巧英乡政府组织人员强制拆除了房屋。诸暨市法院于2019年1月22日确认巧英乡政府拆除房屋的行为违法。之后，俞某就其遭受的损失，提起行政赔偿诉讼。下列说法正确的是？

A. 俞某须在2020年9月之前提出赔偿请求

B. 俞某在请求赔偿之前，无须先确认强制拆除行为违法

C. 巧英乡政府应对俞某的损失承担赔偿责任

D. 俞某在行政赔偿诉讼中对自己的主张承担举证责任

8 62005153

贤成大厦公司向法院提起行政赔偿诉讼，在诉状中称：（1）市工商局于2020年注销贤成大厦公司、成立贤成大厦公司清算组；（2）市外资局于2021年作出《关于设立中外合作经营企业"深圳鸿昌广场有限公司"的批复》，后市规划自然资源局于2022年将贤成大厦公司的《房地产证》注销，并将土地使用权转让给了深圳鸿昌广场有限公司。上述三机关的行为致使贤成大厦公司的合法财产权益被侵犯。上述三机关的行政行为已被生效判决确认违法。市工商局、市外资局和市规划自然资源局是共同赔偿义务机关，请求法院判令三被告依法赔偿。关于本案，下列说法正确的有？

A. 原告要求三机关赔偿，可以直接向法院起诉，无需经过赔偿义务机关先行处理程序

B. 原告以市工商局、市外资局、市规划自然资源局为共同赔偿义务机关提起赔偿诉讼的做法有误

C. 原告根据受到的不同损害，可以同时提出数项赔偿要求

D. 若在一审判决前双方达成赔偿协议，原告申请撤诉的，法院应当裁定准许

9 62105088

县公安局怀疑胡某出售黄色淫秽光盘，故派民警王某将其全部光盘没收，胡某不肯，向王某撞去。王某拿起附近的小刀向胡某刺去，后胡某住院2个月，花费医疗费2万元，且全部光盘也被没收。胡某不服，于是向县政府申请行政复议。复议机关经过复议后，不仅没有撤销原具体行政行为，反而对胡某又处以2000元的罚款。后查明，胡某并未出售黄色淫秽光盘。胡某提出行政赔偿请求。下列说法不正确的是？

A. 公安局承担赔偿责任后，可以向王某追偿赔偿费用

B. 应当由王某承担责任，因为王某的行为属于故意或者重大过失行为

C. 应当由复议机关赔偿对其造成的全部损失

D. 胡某可以向二者中任何一个行政机关要求赔偿损失

10 62205183

2022年5月，甲市乙县公安局以王某偷开他人汽车为由扣留该汽车，并作出罚款200元的决定，后乙县公安局擅自使用汽车导致该汽车永久性毁损。王某不服，向乙县政府申请行政复议，乙县政府以原处罚决定过轻为由撤销原决定，并作出罚款500元的决定。王某仍不服，向法院提起行政诉讼，经查明该汽车为王某自己所有。下列说法正确的是？

A. 王某应以乙县政府为被告

B. 法院审查认为可能存在赔偿的，应告知王某可以一并提起行政赔偿诉讼

C. 王某可以要求乙县公安局和乙县政府赔偿精神损害抚慰金

D. 乙县公安局和乙县政府应承担连带赔偿责任

参考答案

[1] CD	[2] ACD	[3] BD	[4] BD	[5] ABC
[6] AB	[7] CD	[8] ABC	[9] BC	[10] AB

解析页码
174—176

第二十三章 司法赔偿

一、历年真题及仿真题

（一）司法赔偿范围

【单选】

1 1002050

2009 年 2 月 10 日，王某因涉嫌诈骗被县公安局刑事拘留，2 月 24 日，县检察院批准逮捕王某。4 月 10 日，县法院以诈骗罪判处王某三年有期徒刑，缓期二年执行。5 月 10 日，县公安局根据县法院变更强制措施的决定，对王某采取取保候审措施。王某上诉,6 月 1 日，市中级法院维持原判。王某申诉，12 月 10 日，市中级法院再审认定王某行为不构成诈骗，撤销原判。对此，下列哪一说法是正确的?

A. 因王某被判无罪，国家应当对王某在 2009 年 2 月 10 日至 12 月 10 日期间的损失承担赔偿责任

B. 因王某被判处有期徒刑缓期执行，国家不承担赔偿责任

C. 因王某被判无罪，国家应当对王某在 2009 年 6 月 1 日至 12 月 10 日期间的损失承担赔偿责任

D. 因王某被判无罪，国家应当对王某在 2009 年 2 月 10 日至 5 月 10 日期间的损失承担赔偿责任

【多选】

2 1702085

关于民事、行政诉讼中的司法赔偿，下列哪些说法是正确的?

A. 对同一妨害诉讼的行为重复采取罚款措施的，属于违法采取对妨害诉讼的强制措施

B. 执行未生效法律文书的，属于对判决、裁定及其他生效法律文书执行错误

C. 受害人对损害结果的发生或者扩大也有过错的，国家不承担赔偿责任

D. 因正当防卫造成损害后果的，国家不承担赔偿责任

（二）赔偿义务机关

【单选】

3 1901033

某县公安局认定李某涉嫌寻衅滋事将其拘留，后县检察院将李某逮捕，而后县法院判决李某三年有期徒刑，李某不服提起上诉，市中院认定因证据不足，指控的犯罪不能成立，改判李某无罪，请问赔偿义务机关是谁?

A. 县公安局

B. 县检察院

C. 县法院

D. 市中院

（三）综合知识点

【单选】

4 2201133

徐某因盗窃罪被法院判处 2 年有期徒刑，2020 年 2 月 21 日，因与监狱管理人员发生冲突，徐某被殴打致使右眼失明。2021 年 3 月 23 日徐某出狱，出狱后进行了伤情鉴定，并于 2021 年 6 月 28 日申请国家赔偿。下列说法正确的是?

A. 伤情鉴定费属于国家赔偿范围

B. 徐某的请求时限超过了国家赔偿期限

C. 赔偿请求应向监狱管理机关提出

D. 若赔偿机关不予受理，徐某可以向法院提起行政赔偿诉讼

5 1901034

2011 年 11 月，某市公安局以马某涉嫌盗窃为由将其刑事拘留，2012 年 12 月，检察院作出批准逮捕决定，2013 年 7 月市中院审理后判决有期徒刑五年，马某不服，提出上诉，2014 年 3 月二审法院省高院发回重审后，市中院改判马某无罪，马某于 2015 年 3 月提出赔偿申请，下列选项正确的是?

解析页码
176—178

A. 赔偿义务机关为省高院
B. 赔偿义务机关需要在 2 个月内作出决定
C. 如果马某不服作出的赔偿决定，可以向上一级法院申请复议
D. 对马某的赔偿金标准应按照 2010 年度国家职工日平均工资计算

6 1702050

某市公安局以朱某涉嫌盗窃罪于 2013 年 7 月 25 日将其刑事拘留，经市检察院批准逮捕。2015 年 9 月 11 日，市中级法院判决朱某无罪，朱某被释放。2016 年 3 月 15 日，朱某以无罪被羁押为由申请国家赔偿，要求支付侵犯人身自由的赔偿金，赔礼道歉，赔偿精神损害抚慰金 200 万元。下列哪一说法是正确的？
A. 市检察院为赔偿义务机关
B. 朱某不能以口头方式提出赔偿申请
C. 限制人身自由的时间是计算精神抚慰金的唯一标准
D. 侵犯朱某人身自由的每日赔偿金应按照 2014 年度职工日平均工资计算

7 1602050

某县公安局于 2012 年 5 月 25 日以方某涉嫌合同诈骗罪将其刑事拘留，同年 6 月 26 日取保候审，8 月 11 日检察院决定批准逮捕方某。2013 年 5 月 11 日，法院以指控依据不足为由判决方某无罪，方某被释放。2014 年 3 月 2 日方某申请国家赔偿。下列哪一说法是正确的？
A. 县公安局为赔偿义务机关
B. 赔偿义务机关可就赔偿方式和数额与方某协商，但不得就赔偿项目进行协商
C. 方某 2012 年 6 月 26 日至 8 月 11 日取保候审，不属于国家赔偿范围
D. 对方某的赔偿金标准应按照 2012 年度国家职工日平均工资计算

8 1202050

县公安局以李某涉嫌盗窃为由将其刑事拘留，并经县检察院批准逮捕。县法院判处李某有期徒刑 5 年。李某上诉，市中级法院改判李某无罪。李某向赔偿义务机关申请国家赔偿。下列哪一说法是正确的？
A. 县检察院为赔偿义务机关
B. 李某申请国家赔偿前应先申请确认刑事拘留和逮捕行为违法
C. 李某请求国家赔偿的时效自羁押行为被确认为违法之日起计算
D. 赔偿义务机关可以与李某就赔偿方式进行协商

9 1102045

李某被县公安局以涉嫌盗窃为由刑事拘留，后被释放。李某向县公安局申请国家赔偿，遭到拒绝，经复议后，向市中级法院赔偿委员会申请作出赔偿决定。下列哪一说法是正确的？
A. 李某应向赔偿委员会递交赔偿申请书一式 4 份
B. 县公安局可以委托律师作为代理人
C. 县公安局应对李某的损失与刑事拘留行为之间是否存在因果关系提供证据
D. 李某不服中级法院赔偿委员会作出的赔偿决定的，可以向上一级法院赔偿委员会申请复议一次

【多选】

10 2201055

某县公安局于 2020 年 9 月 25 日以方某涉嫌故意伤害李某为由将其刑事拘留，10 月 11 日县检察院决定批准逮捕方某。县检察院在审查起诉阶段，以李某是轻微伤为由决定不起诉，后公安局撤销案件，方某于 2022 年 5 月 11 日被释放。2022 年 9 月 2 日方某向赔偿义务机关申请国家赔偿，要求赔偿人身自由损害赔偿 10 万元和精神损害赔偿 6 万元，赔偿义务机关决定不予赔偿。下列说法正确的是？
A. 县检察院为赔偿义务机关
B. 对方某的赔偿金标准应按照 2020 年度国家职工日平均工资计算
C. 对拒绝赔偿，方某可以向县公安局的上一级公安机关申请复议
D. 方某的精神损害赔偿请求不能得到全面支持

解析页码
178—180

11 2101088

甲因涉嫌盗窃罪和抢夺罪，2008 年被批准逮捕，2012 年一审基层法院判决甲构成盗窃罪，判处有期徒刑 1 年缓期 1 年执行，构成抢夺罪，判处有期徒刑 2 年缓期 2 年执行，合并有期徒刑 2 年 6 个月缓期 3 年执行，当庭释放。甲上诉，中院判决维持原判。后再审判决甲不构成盗窃罪，但构成抢夺罪，甲申请国家赔偿。以下说法正确的是？

A．改判后甲仍然构成抢夺罪，因此不予国家赔偿

B．本案应当向中院申请赔偿

C．律师费不属于国家赔偿的范围

D．甲被判处缓刑，没有被实际限制人身自由，因此不予国家赔偿

12 2101087

县公安局以涉嫌盗窃罪为由将康某刑事拘留，后县检察院批准逮捕。在法院审理期间，检察院以证据不足为由撤回起诉。以下说法正确的是？

A．精神损害抚慰金不得低于人身自由赔偿金的二倍

B．赔偿义务机关为县检察院

C．康某对赔偿决定不服的，可向市检察院申请复议

D．赔偿义务机关不得就赔偿项目与康某进行协商

13 1801124

甲涉嫌贪污罪被区检察院逮捕，区法院经审理认为甲构成职务侵占，但由于其违法情形不严重，故决定免予追究刑事责任，甲未上诉，一审判决生效。之后，市中级人民法院通过再审宣告甲无罪。甲申请国家赔偿，区法院认为之前判决为免予追究其刑事责任，不应当予以赔偿，下列哪些选项是正确的？

A．甲可以向区检察院的上一级检察院申请复议

B．甲可以向市中级法院赔偿委员会申请赔偿

C．不予赔偿的理由不符合法律规定

D．赔偿义务机关为区检察院和区法院

14 1801084

区公安分局以曹某涉嫌职务侵占罪为由将曹某刑事拘留，区检察院批准对曹某的逮捕。区法院判处曹某构成职务侵占罪，不予刑事处罚。曹某上诉。甲市中级法院判决曹某无罪。判决生效后，曹某请求国家赔偿。下列哪些说法是错误的？

A．区法院为赔偿义务机关

B．区检察院为赔偿义务机关

C．因为曹某没有受到刑事处罚，国家不予赔偿

D．曹某申请国家赔偿的，应当先向赔偿义务机关提出

15 1202083

区公安分局以涉嫌故意伤害罪为由将方某刑事拘留，区检察院批准了对方某的逮捕。区法院判处方某有期徒刑 3 年，方某上诉。市中级法院以事实不清为由发回区法院重审。区法院重审后，判决方某无罪。判决生效后，方某请求国家赔偿。下列哪些说法是错误的？

A．区检察院和区法院为共同赔偿义务机关

B．区公安分局为赔偿义务机关

C．方某应当先向区法院提出赔偿请求

D．如区检察院在审查起诉阶段决定撤销案件，方某请求国家赔偿的，区检察院为赔偿义务机关

【不定项】

16 2201130

甲涉嫌故意伤害罪被公安局刑事拘留，后被县检察院批准逮捕。审查起诉阶段，检察院认为甲犯罪情节轻微，不需要判处刑罚，遂作出不起诉决定。后甲申请国家赔偿，赔偿义务机关作出不予赔偿的决定。下列说法正确的是？

A．不予赔偿的决定正确

B．县检察院为赔偿义务机关

C．对赔偿决定不服的，可以向上一级机关申请复议

D．赔偿委员会应由 3 名以上审判员组成，并集体讨论决定

17 1502100

某县公安局以涉嫌诈骗为由将张某刑事拘留，并经县检察院批准逮捕，后县公安局以证据不足为由撤销案件，张某遂申请国家赔偿。下列说法正

解析页码
181—183

确的是？

A．赔偿义务机关为县公安局和县检察院

B．张某的赔偿请求不属国家赔偿范围

C．张某当面递交赔偿申请书，赔偿义务机关应当场出具加盖本机关专用印章并注明收讫日期的书面凭证

D．如赔偿义务机关拒绝赔偿，张某可向法院提起赔偿诉讼

18 1402100

某县公安局以沈某涉嫌销售伪劣商品罪为由将其刑事拘留，并经县检察院批准逮捕。后检察院决定不起诉。沈某申请国家赔偿，赔偿义务机关拒绝。下列说法正确的是？

A．县公安局为赔偿义务机关

B．赔偿义务机关拒绝赔偿，应当书面通知沈某

C．国家应当给予沈某赔偿

D．对拒绝赔偿，沈某可以向县检察院的上一级检察院申请复议

19 1302099

甲市某县公安局以李某涉嫌盗窃罪为由将其刑事拘留，经县检察院批准逮捕，县法院判处李某有期徒刑6年，李某上诉，甲市中级法院改判无罪。李某被释放后申请国家赔偿，赔偿义务机关拒绝赔偿，李某向甲市中级法院赔偿委员会申请作出赔偿决定。下列选项正确的是？

A．赔偿义务机关拒绝赔偿的，应书面通知李某并说明不予赔偿的理由

B．李某向甲市中级法院赔偿委员会申请作出赔偿决定前，应当先向甲市检察院申请复议

C．对李某申请赔偿案件，甲市中级法院赔偿委员会可指定一名审判员审理和作出决定

D．如甲市中级法院赔委会作出赔偿决定，赔偿义务机关认为确有错误的，可以向该省高级法院赔偿委员会提出申诉

二、模拟训练

【单选】

20 62105040

2020年1月10日，甲区检察院以乙涉嫌盗窃为由决定对其逮捕。1月20日，区检察院对乙改为取保候审。2月20日，区检察院以证据不足、乙的行为不构成犯罪为由，决定撤销案件。3月10日，乙向区检察院申请国家赔偿，同日，其申请被受理。5月30日，区检察院作出不予赔偿决定。下列哪一说法是正确的？

A．国家赔偿范围的期间为1月10日至2月20日

B．甲区检察院作出赔偿决定未超过法定期限

C．如乙受到精神损害，其有权请求甲区检察院向其赔礼道歉

D．对不予赔偿决定，乙可以向市中院提起赔偿诉讼

21 62205170

张某因涉嫌抢劫罪被某县公安局拘留，后县检察院对张某实施了逮捕，之后，县法院判处其有期徒刑5年，张某不服上诉，市中院维持原判后交付执行。市中院在后来的再审中将案件发回重审，县法院判决张某无罪，当庭释放。张某申请国家赔偿，下列说法正确的是？

A．张某应当向县法院申请赔偿

B．张某不服赔偿义务机关的处理决定，应当向上一级法院起诉

C．张某不服赔偿义务机关的处理决定，应当请求上一级法院赔委会处理

D．赔偿过程中可以就赔偿方式、赔偿项目进行协商，赔偿数额不得协商

【多选】

22 62005049

燕某因涉嫌盗窃罪被刑事拘留，羁押在桑植县看守所。同监犯人邹某得知犯人谷某的东西被燕某拿了后，在看守所工作人员在场的情况下与谷某一起殴打燕某。经司法鉴定燕某的损伤为二级重伤、八级伤残。经桑植县法律援助中心工作人员协调后，谷某赔偿了燕某损失2万元。燕某认为，其遭受伤害是由于桑植县公安局看守所没有尽到警戒和看守义务，故燕某提起诉讼，请求依法确认桑植县看守所对其的看守行为违法并赔偿其因此遭受的损失。下列说法错误的是？

解析页码
183—185

A. 燕某应当申请行政赔偿
B. 燕某应当申请司法赔偿
C. 燕某受伤是由于与第三人的民事纠纷引起的，不属于国家赔偿的范围
D. 燕某可以对其遭受的伤害直接提起行政诉讼

23 62105091

黄某因涉嫌抢劫被县公安局拘留，县检察院批准逮捕并提起公诉，后县法院判处黄某有期徒刑5年。黄某上诉，市中院维持原判。黄某在狱中申诉，后经再审改判无罪。黄某提出国家赔偿。下列哪些说法是正确的？
A. 县检察院为赔偿义务机关
B. 县法院为赔偿义务机关
C. 市中院为赔偿义务机关
D. 赔偿义务机关应对其行为的合法性、无过错承担举证责任

【不定项】

24 62205200

张某因涉嫌故意杀人罪于1997年10月27日被南昌市检察院批捕。1999年1月26日，市中级人民法院以故意杀人罪判处张某死刑，缓期二年执行。张某上诉，省高级人民法院撤销原判，发回重审。市中级人民法院经重审，仍判处张某死刑，缓期二年执行。张某再次上诉，省高级人民法院驳回上诉，维持并核准原判。判决生效后，张某一直提出申诉。2020年8月4日，省高级人民法院最终改判张某无罪，同日，张某被释放。2021年8月8日，张某申请国家赔偿。下列哪个（些）说法是准确的？
A. 本案赔偿义务机关为市中级人民法院
B. 因张某被判无罪，国家应当对张某在1997年10月27日至2020年8月4日期间的损失承担赔偿责任
C. 张某可以主张赔偿精神损害抚慰金
D. 张某不服赔偿义务机关赔偿决定的，应当向上一级机关申请复议

25 62205248

2010年1月1日，黄某因涉嫌盗窃罪和抢劫罪被甲市乙区公安分局依法刑事拘留。1月4日，黄某被批准逮捕。2月1日，乙区检察院移送审查起诉。3月5日，乙区法院以盗窃罪和抢劫罪对黄某分别处以有期徒刑一年和三年，最终判处有期徒刑四年。黄某不服，向甲市中级法院上诉。4月25日，甲市中级法院维持原判。黄某刑满后申诉，2016年9月8日，甲市中级法院启动再审，判决黄某构成抢劫罪，但不构成盗窃罪。下列说法错误的有？
A. 本案国家不承担赔偿责任
B. 本案乙区法院为赔偿义务机关
C. 本案黄某不服赔偿义务机关赔偿决定的，应当向上一级机关申请复议
D. 赔偿义务机关作出赔偿决定，应当充分听取黄某的意见

参考答案

[1]D	[2]ABD	[3]C	[4]C	[5]B
[6]A	[7]C	[8]D	[9]A	[10]AD
[11]ABCD	[12]BC	[13]BC	[14]BC	[15]AB
[16]ABCD	[17]C	[18]BCD	[19]AD	[20]C
[21]C	[22]ACD	[23]CD	[24]BC	[25]ABC

第二十四章 国家赔偿

一、历年真题及仿真题

（一）赔偿项目

【多选】

1 1801085

城管局接到群众举报称孙某在过街天桥上占道摆摊，遂组织工作人员徐某、孟某前往调查。在执法过程中，工作人员孟某对孙某实施殴打，后经鉴定构成7级伤残。孙某申请国家赔偿。下列属于国家赔偿范围的是？
A. 医疗费

解析页码
185—187

B. 未成年子女生活费

C. 残疾生活辅助具费

D. 残疾赔偿金

【不定项】

2 1901090

县国土资源局认定甲公司存在非法采砂行为，责令其停产停业，甲公司不服，提起行政诉讼，法院认为县国土资源局认定错误，予以撤销，县国土资源局应当予以赔偿的项目有？

A. 设备租金

B. 留守职工工资

C. 缴纳的水资源费

D. 预期利润

3 1202100

廖某在监狱服刑，因监狱管理人员放纵被同室服刑人员殴打，致一条腿伤残。廖某经6个月治疗，部分丧失劳动能力，申请国家赔偿。下列属于国家赔偿范围的有？

A. 医疗费

B. 残疾生活辅助具费

C. 残疾赔偿金

D. 廖某扶养的无劳动能力人的生活费

（二）综合知识点

【单选】

4 1302049

某法院以杜某逾期未履行偿债判决为由，先将其房屋查封，后裁定将房屋过户以抵债。杜某认为强制执行超过申请数额而申请国家赔偿，要求赔偿房屋过户损失30万元，查封造成屋内财产毁损和丢失5000元，误工损失2000元，以及精神损失费1万元。下列哪一事项属于国家赔偿范围？

A. 2000元

B. 5000元

C. 1万元

D. 30万元

【多选】

5 1102083

2006年9月7日，县法院以销售伪劣产品罪判处杨某有期徒刑8年，并处罚金45万元，没收其推土机一台。杨某不服上诉，12月6日，市中级法院维持原判交付执行。杨某仍不服，向省高级法院提出申诉。2010年9月9日，省高级法院宣告杨某无罪释放。2011年4月，杨某申请国家赔偿。关于本案的赔偿范围和标准，下列哪些说法是正确的？

A. 对杨某被羁押，每日赔偿金按国家上年度职工日平均工资计算

B. 返还45万罚金并支付银行同期存款利息

C. 如被没收推土机已被拍卖的，应给付拍卖所得的价款及相应的赔偿金

D. 本案不存在支付精神损害抚慰金的问题

二、模拟训练

【单选】

6 62205245

张某在一饭店酗酒闹事，砸碎了饭店窗户玻璃及餐具。此时某区公安分局的民警李某、赵某恰巧值勤到店里。李某对张某又推又打，欲将张某带回公安局处理。在推搡过程中，张某跌倒，头撞在暖气片上，造成颅内出血死亡。张某之父向某区公安分局提出行政赔偿请求。那么，本案的赔偿义务机关应以什么方式赔偿？

A. 公安分局应当支付死亡赔偿金、丧葬费，对死者生前扶养的无劳动能力的人，还应当支付生活费

B. 公安分局应当支付医疗费、残疾赔偿金，对死者生前扶养的无劳动能力的人，还应当支付生活费

C. 公安分局应当支付医疗费及张某之父申请赔偿的车旅费

D. 公安分局应当支付死亡赔偿金、丧葬费，总额为国家上年度职工年平均工资的10倍

解析页码
187—188

7 62205037

某区城管局为维护市容市貌对街边摊贩进行严格管理，一工作人员在执行职务过程中滥用职权造成摊主韩某严重受伤，经鉴定为残疾。韩某向法院请求国家赔偿，但未一并提起精神损害赔偿。法院应当如何处理？

A．直接追加韩某的精神损害赔偿请求

B．法院应当履行释明义务，根据韩某变更后的请求进行审理

C．法院释明后，韩某拒绝变更诉讼请求的，法院应当不予受理

D．如果区城管局被认定依法承担国家赔偿，可以直接认定该行为造成精神损失，并进行相应赔偿

【多选】

8 62205162

李某因涉嫌入室抢劫被幸福市公安局列为重点嫌疑人，工作人员抓捕李某时不小心摔碎其祖传玉佩。后审讯时李某遭到刑讯逼供造成其轻微伤，因害怕再次遭到殴打，李某签署认罪认罚书，市法院遂判处李某有期徒刑 10 年。服刑 3 年后，再审法院改判李某无罪，李某因此遭受周围人的轻蔑，决定申请国家赔偿。下列选项正确的是？

A．李某可以祖传玉佩遭到损毁为由提出精神损害赔偿

B．李某可以遭到刑讯逼供为由要求精神损害抚慰金

C．李某可以无罪被关押为由提出精神损害赔偿

D．李某可在提出精神损害赔偿的同时要求为其消除影响，恢复名誉，赔礼道歉

【不定项】

9 62205246

根据《国家赔偿法》的规定，下列可以适用精神损害抚慰金情形的有？

A．某乡政府工作人员殴打村民造成其身体残疾

B．某市场监督管理局吊销一企业的营业执照造成该企业重大损失

C．甲被非法实施逮捕措施一年后，检察院决定不起诉

D．派出所民警违法使用武器、警械造成乙死亡

10 62205163

2017 年 9 月 7 日，县法院以贩卖毒品罪判处杨某有期徒刑 7 年，没收其轿车一辆。服刑期间杨某遭到狱警虐待，经鉴定为 6 级伤残。2021 年 9 月 9 日，省高级法院宣告杨某无罪释放。2022 年 4 月，杨某申请国家赔偿，同年赔偿决定作出。关于本案的赔偿范围和标准，下列说法正确的是？

A．杨某有权请求国家在侵权行为影响的范围内，为其消除影响，恢复名誉，赔礼道歉，并请求一定数额的精神损害抚慰金

B．赔偿义务机关应当向杨某支付医疗费、护理费、残疾生活辅助具费、康复费、残疾赔偿金以及其抚养未成年子女的生活费

C．杨某获得的残疾赔偿金应当按照国家规定的伤残等级确定，最高不超过国家上年度职工年平均工资的 20 倍

D．如被没收轿车已被拍卖，且拍卖价款明显低于轿车价值的，赔偿义务机关应给付拍卖所得的价款及相应的赔偿金

参考答案

[1] ACD	[2] ABC	[3] ABC	[4] B	[5] AB
[6] A	[7] B	[8] CD	[9] ACD	[10] AC

解析页码
189—190

「刷够好题」阶段——觉晓必刷题系列

法考必刷题

——行政法核心真题+模拟

解析

行政法

2024版

觉晓法考组　编著

中国政法大学出版社

2024·北京

图书在版编目（CIP）数据

法考必刷题. 行政法核心真题+模拟/觉晓法考组编著. —北京：中国政法大学出版社，2024. 1
ISBN 978-7-5764-1149-2

Ⅰ. ①法…　Ⅱ. ①觉…　Ⅲ. ①行政法－中国－资格考试－习题集　Ⅳ. ①D920. 4

中国国家版本馆 CIP 数据核字(2023)第 206821 号

出 版 者　中国政法大学出版社

地　　址　北京市海淀区西土城路 25 号

邮寄地址　北京 100088 信箱 8034 分箱　邮编 100088

网　　址　http://www.cuplpress.com (网络实名：中国政法大学出版社)

电　　话　010-58908285(总编室) 58908433（编辑部）58908334(邮购部)

承　　印　重庆天旭印务有限责任公司

开　　本　787mm×1092mm　1/16

印　　张　18

字　　数　460 千字

版　　次　2024 年 1 月第 1 版

印　　次　2024 年 1 月第 1 次印刷

定　　价　62.00 元（全两册）

KEEP AWAKE

CSER 高效学习模型

觉晓坚持每年组建“名师 + 高分学霸”教学团队，按照 Comprehend（讲考点→理解）→ System（搭体系→不散）→ Exercise（刷够题→会用）→ Review（多轮背→记住）学习模型设计教学产品，让你不断提高学习效果。

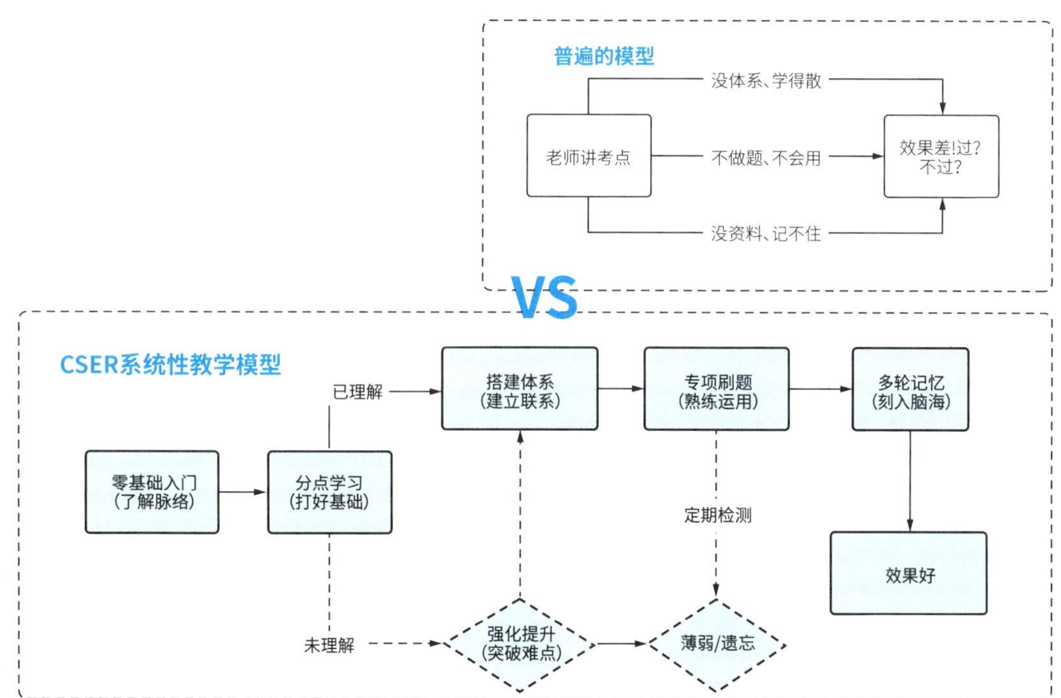

前面理解阶段跟名师，但后面记忆应试阶段，“高分学霸”更擅长，这样搭配既能保证理解，又能应试；时间少的在职考生可以直接跟“学霸”学习高效应试。

同时，知识要成体系性，后期才能记住，否则学完就忘！因此，觉晓有推理背诵图（推背图）、诉讼流程图等产品，辅助你建立知识框架体系，后期可以高效复习！

KEEP AWAKE

坚持数据化学习

觉晓已经实现听课、刷题、模考、记忆全程线上化学习。在学习期间，觉晓会进行数据记录，自2018年APP上线，觉晓已经积累了上百万条数据，并有十多万过线考生的精准学习数据。

觉晓有来自百度、腾讯、京东等大厂的AI算法团队，建模分析过线考生与没过线考生的数据差异，建立**“过考模型”**，其应用层包括：

1. **精准的数据指标**，让你知道过线**每日**需要消耗的“热量、卡路里”，有标准，过线才稳！

2. **按照数据优化教学产品**，一些对过线影响不大的科目就减少知识点，重要的就加强；**课时控制，留够做题时间**，因为中后期做题比听课更重要！

3. **精准预测分数**，实时检测你的数据，对比往年相似考生数据模型，让你知道，你这样学下去，最后会考多少分！

4. **AI智能推送**，根据**过线数据模型**推送二轮课程和题目，精准且有效地查漏补缺，让你的时间花得更有价值！

注：觉晓每年都会分析当年考生数据，出具一份完整的通过率数据分析报告，包括“客观题版”“主客一体版”“主观题二战版”，可以在微信订阅号“sikao411”，或通过“蒋四金法考”“觉晓法考”微博获取。

KEEP AWAKE

目录
Contents

第一章　行政法的基本原则……001
第二章　行政主体……010
第三章　公务员……018
第四章　抽象行政行为……027
第五章　具体行政行为概述……034
第六章　行政许可……041
第七章　行政处罚……047
第八章　治安管理处罚……055
第九章　行政强制措施……058
第十章　行政强制执行……069
第十一章　政府信息公开……075
第十二章　行政复议与诉讼……081
第十三章　行政复议与诉讼受案范围……088
第十四章　行政复议与诉讼主体……094
第十五章　行政复议……103
第十六章　行政诉讼管辖……121
第十七章　行政诉讼程序……130
第十八章　行政诉讼证据制度……147
第十九章　行政诉讼的裁判……155
第二十章　行政协议案件……164
第二十一章　行政公益诉讼……169
第二十二章　行政赔偿……172
第二十三章　司法赔偿……176
第二十四章　国家赔偿……187

第一章 行政法的基本原则

参考答案

[1] D	[2] D	[3] ABC	[4] BC	[5] BC
[6] C	[7] AD	[8] AC	[9] BC	[10] C
[11] C	[12] C	[13] ABCD	[14] ABCD	[15] ACD
[16] AC	[17] A	[18] AD	[19] ABCD	[20] AD
[21] BCD	[22] ACD	[23] B	[24] C	[25] BCD
[26] ABCD	[27] CD	[28] AC		

一、历年真题及仿真题*

（一）合理行政

【单选】

1 2201046

答案：D。

解析：AB 项：程序正当原则是当代行政法的主要原则之一，包括行政公开、公众参与以及回避原则。公众参与原则是指行政机关作出重要的规定或者决定时，应当听取公众意见，听取相对人和其他利害关系人的陈述或者申辩，提出的陈述、申辩成立的，行政机关应当予以考虑、接纳。本题题干没有体现行政行为程序方面的内容。因此，AB 项错误。

C 项：信赖利益保护原则是诚实守信原则的一个子原则，是指非因法定事由并经法定程序，行政机关不得撤回、变更已经生效的行政决定。本题题干没有体现行政决定的撤回、变更。因此，C 项错误。

D 项：比例原则是合理行政原则的子原则，有三个方面的要求：合目的性、适当性、损害最小。在行政机关采用非强制手段可以达到目的的情况下，采用对当事人权益损害最小的方式进行，是比例原则中损害最小的体现。因此，D 项正确。

综上所述，本题答案为 D 项。

2 1002039

答案：D。

解析：A 项："权责统一原则"由两个方面的内涵构成：一是行政效能，指行政活动的实施应当达到其既定目标，为了保证行政目标的顺利实现，法律、法规应当赋予行政机关一定的执法手段，并通过这些手段的运用排除其在职能实现过程中遇到的障碍；二是行政责任，指当行政机关违法或者不当行使职权时，应当依法承担法律责任，从而实现权力和责任的统一。可知，比例原则不是权责统一原则的基本内容之一，而是属于合理行政原则的内容。因此，A 项错误。

B 项：比例原则又称"过度禁止原则"，其目的在于保护自然人、法人或者其他组织的权利免于遭受国家的过度侵害，是行政行为合理性的具体表现之一，属于合理行政原则。因此，合法行政原则主要适用于羁束行政行为，合理行政原则尤其适用于裁量性行政职权的行使。因此，B 项错误。

C 项：合法行政是行政法的首要原则，包括遵守现行法律和依照法律授权活动两个方面。可知，比例原则作为合理性的要求，并非合法行政的必然要求。因此，C 项错误。

D 项：实质法治与形式法治相对应，是指整个社会、一切人和组织都服从和遵守体现社会正义的理性法律统治。合理行政原则，强调行政行为应当具有理性，属于实质行政法治的范畴。可知，比例原则作为合理行政原则的内容之一，当然属于实质行政法治的范畴。因此，D 项正确。

综上所述，本题答案为 D 项。

【多选】

3 1901040

答案：A,B,C。

解析：ABC 项：比例原则有三方面的要求，这三个内涵是分层次的递进关系：第一，合目的性。是指行政机关行使裁量权所采取的具体措施必须符合法律目的。比如拆迁，拆迁必须是为了旧城改造等公共利益，这自然无可厚非，假如拆迁是领导为了自己中饱私囊，那就不符合比例原则，因为目的不符合公共利益的要求。第二，适当性。是指行政机关所选择的具体措施和手段应当为法律所必需，结果与措施和手段之间存在着正当性。

* 注：下列题号对应觉晓 APP 的题号规则。本书中以 18~23 开头的题号均为 2018 年 ~2023 年的仿真题。

为达到这一要求，就需要行政机关根据具体情况，判断拟采取的措施对达到结果是否有利和必要。适当性是指光有了正确的目的不算，还得选对实现目的的方式，否则就南辕北辙了。第三，损害最小。是指行政机关在可以采用多种方式实现某一行政目的的情况下，应当采用对当事人权益损害最小的方式，即行政机关能用轻微的方式实现行政目的，就不能选择使用手段更激烈的方式。俗语有云：条条大路通罗马。但是在这每一条路里我们是不是要选择一条最近的路呢？类似的，行政机关应该在多个实现行政目的的手段中选择一条最近的路，那就是对于公民权益侵害最小的路，能不侵害就不侵害，能少侵害就少侵害。我们后面会讲到，行政机关在执行行政强制的时候，法律禁止其用断水、断电等方式执法，其实这就是比例原则的体现，因为这样的手段虽然可能实现行政目的，但对于民众权利侵害太大，故不为法理和情理所容。因此，ABC 项正确。

D 项：行政机关作出行政处罚应当听取当事人意见是程序正当原则中“公众参与”的体现，不是比例原则的要求。因此，D 项错误。

综上所述，本题答案为 ABC 项。

4 1402078

答案：B,C。

解析：A 项：行政公开是程序正当原则下的一个子原则，是指除涉及国家秘密和依法受到保护的商业秘密、个人隐私外，行政机关实施的行政管理活动应当公开，以保障公民的知情权。本题题干中的情况未体现该原则要求，所以，A 项错误。

BC 项：合理行政原则主要含义是行政决定应当具有理性，属于实质行政法治的范畴，尤其适用于裁量性行政行为。合理行政原则包括三个子原则：（1）公平公正原则；（2）考虑相关因素原则；（3）比例原则。比例原则有三方面的要求：合目的性、适当性、损害最小。在本题题干中，法院认为，廖某的违法行为没有严重到既需要拆除又需要实施顶格处罚的程度，将罚款从 2 万元改为 1000 元，符合比例原则中适当性的要求。故法院的判决适用了比例原则和合理行政原则。所以，BC 项正确。

D 项：诚实守信原则分为两个方面：第一是行政信息真实原则，行政机关公布的信息应当全面、准确、真实；第二是保护公民信赖利益原则，非因法定事由并经法定程序，行政机关不得撤回、变更已经生效的行政决定。在本题中，是法院的判决变更了原本生效的行政决定，而不是行政机关自己变更了原本生效的行政决定，所以法院的判决并没有体现诚实守信原则。所以，D 项错误。

综上所述，本题答案为 BC 项。

5 1202078

答案：B,C。

解析：A 项：程序正当原则之程序公平原则要求行政机关在作出行政决定之前应给予相对人陈述和申辩的机会，并听取其陈述和申辩，保障其参与权。A 项内容属于程序正当原则的体现，因此，A 项错误。

B 项：合理行政原则之公平公正原则要求行政机关应公道正派，平等对待相对人，不偏私、不歧视。B 项内容是公平公正原则的体现，因此，B 项正确。

C 项：合理行政原则之比例原则要求合目的性，即行政机关行使裁量权所采取的具体措施必须符合法律目的。C 项内容属于比例原则的体现，因此，C 项正确。

D 项：诚实守信原则之信赖保护原则，要求行政机关非因法定事由并经法定程序，不得撤销已生效的行政决定。D 项内容属于信赖保护原则的体现，因此，D 项错误。

综上所述，本题答案为 BC 项。

（二）程序正当

【单选】

6 1401002

答案：C。

解析：深入贯彻依法治国基本方略，要求切实做到依法行政。其要求包括：合法行政、合理行政、程序正当、高效便民、诚实守信、权责统一。某省政府向社会公开行政审批领域中的权力清单，是行政公开行为，体现了执法主体的程序正当原则。

A 项：通过政务公开可以将行政主体的权力置于

阳光之下，接受社会的监督，约束政府的权力。因此，A 项正确，不当选。

B 项：公开权力清单便于行政相对人知晓行政审批行为的过程，有利于保障相对人的权利。因此，B 项正确，不当选。

C 项：比例原则是合理行政的基本要求，其内涵指行政机关的执政活动需要采取合理手段，尽可能小的造成行政相对人的权利损害。题干并未体现此要求。因此，C 项错误，当选。

D 项：行政公开是程序正当原则的基本要求，程序正当是依法行政的要求，符合法治原则。因此，D 项正确，不当选。

综上所述，本题为选非题，正确答案为 C 项。

【多选】

7 1202077

答案：A,D。

解析：程序正当是当代行政法的主要原则之一。它包括了以下几个原则：第一，行政公开原则。除涉及国家秘密和依法受到保护的商业秘密、个人隐私外，行政机关实施行政管理应当公开，以实现公民的知情权。第二，公众参与原则。行政机关作出重要规定或者决定，应当听取公民、法人和其他组织的意见。特别是作出对公民、法人和其他组织不利的决定，要听取他们的陈述和申辩。第三，回避原则。行政机关工作人员履行职责，与行政管理相对人存在利害关系时，应当回避。

A 项：程序正当原则之公众参与原则：行政机关在作出行政决定之前应给予相对人陈述和申辩的机会，并听取其陈述和申辩，保障其参与权。A 项内容属于公众参与原则的体现。因此，A 项正确。

B 项：权责一致原则之行政职责原则要求行政机关违法或者不当行使职权时，应当依法承担法律责任，给相对人造成损失的应依法补偿或赔偿。B 项内容属于行政职责原则的体现。因此，B 项错误。

C 项：合法行政原则要求法律、法规、规章有规定的，行政机关在作出行政决定时应遵守，没有立法文件进行规定，不得作出影响公民、法人和其他组织合法权益的行为。C 项内容属于合法行政原则的体现。因此，C 项错误。

D 项：程序正当原则之公务回避原则：行政执法人员履行行政职责时，与相对人存在利害关系的，应当回避。D 项内容属于程序正当原则中公务回避的体现。因此，D 项正确。

综上所述，本题答案为 AD 项。

（三）高效便民

【多选】

8 1402076

答案：A,C。

解析：高效便民原则分为两个方面：第一是行政效率原则。基本内容有二：首先是积极履行法定职责，禁止不作为或者不完全作为；其次是遵守法定时限，禁止超越法定时限或者不合理延迟。延迟是行政不公和行政侵权的表现。第二是便利当事人原则。在行政活动中增加当事人程序负担，是法律禁止的行政侵权行为。

A 项：简化行政机关内部办理行政许可的流程，是行政效率原则的体现，通过简化内部行政许可的流程，使行政机关在办理行政许可时的效率得以提高，更高效地完成行政许可的办理。所以，A 项正确。

B 项：B 项属于诚实守信原则中的保护公民信赖利益原则，即非因法定事由并经法定程序，行政机关不得撤销、变更已经生效的行政决定；因国家利益、公共利益或者其他法定事由需要撤回或者变更行政决定的，应当依照法定权限和程序进行，并对行政管理相对人因此而受到的财产损失依法予以补偿。所以，B 项错误。

C 项：对办理行政许可的当事人提出的问题给予及时、耐心的答复，是便利当事人原则的体现，使行政活动中的当事人的负担得以减轻、疑惑得以解答，充分体现了服务型政府的核心要求。所以，C 项正确。

D 项：权责统一原则包括两方面：第一是行政效能原则。行政机关依法履行经济、社会和文化事务管理职责，要由法律、法规赋予其相应的执法手段，保证政令有效。第二是行政责任原则。行政机关违法或者不当行使职权，应当依法承担法律责任。可见，D 项是权责统一原则的体现。所以，D 项错误。

综上所述，本题答案为 AC 项。

9 1102077

答案：B,C。

解析：高效便民原则分为两个方面：第一是行政效率原则。积极履行法定职责，禁止不作为或者不完全作为；遵守法定时限，禁止超越法定时限或不合理延迟。第二是便利当事人原则。在行政活动中增加当事人程序负担，是法律禁止的行政侵权行为。

A 项：依法行政原则是对行政机关及其行政公务人员从事行政管理活动的基本要求，包括行政合法性原则和行政合理性原则。合法行政是行政法的首要原则，其他原则可以理解为该原则的延伸。因此，高效便民原则可以理解为合法行政原则的延伸，也就可以理解为是依法行政的延伸，而非重要补充。因此，A 项错误。

BC 项：BC 两项都是高效便民中行政效率原则的体现。因此，BC 项正确。

D 项：该项属于合理行政原则中考虑相关因素原则的体现。合理行政原则包括三个原则，即：公平公正原则、考虑相关因素原则和比例原则。因此，D 项错误。

综上所述，本题答案为 BC 项。

（四）诚实守信

【单选】

10 1901021

答案：C。

解析：ABCD 项：诚实守信原则由“诚”（别撒谎）和“信”（别反悔）两部分内容组成，其中“信”（别反悔）指的是信赖利益保护原则，该原则要求非因法定事由并经法定程序，行政机关不得撤销、变更已经生效的行政决定；因国家利益、公共利益或者其他法定事由需要撤回或者变更行政决定的，应当依照法定权限和程序进行，并对行政管理相对人因此而受到的财产损失依法予以补偿。本题中，因公共利益（修建高铁）需要，区政府撤回马某的房屋所有权证后，对马某受到的损失依法及时予以了补偿，体现了诚实守信中的信赖利益保护原则。因此，ABD 项错误，C 项正确。

综上所述，本题答案为 C 项。

［设题陷阱与常见错误分析］本题错误率较高：（1）本题错误率最高的是 D 选项，权责一致要求是“行政机关违法或者不当行使职权，应当依法承担法律责任，实现权力和责任的统一。依法做到执法有保障、有权必有责、用权受监督、违法受追究、侵权须赔偿”。而本题因为修建高铁而作出的拆迁决定是合法行为而非违法行为，所以体现的并不是权责一致，这说明命题人认为，只有违反义务才会承担责任，而撤回类似于合同法中的情势变更，是根据社会情势的变化而做的合法行为，行政行为没有继续保持其效力的必要，撤回的条件中没有行政行为违法或者明显不适当的因素，所以，合法行为的撤回或者变更并不是承担责任的表现。当然，这一观点理论和实践中均有争议，学界很多教材将国家补偿法列为了行政责任法部分。不过，在考试中，一切以命题人观点为准，考生需要反复记忆，违法行为才适用权责一致。（2）本题还有少量同学会选择程序正当，自然，行政机关作出任何行政决定均需要遵守正当程序的要求，不过，要学会揣摩命题人的题意，本题中没有强调程序中的“公开”“回避”和“参与”三要素内容，所以，没有体现程序正当的要求。

11 1502043

答案：C。

解析：A 项：合理行政原则是指行政决定应当具有合理性，属于实质行政法治范畴，包括公平公正原则、考虑相关因素原则、比例原则。因此，A 项错误。

B 项：高效便民原则分为两个方面：第一是行政效率原则，包括积极履行法定职责，遵守法定时限；第二是便利当事人原则。因此，B 项错误。

C 项：诚实守信原则分为两方面：一是指行政信息真实，即行政机关公布的信息应当全面、【准确】、真实；二是保护公民信赖利益原则。因此，C 项正确。

D 项：程序正当原则是当代行政法的主要原则之

一，包括行政公开、公众参与以及回避原则。因此，D 项错误。
综上所述，本题答案为 C 项。

12 1401004

答案：C。
解析：诚实守信原则要求行政机关公布的信息应当全面、真实、准确；非因法定事由并经法定程序，行政机关不得撤销、变更已经生效的行政决定。
A 项：事故发生后，该政府部门的行为符合“及时、全面、真实”的要求，体现了诚实守信原则。因此，A 项错误。
B 项：政府之前虽然作出优惠承诺，但因国家政策变化推迟兑现属于法定事由，是由于无法预见的原因，并且只是推迟兑现，而非不兑现，没有违反诚实守信原则。因此，B 项错误。
C 项：某县政府未能履约是因县内其他投资导致资金紧张，是政府自己的原因，并非法定事由，如果因此违约，则属于违反了诚实守信原则。因此，C 项正确。
D 项：某区政府变更城建规划的行为经过了法定程序，按法定程序变更没有违反诚信原则，随意变更才违反。因此，D 项错误。
综上所述，本题答案为 C 项。

【多选】

13 1302078

答案：A,B,C,D。
解析：ABCD 项：诚实守信原则的重要内容之一是保护公民信赖利益。非因法定事由并经法定程序，行政机关不得撤销、变更已经生效的行政决定。县政府不支付奖励金的行为属于违反诚实守信原则。所以 ABCD 项皆未违反，都当选。
综上所述，本题为选非题，答案为 ABCD 项。

（五）权责统一

【多选】

14 1801052

答案：A,B,C,D。
解析：ABCD 项：权责统一，是指行政机关拥有的职权应与其承担的职责相适应，拥有多大的权力就应当承担多大的责任，不应当有无责任的权力，也不应当有无权力的责任，并且在行政机关违法或者不当行使职权时，应当依法承担法律责任。落实权责统一原则的最终目的，就是要实现执法有保障、有权必有责、用权受监督、违法受追究、侵权须赔偿。故 ABCD 项均正确。
综上所述，本题答案为 ABCD 项。

15 1302077

答案：A,C,D。
解析：权责一致原则包含两个方面的内容：第一是行政效能原则。行政机关依法履行经济、社会和文化事务管理职责，要由法律、法规赋予其相应的执法手段，保证政令有效。第二是行政责任原则。行政机关违法或者不当行使职权，应当依法承担法律责任。这一原则的基本要求是执法有保障、有权必有责、用权受监督、违法受追究、侵权须赔偿。
A 项：权责统一原则的重要内容之一是行政责任原则。行政机关违法或不当行使职权，应当依法承担法律责任。因此，A 项正确。
B 项：行政机关作出决定时不得考虑不相关因素是合理行政原则的体现。因此，B 项错误。
C 项：行政机关行使权力应当依法接受监督，承担法律责任，这是用权受监督的体现。因此，C 项正确。
D 项：法律、法规应赋予行政机关相应的执法手段，以保障政令畅通，即执法有保障，这是行政效能原则的体现。因此，D 项正确。
综上所述，本题答案为 ACD 项。

16 1102076

答案：A,C。
解析：权责一致原则，分为两个方面。第一是行政效能原则。行政机关依法履行经济、社会和文化事务管理职责，要由法律、法规赋予其相应的执法手段，保证政令有效。第二是行政责任原则。行政机关违法或者不当行使职权，应当依法承担法律责任。这一原则的基本要求是执法有保障、有权必有责、用权受监督、违法受追究、侵权须赔偿。

AC 项：A 项中建设局在权力运行失误后主动承担责任，以及 C 项中局长因为违规使用权力而承担行政记过的责任，是权责一致的体现，因此，AC 项正确。

BD 项：程序正当原则，包含：第一，行政公开原则，即除涉及国家秘密和依法受到保护的商业秘密、个人隐私外，行政机关实施行政管理应当公开；第二，公众参与原则，即行政机关作出重要规定或者决定，应当听取公民、法人或者其他组织的意见；第三，回避原则，行政机关工作人员履行职责，与行政管理相对人存在利害关系时，应当回避。B 项是行政公开原则的具体体现；D 项是公众参与原则的体现。因此，BD 项错误。

综上所述，本题答案为 AC 项。

（六）综合知识点

【单选】

17 1801121

答案：A。

解析：A 项：根据比例原则的要求，行政机关在可以采用多种方式实现某一行政目的的情况下，应当采用对当事人权益损害最小的方式，即行政机关能用轻微的方式实现行政目的，就不能选择使用手段更激烈的方式，以达到对相对人权益不利影响的最小化。因此，A 项正确。

BC 项：行政机关作出行政行为即使于法有据，也需要遵照合理原则的要求。本案中，王某夏季驾车运送活鱼途中虽然损害了公路设施，行政机关有权暂扣车辆，但作为应该具有更高理性的行政机关执法人员，在当事人表示活鱼受热会死亡之后，依然未予理会，未充分履行正常人在正常理性下应该考虑的义务，违反了合理行政原则，所以，执法机关应当对王某的损失予以赔偿，因此，BC 项错误。

D 项：根据《行政诉讼法》第 6 条的规定："人民法院审理行政案件，对行政行为是否合法进行审查。"该条款确立了行政诉讼审查行政行为合法性的审查原则。基于以上观点，似乎 D 项是正确的，但实际上，合法性审查原则在国家赔偿制度中是存在例外的，为了更为有效地保护国家侵权案件受害人的合法权益，防止国家机关或国家机关工作人员规避法律、滥用职权，国家赔偿实质上对于合理性问题是要予以审查的，结合本题的背景，虽然行政机关行为符合《行政强制法》，但是行政机关未考虑应考虑的因素导致当事人损害结果的发生，行政机关不可能不予以赔偿，否则从情理上都说不通。这就说明，通过诉讼的方式获得赔偿时，不仅仅要审查合法性，还要审查合理性。因此，D 项错误。

综上所述，本题答案为 A 项。

【多选】

18 2001111

答案：A,D。

解析：A 项：合理行政原则的子原则之一比例原则要求行政机关在可以采用多种方式实现某一行政目的的情况下，应当采用对当事人权益损害最小的方式。就行政处罚而言，其表现在"能不罚，则不罚；能少罚，则少罚"上。本案中，法院认为处罚过重，将罚款 10 万元改为 3 万元，体现了比例原则，自然也就体现了合理行政原则。因此，A 项正确。

B 项：行政执法优益权指的是行政机关在行使执法权时，依法享有法定的行政优益权，即执法权具有优先行使和实现的效力，而协商并不是执法优益权的体现，因此，B 项错误。

C 项：《广告法》的性质是法律，只有全国人大或全国人大常委会制定的法律才可被命名为"法"，比如《广告法》、《道路交通安全法》和《消防法》等。行政法规的名称一般为"条例""办法""规定"，不直接称"法"。因此，C 项错误。

D 项：中华法系一直传承着情与法交融于一体的传统，"法意、人情实同一体。徇人情而违法意，不可也；守法意而拂人情，亦不可也。权衡于二者之间，使上不违法意，下不拂于人情，则通行而无弊矣。"可知，D 项的表述符合上述规定，因此，D 项正确。

综上所述，本题答案为 AD 项。

19 1901046

答案：A,B,C,D。

解析：ABCD 项：（1）本题根据刊载于《最高人民法院公报》2017 年第 2 期的“刘云务诉山西省太原市公安局交通警察支队晋源一大队道路交通管理行政强制案”改编而来，同时，该案例也是最高人民法院发布的“行政审判十大典型案例”之一，充分体现了趋向“实践化”的命题方式的转变，未来会有更多改编自公报案例、指导案例的题目出现。最高人民法院认为本案典型意义在于：“深入推进依法行政，加快建设法治政府，要求必须坚持严格规范公正文明执法。行政机关既要严格执法以维护社会管理秩序，也要公正把握执法尺度，兼顾相对人合法权益的保护；为维护道路交通秩序，预防和减少交通事故，保护人身、财产安全，公安机关交通管理部门有权依法扣留违法车辆。存在裁量余地时，对违法车辆的扣留应以实现行政目的为限，尽可能选择对相对人合法权益损害最小的方式；违反法定程序，无正当理由长期扣留车辆，过度推诿卸责，严重突破实现行政目的的限度，且对相对人合法权益造成重大损害，显然已违背严格规范公正文明的执法要求。人民法院依法予以纠正，救济相对人合法权益，监督行政机关依法行使职权，助推依法行政，促进法治政府如期建成。”在刘某提供了充分证据之后，交管局依然既不返还，又不积极调查核实，反复要求刘某提供客观上已无法提供的其他合法来历证明，违反了比例原则的要求，给当事人增加了过重的义务负担。因此，CD 项正确。A 项交管局长期扣留涉案车辆不予处理自然构成了不作为，而行政机关无正当理由长期不处理，反复要求刘某提供客观上已无法提供的其他合法来历证明，构成滥用职权。因此，A 项正确。（2）扣押属于行政强制措施，是会对刘某的权利义务产生实体性影响的具体行政行为，刘某自然有权对交警扣押车辆的行为提起行政诉讼。因此，B 项正确。综上所述，本题答案为 ABCD 项。

20 1402077

答案：A,D。

解析：程序正当是当代行政法的主要原则之一。它要求行政机关实施具体行政行为时依照法定程序进行，不得违反回避、公开等规定，保证公民的合法权利不受公权力的侵害。

A 项：根据《行政处罚法》第 64 条第 4 项的规定：“听证应当依照以下程序组织：（四）听证由行政机关指定的非本案调查人员主持；当事人认为主持人与本案有直接利害关系的，有权申请回避。”可知，环保局[①]违反了法定程序，该调查人员应当回避。因此，A 项违背，当选。

B 项：根据《土地管理法》第 46 条的规定：“征收下列土地的，由国务院批准：（一）永久基本农田；（二）永久基本农田以外的耕地超过三十五公顷的；（三）其他土地超过七十公顷的。征收前款规定以外的土地的，由省、自治区、直辖市人民政府批准。”可知，本题中说的是基本农田，不是永久基本农田，故征收基本农田 35 公顷的重要决定应当由省、自治区、直辖市人民政府批准，县政府自行征收的行为违背了合法行政原则，但不是违背程序正当原则。因此，B 项未违背，不当选。

C 项：根据《治安管理处罚法》第 98 条的规定：“公安机关作出吊销许可证以及处二千元以上罚款的治安管理处罚决定前，应当告知违反治安管理行为人有权要求举行听证；违反治安管理行为人要求听证的，公安机关应当及时依法举行听证。”可知，此规定并未将治安拘留列入法定听证事项，公安机关不予听证不违法，公安机关主动听证更不违反程序正当原则。因此，C 项未违背，不当选。

D 项：根据《治安管理处罚法》第 91 条的规定：“治安管理处罚由县级以上人民政府公安机关决定；其中警告、五百元以下的罚款可以由公安派出所决定。”第 100 条的规定：“违反治安管理行为事实清楚，证据确凿，处警告或者二百元以下罚款的，可以当场作出治安管理处罚决定。”可知，本案中乙违反治安管理的事实清楚，某公安派出所有权对其作出罚款 500 元的处罚，但是不得当场作出。因此，D 项违背，当选。

综上所述，本题为选非题，答案为 AD 项。

21 1202076

答案：B,C,D。

① 2018 年 4 月 16 日，中华人民共和国生态环境部正式揭牌。国家环境保护部更名为生态环境部，各省环保厅陆续更名为生态环境厅，因而环保局也相继更名为生态环境局。

解析：A 项：根据《行政许可法》第 58 条第 2 款的规定："行政机关提供行政许可申请书格式文本，不得收费。"可知，尽管行政机关将行政许可申请书格式文本的费用由 2 元降为 1 元，但仍然还是收费的，违背了执法为民理念。因此，A 项错误，不当选。

BCD 项：执法为民着眼的是人民的整体利益、长远利益和根本利益。它要求执法机关把"为民"当成执法的根本目的，作为执法的出发点和落脚点。具体来说，执法为民对执法机关提出了如下要求：（1）正确地理解社会主义法律的精神和本质；（2）正确的运用法律，实施社会主义法治；（3）切实增强执法者的政治责任感和社会责任感；（4）依靠人民群众，动员人民群众共同维护社会主义的法律权威和尊严；（5）端正执法者的执法作风和态度。行政机关提供更为优质的服务，工商局要求所属机构提高办事效率，以及某区设立办事大厅，都体现了便民的原则。因此，BCD 项正确，当选。

综上所述，本题答案为 BCD 项。

22 1102078

答案：A,C,D。

解析：合法行政原则是行政法的首要原则，其他原则都可以理解为这一原则的延伸。我国的合法行政原则在结构上包括对现行法律的遵守和依照法律授权活动两个方面：1. 行政机关必须遵守现行有效的法律。这一方面的基本要求是：行政机关实施行政管理，应当依照法律、法规、规章的规定进行，禁止行政机关违反现行有效的立法性规定。2. 行政机关应当依照法律授权活动。这一方面的基本要求是：没有法律、法规、规章的规定，行政机关不得作出影响公民、法人和其他组织合法权益或者增加公民、法人和其他组织义务的决定。

A 项：该项违反了合法行政原则中的"行政机关应当依照法律授权活动"的规定，侵犯了农民的经营自主权。因此，A 项错误，当选。

B 项：市政府的规定对于促进残疾人就业有利，而且不违反国家的法律规定，因此，不违反合法行政原则的要求。因此，B 项正确，不当选。

C 项：根据《治安管理处罚法》第 19 条第 3 项的规定："违反治安管理有下列情形之一的，减轻处罚或者不予处罚：（三）出于他人胁迫或者诱骗的；"据此可知，是减轻或者不予处罚，公安局决定对孙某从轻处罚违反了《治安管理处罚法》的规定，违反合法行政原则的要求。因此，C 项错误，当选。

D 项：根据《行政许可法》第 15 条第 2 款的规定："地方性法规和省、自治区、直辖市人民政府规章，不得设定应当由国家统一确定的公民、法人或者其他组织的资格、资质的行政许可；不得设定企业或者其他组织的设立登记及其前置性行政许可。其设定的行政许可，不得限制其他地区的个人或者企业到本地区从事生产经营和提供服务，不得限制其他地区的商品进入本地区市场。"据此可知，市政府发布的文件中要求外地物流公司事前得到当地交通管理部门的准许，属于设定前置性行政许可，违反合法行政原则的要求。因此，D 项错误，当选。

综上所述，本题为选非题，答案为 ACD 项。

二、模拟训练

【单选】

23 61905143

答案：B。

解析：A 项：权责一致原则要求：（一）行政效能：法律、法规应当赋予行政机关实现目的所需的相应的执法手段；（二）行政责任：行政机关违法行使职权或者不履职，应当依法承担法律责任。A 项是权责一致原则的体现。因此，A 项错误。

B 项：诚实信用原则要求：（一）信息真实：行政机关公布的信息应当全面、准确、真实；（二）信赖利益保护：非因法定事由并经法定程序，行政机关不得撤销、变更已经生效的行政决定，因法定事由确需变更的，对行政管理相对人依法予以补偿。因此，B 项正确。

C 项：高效便民原则要求：（一）行政效率：行政机关应当遵守法定时限，积极履行法定职责；（二）便利当事人：方便公民、法人和其他组织。C 项属于高效便民原则的体现。因此，C 项错误。

D 项：合法行政原则要求行政机关必须遵守和执行法律，依照法律授权活动。一切行政活动都要以法律为依据，严格遵守法律的有关规定，不得享有法外的特权。具体而言包括：（一）法律优先：行政机关必须遵守现行有效的法律；（二）法律保留：行政机关应当依照法律授权活动。D 项属于合法行政原则的体现。因此，D 项错误。

综上所述，本题答案为 B 项。

24 62105017

答案：C。

解析：A 项：行政法基本原则中的合理行政原则含有三个子原则：公平公正原则、考虑相关因素原则、比例原则。考虑相关因素原则是指行政机关作出行政决定和进行行政裁量时，只能考虑符合立法授权目的的各种因素，不得考虑不相关因素。因此，A 项正确，不当选。

B 项：在行政法领域内，无授权，则无行政；有授权，才有行政。故行政机关需依法律授权活动，不得法外设定权力，这是合法行政原则的基本要求。因此，B 项正确，不当选。

C 项：合理行政原则的主要含义是行政决定应当具有合理性，这属于【实质行政法治】的范畴，尤其适用于裁量性的行政活动。合法行政原则属于形式行政法治的范畴。因此，C 项错误，当选。

D 项：权责统一原则分为两个方面，一是行政效能原则；二是行政责任原则。因此，D 项正确，不当选。

综上所述，本题为选非题，答案为 C 项。

【多选】

25 61905083

答案：B,C,D。

解析：合理行政原则主要体现在三个方面：（一）公正、公平：要求同等情况同等对待；不同情况不同对待；（二）考虑相关因素：要求只考虑与法律规范授权目的相关的各种因素，不考虑与授权目的不相关的因素；（三）比例原则：合目的性即手段必须符合法律目的；适当性即手段必须能够达到目的或者至少有助于目的的达成；必要性即有多种手段可供选择时，选择侵害相对人权益最小的手段。

A 项：合法行政原则要求法律、法规、规章有规定的，行政机关在作出行政决定时应遵守，没有规定的，不得作出影响公民、法人和其他组织合法权益的行为。A 项中，相关法律法规并未授权交通运输监察大队处罚权，“无授权则无行政”，甲区交通运输监察大队无权罚款，其对王某作出的罚款决定因主体不合格而无效，法院撤销该处罚决定符合法律规定，这是合法行政原则的体现。因此，A 项错误。

B 项：合理行政原则要求考虑相关因素。B 项中“考虑卢某的殴打情节轻重”体现直接体现合理行政原则。因此，B 项正确。

C 项：合理行政原则中的公平公正原则要求行政机关应公道正派，平等对待相对人，不偏私、不歧视。C 项是公平公正原则的体现。因此，C 项正确。

D 项：合理行政原则包括了比例原则，即行政机关实施行政管理所采取的手段与目的之间必须符合比例关系。D 项中市场监督管理局采取对当事人权益影响最小的手段，体现了合理行政原则。因此，D 项正确。

综上所述，本题答案为 BCD 项。

26 62205208

答案：A,B,C,D。

解析：ABCD 项：实施行政许可便民、效率原则是指公民、法人或其他组织在申请行政许可过程中能够廉价、便捷、迅速地申请并获得行政许可。便民、效率原则贯穿于实施行政许可的全过程，涵盖实施行政许可的各个环节，格式文本、当场登记、当场更正、联合办公都体现便民、效率原则。因此，ABCD 项正确。

综上所述，本题答案为 ABCD 项。

27 62205002

答案：C,D。

解析：A 项：根据《行政许可法》第 46 条的规定：“法律、法规、规章规定实施行政许可应当听证的事项，或者行政机关认为需要听证的其他涉及公共利益的重大行政许可事项，行政机关应当向社会公告，并举行听证。”因此，A 项正确，不当选。

B 项：根据《行政处罚法》第 44 条的规定："行政机关在作出行政处罚决定之前，应当告知当事人拟作出的行政处罚内容及事实、理由、依据，并告知当事人依法享有的陈述、申辩、要求听证等权利。"又根据第 45 条第 1 款的规定："当事人有权进行陈述和申辩。行政机关必须充分听取当事人的意见……"可知，在行政机关作出处罚决定之前，当事人有权进行陈述和申辩，行政机关应当充分听取当事人的意见。因此，B 项正确，不当选。

C 项：如果行政机关在作出冻结决定书之前，就告知当事人将要冻结其财产，且听取其意见的话，当事人极有可能事先转移财产，这将导致行政机关冻结款项的目的落空。因此，行政机关可以先冻结，事后告知当事人冻结的事实理由和依据。因此，C 项错误，当选。

D 项：根据《行政许可法》第 48 条第 1 款第 3 项的规定："听证按照下列程序进行：（三）行政机关应当指定审查该行政许可申请的工作人员以外的人员为听证主持人，申请人、利害关系人认为主持人与该行政许可事项有直接利害关系的，有权申请回避；"这是因为已经参与审查行政许可申请的工作人员，已经了解了案件事实，所以为了避免"先入为主"，保证听证程序的公正，听证须由审查该行政许可申请的工作人员以外的人员来主持。因此，D 项错误，当选。

综上所述，本题答案为 CD 项。

28 62205207

答案：A,C。

解析：合理行政是指行政机关从事行政活动，尤其是行使自由裁量权作出的活动，应当客观、适度，符合最基本的、最起码的理性。合理行政对行政机关从事行政活动提出了三个方面的要求：公平公正、考虑相关因素、比例原则。

A 项：合理行政中的比例原则要求行政机关从事行政活动应当平衡和兼顾行政目标的实现和保护老百姓的利益，如果行政目标的实现可能对老百姓的利益造成不利的影响，则这种不利影响应该被限制在尽可能小的范围和限度之内，二者应当有适当的比例。抽样取证强调行政机关在行政调查中采取抽取若干样品以保存证据，是对行政相对人损害更小的一种执法手段，体现了比例原则的精神，也体现了合理行政的精神。因此，A 项正确。

B 项：《行政许可法》规定的统一办理、联合办理、集中办理制度，是高效便民精神的体现，而不是合理行政的要求。所谓高效便民是指政府从事行政活动应当积极履行法定职责，不拖延、不推迟，秉持以民为本、执法为民的理念。因此，B 项错误。

C 项：合理行政中的考虑相关因素是指行政机关从事行政活动只能考虑与法律规范授权目的相关的各种因素，不考虑与授权目的不相关的因素。因此，C 项正确。

D 项：合理行政中的公平公正强调行政机关从事行政活动应当平等对待行政相对人，不能搞歧视，执法应当公道正派。公平公正强调行政机关的执法活动应当同等情况同等对待，不同情况不同对待。合理行政不是禁止差别对待，而是禁止不正当、无合法根据的差别对待。因此，D 项错误。

综上所述，本题答案为 AC 项。

第二章 行政主体

参考答案

[1]A	[2]D	[3]B	[4]C	[5]C
[6]A	[7]CD	[8]ACD	[9]B	[10]B
[11]C	[12]A	[13]AD	[14]D	[15]A
[16]D	[17]C	[18]C	[19]C	[20]A
[21]BC				

一、历年真题及仿真题

（一）中央国家行政机关

【单选】

1 2201042

答案：A。

解析：A 项：根据《国务院行政机构设置和编制管理条例》第 6 条第 6 款的规定："国务院组成部门管理的国家行政机构由国务院组成部门管理，主管特定业务，行使行政管理职能。"可知，国家邮政局作为交通运输部管理的国家行政机构，主管特定业务，行使行政管理职能。因此，A 项正确。

B 项：根据《国务院行政机构设置和编制管理条例》第 13 条的规定："……国务院组成部门管理的国家行政机构根据工作需要可以设立司、处两级内设机构，【也可以只设立处级内设机构】。"因此，B 项错误。

C 项：根据《国务院行政机构设置和编制管理条例》第 8 条的规定："国务院直属机构、国务院办事机构和国务院组成部门管理的国家行政机构的设立、撤销或者合并由国务院机构编制管理机关提出方案，报国务院决定。"可知，国家邮政局的设立、撤销或者合并由国务院决定，而非由国务院机构编制管理机关审核批准。因此，C 项错误。

D 项：根据《国务院行政机构设置和编制管理条例》第 19 条的规定："国务院行政机构增加或者减少编制，由国务院机构编制管理机关审核方案，报国务院批准。"可知，国家邮政局增加或者减少编制，由国务院机构编制管理机关审核方案，而非由交通运输部审核方案；另外应当是报国务院【批准】而不是【决定】。因此，D 项错误。

综上所述，本题答案为 A 项。

2 1702043

答案：D。

解析：A 项：根据《国务院行政机构设置和编制管理条例》(以下简称《条例》) 第 11 条的规定："国务院议事协调机构的设立、撤销或者合并，由国务院机构编制管理机关提出方案，报国务院决定。"可知，国务院议事协调机构的撤销不需要国务院总理提交国务院全体会议讨论决定。因此，A 项错误。

B 项：根据《条例》14 条第 1 款的规定："国务院行政机构的司级内设机构的增设、撤销或者合并，经国务院机构编制管理机关审核方案，报国务院批准。"可知，国务院司级内设机构的设置程序是由国务院机构编制管理机关审核方案，而非提出方案，最终是由国务院批准方案，而非决定。因此，B 项错误。

C 项：根据《条例》第 20 条的规定："国务院议事协调机构不单独确定编制，所需要的编制由承担具体工作的国务院行政机构解决。"可知，国务院议事协调机构没有单独的编制，不需要确认。因此，C 项错误。

D 项：根据《条例》第 18 条第 1 款的规定："国务院行政机构的编制【在国务院行政机构设立时】确定。"因此，D 项正确。

综上所述，本题答案为 D 项。

3 1402043

答案：B。

解析：AB 项：根据《国务院行政机构设置和编制管理条例》第 8 条的规定："国务院直属机构、国务院办事机构和国务院组成部门管理的国家行政机构的设立、撤销或者合并由国务院机构编制管理机关提出方案，报国务院决定。"可知，国家税务总局作为国务院直属机构，其设立由国务院决定，而非全国人大及其常委会决定。因此，A 项错误，B 项正确。

C 项：根据《国务院行政机构设置和编制管理条例》第 19 条的规定："国务院行政机构增加或者减少编制，由国务院机构编制管理机关审核方案，报国务院批准。"可知，国务院最终决定编制的增加，而非国务院机构编制管理机关决定。因此，C 项错误。

D 项：根据《国务院行政机构设置和编制管理条例》第 6 条第 3、4 款的规定："国务院组成部门依法分别履行国务院基本的行政管理职能。国务院组成部门包括各部、各委员会、中国人民银行和审计署。国务院直属机构主管国务院的某项专门业务，具有独立的行政管理职能。"可知，国家税务总局作为国务院的直属机构，主管国务院税收这一专门业务，具有独立的行政管理职能，而非基本的行政管理职能。因此，D 项错误。

综上所述，本题答案为 B 项。

4 1302044

答案：C。

解析：A 项：根据《立法法》第 91 条第 1 款的规

定："国务院各部、委员会、中国人民银行、审计署和具有行政管理职能的直属机构以及法律规定的机构，可以根据法律和国务院的行政法规、决定、命令，在本部门的权限范围内，制定规章。"可知，国家海洋局属于部委管理的国家局，不属于国务院组成部门和直属机构以及法律规定的机构，没有规章制定权。因此，A 项错误。

B 项：根据《国务院行政机构设置和编制管理条例》第 6 条第 6 款的规定："国务院组成部门管理的国家行政机构由国务院组成部门管理，主管特定业务，行使行政管理职能。"可知，部委管理的国家局主管特定业务而非专门业务。因此，B 项错误。

C 项：根据《国务院行政机构设置和编制管理条例》第 8 条的规定："国务院直属机构、国务院办事机构和国务院组成部门管理的国家行政机构的设立、撤销或者合并由国务院机构编制管理机关提出方案，报国务院决定。"可知，国家海洋局作为国务院部门管理的国家行政机构，其设置由国务院机构编制管理机关提出方案，报国务院决定。因此，C 项正确。

D 项：根据《国务院行政机构设置和编制管理条例》第 14 条第 1 款的规定："国务院行政机构的司级内设机构的增设、撤销或者合并，经国务院机构编制管理机关审核方案，报国务院批准。"可知，国家海洋局增设司级内设机构，由国务院编制管理机关审核方案，报国务院批准。因此，D 项错误。

综上所述，本题答案为 C 项。

5 1102040

答案：C。

解析：A 项：根据《国务院行政机构设置和编制管理条例》（以下简称《条例》）第 11 条的规定："国务院议事协调机构的设立、撤销或者合并，由国务院机构编制管理机关提出方案，报国务院决定。"可知，是由国务院决定，而不是由国务院机构编制管理机关决定。所以 A 项错误。

BC 项：根据《条例》第 6 条第 7 款规定："国务院议事协调机构承担跨国务院行政机构的重要业务工作的组织协调任务。国务院议事协调机构议定的事项，经国务院同意，由有关的行政机构按照各自的职责负责办理。在特殊或者紧急的情况下，经国务院同意，国务院议事协调机构可以规定临时性的行政管理措施。"可知，"临时性"三字不可省略，B 项说法不准确，所以 B 项错误。C 项说法符合规定，所以 C 项正确。

D 项：根据《条例》第 20 条的规定："国务院议事协调机构不单独确定编制，所需要的编制由承担具体工作的国务院行政机构解决。"可知，议事协调机构不能设立两级内设机构，所以 D 项错误。

综上所述，本题答案为 C 项。

6 1002040

答案：A。

解析：ABCD 项：根据《国务院行政机构设置和编制管理条例》第 14 条第 2 款的规定："国务院行政机构的处级内设机构的设立、撤销或者合并，由国务院行政机构根据国家有关规定决定，按年度报国务院机构编制管理机关备案。"可知，对于国务院某部的处级内设机构的合并，应由该部作出决定，并报国务院机构编制管理机关备案。因此，A 项正确，BCD 项错误。

综上所述，本题答案为 A 项。

【多选】

7 2201054

答案：C,D。

解析：ABCD 项：根据《国务院行政机构设置和编制管理条例》第 6 条第 3 款的规定："国务院组成部门依法分别履行国务院基本的行政管理职能。国务院组成部门包括各部、各委员会、中国人民银行和审计署。"具体而言，国务院组成部门包括 21 个部、3 个委员会（发改委、卫健委、民族事务委员会）、中国人民银行以及审计署。因此，CD 项正确。国务院国有资产监督管理委员会为国务院直属特设机构，不属于国务院组成部门。因此，A 项错误。中国证券监督管理委员会是国务院直属机构，不属于国务院组成部门。因此，B 项错误。

综上所述，本题答案为 CD 项。

8 1801080

答案：A,C,D。

解析：A 项：根据《国务院行政机构设置和编制管理条例》第 8 条的规定："国务院直属机构、国务院办事机构和国务院组成部门管理的国家行政机构的设立、撤销或者合并由国务院机构编制管理机关提出方案，报国务院决定。"可知，海关总署的设立由国务院决定而非全国人大或全国人大常委会决定。因此，A 项错误，当选。

B 项：根据《立法法》第 91 条第 1 款的规定："国务院各部、委员会、中国人民银行、审计署和具有行政管理职能的直属机构以及法律规定的机构，可以根据法律和国务院的行政法规、决定、命令，在本部门的权限范围内，制定规章。"海关总署作为国务院下属的正部级直属机构，具有行政管理职能，故有权制定规章。因此，B 项正确，不当选。

C 项：根据《国务院行政机构设置和编制管理条例》第 14 条的规定："国务院行政机构的司级内设机构的增设、撤销或者合并，经国务院机构编制管理机关审核方案，报国务院批准。国务院行政机构的处级内设机构的设立、撤销或者合并，由国务院行政机构根据国家有关规定决定，按年度报国务院机构编制管理机关备案。"可知，海关总署增设处级内设机构可以自行决定，但增设司级内设机构应由国务院批准。因此，C 项错误，当选。

D 项：根据《国务院行政机构设置和编制管理条例》第 19 条的规定："国务院行政机构增加或者减少编制，由国务院机构编制管理机关审核方案，报国务院批准。"可知，海关总署编制的增加由国务院最终批准。因此，D 项错误，当选。

综上所述，本题为选非题，答案为 ACD 项。

（二）地方国家行政机关

【单选】

9 1901022

答案：B。

解析：ABCD 项：根据《地方各级人民政府机构设置和编制管理条例》第 9 条的规定："地方各级人民政府行政机构的设立、撤销、合并或者变更规格、名称，由本级人民政府提出方案，经上一级人民政府机构编制管理机关审核后，【报上一级人民政府批准】；其中，县级以上地方各级人民政府行政机构的设立、撤销或者合并，还应当依法报本级人民代表大会常务委员会备案。"乙市政府的上一级政府为甲省政府，所以应当报甲省政府批准。因此，ACD 项错误，B 项正确。

本题从理解的角度也较为容易解释，机构改革所涉及的设立、撤销或合并等内容是较为专业的行政事务，自然要由专业的懂行政管理的上一级行政机关批准。此外还要注意，本题未涉及但可能考查到的是，"设立、撤销或者合并"三项还应当依法报本级人民代表大会常务委员会备案，根据我国宪法，同级人大监督同级政府，有资格撤销本级政府不适当的决定，任免本级政府的有关工作人员，所以，如同本题这样的将旧机关撤销、合并为新机关，如果不报本级人大常委会备案，那人大如何监督、如何任免呢？但人大常委会负责的是事后备案，上一级政府负责的是事先批准，主体和方式是不同的。

综上所述，本题答案为 B 项。

10 1602043

答案：B。

解析：ABCD 项：根据《地方各级人民政府机构设置和编制管理条例》第 29 条的规定："地方的事业单位机构和编制管理办法，由省、自治区、直辖市人民政府机构编制管理机关拟定，报国务院机构编制管理机关审核后，【由省、自治区、直辖市人民政府发布】。事业编制的全国性标准由国务院机构编制管理机关会同国务院财政部门和其他有关部门制定。"可知，应当由省、自治区、直辖市人民政府负责发布地方的事业单位机构和编制管理办法。因此，B 项正确，ACD 项错误。

综上所述，本题答案为 B 项。

11 1502045

答案：C。

解析：ABCD 项：根据《地方各级人民政府机构设置和编制管理条例》第 10 条第 2 款的规定："行政机构之间对职责划分有异议的，应当主动协商解决。协商一致的，报本级人民政府机构编制管理机关备案；协商不一致的，应当提请本级人民政府机构编制管理机关提出协调意见，由机构编制管理机关报本级人民政府决定。”可知，本题中，县级部门之间对于职责划分有异议，协商不一致的，应该报县编办提出协调意见，并由县编办报县政府决定。因此，ABD 项错误，C 项正确。综上所述，本题答案为 C 项。

12 1202044

答案：A。

解析：ABC 项：根据《地方各级人民政府机构设置和编制管理条例》第 24 条的规定：“县级以上各级人民政府机构编制管理机关应当定期评估机构和编制的执行情况，并将评估结果作为调整机构编制的参考依据。评估的具体办法，由国务院机构编制管理机关制定。”可知，评估具体办法是由国务院机构编制管理机关制定，而非国务院制定；评估结果也只是调整机构编制的参考依据，而非直接依据。因此，A 项正确，BC 项错误。

D 项：根据《地方各级人民政府机构设置和编制管理条例》第 2 条的规定：“地方各级人民政府机构的设置、职责配置、编制核定以及对机构编制工作的监督管理，适用本条例。”可见，评估结果并不适用于国务院行政机构和编制的调整。因此，D 项错误。

综上所述，本题答案为 A 项。

【不定项】

13 1102098

答案：A,D。

解析：A 项：根据《地方各级人民政府机构设置和编制管理条例》第 8 条第 2 款的规定：“地方各级人民政府行政机构应当根据履行职责的需要，适时调整。但是，在一届政府任期内，地方各级人民政府的工作部门应当【保持相对稳定】。”因此，A 项正确。

B 项：根据《地方各级人民政府机构设置和编制管理条例》第 4 条的规定：“地方各级人民政府的机构编制工作，实行中央统一领导、地方分级管理的体制。”可知，乙省机构编制管理机关与甲市机构编制管理机关不存在领导关系。因此，B 项错误。

C 项：根据《地方各级人民政府机构设置和编制管理条例》第 16 条的规定：“地方各级人民政府的行政编制总额，由省、自治区、直辖市人民政府提出，经国务院机构编制管理机关审核后，报国务院批准。”可知，C 项“报乙省政府批准”的说法有误，应当报国务院批准。因此，C 项错误。

D 项：根据《地方各级人民政府机构设置和编制管理条例》第 18 条的规定：“【地方各级人民政府】根据调整职责的需要，可以在【行政编制总额内】调整【本级人民政府有关部门的】行政编制。但是，在同一个行政区域不同层级之间调配使用行政编制的，应当由省、自治区、直辖市人民政府机构编制管理机关报国务院机构编制管理机关审批。”因此，D 项正确。

综上所述，本题答案为 AD 项。

（三）综合知识点

【单选】

14 2301081

答案：D。

解析：A 项：根据《国务院行政机构设置和编制管理条例》第 8 条的规定：“国务院直属机构、国务院办事机构和国务院组成部门管理的国家行政机构的设立、撤销或者合并由国务院机构编制管理机关提出方案，报国务院决定。”可知，国家数据局的设立、撤销或者合并由国务院决定，而非发改委决定。因此，A 项错误。

B 项：根据《国务院行政机构设置与编制管理条例》第 6 条的规定：“……国务院组成部门依法分别履行国务院【基本的行政管理职能】。国务院组成部门包括各部、各委员会，中国人民银行和审计署。国务院直属机构主管国务院的某项专门业务，具有独立的行政管理职能。”可知，国务院组成部门履行国务院基本的行政管理职能，是“基本职能”而非“专门业务”。因此，B 项错误。

C 项：根据《立法法》第 91 条第 1 款的规定：“国务院各部、委员会、中国人民银行、审计署和具有行政管理职能的直属机构以及法律规定的机构，可以根据法律和国务院的行政法规、决定、命令，在本部门的权限范围内，制定规章。”可知，国家数据局属于部委管理的国家局，不属于国务院组成部门和直属机构，也不属于法律规定的可以制定规章的机构（主要指保密局），因此没有规章制定权。因此，C项错误。

D项：根据《国务院行政机构设置和编制管理条例》第13条的规定：“……国务院组成部门管理的国家行政机构根据工作需要可以设立司、处两级内设机构，【也可以只设立处级内设机构】。”因此，D项正确。

综上所述，本题答案为D。

15 2101066

答案：A。

解析：A项：根据《国务院行政机构设置和编制管理条例》（以下简称《条例》）第8条的规定：“国务院直属机构、国务院办事机构和国务院组成部门管理的国家行政机构的设立、撤销或者合并由国务院机构编制管理机关提出方案，报国务院决定。”可知，国家乡村振兴局作为国务院直属机构，其设立由国务院决定。因此，A项正确。

B项：根据《立法法》第91条第1款的规定：“国务院各部、委员会、中国人民银行、审计署和具有行政管理职能的直属机构以及法律规定的机构，可以根据法律和国务院的行政法规、决定、命令，在本部门的权限范围内，制定规章。”可知，乡村振兴局作为国务院直属机构依法有权在其权限范围内制定相关的部门规章。因此，B项错误。

C项：根据《条例》第20条的规定：“国务院议事协调机构不单独确定编制，所需要的编制由承担具体工作的国务院行政机构解决。”可知，扶贫开发领导小组办公室作为议事协调机构不具备独立的人员编制，由人员各自所在的行政机构解决。因此，C项错误。

D项：根据《条例》第6条第4、6款的规定：“国务院直属机构主管国务院的某项专门业务，具有独立的行政管理职能。国务院组成部门管理的国家行政机构由国务院组成部门管理，主管特定业务，行使行政管理职能。”可知，直属机构是主管专门业务，部委管理的国家局才主管特定业务。因此，D项错误。

综上所述，本题答案为A项。

二、模拟训练

【单选】

16 62205209

答案：D。

解析：AB项：根据《地方各级人民政府机构设置和编制管理条例》第9条的规定：“地方各级人民政府行政机构的设立、撤销、合并或者变更规格、名称，由本级人民政府提出方案，经上一级人民政府机构编制管理机关审核后，报【上一级人民政府批准】；其中，县级以上地方各级人民政府行政机构的设立、撤销或者合并，还应当依法报【本级人民代表大会常务委员会备案】。”可知，设立县市场监督管理局，应当由县政府提出方案，经市政府机构编制管理机关审核后，报市政府批准，并同时向县人大常委会备案。因此，AB项正确，不当选。

C项：根据《地方各级人民政府机构设置和编制管理条例》第18条的规定：“地方各级人民政府根据调整职责的需要，可以在行政编制总额内调整本级人民政府有关部门的行政编制。但是，在同一个行政区域不同层级之间调配使用行政编制的，应当由省、自治区、直辖市人民政府机构编制管理机关报国务院机构编制管理机关审批。”可知，县政府有权调整其下属职能部门县公安局、县生态环境局的编制。因此，C项正确，不当选。

D项：根据《地方各级人民政府机构设置和编制管理条例》第8条第2款的规定：“地方各级人民政府行政机构应当根据履行职责的需要，适时调整。但是，在一届政府任期内，地方各级人民政府的【工作部门】应当保持相对稳定。”根据常理来看，机构设置频繁变动，显然不利于管理的连续性和政策的持续性，也会影响行政管理的效率。但请注意，并不是所有地方人民政府的工作机构都要保持稳定，地方人民政府行政机构包括工作部门、直属机构、办公机构、议事协调机构等，议事协调机构没有必要保持稳定，议完事、协调完即可解散。因此，D项错误，当选。

综上所述，本题为选非题，答案为 D 项。

17　62205210

答案：C。

解析：A 项：根据《地方各级人民政府机构设置和编制管理条例》第 11 条第 1 款的规定："地方各级人民政府设立议事协调机构，应当严格控制；可以交由现有机构承担职能的或者由现有机构进行协调可以解决问题的，不另设立议事协调机构。"可知，地方各级人民政府有权设立议事协调机构。因此，A 项正确，不当选。

BD 项：根据《地方各级人民政府机构设置和编制管理条例》第 18 条的规定："地方各级人民政府根据调整职责的需要，可以在行政编制总额内调整【本级人民政府有关部门的行政编制】。但是，在同一个行政区域不同层级之间调配使用行政编制的，应当由省、自治区、直辖市人民政府机构编制管理机关报国务院机构编制管理机关审批。"可知，乙市政府欲调整甲县政府编制的，应当由省政府机构编制管理机关报国务院机构编制管理机关审批。因此，BD 项正确，不当选。

C 项：根据《地方各级人民政府机构设置和编制管理条例》第 16 条的规定："地方各级人民政府的行政编制总额，由【省、自治区、直辖市人民政府】提出，经国务院机构编制管理机关审核后，报【国务院批准】。"可知，甲县政府的行政编制总额，由省政府提出，报国务院批准。因此，C 项错误，当选。

综上所述，本题为选非题，答案为 C 项。

18　62205211

答案：C。

解析：A 项：根据《国务院行政机构设置和编制管理条例》第 8 条的规定："国务院直属机构、国务院办事机构和国务院组成部门管理的国家行政机构的设立、撤销或者合并由国务院机构编制管理机关提出方案，报【国务院决定】。"可知，国家能源局的设立由国务院决定。因此，A 项正确，不当选。

B 项：根据《国务院行政机构设置和编制管理条例》第 6 条第 6 款的规定："国务院组成部门管理的国家行政机构由国务院组成部门管理，主管特定业务，行使行政管理职能。"国家能源局属于国务院组成部门管理的国家行政机构即部委管理的国家局，主管特定业务，行使行政管理职能。因此，B 项正确，不当选。

C 项：根据《国务院行政机构设置和编制管理条例》第 21 条第 2 款的规定："……国务院组成部门管理的国家行政机构的司级内设机构的领导职数根据工作需要为一正二副或者一正一副。"可知，国家能源局司级内设机构的领导职数为一正二副或者一正一副，C 项说法太绝对。因此，C 项错误，当选。

D 项：根据《国务院行政机构设置和编制管理条例》第 19 条的规定："国务院行政机构增加或者减少编制，由国务院机构编制管理机关审核方案，报国务院批准。"因此，D 项正确，不当选。

综上所述，本题为选非题，答案为 C 项。

19　62205212

答案：C。

解析：AB 项：根据《国务院行政机构设置和编制管理条例》第 6 条第 4 款："国务院直属机构主管国务院的某项专门业务，具有独立的行政管理职能。"以及第 6 条第 7 款的规定："国务院议事协调机构承担跨国务院行政机构的重要业务工作的组织协调任务。国务院议事协调机构议定的事项，经国务院同意，由有关的行政机构按照各自的职责负责办理。在特殊或者紧急的情况下，经国务院同意，国务院议事协调机构【可以规定临时性的行政管理措施】。"可知，国务院议事协调机构承担跨国务院行政机构的重要业务工作的组织协调任务，并非主管国务院的某项专门业务。因此，A 项错误。国务院议事协调机构负责在国务院各部门之间牵线搭桥，一般不对外承担管理职能，也不能对外规定行政措施。因此，B 项错误。

C 项：根据《国务院行政机构设置和编制管理条例》第 11 条的规定："国务院议事协调机构的设立、撤销或者合并，由国务院机构编制管理机关提出方案，报国务院决定。"因此，C 项正确。

D 项：国务院议事协调机构是由各个相关部门派员组成的，本身不是一个独立的实体，自然不可能设立实体性的司级或处级内设机构。因此，D

项错误。
综上所述，本题答案为C项。
【总结】议事协调机构具有如下特点：（1）没有独立的编制；（2）不得设立司级、处级内设机构；（3）不对外承担行政管理职能；（4）除特殊或紧急情况经国务院同意以外，不能对外规定行政措施；（5）各级政府自行决定议事协调机构的设立、撤销、合并。

20 62205213

答案：A。
解析：A项：根据《国务院行政机构设置和编制管理条例》第8条的规定："国务院直属机构、国务院办事机构和国务院组成部门管理的国家行政机构的设立、撤销或者合并由国务院机构编制管理机关提出方案，报国务院决定。"可知，国家市场监督管理总局属于国务院直属机构，它的设立由国务院机构编制管理机关提出方案，报国务院决定。因此，A项正确。
B项：根据《国务院行政机构设置和编制管理条例》第6条第4款的规定："国务院直属机构【主管国务院的某项专门业务】，具有独立的行政管理职能。"可知，国家市场监督管理总局作为国务院直属机构，主管专门业务而非特定业务。因此，B项错误。
C项：根据《国务院行政机构设置和编制管理条例》第14条第1款的规定："国务院行政机构的司级内设机构的增设、撤销或者合并，经国务院机构编制管理机关审核方案，【报国务院批准】。"可知，国家市场监督管理总局增设司级内设机构，由国务院批准。因此，C项错误。
D项：根据《立法法》第91条第1款的规定："国务院各部、委员会、中国人民银行、审计署和【具有行政管理职能的直属机构】以及法律规定的机构，可以根据法律和国务院的行政法规、决定、命令，在本部门的权限范围内，制定规章。"可知，国家市场监督管理总局作为具有行政管理职能的直属机构，有权制定规章。因此，D项错误。
综上所述，本题答案为A项。

【多选】

21 62105042

答案：B,C。
解析：A项：教育部属于国务院组成部门，根据《国务院行政机构设置和编制管理条例》第6条第3款的规定："国务院组成部门依法分别履行国务院【基本的行政管理职能】……"以及第7条第2款的规定："国务院组成部门的设立、撤销或者合并由国务院机构编制管理机关提出方案，经国务院常务会议讨论通过后，由国务院总理提请全国人民代表大会决定；在全国人民代表大会闭会期间，提请全国人民代表大会常务委员会决定。"可知，教育部履行国务院基本的行政管理职能，而非特定业务，其设立由全国人大或全国人大常委会决定。因此，A项错误。
B项：根据《国务院行政机构设置和编制管理条例》第11条的规定："【国务院议事协调机构】的设立、撤销或者合并，由国务院机构编制管理机关提出方案，报【国务院决定】。"因此，B项正确。
C项：根据《国务院行政机构设置和编制管理条例》第8条的规定："【国务院直属机构】、国务院办事机构和国务院组成部门管理的国家行政机构的设立、撤销或者合并由国务院机构编制管理机关提出方案，报【国务院决定】。"因此，C项正确。
D项：根据《国务院行政机构设置和编制管理条例》第14条第2款的规定："国务院行政机构的【处级内设机构】的设立、撤销或者合并，由【国务院行政机构】根据国家有关规定决定，按年度报国务院机构编制管理机关备案。"可知，处级内设机构的设立由司法部自行决定。因此，D项错误。
综上所述，本题答案为BC项。

第三章 公务员

参考答案

[1]A	[2]D	[3]B	[4]B	[5]C
[6]BC	[7]BCD	[8]B	[9]AB	[10]C
[11]BC	[12]A	[13]B	[14]D	[15]CD
[16]A	[17]A	[18]C	[19]D	[20]D
[21]C	[22]C	[23]BD	[24]CD	[25]A
[26]D	[27]D	[28]ACD	[29]ABCD	[30]ABC

一、历年真题及仿真题

（一）公务员制度概述

【单选】

1　1901146

答案：A。

解析：A 项：《公务员法》中的职务【专指领导职务】，分为：国家级正职、国家级副职、省部级正职、省部级副职、厅局级正职、厅局级副职、县处级正职、县处级副职、乡科级正职、乡科级副职。因此，A 项错误，当选。

B 项：根据《公务员法》第 21 条第 3 款的规定："【公务员的级别根据所任领导职务、职级及其德才表现、工作实绩和资历确定】。公务员在同一领导职务、职级上，可以按照国家规定晋升级别。"因此，B 项正确，不当选。

C 项：根据《公务员法》第 21 条第 1 款的规定："【公务员的领导职务、职级应当对应相应的级别】。公务员领导职务、职级与级别的对应关系，由国家规定。"因此，C 项正确，不当选。

D 项：根据《公务员法》第 11 条的规定："公务员【工资】、福利、【保险】以及录用、奖励、培训、辞退等所需经费，列入财政预算，予以保障。"因此，D 项正确，不当选。

综上所述，本题为选非题，答案为 A 项。

2　1502044

答案：D。

解析：ABC 项：根据《公务员法》第 14 条的规定："公务员应当履行下列义务：（一）忠于宪法，模范遵守、自觉维护宪法和法律，自觉接受中国共产党领导；（二）忠于国家，维护国家的安全、荣誉和利益；（三）忠于人民，全心全意为人民服务，接受人民监督；（四）【忠于职守】，勤勉尽责，服从和执行上级依法作出的决定和命令，按照规定的权限和程序履行职责，努力提高工作质量和效率；（五）保守国家秘密和工作秘密；（六）带头践行社会主义核心价值观，坚守法治，遵守纪律，【恪守职业道德】，模范遵守社会公德、家庭美德；（七）清正廉洁，【公道正派】；（八）法律规定的其他义务。"可知，公道正派，忠于职守，恪守职业道德都是公务员应当履行的义务。所以，ABC 项正确，不当选。

D 项：根据《公务员法》第 15 条的规定："公务员享有下列权利：（一）获得履行职责应当具有的工作条件；（二）非因法定事由、非经法定程序，不被免职、降职、辞退或者处分；（三）获得工资报酬，享受福利、保险待遇；（四）参加培训；（五）对机关工作和领导人员提出批评和建议；（六）提出申诉和控告；（七）申请辞职；（八）法律规定的其他权利。"可知，参加培训是公务员的基本权利，不是义务。所以，D 项错误，当选。

综上所述，本题为选非题，答案为 D 项。

3　1102039

答案：B。

解析：ABCD 项：根据原《公务员法》第 14 条规定："公务员职位类别按照公务员职位的性质、特点和管理需要，划分为综合管理类、专业技术类和行政执法类等类别。国务院根据本法，对于具有职位特殊性，需要单独管理的，可以增设其他职位类别。各职位类别的适用范围由国家另行规定。"可知，国务院可以增设其他职位类别。因此，B 项正确，ACD 项错误。

综上所述，本题答案为 B 项。

注意：该题为 11 年真题，当时实行的《公务员法》规定国务院可以根据本法增设其他职位类别，但 2018 年修订的《公务员法》修改了该条规定。

（二）公职的取得

【单选】

4 2001126

答案：B。

解析：ABCD 项：根据《公务员法》第 103 条第 3 款的规定："聘任制公务员实行协议工资制，具体办法由【中央公务员主管部门】规定。"因此，B 项正确，ACD 项错误。

综上所述，本题答案为 B 项。

5 1202043

答案：C。

解析：A 项：根据《公务员法》第 33 条的规定："录用特殊职位的公务员，经省级以上公务员主管部门批准，可以简化程序或者采用其他测评办法。"可知，简化录用需要经省级以上公务员主管部门批准。因此，A 项错误。

B 项：根据《公务员法》第 26 条第 3 项的规定："下列人员不得录用为公务员：（三）被开除公职的。"可知，被开除公职的人尽管业务和能力都优秀，也不能被录用为公务员。因此，B 项错误。

C 项：根据《公务员法》第 34 条的规定："新录用的公务员试用期为一年。试用期满合格的，予以任职；不合格的，取消录用。"可知，市环保局以新录用的公务员李某试用期满不合格为由，决定取消录用的做法是符合规定的。因此，C 项正确。

D 项：根据《公务员法》第 31 条第 2 款的规定："体检的项目和标准根据职位要求确定。具体办法由中央公务员主管部门会同国务院卫生健康行政部门规定。"可知，体检项目和标准的具体办法需要由【中央公务员主管部门】和【国务院卫生健康行政部门】共同制定，中央公务员主管部门并非备案机关。因此，D 项错误。

综上所述，本题答案为 C 项。

【多选】

6 1702076

答案：B,C。

解析：ABCD 项：根据《公务员法》100 条："机关根据工作需要，经省级以上公务员主管部门批准，可以对专业性较强的职位和辅助性职位实行聘任制。前款所列职位涉及国家秘密的，不实行聘任制。"可知，法律仅规定对于非涉密的专业性较强或者辅助性的职位可以实行聘任制，岗位急需并非实行聘任制的法定条件。故 AD 项错误，BC 项正确。

综上所述，本题答案为 BC 项。

7 1302079

答案：B,C,D。

解析：A 项：根据《公务员法》第 101 条第 1 款的规定："机关聘任公务员可以参照公务员考试录用的程序进行公开招聘，也可以从符合条件的人员中直接选聘。"可知，对孙某的聘任"可以"按照公务员考试录用程序进行公开招聘而不是"必须"。因此，A 项错误。

B 项：根据《公务员法》第 104 条的规定："机关依据【本法】和【聘任合同】对所聘公务员进行管理。"因此，B 项正确。

C 项：根据《公务员法》第 103 条第 3 款的规定："聘任制公务员实行协议工资制，具体办法由中央公务员主管部门规定。"可知，对孙某的工资可以按照国家规定实行协议工资。因此，C 项正确。

D 项：根据《公务员法》第 105 条的规定："聘任制公务员与所在机关之间【因履行聘任合同发生争议】的，可以自争议发生之日起六十日内申请仲裁。省级以上公务员主管部门根据需要设立【人事争议仲裁委员会】，受理仲裁申请……"因此，D 项正确。

综上所述，本题答案为 BCD 项。

【不定项】

8 1002098

答案：B。

解析：A 项：根据《公务员法》第 100 条的规定："机关根据工作需要，经省级以上公务员主管部门批准，可以对专业性较强的职位和辅助性职位实行聘任制。前款所列职位涉及国家秘密的，不实行聘任制。"可知，涉及国家秘密的职位，不实行聘任制。故对于负责保密工作的计算机程序员不可以聘任。因此，A 项错误，不当选。

B 项：根据《公务员法》第 103 条第 3 款的规定："聘任制公务员实行协议工资制，具体办法由中央公务员主管部门规定。"可知，财政局与所聘任的精算师实行协议工资制的做法正确。因此，B 项正确，当选。

C 项：根据《公务员法》第 103 条第 2 款的规定："聘任合同期限为一年至五年。聘任合同可以约定试用期，试用期为一个月至十二个月。"可知，林业局聘任公务员的合同期限十年超过法律规定的最长期限。因此，C 项错误，不当选。

D 项：根据《公务员法》第 102 条第 2 款的规定："聘任合同的签订、变更或者解除，应当报同级公务员主管部门备案。"可知，聘任合同应当报同级公务员主管部门备案，无需经上级机关批准。因此，D 项错误，不当选。

综上所述，本题答案为 B 项。

（三）公职的履行

【多选】

9 1402085

答案：A,B。

解析：ABCD 项：《公务员法》第 69 条规定："国家实行公务员交流制度。公务员可以在公务员和参照本法管理的工作人员队伍内部交流，也可以与国有企业和不参照本法管理的事业单位中从事公务的人员交流。交流的方式包括【调任、转任】。"因此，AB 项正确，CD 项错误。

注意，本题原先答案为 ABC，但现在【挂职不再被视为交流制度】，挂职方式用以选派公务员承担重大工程、重大项目、重点任务或者其他专项工作，挂职具有临时性，不改变与原单位的人事关系。

综上所述，本题答案为 AB 项。

（四）公务员考核与奖励制度

【单选】

10 2101067

答案：C。

解析：A 项：根据《公务员法》第 80 条第 4 款的规定："公务员在定期考核中被确定为优秀、称职的，按照国家规定享受年终奖金。"可知，李某在 2020 年度考核中被评定为不称职，依法不能够享受 2020 年度的年终奖金，因此，A 项错误。

B 项：根据《公务员法》第 95 条第 1 款第 4 项的规定："公务员对涉及本人的下列【人事处理】不服的，可以自知道该人事处理之日起三十日内向原处理机关申请复核；对复核结果不服的，可以自接到复核决定之日起十五日内，按照规定向同级公务员主管部门或者作出该人事处理的机关的上一级机关提出申诉；也可以不经复核，自知道该人事处理之日起三十日内直接提出申诉：（四）定期考核定为不称职；"可知，被评为不称职属于人事处理。因此，B 项错误。

C 项：根据《公务员法》第 50 条第 2 款的规定："公务员在年度考核中被确定为不称职的，按照规定程序降低一个职务或者职级层次任职。"可知，李某被评定为不称职，依法应当对李某给予降低职务或职级的处理，因此，C 项正确。

D 项：根据《公务员法》第 37 条的规定："非领导成员公务员的定期考核采取年度考核的方式。先由个人按照职位职责和有关要求进行总结，主管领导在听取群众意见后，提出考核等次建议，由本机关负责人或者授权的考核委员会确定考核等次。【领导成员】的考核由主管机关按照有关规定办理。"可知，李某为副局长，属于领导成员，其考核由主管机关办理，而不是由局长和授权的考核委员会确定。因此，D 项错误。

综上所述，本题答案为 C 项。

（五）任职禁止义务

【多选】

11 1602076

答案：B,C。

解析：ABCD 项：根据《公务员法》第 44 条的规定："公务员因工作需要在机关外兼职，应当经有关机关批准，并不得领取兼职报酬。"可知，《公务员法》明确规定公务员兼职需满足 3 个条件：一是工作需要，二是经有关机关批准，三是不得领取兼职报酬，而对兼职情况公示问题未作规定。因此，BC 项正确，AD 项错误。

综上所述，本题答案为 BC 项。

（六）处分制度

【单选】

12 2201132

答案：A。

解析：A 项：根据《公务员处分条例》第 46 条的规定："处分决定、解除处分决定【自作出之日起生效】。"因此，A 项正确。

B 项：根据《公务员处分条例》第 7 条第 3 项的规定："行政机关公务员受处分的期间为：（三）记大过，【18 个月】。"以及第 9 条第 2 款的规定："行政机关公务员受开除以外的处分，【在受处分期间有悔改表现，并且没有再发生违法违纪行为的，处分期满后，应当解除处分】……"可知，受记大过处分的公务员，在受处分的 18 个月期间，有悔改表现，并且没有再发生违法违纪行为的，处分期满后才自动解除。本题未说明以上情形，故无法判断是否能自动解除。因此，B 项错误。

CD 项：根据《公务员处分条例》第 8 条的规定："行政机关公务员在受处分期间【不得晋升职务和级别】，其中，受记过、【记大过】、降级、撤职处分的，【不得晋升工资档次】；受撤职处分的，应当按照规定降低级别。"可知，受记大过处分的公务员无需降低级别，也不影响其享有的其他权利，包括培训权利。因此，CD 项错误。

综上所述，本题答案为 A 项。

13 1702044

答案：B。

解析：A 项：根据《公务员法》第 63 条第 3 款的规定："处分决定机关认为对公务员应当给予处分的，应当在规定的期限内，按照管理权限和规定的程序作出处分决定。处分决定应当以书面形式通知公务员本人。"可知，对李某的处分决定应当以书面方式进行通知。因此，A 项错误。

B 项：根据《行政机关公务员处分条例》第 46 条的规定："处分决定、解除处分决定自作出之日起生效。"可知，对李某的处分决定应当是自作出之日起生效。因此，B 项正确。

C 项：根据《公务员法》第 64 条第 2 款的规定："受处分的期间为：警告，六个月……"可知，李某的警告处分期为 6 个月。因此，C 项错误。

D 项：根据《公务员法》第 64 条第 1 款的规定："公务员在受处分期间不得晋升职务、职级和级别，其中受记过、记大过、降级、撤职处分的，不得晋升工资档次。"可知，法条并无警告处分期不得晋升工资档次的规定，故李某在警告的处分期间是可以晋升工资档次的。因此，D 项错误。

综上所述，本题答案为 B 项。

14 1002041

答案：D。

解析：AC 项：根据《公务员法》第 64 条第 1、2 款的规定："公务员在受处分期间不得晋升职务、职级和级别，其中受记过、记大过、降级、撤职处分的，不得晋升工资档次。受处分的期间为：警告，六个月；记过，十二个月；记大过，十八个月；降级、撤职，二十四个月。"可知，选项 A 中，张某受记过处分，不得晋升工资档次，因此，A 项错误。选项 C 中，童某受记大过处分，处分期间应为 18 个月。因此，C 项错误。

B 项：根据《公务员法》第 65 条第 2 款的规定："解除处分后，晋升工资档次、级别和职务、职级不再受原处分的影响。但是，解除降级、撤职处分的，不视为恢复原级别、原职务、原职级。"可知，选项 B 中，孙某被解除撤职处分后，不视为恢复原级别、原职务。因此，B 项错误。

D 项：根据《公务员处分条例》第 14 条第 1 款的规定："行政机关公务员主动交代违法违纪行为，并主动采取措施有效避免或者挽回损失的，应当减轻处分。"可知，D 项中田某所为符合规定，应当减轻处分。因此，D 项正确。

综上所述，本题答案为 D 项。

（七）公职的丧失

【多选】

15 1502076

答案：C,D。

解析：A 项：根据《公务员法》第 86 条的规定："公务员有下列情形之一的，不得辞去公职：（一）

未满国家规定的最低服务年限的；（二）在涉及国家秘密等特殊职位任职或者离开上述职位不满国家规定的脱密期限的；（三）重要公务尚未处理完毕，【且须由本人继续处理的】；（四）正在接受审计、纪律审查、监察调查，或者涉嫌犯罪，司法程序尚未终结的；（五）法律、行政法规规定的其他不得辞去公职的情形。”可知，重要公务尚未处理完毕，且须由本人继续处理的，才不得辞去公职，如果可以由其他人处理，则可以辞去公职。所以，A 项错误。

B 项：根据《公务员法》第 87 条第 3 款的规定：“领导成员因工作严重失误、失职造成重大损失或者恶劣社会影响的，或者对重大事故负有领导责任的，应当引咎辞去领导职务。”可知，引咎辞去领导职务不等于引咎辞去公职，引咎辞去领导职务是不做领导，但仍然是公务员；引咎辞去公职是辞去公务员的身份。所以，B 项错误。

C 项：根据《公务员法》第 89 条第 2 项的规定：“对有下列情形之一的公务员，不得辞退：（二）患病或者负伤，在规定的医疗期内的。”可知，对患病且在规定的医疗期内的公务员，不得辞退。所以，C 项正确。

D 项：根据《公务员法》第 90 条的规定：“辞退公务员，按照管理权限决定。辞退决定应当以书面形式通知被辞退的公务员，并应当告知辞退依据和理由。被辞退的公务员，可以领取辞退费或者根据国家有关规定享受失业保险。”可知，被辞退的公务员，可根据国家有关规定享受失业保险。所以，D 项正确。

综上所述，本题答案为 CD 项。

（八）综合知识点

【单选】

16 2201125

答案：A。

解析：A 项：根据《公务员法》第 13 条第 5 项的规定：“公务员应当具备下列条件：（五）具有正常履行职责的身体条件和【心理素质】。”因此，A 项正确。

B 项：根据《公务员法》第 24 条的规定：“中央机关及其直属机构公务员的录用，由中央公务员主管部门负责组织。地方各级机关公务员的录用，由【省级公务员主管部门】负责组织，必要时省级公务员主管部门可以授权设区的市级公务员主管部门组织。”可知，地方各级机关公务员的录用，原则上由省级公务员主管部门负责组织，例外时授权设区的市级公务员主管部门组织，区人社局无权负责公务员招录工作。因此，B 项错误。

C 项：根据《公务员法》第 29 条的规定：“招录机关根据报考资格条件对报考申请进行审查。【报考者】提交的申请材料应当真实、准确。”以及第 109 条的规定：“在公务员录用、聘任等工作中，有隐瞒真实信息、弄虚作假、考试作弊、扰乱考试秩序等行为的，由【公务员主管部门】根据情节作出考试成绩无效、取消资格、限制报考等处理；情节严重的，依法追究法律责任。”可知，报考者应当对其提交的报考资料真实性负责，非招录单位。因此，C 项错误。

D 项：根据《公务员法》第 95 条第 1 款第 2 项的规定：“公务员对涉及本人的下列人事处理不服的，可以自知道该人事处理之日起三十日内向原处理机关【申请复核】；对复核结果不服的，可以自接到复核决定之日起十五日内，按照规定向同级公务员主管部门或者作出该人事处理的机关的上一级机关【提出申诉】；也可以不经复核，自知道该人事处理之日起三十日内直接提出申诉：（二）辞退或者取消录用。”故对于被取消录用的行为（内部行为）不服的，应通过复核或者申诉的途径救济，而非提起行政诉讼。故 D 项错误。

综上所述，本题答案为 A 项。

17 2201056

答案：A。

解析：AC 项：根据《公务员法》第 93 条第 1 项的规定：“公务员符合下列条件之一的，本人自愿提出申请，【经任免机关批准，可以提前退休】：（一）【工作年限满三十年的】。”可知，王某符合提前退休的条件，经任免机关批准，可以提前退休。因此，A 项正确，C 项错误。

B 项：根据《公务员法》第 94 条的规定：“公务员退休后，享受国家规定的养老金和其他待遇……”

可知，公务员退休没有排除提前退休，故王某可以按照公务员退休待遇领取退休金。因此，B 项错误。

D 项：根据《公务员法》第 107 条第 1 款的规定：“公务员辞去公职或者退休的，【原系领导成员、县处级以上领导职务的公务员在离职三年内】，其他公务员在离职两年内，不得到与原工作业务直接相关的企业或者其他营利性组织任职，不得从事与原工作业务直接相关的营利性活动。”领导成员是指这个单位的领导班子成员。领导职务的公务员范围大于领导成员，领导职务层次分为：国家级正职、国家级副职、省部级正职、省部级副职、厅局级正职、厅局级副职、县处级正职、县处级副职、乡科级正职、乡科级副职。王某作为副科级领导职务的公务员，其既不属于领导成员也不属于县处级以上领导职务的公务员，故王某适用 2 年的离职禁止期而非 3 年。因此，D 项错误。

综上所述，本题答案为 A 项。

18 2101068

答案：C。

解析：A 项：根据《公务员法》第 95 条第 1 款第 1 项的规定：“公务员对涉及本人的下列人事处理不服的，可以自知道该人事处理之日起三十日内向原处理机关申请复核；对复核结果不服的，可以自接到复核决定之日起十五日内，按照规定向同级公务员主管部门或者作出该人事处理的机关的上一级机关提出申诉；也可以不经复核，自知道该人事处理之日起三十日内直接提出申诉：（一）处分；”可知，刘某对于给予自己记大过处分的人事处理不服的，可以向原处理机关即甲市监察委申请复核，而不是提出申诉。因此，A 项错误。

B 项：根据《公务员法》第 64 条第 3 款的规定：“受撤职处分的，按照规定降低级别。”可知，对公务员的处分除直接降级外，只有撤职需要降低级别，仅是记大过处分并不需要降低级别。因此，B 项错误。

C 项：根据《公务员法》第 61 条第 2 款的规定：“对同一违纪违法行为，监察机关已经作出政务处分决定的，公务员所在机关不再给予处分。”可知，甲市监察委已经对刘某作出了政务处分，相关主管部门不应当再给予处分。因此，C 项正确。

D 项：根据《公务员法》第 64 条第 1 款的规定：“公务员在受处分期间不得晋升职务、职级和级别，其中受记过、记大过、降级、撤职处分的，不得晋升工资档次。”可知，刘某受记大过处分，处分期间不得晋升工资档次。因此，D 项错误。

综上所述，本题答案为 C 项。

19 1901145

答案：D。

解析：ABC 项：根据《公务员法》第 26 条的规定：“下列人员不得录用为公务员：（一）因犯罪【受过刑事处罚】的；（二）被开除中国共产党党籍的；（三）【被开除公职】的；（四）被依法列为失信联合惩戒对象的；（五）有法律规定不得录用为公务员的其他情形的。”可知，只要受过刑事处罚或开除公职就不得被录用，没有时间限制。这里的开除公职，不仅仅包括开除公务员的公职，还指开除国家机关、国有企业事业单位、人民团体中从事公务的职务。因此，AB 项错误。行政拘留是行政处罚，不属于以上情形。因此，C 项错误。

D 项：根据《公务员法》第 50 条第 2 款的规定：“公务员在年度考核中被确定为不称职的，按照规定程序降低一个职务或者职级层次任职。”可知，D 项符合上述情形的规定，因此，D 项正确。

综上所述，本题答案为 D 项。

20 1901039

答案：D。

解析：AD 项：根据 2018 年新修改的《公务员法》，【职务】专指领导职务，分为：国家级正职、国家级副职、省部级正职、省部级副职、厅局级正职、厅局级副职、县处级正职、县处级副职、乡科级正职、乡科级副职。【职级】实际上就是旧《公务员法》所称的非领导职务，职级制度为不欲、不善或不能担任领导的公务员提供了个晋升的单独序列，职级层次在厅局级以下设置，综合管理类公务员职级序列分为：一级巡视员、二级巡视员、一级调研员、二级调研员、三级调研员、四级调研员、一级主任科员、二级主任科员、三级主任科员、四级主任科员、一级科员、二级科员。所以，公务员实行职务和职级并行，并非只是在县处级以下才设立职级。因此，A项正确，不当选；D项错误，当选。

B项：根据《公务员法》第21条第4款的规定："公务员的【领导职务、职级与级别】是确定公务员工资以及其他待遇的依据。"因此，B项正确，不当选。

C项：公务员领导职务实行选任制、委任制和聘任制。公务员职级实行委任制和聘任制。①根据岗位需要领导职务和非领导职级均可以聘任。②委任制是任免机关委派公务员担任一定的职务或职级的制度。新录用的公务员试用期考核合格的、通过公开选拔等方式进入公务员队伍的、晋升或者降低职务的以及免职后需要新任职务的都需要通过委任程序履行任职手续，可见无论非领导职务的职级公务员，还是领导职务公务员，到某个具体工作岗位时均需要遵照委任程序。③一些特殊的领导岗位可直接通过各级人大及其常委会选举任免，为选任制程序，非领导岗位的职级公务员无法适用选任制。因此，C项正确，不当选。

综上所述，本题为选非题，答案为D项。

21 1901027

答案：C。

解析：AB项：根据《公务员法》第26条的规定："下列人员不得录用为公务员：（一）因犯罪受过刑事处罚的；（二）被开除中国共产党党籍的；（三）被开除公职的；（四）被依法列为失信联合惩戒对象的；（五）有法律规定不得录用为公务员的其他情形的。"开除公职，不仅仅包括开除公务员的公职，还包括开除"国家机关、国有企业事业单位、人民团体中从事公务的职务"。被开除中国共产党党籍的不得被录用，这里只包括中国共产党党籍，民主党派党籍不在其列，同时，也不包括留党察看等其他党内处分。因此，A项错误。因犯罪受过刑事处罚的，包括故意犯罪，也包括过失犯罪，不包括行政拘留和行政强制措施。因此，B项错误。

C项：根据《公务员法》第37条第1款的规定："非领导成员公务员的定期考核采取年度考核的方式……"可知，派出所民警作为非领导成员公务员，其定期考核采取年度考核的方式，每年考核一次。因此，C项正确。

D项：根据《公务员法》第50条第2款："公务员在年度考核中被确定为不称职的，按照规定程序降低一个职务或者职级层次任职。"以及第88条第1项的规定："公务员有下列情形之一的，予以辞退：（一）在年度考核中，连续两年被确定为不称职的。"可知，【连续2年】考核不称职的才辞退，单独1年考核不称职，只是降职而已。因此，D项错误。

综上所述，本题答案为C项。

22 1801049

答案：C。

解析：A项：行政处分属于行政责任，刑事处罚属于刑事责任。我国《公务员法》、《刑法》均未规定行政处分是追究刑事责任的必经程序。因此，A项错误。

B项：根据《公务员法》第62条的规定："处分分为：警告、记过、记大过、降级、撤职、开除。"可知，引咎辞职不属于公务员的处分。因此，B项错误。

C项：根据《公务员法》第87条第3款的规定："领导成员因工作严重失误、失职造成重大损失或者恶劣社会影响的，或者对重大事故负有领导责任的，应当引咎辞去领导职务。"可知，领导职务的公务员如果不当行使公权力，要承担"引咎辞去领导职务"的行政责任，这属于行政问责，体现了行政法权责一致的基本原则。因此，C项正确。

D项：王某只是辞去领导职务，不再是领导，但仍然是公务员。因此，D项错误。

综上所述，本题答案为C项。

【多选】

23 2301071

答案：B,D。

解析：A项：根据《公务员法》第95条第1款第4项规定："公务员对涉及本人的下列人事处理不

服的，可以自知道该人事处理之日起三十日内向原处理机关申请复核；对复核结果不服的，可以自接到复核决定之日起十五日内，按照规定向同级公务员主管部门或者作出该人事处理的机关的上一级机关提出申诉；也可以不经复核，自知道该人事处理之日起三十日内直接提出申诉：（四）定期考核定为不称职；”可知，只有对定期考核为不称职才能申请复核，本题中基本称职的考核结果不能申请复核。因此，A 项错误。

B 项：根据《公务员法》第 80 条第 4 款的规定：“公务员在定期考核中被确定为优秀、称职的，按照国家规定享受年终奖金。”因此，基本称职的考核结果无法享受年终奖金。因此，B 项正确。

C 项：根据《公务员法》第 37 条的规定：“非领导成员公务员的定期考核采取年度考核的方式。先由个人按照职位职责和有关要求进行总结，主管领导在听取群众意见后，提出考核等次建议，由本机关负责人或者授权的考核委员会确定考核等次。【领导成员】的考核由主管机关按照有关规定办理。”本题刘某非领导成员，其考核方式无需主管机关按照有关规定办理。因此，C 项错误。

D 项：根据《公务员法》第 39 条的规定：“定期考核的结果作为调整公务员职位、职务、职级、级别、工资以及公务员奖励、培训、辞退的依据。”因此，D 项正确。

综上所述，本题答案为 BD。

24 2201060

答案：C,D。

解析：A 项：根据《公务员职务与职级并行规定》第 17 条的规定：“公务员晋升职级，应当在职级职数内逐级晋升，并且具备下列基本条件：（一）政治素质好，拥护中国共产党的领导和社会主义制度，坚决维护习近平总书记核心地位，坚决维护党中央权威和集中统一领导；（二）具备职位要求的工作能力和专业知识，忠于职守，勤勉尽责，勇于担当，工作实绩较好；（三）群众公认度较高；（四）符合拟晋升职级所要求的任职年限和资历；（五）作风品行好，遵纪守法，自觉践行社会主义核心价值观，清正廉洁。”以及第 18 条第 2 款的规定：“公务员晋升职级应当根据工作需要、德才表现、职责轻重、工作实绩和资历等因素综合考虑，不是达到最低任职年限就必须晋升，也不能简单按照任职年限论资排辈，体现正确的用人导向。”可知，在符合任职履历资历的情况下，还需要考虑公务员的其他综合因素，并非符合任职履历资历就可以直接晋升一级主任科员。因此，A 项错误。

B 项：根据《公务员法》第 95 条的规定：“公务员对涉及本人的下列人事处理不服的，可以自知道该人事处理之日起三十日内向原处理机关申请复核；对复核结果不服的，可以自接到复核决定之日起十五日内，按照规定向同级公务员主管部门或者作出该人事处理的机关的上一级机关提出申诉；也可以不经复核，自知道该人事处理之日起三十日内直接提出申诉：（一）处分；（二）辞退或者取消录用......（八）法律、法规规定可以申诉的其他情形。”可知，可申诉的情形都是具有惩处性质的，而公务员的晋升需要综合考量多种因素，晋升与否均不具有惩处性质；故甲个人觉得其应该晋升一级主任科员而未获得晋升不可以提出申诉。因此，B 项错误。

C 项：根据《公务员职务与职级并行规定》第 7 条第 2 款的规定：“综合管理类公务员职级序列分为：一级巡视员、二级巡视员、一级调研员、二级调研员、三级调研员、四级调研员、一级主任科员、二级主任科员、三级主任科员、四级主任科员、一级科员、二级科员。”可知，二级主任科员是甲的职级。因此，C 项正确。

D 项：根据《公务员法》第 37 条第 1 款的规定：“非领导成员公务员的定期考核采取年度考核的方式……”可知，二级主任科员属于非领导成员公务员，采取的定期考核采取年度考核的方式。因此，D 项正确。

综上所述，本题答案为 CD 项。

二、模拟训练

【单选】

25 62205218

答案：A。

解析：A 项：根据《公务员法》第 64 条第 2 款

的规定："受处分的期间为：警告，六个月；记过，十二个月；记大过，十八个月；降级、撤职，【二十四个月】。"可知，行政机关公务员受撤职处分的期间为24个月。因此，A项错误，当选。

B项：根据《公务员法》第64条第1款的规定："公务员在受处分期间不得晋升职务、职级和级别，其中受记过、记大过、降级、撤职处分的，【不得晋升工资档次】。"因此，B项正确，不当选。

C项：根据《公务员法》第64条第3款的规定："受撤职处分的，按照规定【降低级别】。"因此，C项正确，不当选。

D项：根据《公务员法》第63条第3款的规定："处分决定机关认为对公务员应当给予处分的，应当在规定的期限内，按照管理权限和规定的程序作出处分决定。处分决定应当【以书面形式通知公务员本人】。"因此，D项正确，不当选。

综上所述，本题为选非题，答案为A项。

26 62205214

答案：D。

解析：A项：根据《公务员法》第100条第1款的规定："机关根据工作需要，经省级以上公务员主管部门批准，可以对专业性较强的职位和辅助性职位实行聘任制。"可知，乙市市场监督管理局经甲省公务员主管部门批准，可以对检疫员的职位实行聘任制。因此，A项正确，不当选。

B项：根据《公务员法》第102条第1款的规定："机关聘任公务员，应当按照平等自愿、协商一致的原则，签订【书面的聘任合同】，确定机关与所聘公务员双方的权利、义务。聘任合同经双方协商一致可以变更或者解除。"因此，B项正确，不当选。

C项：根据《公务员法》第103条第2款的规定："聘任合同期限为【一年至五年】。聘任合同可以【约定试用期】，试用期为【一个月至十二个月】。"因此，C项正确，不当选。

D项：根据《公务员法》第102条第2款的规定："聘任合同的签订、变更或者解除，应当报【同级公务员主管部门备案】。"可知，乙市市场监督管理局解除聘任合同，应当报市级公务员主管部门备案，无需报甲省公务员主管部门批准。因此，D项错误，当选。

综上所述，本题为选非题，答案为D项。

27 62105077

答案：D。

解析：A项：根据《公务员法》第93条第1项的规定："公务员符合下列条件之一的，本人自愿提出申请，经任免机关批准，可以提前退休：（一）工作年限满三十年的；"可知，刘某工作满30年可提前退休。因此，A项正确，不当选。

B项：根据《公务员法》第72条第2款的规定："公务员在挂职期间，不改变与原机关的人事关系。"可知，挂职不会改变原人事关系。因此，B项正确，不当选。

C项：根据《公务员法》第80条第4款的规定："公务员在定期考核中被确定为【优秀、称职】的，按照国家规定享受年终奖金。"可知，公务员在定期考核中被确定为【基本称职】、不称职的，不能享受年终奖金。因此，C项正确，不当选。

D项：根据《公务员法》第44条的规定："公务员因工作需要在机关外兼职，应当经有关机关批准，并【不得领取兼职报酬】。"可知，马某不可以领取兼职报酬。因此，D项错误，当选。

综上所述，本题为选非题，答案为D项。

【多选】

28 62205217

答案：A,C,D。

解析：ABC项：根据《公务员法》第26条的规定："下列人员不得录用为公务员：（一）因犯罪受过刑事处罚的；（二）被开除中国共产党党籍的；（三）被开除公职的；（四）被依法列为失信联合惩戒对象的；（五）有法律规定不得录用为公务员的其他情形的。"A项刘某被开除公职，C项李某受过刑事处罚，均不得录取为公务员；B项王某只是被留党察看，没有被开除党籍，故仍然可以被录取。因此，AC项正确，B项错误。

D项：根据《公务员法》第13条第3项的规定："公务员应当具备下列条件：（三）拥护中华人民共和国宪法，拥护中国共产党领导和社会主义制度；”方某不拥护社会主义制度，不得录取为公务员。因此，D 项正确。

综上所述，本题答案为 ACD 项。

29 62205216

答案：A,B,C,D。

解析：ABCD 项：本题考查公务员不得辞去公职的情形。公务员辞去公职，是指公务员根据本人意思提出，并经过任免机关批准，依法解除其与机关的职务关系。根据《公务员法》第 86 条的规定：“公务员有下列情形之一的，不得辞去公职：（一）未满国家规定的最低服务年限的；（二）在涉及国家秘密等特殊职位任职或者离开上述职位不满国家规定的脱密期限的；（三）重要公务尚未处理完毕，且须由本人继续处理的；（四）正在接受审计、纪律审查、监察调查，或者涉嫌犯罪，司法程序尚未终结的；（五）法律、行政法规规定的其他不得辞去公职的情形。”因此，ABCD 项均正确。

综上所述，本题答案为 ABCD 项。

30 62205215

答案：A,B,C。

解析：ABC 项：根据《公务员法》第 53 条的规定：“奖励分为：嘉奖、记三等功、记二等功、记一等功、授予称号。对受奖励的【公务员或者公务员集体】予以表彰，并对受奖励的个人给予【一次性奖金】或者其他待遇。”可知，公务员个人和公务员集体均可以成为奖励对象。对公务员个人而言，既可以给予记二等功奖励，也可以给予一次性奖金。因此，ABC 项正确。

D 项：根据《公务员法》第 51 条第 1 款的规定：“对工作表现突出，有显著成绩和贡献，或者有其他突出事迹的公务员或者公务员集体，给予奖励。奖励坚持定期奖励与及时奖励相结合，【精神奖励与物质奖励相结合、以精神奖励为主】的原则。”因此，D 项错误。

综上所述，本题答案为 ABC 项。

第四章 抽象行政行为

参考答案

[1] B	[2] A	[3] C	[4] C	[5] D
[6] B	[7] AC	[8] ABC	[9] AC	[10] ACD
[11] D	[12] BC	[13] BCD	[14] AC	[15] C
[16] BCD	[17] C	[18] AC	[19] AB	[20] AD
[21] AD				

一、历年真题及仿真题

（一）抽象行政行为概述

【单选】

1 2001125

答案：B。

解析：ABCD 项：根据最高人民法院《关于审理行政案件适用法律规范问题的座谈会纪要》第一部分“关于行政案件的审判依据”的规定：“现行有效的行政法规有以下三种类型：一是国务院制定并公布的行政法规；二是立法法施行以前，按照当时有效的行政法规制定程序，经国务院批准、由国务院部门公布的行政法规。但在立法法施行以后，经国务院批准、由国务院部门公布的规范性文件，不再属于行政法规；三是在清理行政法规时由国务院确认的其他行政法规。”最常见的行政法规是第一类情形，但由于历史原因，还存在第二、第三两种情形。《立法法》自 2000 年 7 月 1 日起施行，国家体委是国务院主管全国体育工作的职能部门，《外国人来华登山管理办法》是在立法法施行以前由国务院批准、国务院部门公布的，属于行政法规。因此，B 项正确，ACD 项错误。

综上所述，本题答案为 B 项。

2 1402046

答案：A。

解析：ABCD 项：根据《行政法规制定程序条例》的规定，行政法规须经法定程序：立项、起草、审查和公布，特别是须经国务院总理签署国务院令公布施行。但根据《最高人民法院关于印发〈关于审理行政案件适用法律规范问题的座谈会纪要〉的通知》的规定："考虑建国后我国立法程序的沿革情况，现行有效的行政法规有以下三种类型：一是国务院制定并公布的行政法规；二是立法法施行以前，按照当时有效的行政法规制定程序，经国务院批准、由国务院部门公布的行政法规。但在立法法施行以后，经国务院批准、由国务院部门公布的规范性文件，不再属于行政法规；三是在清理行政法规时由国务院确认的其他行政法规。"可知，本题中《计算机信息网络国际联网安全保护管理办法》制定于1997年，早于2000年的《立法法》，属于经国务院批准、公安部颁布的情形，故属于行政法规。因此，A项正确，BCD项错误。

综上所述，本题答案为A项。

（二）行政法规制定程序

【单选】

3 2101069

答案：C。

解析：ABCD：根据《行政法规制定程序条例》第35条的规定："国务院可以根据全面深化改革、经济社会发展需要，就行政管理等领域的特定事项，决定在一定期限内在部分地方暂时调整或者暂时停止适用行政法规的部分规定。"可知，《国际海运条例》作为行政法规，国务院可以根据上海自贸试验区的发展需要，决定在上海区域暂时停止适用该行政法规的部分规定。因此，C项正确，ABD项错误。

综上所述，本题答案为C项。

4 1702045

答案：C。

解析：A项：根据《行政法规制定程序条例》第8条第1款的规定："国务院有关部门认为需要制定行政法规的，应当于国务院编制年度立法工作计划前，向国务院报请立项。"可知，行政法规的立项申请人只有一个，就是国务院部门，省政府无权报请立项。因此，A项错误。

B项：根据《行政法规制定程序条例》第9条第1款的规定："国务院法制机构应当根据国家总体工作部署，对行政法规立项申请和公开征集的行政法规制定项目建议进行评估论证，突出重点，统筹兼顾，【拟订国务院年度立法工作计划，报党中央、国务院批准后向社会公布】。"可知，作为内设机构的国务院法制机构只有拟定立法工作计划的权力，之后还需要上报到党中央、国务院批准，而非直接由法制机构确定。因此，B项错误。

C项：根据《行政法规制定程序条例》第9条第2款第1项的规定："列入国务院年度立法工作计划的行政法规项目应当符合下列要求：（一）贯彻落实党的路线方针政策和决策部署，【适应改革、发展、稳定的需要】。"因此，C项正确。

D项：根据《行政法规制定程序条例》第10条第3款的规定："国务院年度立法工作计划在执行中可以根据实际情况予以调整。"可知，国务院年度立法工作计划在执行中是可以根据实际情况予以调整的。因此，D项错误。

综上所述，本题答案为C项。

5 1202045

答案：D。

解析：ABCD项：根据《立法法》第74条第2款的规定："行政法规草案应当向社会公布，征求意见，但是经国务院决定不公布的除外。"可知，草案不公布应当经国务院同意。因此，ABC项错误，D项正确。

综上所述，本题答案为D项。

6 1002042

答案：B。

解析：A项：根据《行政法规制定程序条例》第26条第1款的规定："行政法规草案由国务院常务会议审议，或者由国务院审批。"可知，行政法规可由国务院常务会议审议通过，也可由国务院审批通过。因此，A项错误。

B项：根据《行政法规制定程序条例》第26条第2款的规定："国务院常务会议审议行政法规草案时，由国务院法制机构或者起草部门作说明。"可知，在审议行政法规草案时作出说明的机关可以是国务院法制机构，也可以是起草部门。因此，B项正确。

C 项：根据《行政法规制定程序条例》第 27 条第 1 款的规定："国务院法制机构应当根据国务院对行政法规草案的审议意见，对行政法规草案进行修改，形成草案修改稿，报请总理签署国务院令公布施行。"可知，国务院法制机构应当根据审议意见对行政法规草案进行修改，并非"不得再作修改"。因此，C 项错误。

D 项：根据《行政法规制定程序条例》第 30 条的规定："行政法规在公布后的 30 日内由国务院办公厅报全国人民代表大会常务委员会备案。"可知，行政法规公布后应由国务院办公厅报全国人大常委会备案，并非由"法制机构"报全国人大常委会备案。因此，D 项错误。

综上所述，本题答案为 B 项。

【多选】

7 1901041

答案：A,C。

解析：AB 项：根据《立法法》第 77 条的规定："行政法规由总理签署国务院令公布。有关国防建设的行政法规，可以由国务院总理、中央军事委员会主席共同签署国务院、中央军事委员会令公布。"所以，行政法规是以国务院令的形式向社会公布的。但是，有考生疑问，为什么全国人大的法律是以国家主席令的形式公布，而行政法规不能以总理令的形式公布呢？这是因为，根据宪法，国家主席是国家机构，而国务院总理并不是国家机构，国务院才是国家机构，所以，只能以国务院令的形式公布。因此，A 项正确，B 项错误。

CD 项：根据《行政法规制定程序条例》第 30 条的规定："行政法规在公布后的 30 日内由国务院办公厅报全国人民代表大会常务委员会备案。"可知，是公布之日起的 30 日，而非通过之日起的 30 日向全国人大常委会备案。因此，C 项正确，D 项错误。

综上所述，本题答案为 AC 项。

8 1801056

答案：A,B,C。

解析：ABCD 项：根据《立法法》第 78 条的规定："行政法规签署公布后，及时在【国务院公报】和【中国政府法制信息网】以及在【全国范围内发行的报纸上】刊载。在国务院公报上刊登的行政法规文本为标准文本。"因此，ABC 项正确，D 项错误。

综上所述，本题答案为 ABC 项。

9 1102085

答案：A,C。

解析：ABCD 项：根据《行政法规制定程序条例》第 19 条规定："行政法规送审稿有下列情形之一的，国务院法制机构可以【缓办】或者【退回起草部门】：（一）制定行政法规的基本条件尚不成熟或者发生重大变化的；（二）有关部门对送审稿规定的主要制度存在较大争议，起草部门未征得机构编制、财政、税务等相关部门同意的；（三）未按照本条例有关规定公开征求意见的；（四）上报送审稿不符合本条例第十五条、第十六条、第十七条规定的。"可知，本案情况符合第（二）项的规定，国务院法制机构可以【缓办】或者【退回起草部门】，而 BD 项的做法没有法律依据。因此，AC 项正确，BD 项错误。

综上所述，本题答案为 AC。

【不定项】

10 1602100

答案：A,C,D。

解析：ACD 项：根据《行政法规制定程序条例》第 31 条的规定："行政法规有下列情形之一的，由国务院解释：（一）行政法规的规定需要进一步明确具体含义的；（二）行政法规制定后出现新的情况，需要明确适用行政法规依据的。国务院法制机构研究拟订行政法规解释草案，报国务院同意后，由国务院公布或者由国务院授权国务院有关部门公布。行政法规的解释与行政法规具有同等效力。"可知，行政法规解释权属于国务院，解释可由国务院授权国务院有关部门公布，与行政法规具有同等效力。因此，ACD 项正确。

B 项：《行政法规制定程序条例》第六章"行政法规解释"中对行政法规解释程序单独作出了规定，故其与行政法规制定程序并不完全重合，因此，B 项错误。

综上所述，本题答案为 ACD 项。

（三）规章制定程序

【单选】

11 2201051

答案：D。

解析：A 项：根据《规章制定程序条例》第 19 条的规定："规章送审稿由法制机构负责统一审查……"可知，部门规章的送审稿报本部门的法制机构，而非国务院法制机构审查。因此，A 项错误。

B 项：根据《规章制定程序条例》第 12 条第 1 款的规定："国务院部门法制机构，省、自治区、直辖市和设区的市、自治州的人民政府法制机构（以下简称法制机构），应当对制定规章的立项申请和公开征集的规章制定项目建议进行评估论证，【拟订本部门、本级人民政府年度规章制定工作计划】，报本部门、本级人民政府批准后向社会公布。"可知，部门规章应列入本部门的年度规章制定工作计划，而非列入国务院年度立法计划。因此，B 项错误。

C 项：根据《规章制定程序条例》第 27 条第 1 款的规定："部门规章应当经【部务会议】或者【委员会会议】决定。"因此，C 项错误。

D 项：根据《规章制定程序条例》第 30 条第 2 款的规定："部门联合规章由联合制定的部门首长共同署名公布，使用主办机关的命令序号。"因此，D 项正确。

综上所述，本题答案为 D 项。

【注意】2023 年 3 月，中共中央、国务院印发了《党和国家机构改革方案》，在中国银行保险监督管理委员会基础上组建国家金融监督管理总局，【不再保留】中国银行保险监督管理委员会。

【多选】

12 1702077

答案：B,C。

解析：A 项：根据《规章制定程序条例》第 15 条第 3 款的规定："起草专业性较强的规章，可以吸收相关领域的专家参与起草工作，或者委托有关专家、教学科研单位、社会组织起草。"可知，可以委托专家起草规章。因此，A 项错误。

B 项：根据《规章制定程序条例》第 16 条第 2 款第 3 项的规定："起草的规章涉及重大利益调整或者存在重大意见分歧，对公民、法人或者其他组织的权利义务有较大影响，人民群众普遍关注，需要进行听证的，起草单位应当举行听证会听取意见。听证会依照下列程序组织：（三）听证会应当制作笔录，如实记录发言人的主要观点和理由；"可知，就规章起草举行听证会，应制作笔录，如实记录发言人的主要观点和理由。因此，B 项正确。

C 项：根据《规章制定程序条例》第 15 条第 1 款的规定："起草规章，应当深入调查研究，总结实践经验，广泛听取有关机关、组织和公民的意见。听取意见可以采取书面征求意见、座谈会、论证会、听证会等多种形式。"可知，起草规章应广泛听取有关机关、组织和公民的意见。因此，C 项正确。

D 项：根据《规章制定程序条例》第 20 条第 1 项的规定："规章送审稿有下列情形之一的，法制机构【可以】缓办或者退回起草单位：（一）制定规章的基本条件尚不成熟或者发生重大变化的；"可知，如果制定规章的基本条件尚不成熟的，法制机构可以缓办或者退回起草单位，不是应当退回起草单位。因此，D 项错误。

综上所述，本题答案为 BC 项。

13 1602077

答案：B,C,D。

解析：A 项：根据《规章制定程序条例》第 13 条第 3 款的规定："年度规章制定工作计划在执行中，可以根据实际情况予以调整，对拟增加的规章项目应当进行补充论证。"可知，即使规章项目未列入年度制定计划，也可以根据实际情况对计划进行调整而将该项目列入。因此，A 项错误。

B 项：根据《规章制定程序条例》第 15 条第 1 款的规定："起草规章，应当深入调查研究，总结实践经验，【广泛听取有关机关、组织和公民的意见】。听取意见可以采取书面征求意见、座谈会、论证会、听证会等多种形式。"因此，B 项正确。

C 项：根据《规章制定程序条例》第 18 条第 3 款的规定："规章送审稿的说明【应当对制定规章的必要性、规定的主要措施、有关方面的意见及其协调处理情况等】作出说明。"因此，C 项正确。

D 项：根据《规章制定程序条例》第 20 条第 1 项的规定："规章送审稿有下列情形之一的，法制机构可以缓办或者退回起草单位：（一）制定规章的基本条件【尚不成熟】或者发生重大变化的……"因此，D 项正确。

综上所述，本题答案为 BCD 项。

14 1002080

答案：A,C。

解析：ABC 项：根据《规章制定程序条例》第 35 条的规定："国家机关、社会团体、企业事业组织、公民认为规章同法律、行政法规相抵触的，可以向国务院书面提出审查的建议，由国务院法制机构研究并提出处理意见，按照规定程序处理。国家机关、社会团体、企业事业组织、公民认为设区的市、自治州的人民政府规章同法律、行政法规相抵触或者违反其他上位法的规定的，也可以向本省、自治区人民政府书面提出审查的建议，由省、自治区人民政府法制机构研究并提出处理意见，按照规定程序处理。"可知，甲省政府所在地的市政府属于较大的市的范畴，故某企业可以向国务院或本省人民政府提出书面审查建议。因此，AC 项正确。国务院法制办是国务院处理此类问题的机构，不能直接接受审查建议。因此，B 项错误。

D 项：根据《立法法》第 108 条第 2 项的规定："改变或者撤销法律、行政法规、地方性法规、自治条例和单行条例、规章的权限是：（二）全国人民代表大会常务委员会有权撤销同宪法和法律相抵触的行政法规，有权撤销同宪法、法律和行政法规相抵触的地方性法规，有权撤销省、自治区、直辖市的人民代表大会常务委员会批准的违背宪法和本法第八十五条第二款规定的自治条例和单行条例。"可知，全国人大常委会有权改变和撤销的法律文件不包括地方政府规章，故某企业不可以向全国人大常委会提出书面审查建议。因此，D 项错误。

综上所述，本题答案为 AC 项。

【不定项】

15 1402097

答案：C。

解析：A 项：根据《规章制定程序条例》第 28 条的规定："审议规章草案时，由法制机构作说明，也可以由起草单位作说明。"可知，审议规章草案可以由起草单位说明，也可以由法制机构说明。因此，A 项错误。

B 项：根据《规章制定程序条例》第 27 条第 2 款的规定："地方政府规章应当经政府常务会议或者全体会议决定。"可知，地方政府规章还可以由政府常务会议决定。因此，B 项错误。

C 项：根据《规章制定程序条例》第 30 条第 2 款的规定："部门联合规章由联合制定的部门首长共同署名公布，使用主办机关的命令序号。"可知，部门联合规章须由各部门首长共同署名公布，并使用主办机关的命令序号。因此，C 项正确。

D 项：根据《规章制定程序条例》第 31 条第 1、2 款的规定："部门规章签署公布后，及时在国务院公报或者部门公报和中国政府法制信息网以及在全国范围内发行的报纸上刊载。地方政府规章签署公布后，及时在本级人民政府公报和中国政府法制信息网以及在本行政区域范围内发行的报纸上刊载。"可知，规章分为部门规章和地方政府规章，二者刊登载体存在区别。地方政府规章在本行政区域范围内发行的报纸上刊载即可，不需要在全国范围内发行的有关报纸上刊登，D 项说法以偏概全。因此，D 项错误。

综上所述，本题答案为 C 项。

（四）综合知识点

【多选】

16 2001113

答案：B,C,D。

解析：A 项：根据《立法法》第 93 条第 1 款、第 3 款的规定："省、自治区、直辖市和设区的市、自治州的人民政府，可以根据法律、行政法规和本省、自治区、直辖市的地方性法规，制定规章。

设区的市、自治州的人民政府根据本条第一款、第二款制定地方政府规章，限于城乡建设与管理、生态文明建设、历史文化保护、基层治理等方面的事项。已经制定的地方政府规章，涉及上述事项范围以外的，继续有效。”可知，本题所涉及的垃圾分类属于“生态文明建设”事项，并没有超出地方政府规章立法事项，因此，A 项错误。

B 项：根据《立法法》第 97 条第 2 款的规定：“地方政府规章签署公布后，及时在本级人民政府公报和【中国政府法制信息网】以及在本行政区域范围内发行的报纸上刊载。”因此，B 项正确。

C 项：根据《立法法》第 109 条第 4 项的规定：“部门规章和地方政府规章报国务院备案；地方政府规章应当同时报本级人民代表大会常务委员会备案；设区的市、自治州的人民政府制定的规章应当同时报省、自治区的人民代表大会常务委员会和人民政府备案”。可知“备案找上级”，市政府上级机关自然包括省政府，所以该规章应当报甲省政府备案。因此，C 项正确。

D 项：根据《行政处罚法》第 14 条第 2 款的规定：“尚未制定法律、法规的，地方政府规章对违反行政管理秩序的行为，可以设定警告、通报批评或者一定数额罚款的行政处罚。【罚款的限额由省、自治区、直辖市人民代表大会常务委员会规定】。”因此，D 项正确。

综上所述，本题答案为 BCD 项。

二、模拟训练

【单选】

17 62105049

答案：C。

解析：ACD 项：根据《立法法》第 91 条第 1 款的规定：“国务院各部、委员会、中国人民银行、审计署和具有行政管理职能的直属机构以及法律规定的机构，可以根据法律和国务院的行政法规、决定、命令，在本部门的权限范围内，制定规章。”农业农村部属于国务院的组成部门，有权制定规章；国家税务总局是国务院具有行政管理职能的直属机构，也有权制定规章。因此，AD 项错误。国务院办公厅是国务院负责日常事务执行的机构，不属于国务院各部、委员会、中国人民银行、审计署和具有行政管理职能的直属机构，无权制定规章。因此，C 项正确。

B 项：根据《立法法》第 93 条第 1 款的规定：“省、自治区、直辖市和设区的市、自治州的人民政府，可以根据法律、行政法规和本省、自治区、直辖市的地方性法规，制定规章。”可知，武汉市政府有权制定规章。因此，B 项错误。

综上所述，本题答案为 C 项。

【多选】

18 62105047

答案：A,C。

解析：AB 项：根据《立法法》第 74 条的规定：“行政法规由国务院有关部门或者国务院法制机构具体负责起草，重要行政管理的法律、行政法规草案【由国务院法制机构组织起草】……行政法规草案应当向社会公布，征求意见，但是经【国务院决定不公布的除外】。”可知，不是所有的行政法规草案均应当向社会公布，征求意见。因此，A 项正确，B 项错误。

C 项：根据《立法法》第 107 条第 2 项的规定：“法律、行政法规、地方性法规、自治条例和单行条例、规章有下列情形之一的，由有关机关依照本法第一百零八条规定的权限予以改变或者【撤销】：（二）下位法违反上位法规定的；”可知，下位法行政法规、规章与上位法法律规定产生冲突，可以构成被撤销的理由。因此，C 项正确。

D 项：根据《规章制定程序条例》第 32 条的规定：“规章应当自公布之日起【30 日后】施行；但是，涉及国家安全、外汇汇率、货币政策的确定以及公布后不立即施行将有碍规章施行的，可以自公布之日起施行。”可知，原则上，规章应当自公布之日起“30 日后”而非“20 日后”施行。因此，D 项错误。

综上所述，本题答案为 AC 项。

19 62205219

答案：A,B。

解析：A 项：根据《行政法规制定程序条例》第 9 条第 1 款的规定：“国务院法制机构应当根据国

家总体工作部署，对行政法规立项申请和公开征集的行政法规制定项目建议进行评估论证，突出重点，统筹兼顾，拟订国务院年度立法工作计划，报【党中央、国务院批准】后向社会公布。”因此，A 项错误，当选。

B 项：根据《行政法规制定程序条例》第 13 条第 3 款的规定：“起草专业性较强的行政法规，起草部门【可以吸收】相关领域的专家参与起草工作，或者委托有关专家、教学科研单位、社会组织起草。”可知，起草部门是“可以”而非“应当”吸收相关领域的专家参与起草工作。这是因为起草部门可以通过听取意见、调查研究等方式来获得专家意见，不一定非得吸收专家一起起草，毕竟起草行政法规是一个比较专业的事项，有关专家虽然具有其所在领域的专业知识，却不一定具有起草法规的知识技能。在实践中往往视具体情况决定是否吸收专家参与行政法规的起草工作。因此，B 项错误，当选。

C 项：根据《行政法规制定程序条例》第 13 条第 1 款的规定：“……涉及社会公众普遍关注的热点难点问题和经济社会发展遇到的突出矛盾，减损公民、法人和其他组织权利或者增加其义务，对社会公众有重要影响等【重大利益调整事项的，应当进行论证咨询】……”进行论证咨询的价值在于保证涉及重大利益调整事项的立法更有科学性、合理性，提高立法的品质。因此，C 项正确，不当选。

D 项：根据《行政法规制定程序条例》第 13 条第 2 款的规定：“起草行政法规，起草部门应当将行政法规草案及其说明等向社会公布，征求意见，但是经国务院决定不公布的除外。向社会公布征求意见的期限一般不少于 30 日。”可知，行政法规草案向社会公布征求意见的期限一般不少于 30 日，保证人民群众有充分的时间去调查研究、搜集数据、提出意见。因此，D 项正确，不当选。

综上所述，本题为选非题，答案为 AB 项。

20 62205220

答案：A,D。

解析：A 项：根据《行政法规制定程序条例》第 13 条第 3 款的规定：“起草专业性较强的行政法规，起草部门【可以】吸收相关领域的专家参与起草工作，或者委托有关专家、教学科研单位、社会组织起草。”可知，起草专业性较强的规章，是“可以”委托而非“应当”委托有关专家、教学科研单位、社会组织起草。因此，A 项错误，当选。

B 项：根据《规章制定程序条例》第 35 条第 1 款的规定：“国家机关、社会团体、企业事业组织、【公民】认为规章同法律、行政法规相抵触的，可以【向国务院书面提出审查的建议】，由国务院法制机构研究并提出处理意见，按照规定程序处理。”因此，B 项正确，不当选。

C 项：根据《规章制定程序条例》第 31 条第 1、3 款的规定：“部门规章签署公布后，及时在国务院公报或者部门公报和中国政府法制信息网以及在全国范围内发行的报纸上刊载。在【国务院公报或者部门公报】和地方人民政府公报上刊登的规章文本为【标准文本】。”因此，C 项正确，不当选。

D 项：根据《行政法规制定程序条例》第 5 条第 2 款的规定：“国务院各部门和地方人民政府制定的规章不得称‘条例’。”可知，规章的名称一般称“规定”、“办法”，但不得称“条例”。因此，D 项错误，当选。

综上所述，本题为选非题，答案为 AD 项。

【不定项】

21 62205077

答案：A,D。

解析：A 项：根据《行政法规制定程序条例》第 33 条的规定：“对属于行政工作中具体应用行政法规的问题，省、自治区、直辖市人民政府法制机构以及国务院有关部门法制机构请求国务院法制机构解释的，【国务院法制机构】可以研究答复……”可知，行政法规的具体适用问题应当由国务院法制机构解释。因此，A 项错误，当选。

B 项：根据《规章制定程序条例》第 34 条的规定：“规章应当自公布之日起 30 日内，由【法制机构】依照立法法和《法规规章备案条例》的规定向有关机关备案。”因此，B 项正确，不当选。

C 项：根据《行政法规制定程序条例》第 35 条的

规定：“【国务院】可以根据全面深化改革、经济社会发展需要，就行政管理等领域的特定事项，决定在一定期限内在部分地方【暂时调整或者暂时停止适用】行政法规的部分规定。”可知，《优化营商环境条例》作为行政法规，国务院可以根据某省贸易经济的发展需要，决定在该省范围内暂时停止适用该条例的部分规定。因此，C 项正确，不当选。

D 项：根据《规章制定程序条例》第 24 条第 2 款的规定：“经过充分协调不能达成一致意见的，法制机构应当将主要问题、有关机构或者部门的意见和法制机构的意见及时报本部门或者本级人民政府领导协调，或者报【本部门或者本级人民政府】决定。”可知，法制机构应当报省政府而非国务院决定。因此，D 项错误，当选。

综上所述，本题为选非题，答案为 AD 项。

第五章 具体行政行为概述

参考答案

[1]C	[2]C	[3]B	[4]A	[5]CD
[6]AB	[7]AC	[8]ABD	[9]CD	[10]C
[11]D	[12]C	[13]B	[14]BC	[15]ABC
[16]B	[17]B	[18]C	[19]AB	[20]AC
[21]BD				

一、历年真题及仿真题

（一）具体行政行为的性质与类型

【单选】

1 1901028

答案：C。

解析：A 项：行政协议，又称为行政合同，是官民双方意思表示一致而订立的具有行政法上权利义务内容的协议，行政协议和具体行政行为的最大区别在于，具体行政行为具有单方性，而行政合同具有双方性。本题中政府并没有与居民进行协商，是单方面发布公告通知居民搬离、签订安置协议，所以不属于行政协议。因此，A 项错误。

BC 项：行政指导是不影响当事人权利义务的事实行为，并不具有法律强制力。而本题县政府要求居民 60 日内搬离，属于单方面为公民设定了义务负担，所以，不属于行政指导，而属于单方行政行为。因此，B 项错误，C 项正确。

D 项：行政强制措施具有控制与预防性，行为目的是为了制止违法行为、防止证据损毁、避免危害发生、控制危险扩大等，本公告显然不具备该特点；而强制执行是行政机关依法作出行政决定后，当事人在期限内不履行义务时，采取强制手段强迫其履行义务，或达到与履行义务相同状态的行为，本题尚停留在给当事人设定义务的阶段，并没有进入到强制执行阶段，只有在当事人不搬离之后，作出的才可能是强制执行行为。本公告属于单方的具体行政行为类型下的行政命令行为，是行政主体依法要求相对人进行一定的作为或不作为的意思表示。因此，D 项错误。

综上所述，本题答案为 C 项。

2 1702046

答案：C。

解析：具体行政行为是指行政机关行使行政权力，对特定的公民、法人和其他组织作出的有关其权利义务的单方行为。

A 项：悬挂横幅的行为是行政指导行为，系一种建议和劝告，不会对行政相对人的权利义务造成影响，属于行政事实行为。因此，A 项错误。

B 项：依据《刑事诉讼法》拘留李某的行为系刑事司法行为，不是行政行为，更不是具体行政行为。因此，B 项错误。

C 项：作出房屋征收决定系行政征收行为，是区政府这一行政主体行使行政权力，即房屋征收权，针对行政相对人王某所作出的影响其合法权益的具体行政行为。因此，C 项正确。

D 项：派出所促成调解的行为为行政调解行为，不具有处分性，不是具体行政行为。因此，D 项错误。

综上所述，本题答案为 C 项。

3 1602044

答案：B。

解析：A 项：行政规范性文件，是指国家行政机关为执行法律、法规和规章，对社会实施管理，依法定权限和法定程序发布的规范公民、法人和其他组织行为的具有【普遍约束力的政令】。本题通告针对附件所列名单中的企业发生法律效力，不具有普遍约束力。因此，A 项错误。

B 项：具体行政行为，是指国家行政机关和行政机关工作人员、法律法规授权的组织、行政机关委托的组织、或者个人在行政管理活动中行使行政职权，针对特定的公民、法人或者其他组织，就特定的具体事项，作出的有关该公民、法人或者其他组织权利义务的【单方行为】。本题通告是区政府针对附件所列名单中的企业作出的单方行为，即面对特定的对象行使相应的行政职权，属于具体行政行为。因此，B 项正确。

C 项：行政给付，是指行政主体在特定情况下，依法向符合条件的申请人【提供物质利益或赋予其与物质利益有关的权益】的行为。本题通告不属于行政给付。因此，C 项错误。

D 项：行政强制，分为（1）行政强制措施：行政机关在行政管理过程中，为制止违法行为、防止证据损毁、避免危害发生、控制危险扩大等情形，依法对公民的人身自由实施暂时性限制，或者对公民、法人或者其他组织的财物实施暂时性控制的行为。（2）行政强制执行：行政机关或者行政机关申请人民法院，对不履行行政决定的公民、法人或者其他组织，依法强制履行义务的行为。本题通告不属于行政强制。因此，D 项错误。

综上所述，本题答案为 B 项。

4 1502046

答案：A。

解析：A 项：履行行政职务的行为是指工作人员履行职务的行为，是履行职责的活动。题干中公安局的短信提醒行为属于履行行政职务的行为。所以，A 项正确。

B 项：负担性行为是指为当事人设定义务或者剥夺其权益的行为，如行政处罚等。题干中的短信只是一种劝导性行为，没有对当事人设定义务或剥夺权益。所以，B 项错误。

C 项：准备性行政行为是指为最终作出权利义务安排进行的程序性、阶段性工作行为，主要会涉及到一些行政监督检查活动。题干中的短信只是一种劝导性行为，不具有程序性、阶段性。所以，C 项错误。

D 项：强制行为是指为了实施行政管理或达成行政管理目的，对公民、法人或者其他组织的人身、财产、行为等采取强制性措施的行为。题干中的短信只是一种劝导性行为，不具有强制性。所以，D 项错误。

综上所述，本题答案为 A 项。

【多选】

5 2101072

答案：C,D。

解析：具体行政行为，是指行政机关依法就特定事项对特定公民、法人和其他组织权利义务作出的行政职权行为，具备行政性、处分性、外部性、特定性的特征。

A 项：市场监督管理局发文要求电商平台合法、规范经营，但文件所要求的电商平台是不特定的主体，且在未来的电商市场管理中能够反复进行适用，不具备特定性，属于抽象行政行为，因此，A 项不当选。

B 项：防汛指挥部发布预警和提醒在于对市民安全出行作出提示、倡议，并不会实际影响市民的出行权利，不具备处分性，属于行政指导，因此，B 项不当选。

C 项：证监会作为行政主体，对外就某公司的负责人作出终身禁止进入证券市场的决定，实际影响了该负责人的权利，具备了行政性、处分性、外部性、特定性的特征，属于具体行政行为，因此，C 项当选。

D 项：证监会出具警示函指出存在的问题，同时责令改正。虽然“警示函”从名称而言属于指导类文件，其中“指出问题”的内容不会实际影响相对人的权利不具有处分性，但警示函中还包括了“责令改正”的内容，该内容则会实际影响相对人的权利义务。综合而言，该警示函整体具备了行政性、处分性、外部性、特定性的特征，属于具体行政行为，因此，D 项当选。
综上所述，本题答案为 CD 项。

（二）具体行政行为的效力

【多选】

6 1302085

答案：A,B。
解析：A 项：程序正当原则是行政法的基本原则之一，具体行政行为合法的必要条件之一是遵守法定程序。因此，A 项正确。
B 项：行政行为明显违法将导致行政行为无效，行政行为明显违法的情形很多，表现形式很多，不可能完全列举。因此，B 项正确。
C 项：根据诚实守信原则的要求，具体行政行为废止致使当事人的合法权益受到损失的，应给予补偿而不是赔偿。因此，C 项错误。
D 项：拘束力是指具体行政行为一经生效，行政机关和对方当事人都必须遵守，其他国家机关和社会成员必须予以尊重的效力。行政复议不影响具体行政行为的拘束力。因此，D 项错误。
综上所述，本题答案为 AB 项。

7 1002081

答案：A,C。
解析：A 项：可撤销的具体行政行为，在撤销之前仍具有法律效力。因此，A 项正确。
B 项：被废止的具体行政行为，自废止之日起丧失效力。原则上，具体行政行为废止之前给予当事人的利益不再收回；当事人也不能对已履行的义务要求补偿。如果废止使当事人的合法权益受到严重损失，或者带来严重的社会不公正，行政机关给予受到损失的当事人以必要的补偿。因此，B 项错误。
C 项：具体行政行为为自然人、法人或者其他组织设定专属权益或者义务，自然人死亡、法人或者其他组织不复存在的，具体行政行为的效力应当终止。因此，C 项正确。
D 项：根据《行政诉讼法》第 25 条第 1 款的规定："行政行为的相对人以及其他与行政行为【有利害关系】的公民、法人或者其他组织，有权提起诉讼。"具体行政行为无效的法律后果在程序上表现为：因该具体行政行为而被损害合法权益的公民、法人或者组织，可以在任何时候主张该具体行政行为无效，有权的国家机关可在任何时候宣布该具体行政行为无效。可知，对无效具体行政行为，可以向法院起诉主张其无效的只能是合法权益受到损害的公民、法人或者组织。因此，D 项错误。
综上所述，本题答案为 AC 项。

【不定项】

8 2201143

答案：A,B,D。
解析：A 项：根据《行政诉讼法》第 70 条第 3 项的规定："行政行为有下列情形之一的，人民法院判决撤销或者部分撤销，并可以判决被告重新作出行政行为：（三）违反法定程序的。"可知，违反法定程序的行为属于可撤销的具体行政行为，只有违反法定程序构成重大且明显违法的才属于无效。因此，A 项错误，当选。
B 项：对于生效的具体行政行为，行政相对人应当接受并履行义务，作出具体行政行为的行政机关也不得随意更改，并且其他国家机关和社会成员也应当尊重，不得随意干预，故生效的具体行政行为并不只约束行政机关和相对人。因此，B 项错误，当选。
C 项：被废止的具体行政行为，自废止之日起丧失效力。因此，C 项正确，不当选。
D 项：原则上，具体行政行为一经成立即生效，但存在例外情况，如无效的具体行政行为自始无效，附生效条件或期限的具体行政行为，待条件成就或期限届满后发生效力，D 项说法过于绝对。因此，D 项错误，当选。
综上所述，本题为选非题，答案为 ABD 项。

9 1402099

答案：C,D。
解析：A 项：具体行政行为的生效时间，一般来说一经成立即可生效，但是行政机关也可以安排某一事件发生后或者经过一段时间后才发生效力，如附生效条件的具体行政行为，A 项说法过于绝对。因此，A 项错误。

B 项：具体行政行为效力终止的原因分为有违法因素和没有违法因素两类，没有违法因素的情形有：具体行政行为为其设定专属权益或者义务的自然人死亡或自然人放弃赋予其的权益；具体行政行为规定的法律义务已经履行完毕或者有关客观事实已经消失等。故违法并不是导致具体行政行为效力终止的唯一原因。因此，B 项错误。
C 项：具体行政行为的合法要件之一为不得超越职权和滥用职权，而行政机关的职权范围主要由行政组织法和授权法规定。因此，C 项正确。
D 项：行政机关滥用职权所作的具体行政行为，即使在形式上符合条件，它仍然是一个违法的具体行政行为。据此，滥用职权是具体行政行为构成违法的独立理由。因此，D 项正确。
综上所述，本题答案为 CD 项。

（三）综合知识点

【单选】

10 2301072

答案：C。
解析：A 项：根据《行政诉讼法》第 75 条的规定："行政行为有实施主体不具有行政主体资格或者没有依据等重大且明显违法情形，原告申请确认行政行为无效的，人民法院判决确认无效。"可知，行诉法中对无效行政行为进行了规定。因此，A 项错误。
B 项：根据《行政诉讼法》第 75 条的规定："行政行为有实施主体不具有行政主体资格或者没有依据等重大且明显违法情形，原告申请确认行政行为无效的，人民法院判决确认无效。"可知，行政机关滥用裁量权作出的行政行为只有构成重大且明显违法才可被确认无效。因此，B 项错误。
C 项：无效行政行为是自始无效、当然无效、确定无效，对当事人和行政机关均无拘束力。因此，C 项正确。
D 项：根据《行政诉讼法》第 76 条的规定："人民法院判决确认违法或者无效的，可以同时判决责令被告采取补救措施；给原告造成损失的，依法判决被告承担赔偿责任。"可知，只有造成损失时，才应当赔偿。因此，D 项错误。
综上所述，本题答案为 C。

11 1801122

答案：D。
解析：ACD 项：海关总署发布的公告是不具有强制力的行政指导行为，是事实行为的一种，当事人对该公告可以服从，也可以不服从。所以，并没有给当事人增加确定性的权利义务的负担。因此，AC 项错误，D 项正确。
B 项：海关总署属于国务院直属机构，海关系统是国家垂直领导的行政系统，不属于事业单位。事业单位和行政机关是两种不同的组织，事业单位是指由政府利用国有资产设立的，从事教育、科技、文化、卫生等活动的社会服务组织，比如高校、公立医院、公立杂志社等。除非取得特别授权，事业单位一般不承担具体的行政管理职能。而海关是具有进出口监督管理职权的国家行政机关，不可能是事业单位。因此，B 项错误。
综上所述，本题答案为 D 项。

12 1102049

答案：C。
解析：A 项：根据《行政许可法》第 2 条的规定："本法所称行政许可，是指行政机关根据公民、法人或者其他组织的申请，经依法审查，准予其从事特定活动的行为。"可知，行政许可是依申请的行政行为，而非依职权的行政行为。因此，A 项错误。
B 项：具体行政行为可以分为要式的与不要式的具体行政行为。需要具备书面文字等其他特定意义符号为生效必要条件的，是要式的具体行政行为；不需要具备书面文字或者其他特定意义符号就可以生效的，是不要式的具体行政行为。因此，B 项错误。
C 项：法律效力是具体行政行为法律制度中的核心因素。评价具体行政行为合法与否的实际意义，就在于对其法律效力的影响。因此，C 项正确。
D 项：具体行政行为的效力包括拘束力、执行力和确定力。确定力是指具体行政行为不再争议、不得更改的效力。执行力是指使用国家强制力迫使当事人履行义务或者以其他方式实现具体行政行为权利义务安排的效力。当事人不履行具体行政行为确定的义务，行政机关予以执行是具体行政行为执行力的表现，而非确定力。因此，D项错误。

综上所述，本题答案为C项。

13 1002046

答案：B。

解析：A项：根据《行政强制法》第2条的规定："本法所称行政强制，包括行政强制措施和行政强制执行。行政强制措施，是指行政机关在行政管理过程中，为制止违法行为、防止证据损毁、避免危害发生、控制危险扩大等情形，依法对公民的人身自由实施暂时性限制，或者对公民、法人或者其他组织的财物实施暂时性控制的行为。行政强制执行，是指行政机关或者行政机关申请人民法院，对不履行行政决定的公民、法人或者其他组织，依法强制履行义务的行为。"可知，本题中，甲并不存在逾期未履行行政法义务的前提，城管局的扣押行为不是为了达到使甲履行义务的目的，而仅是为了制止甲的违法行为，属于行政强制措施，而非行政强制执行措施。因此，A项错误。

B项：行政事实行为，是指不存在意思表示，或者不存在法律效果，或者该行为的法律效果并非由该行为所包含的意思表示所确定的行政行为。行政机关及其工作人员在行使行政职权时造成相对人人身或财产损害的行为，这些行为尽管也产生行政赔偿责任的法律效果，但该法律效果与行政机关的意思表示无关，故不属于具体行政行为，是事实行为。可知，本题中，李某将甲打伤的行为，不存在行政机关的意思表示，故是行政事实行为。因此，B项正确。

C项：甲被打伤是扣押行为造成的后果，扣押行为本身是否违法，应从城管局扣押物品的原因来判断。不能因甲被打伤的后果就认定先前的扣押行为违法。因此，C项错误。

D项：根据《国家赔偿法》第3条第5项的规定："行政机关及其工作人员在行使行政职权时有下列侵犯人身权情形之一的，受害人有取得赔偿的权利：（五）造成公民身体伤害或者死亡的其他违法行为。"可知，本题中，执法人员李某是在进行扣押时将甲打伤的，其正在行使行政职权，不属于个人行为，甲可以就受伤造成的损失申请国家赔偿。因此，D项错误。

综上所述，本题答案为B项。

【多选】

14 1901042

答案：B,C。

解析：A项：确定力指具体行政行为在形式上最终被确定下来，从而不再更改的效力，确定力所限制的对象主要是法院或复议机关等救济主体。而具体行政行为一经生效，行政机关和相对人必须遵守是拘束力的表现。因此，A项错误。

B项：2014年《行政诉讼法》修改之后，具体行政行为的概念在法条中不再出现，但并不意味着具体行政行为在学理上和实践中均被取消，法条中取消了该表述，是因为行政诉讼受案范围的扩张，除了具体行政行为可以受案外，行政协议也可以受案，还有部分抽象行政行为也可以附带性的受案，所以，在法条中再使用具体行政行为的概念会使法条表述显得不够精确。比如，《行政诉讼法》第6条："人民法院审理行政案件，对行政行为是否合法进行审查。"旧法时代表述为："对具体行政行为是否合法进行审查"，就缺少了刚刚纳入受案范围的行政协议和部分抽象行政行为。实际上，具体行政行为的概念是重要的行政法概念工具，在理论和实践中依然是存在的。因此，B项正确。

C项：具体行政行为是对特定人或者特定事项的一次性处理，这表明处理的个别性是具体行政行为的重要特征。个别性特征是具体行政行为区别于抽象行政行为的主要标志。比较而言，抽象行政行为是为不特定事项和不特定人安排的，可以反复适用的普遍性规则。举例来说：凡是机场内吸烟者罚款50元，对象具有不特定性，该行为可面向未来反复适用，所以，属于抽象行政行为（又称为行政规范性文件）。但是，某行为人如果2019年5月1日在广州白云机场吸烟，被罚款50元，对象就具有特定性，而且只具有一次性效力，不可反复适用，此时就属于具体行政行为。因此，C项正确。

D 项：根据立法对行政行为约束的严格程度，行政行为可以被划分为羁束行政行为和裁量行政行为，“羁束”与“裁量”是一组相对概念。根据行政行为与当事人之间的权益关系，行政行为可以被划分为授益行政行为和负担行政行为，“授益”和“负担”是一组相对概念，比如行政许可为授益行政行为，而行政征收则为负担行政行为。因此，D 项错误。

综上所述，本题答案为 BC 项。

15 1801123

答案：A,B,C。

解析：ABC 项：根据《行诉解释》第 99 条的规定：“有下列情形之一的，属于行政诉讼法第七十五条规定的‘重大且明显违法’：(一）行政行为实施主体不具有行政主体资格；(二）减损权利或者增加义务的行政行为没有法律规范依据；(三）行政行为的内容客观上不可能实施；(四）其他重大且明显违法的情形。”可知，ABC 项符合上述法条的规定。因此，ABC 项正确。

D 项：根据《行诉解释》第 162 条的规定：“公民、法人或者其他组织对 2015 年 5 月 1 日之前作出的行政行为提起诉讼，请求确认行政行为无效的，人民法院【不予立案】。”因此，D 项错误。

综上所述，本题答案为 ABC 项。

二、模拟训练

【单选】

16 62105051

答案：B。

解析：判断一个行为是不是具体行政行为，关键看其是否具有具体行政行为的“四性”：特定性、处分性、外部性、行政性。只要有“一性”不具有，就不是具体行政行为。

ACD 项：法考中常遇到的行政许可、行政处罚和行政强制是典型的具体行政行为。A 项市监局责令关闭饭店的行为具有惩戒性，旨在为 A 饭店增加负担和减损权益，属于行政处罚；C 项征收 20 万元超标排污费的行为属于行政征收；D 项强制居家隔离的行为，是为了隔离而暂时实施的强制性措施，属于行政强制措施，均属于具体行政行为。因此，ACD 项正确，不当选。

B 项：派出所促成调解的行为属于行政调解行为，不具有处分性，不是具体行政行为。因此，B 项错误，当选。

综上所述，本题为选非题，答案为 B 项。

17 62105052

答案：B。

解析：A 项：行政处罚是指行政机关依法对违反行政管理秩序的公民、法人或者其他组织，以【减损权益或者增加义务的方式】予以惩戒的行为。本案中行政机关的行为并不具有惩戒性，所以不是行政处罚。因此，A 项错误。

B 项：行政裁决是指行政机关依照法律授权，对平等主体之间发生的与行政管理活动有关联的民事纠纷进行审查并作出相应裁决的具体行政行为。本案中，相对人何某与开发商之间发生的纠纷与拆迁这一行政管理活动有关，行政机关对该纠纷进行审查并作的决定就是行政裁决。因此，B 项正确。

C 项：行政确认是对相对人法律地位、法律关系或有关的法律事实所作的确定与认可，并进行宣告的行为。与行政裁决的区别在于行政机关的主体身份，在行政裁决法律关系中，行政机关以第三方中立的主体身份居间处理民事争议，必然涉及三方主体；但行政确认是行政机关与行政相对人之间的双方法律关系。本题中何某和开放商对拆迁补偿协议有争议，行政机关是居间作出裁决，不属于行政确认。因此，C 项错误。

D 项：对于拆迁补偿纠纷的处理是根据法律的授权规定作出的，并不是在双方当事人达成协议的基础上解决的，所以也不属于行政调解。因此，D 项错误。

综上所述，本题答案为 B 项。

18 62105079

答案：C。

解析：ABD 项：行政给付是赋予【特定的相对人】一定的金钱、实物或者与物质利益有关的权益，形式主要有抚恤金、最低生活保障金、社会保险费及社会保障安置等。A 项中，分配工作并安置住宿属于行政给付。B 项中，给予最低生活保障金属于行政给付。D项中，行政给付的对象是特定的相对人。因此，ABD项正确，不当选。

C项：行政给付是【依申请】的行政行为，不是依职权的行政行为。因此，C项错误，当选。

综上所述，本题为选非题，答案为C项。

【多选】

19 62205221

答案：A,B。

解析：A项：行政行为合法的构成要件有：①事实清楚；②适用法律法规正确；③程序合法；④无超越职权；⑤无滥用职权；⑥无明显不当。可知，行政行为合法的前提之一是行政行为不存在滥用职权的情形。因此，A项正确。

B项：无效的行政行为，因为其明显且重大违法，在实体法上自始无效。因此，B项正确。

C项：因行政行为废止致使当事人的合法权益受到损失的，应给予“补偿”而不是“赔偿”。违法行政行为造成损失的，才是赔偿。因此，C项错误。

D项：行政诉讼期间，行政行为原则上是不停止执行的，因为只要履行期过了，行政相对人仍不履行义务，行政行为就产生执行力，行政机关就可以强制执行了。根据《行政诉讼法》第56条第1款的规定：“诉讼期间，不停止行政行为的执行。但有下列情形之一的，裁定停止执行：（一）被告认为需要停止执行的；（二）原告或者利害关系人申请停止执行，人民法院认为该行政行为的执行会造成难以弥补的损失，并且停止执行不损害国家利益、社会公共利益的；（三）人民法院认为该行政行为的执行会给国家利益、社会公共利益造成重大损害的；（四）法律、法规规定停止执行的。”可知，在行政诉讼期间，行政行为不停止执行是原则，停止执行是例外。因此，D项错误。

综上所述，本题答案为AB项。

20 62205078

答案：A,C。

解析：具体行政行为，是指行政机关依法就特定事项对特定公民、法人和其他组织权利义务作出的行政职权行为，具备行政性、处分性、外部性、特定性四个特点。

A项：县政府派遣拆迁人员拆除甲的房屋，对甲的权利义务产生了实质性影响，具备处分性，同时该行为具备特定性、行政性、外部性，属于具体行政行为，违反法定程序仅表示此为违法具体行政行为，而非不属于具体行政行为。因此，A项正确。

B项：县公安分局工作人员书面通知乙补齐材料的行为属于行政复议中的【过程性行为】，对乙的权利义务不产生实质性影响，不具备处分性，不属于具体行政行为。因此，B项错误。

C项：《内部决议》表面上是内部行为，但交付执行后则对阳光小区行政相对人的权利义务产生实质性影响，具备处分性、外部性，同时该行为具备行政性、特定性，属于具体行政行为。因此，C项正确。

D项：区房管局根据区法院的判决变更登记的行为，属于根据其他裁判、协助通知等依据履行事务的【行政协助行为】，不具备行政性，不属于具体行政行为。因此，D项错误。

综上所述，本题答案为AC项。

21 62205081

答案：B,D。

解析：A项：具体行政行为的拘束力，是指具体行政行为一经生效，行政机关和对方当事人都必须遵守，其他国家机关和社会成员必须予以尊重的效力。具体行政行为生效之后不再争议、不得更改是【确定力】的体现，并非拘束力。因此，A项错误。

B项：具体行政行为的执行力，是指使用国家强制力迫使当事人履行义务或者以其他方式实现具体行政行为权利义务的安排的效力，只有在当事人不能自动履行义务的情形下，即【履行期过后】才发生作用。因此，B项正确。

C项：具体行政行为的确定力，是指具体行政行为不再争议、不得更改的效力。选项中描述的当事人接受并履行义务是【拘束力】的体现，而非确定力。因此，C项错误。

D项：原则上，具体行政行为一经成立即生效。但若存在明显且重大违法的情形，则自始无效；

若为附生效条件 / 附期限的具体行政行为，待条件成就或期限届满后发生效力。因此，D 项正确。
综上所述，本题答案为 BD 项。

第六章 行政许可

参考答案

[1] ABC	[2] B	[3] ACD	[4] B	[5] B
[6] ABCD	[7] ABCD	[8] B	[9] ABC	[10] CD
[11] ABCD	[12] A	[13] ABC	[14] ABD	[15] BC
[16] D	[17] BD			

一、历年真题及仿真题

（一）行政许可的设定

【多选】

1 1602079

答案：A,B,C。

解析：AB 项：根据《行政许可法》第 15 条第 2 款的规定："地方性法规和省、自治区、直辖市人民政府规章，不得设定应当由国家统一确定的公民、法人或者其他组织的资格、资质的行政许可；不得设定企业或者其他组织的设立登记及其前置性行政许可。其设定的行政许可，不得限制其他地区的个人或者企业到本地区从事生产经营和提供服务，不得限制其他地区的商品进入本地区市场。"可知，省政府制定的规章不得设定企业的设立登记及其前置性行政许可，地方性法规不得设定应由国家统一确定的公民、法人或者其他组织的资格、资质的行政许可。因此，AB 项错误，当选。

C 项：根据《行政许可法》第 14 条第 2 款的规定："必要时，国务院可以采用发布决定的方式设定行政许可。实施后，除临时性行政许可事项外，国务院应当及时提请全国人民代表大会及其常务委员会制定法律，或者自行制定行政法规。"可知，国务院可以采用发布决定的方式设定临时性行政许可，而非国务院部门。因此，C 项错误，当选。

D 项：根据《行政许可法》第 21 条的规定："【省、自治区、直辖市人民政府】对行政法规设定的【有关经济事务的行政许可】，根据本行政区域经济和社会发展情况，认为通过本法第十三条所列方式能够解决的，【报国务院批准后】，可以在【本行政区域内停止实施】该行政许可。"因此，D 项正确，不当选。

综上所述，本题为选非题，答案为 ABC 项。

（二）行政许可实施程序

【单选】

2 1702047

答案：B。

解析：A 项：根据《行政许可法》第 29 条第 2、3 款的规定："申请人可以委托代理人提出行政许可申请。但是，依法应当由申请人到行政机关办公场所提出行政许可申请的除外。行政许可申请可以通过信函、电报、电传、传真、电子数据交换和电子邮件等方式提出。"可知，天龙公司可以以电子形式提出申请，不是必须得去市规划局的办公场所去提出申请。因此，A 项错误。

B 项：根据《行政许可法》第 31 条第 1 款的规定："申请人申请行政许可，应当如实向行政机关提交有关材料和反映真实情况，并对其申请材料实质内容的真实性负责……"可知，天龙公司应当如实向市规划局提交有关材料和反映真实情况，并对其申请材料实质内容的真实性负责。因此，B 项正确。

C 项：根据《行政许可法》第 32 条第 1 款第 4 项的规定："行政机关对申请人提出的行政许可申请，应当根据下列情况分别作出处理：(四) 申请材料不齐全或者不符合法定形式的，应当当场或者在五日内一次告知申请人需要补正的全部内容，逾期不告知的，自收到申请材料之日起即为受理；"可知，如果天龙公司的申请材料不齐全，市规划局应当是一次性告知该公司补正的全部内容，而不应直接作出不受理的决定。因此，C 项错误。

D 项：根据《行政许可法》第 58 条第 2 款的规定："行政机关提供行政许可申请书格式文本，【不得收费】。"可知，规划局可收取工本费的说法错误。因此，D 项错误。

综上所述，本题答案为 B 项。

（三）行政许可的听证程序

【不定项】

3 1102099

答案：A,C,D。

解析：ABCD 项：根据《行政许可法》第 48 条的规定："听证按照下列程序进行：（一）行政机关应当于举行听证的七日前将举行听证的时间、地点通知申请人、利害关系人，必要时予以公告；（二）听证应当公开举行；（三）行政机关应当指定审查该行政许可申请的工作人员以外的人员为听证主持人，申请人、利害关系人认为主持人与该行政许可事项有直接利害关系的，有权申请回避；（四）举行听证时，审查该行政许可申请的工作人员应当提供审查意见的证据、理由，申请人、利害关系人可以提出证据，并进行申辩和质证；（五）听证应当制作笔录，听证笔录应当交听证参加人确认无误后签字或者盖章。行政机关应当根据听证笔录，作出行政许可决定。"可知，A 项、C 项、D 项分别符合第（一）、（三）、（五）项的规定，B 项不符合（二）的规定。因此，ACD 项正确；B 项错误。

综上所述，本题答案为 ACD 项。

（四）许可的监督

【单选】

4 1502047

答案：B。

解析：A 项：根据《行政许可法》第 8 条第 2 款的规定："行政许可所依据的法律、法规、规章修改或者废止，或者准予行政许可所依据的客观情况发生重大变化的，为了公共利益的需要，行政机关可以依法变更或者撤回已经生效的行政许可。由此给公民、法人或者其他组织造成财产损失的，行政机关应当依法给予补偿。"可知，行政许可的撤回只适用于两种情况，与题干所述情形不符。因此，A 项错误。

B 项：根据《行政许可法》第 69 条第 2 款的规定："被许可人以欺骗、贿赂等不正当手段取得行政许可的，应当予以撤销。"可知，本题中药店的药品经营许可证是提供虚假材料欺骗所得的，属于以欺骗方式取得行政许可的，应予以撤销。因此，B 项正确。

C 项：吊销是指被许可人违法从事行政许可事项而被行政主体取消行政许可的处罚。吊销的对象必须是事先合法取得的行政许可。本题中，该药店行政许可的取得不合法，不适用吊销。因此，C 项错误。

D 项：根据《行政许可法》第 70 条的规定："有下列情形之一的，行政机关应当依法办理有关行政许可的注销手续：（一）行政许可有效期届满未延续的；（二）赋予公民特定资格的行政许可，该公民死亡或者丧失行为能力的；（三）法人或者其他组织依法终止的；（四）行政许可依法被撤销、撤回，或者行政许可证件依法被吊销的；（五）因不可抗力导致行政许可事项无法实施的；（六）法律、法规规定的应当注销行政许可的其他情形。"可知，注销是使由于客观原因或者法律原因不可能继续存在的行政许可失去效力，注销是手续办理问题，它与颁发许可相对应，属于程序性的行为。因此，D 项错误。

综上所述，本题答案为 B 项。

5 1102042

答案：B。

解析：A 项：吊销是指被许可人违法从事行政许可事项的活动而被行政主体施以取消行政许可的处罚。吊销的对象必须是事先合法取得的行政许可。本题中，甲公司的行政许可取得方式不合法，不适用吊销。因此，A 项错误。

B 项：根据《行政许可法》第 69 条第 2 款的规定："被许可人以欺骗、贿赂等不正当手段取得行政许可的，应当予以撤销。"可知，甲公司以伪造材料的欺骗方式取得行政许可，故应予以撤销。因此，B 项正确。

C 项：根据《行政许可法》第 8 条第 2 款的规定：

"行政许可所依据的法律、法规、规章修改或者废止，或者准予行政许可所依据的客观情况发生重大变化的，为了公共利益的需要，行政机关可以依法变更或者撤回已经生效的行政许可。由此给公民、法人或者其他组织造成财产损失的，行政机关应当依法给予补偿。"可知，行政许可的撤回只适用于上述两种情况，题干所述情形不属于这两种情况。因此，C 项错误。

D 项：注销是使由于客观原因或者法律原因不可能继续存在的行政许可失去效力，是一个程序性的行为。根据《行政许可法》第 70 条的规定："有下列情形之一的，行政机关应当依法办理有关行政许可的注销手续：（一）行政许可有效期届满未延续的；（二）赋予公民特定资格的行政许可，该公民死亡或者丧失行为能力的；（三）法人或者其他组织依法终止的；（四）行政许可依法被撤销、撤回，或者行政许可证件依法被吊销的；（五）因不可抗力导致行政许可事项无法实施的；（六）法律、法规规定的应当注销行政许可的其他情形。"可知，本案不属于注销的情形。因此，D 项错误。

综上所述，本题答案为 B 项。

【多选】

6 2201057

答案：A,B,C,D。

解析：A 项：根据《行政处罚法》第 2 条的规定："行政处罚是指行政机关依法对违反行政管理秩序的公民、法人或其他组织，以减损权益或者增加义务的方式予以惩戒的行为。"行政许可的撤销不属于行政处罚，因为当事人本来就没有获得许可证的资格，不存在对当事人减损权益、增加义务。注销是一种程序性行为，在许可效力消失后，原发证机关办理的注销手续，不具有惩戒性，故不属于行政处罚。因此，A 项错误，当选。

B 项：行政许可的撤销、注销都会对当事人的权利义务产生实质影响，具有特定性、处分行、外部性、行政性，属于具体行政行为，故均可诉。因此，B 项错误，当选。

C 项：裁量的行政行为是指立法对具体行政行为的范围、方法、手段等给予行政机关根据实际情况裁量的余地。即行政机关可以在法律规定的范围内自主选择作不作，作什么。与此相对应的是羁束的行政行为，是指立法对具体行政行为的范围、方法、手段等条件作出严格规定，行政机关基本没有选择的余地。法律对许可的撤销和注销情形作出了明确规定，只要符合撤销、注销的情形，行政机关就必须按照法律规定进行撤销、注销，没有选择的余地。所以撤销、注销都不是裁量的行政行为，而是羁束的行政行为。因此，C 项错误，当选。

D 项：根据《行政许可法》第 69 条的规定："有下列情形之一的，作出行政许可决定的行政机关或者其上级行政机关，根据【利害关系人的请求】或者【依据职权】，可以撤销行政许可……"以及第 70 条的规定："有下列情形之一的，行政机关应当依法办理有关行政许可的注销手续……"可知，行政机关可以【依职权】撤销行政许可、办理注销手续，所以许可的撤销和注销【都是】依申请的行政行为表述错误。因此，D 项错误，当选。

综上所述，本题为选非题，答案为 ABCD 项。

7 1702078

答案：A,B,C,D。

解析：《行政许可法》第 70 条规定："有下列情形之一的，行政机关应当依法办理有关行政许可的注销手续：（一）行政许可【有效期届满未延续】的；（二）赋予公民特定资格的行政许可，该公民【死亡】或者丧失行为能力的；（三）法人或者其他组织依法终止的；（四）行政许可依法被【撤销】、撤回，或者行政许可证件依法被【吊销】的；（五）因不可抗力导致行政许可事项无法实施的；（六）法律、法规规定的应当注销行政许可的其他情形。"

A 项：企业的产品生产许可证有效期限届满且没有申请延续，属于上述第（一）项的情形。因此，A 项正确。

BC 项：B 项和 C 项中的许可证被撤销或者吊销，属于上述第（四）项的情形。因此，BC 项正确。

D 项：由于王医生死亡，属于上述第（二）项的情形。因此，D 项正确。

综上所述，本题答案为 ABCD 项。

（五）综合知识点

【单选】

8 1002043

答案：B。

解析：A 项：根据《行政许可法》第 29 条第 1 款的规定："公民、法人或者其他组织从事特定活动，依法需要取得行政许可的，应当向行政机关提出申请。申请书需要采用格式文本的，行政机关应当向申请人提供行政许可申请书格式文本。申请书格式文本中不得包含与申请行政许可事项没有直接关系的内容。"可知，刘某向卫生局申请设立个体诊所的行政许可不可以口头形式提出，应当以书面形式提出。因此，A 项错误。

B 项：根据《行政许可法》第 32 条第 2 款的规定："行政机关受理或者不予受理行政许可申请，应当出具加盖本行政机关专用印章和注明日期的书面凭证。"可知，卫生局受理刘某申请后向其出具加盖本机关专用印章和注明日期的书面凭证的做法是正确的。因此，B 项正确。

C 项：根据《行政许可法》第 47 条第 2 款的规定："申请人、利害关系人不承担行政机关组织听证的费用。"可知，陈某等人不应该承担组织听证的费用。因此，C 项错误。

D 项：根据《行政许可法》第 38 条第 2 款的规定："行政机关依法作出不予行政许可的书面决定的，应当说明理由，并告知申请人享有依法申请行政复议或者提起行政诉讼的权利。"可知，卫生局不予准许刘某的行政许可的，应当作出书面决定。因此，D 项错误。

综上所述，本题答案为 B 项。

【多选】

9 2301082

答案：A,B,C。

解析：A 项：根据《最高人民法院关于审理行政许可案件若干问题的规定》第 14 条的规定："行政机关依据行政许可法第八条第二款规定变更或者撤回已经生效的行政许可，公民、法人或者其他组织仅主张行政补偿的，应当先向行政机关提出申请"。原理类似于行政赔偿，单独主张赔偿时需要先找赔偿义务机关，对处理结果不服的才能申请复议或者提起行政赔偿诉讼。题目中，采砂场仅主张补偿损失，应当先向行政机关即水利局申请补偿。因此，A 选项正确。

B 项：根据《最高人民法院关于审理行政许可案件若干问题的规定》第 15 条的规定："法律、法规、规章或者规范性文件对变更或者撤回行政许可的补偿标准未作规定的，一般在实际损失范围内确定补偿数额；行政许可属于有限自然资源开发利用、公共资源配置以及直接关系公共利益的特定行业的市场准入范围的，一般按照实际投入的损失确定补偿数额。"即关于补偿，有明文规定的按规定；无规定的，补偿实际损失（实际投入 + 其他损失），而特许只补偿实际投入。本题中，采砂属于特许，应当以实际投入为准确定补偿额。因此，B 项正确。

C 项：根据《行政许可法》第 8 条的规定："为了公共利益的需要，行政机关可以依法变更或者撤回已经生效的行政许可。由此给公民、法人或者其他组织造成财产损失的，行政机关应当依法给予补偿。"本题中，水利局撤回了采砂许可，给采砂场造成损失的应当依法给予补偿。因此，C 选项正确。

（注意此处无需纠结 B 选项的补偿额问题，要不要补偿和具体补多少是两个层面的问题，造成损失应当补偿，因此 C 选项正确，只是采砂场主张的 250 万能否全部得到法院支持并不一定。）

D 项：根据《行政许可法》第 46 条的规定："法律、法规、规章规定实施行政许可应当听证的事项，或者行政机关认为需要听证的其他涉及公共利益的重大行政许可事项，行政机关应当向社会公告，并举行听证。"可知，本案采砂许可证的撤回并不是行政机关应当依职权组织听证的情形。因此，D 项错误。

综上所述，本题答案为 ABC。

10 1602078

答案：C,D。

解析：根据《执业医师法》第 8 条的规定："国家

实行医师资格考试制度。医师资格考试分为执业医师资格考试和执业助理医师资格考试。医师资格统一考试的办法，由国务院卫生行政部门制定。医师资格考试由省级以上人民政府卫生行政部门组织实施。”

A项：根据《行政许可法》第12条第3项的规定：“下列事项可以设定行政许可：……（三）提供公众服务并且直接关系公共利益的职业、行业，需要确定具备特殊信誉、特殊条件或者特殊技能等资格、资质的事项……”可知，执业医师资格属于以上行政许可，需要根据考试成绩和其他法定条件作出许可，而非检验、检测（检验、检测一般是针对“物”的许可，而不是针对“人”的许可）。因此，A项错误。

B项：根据《行政许可法》第16条第3款的规定：“规章可以在上位法设定的行政许可事项范围内，对实施该行政许可作出具体规定。”可知，部门规章可以对《执业医师法》规定的取得资格的条件和要求作出具体规定。因此，B项错误。

CD项：根据《行政许可法》第54条的规定：“实施本法第十二条第三项所列事项的行政许可，赋予公民特定资格，依法应当举行国家考试的，行政机关根据考试成绩和其他法定条件作出行政许可决定；赋予法人或者其他组织特定的资格、资质的，行政机关根据申请人的专业人员构成、技术条件、经营业绩和管理水平等的考核结果作出行政许可决定。但是，法律、行政法规另有规定的，依照其规定。公民特定资格的考试依法由行政机关或者行业组织实施，公开举行。行政机关或者行业组织应当事先公布资格考试的报名条件、报考办法、考试科目以及考试大纲。但是，不得组织强制性的资格考试的考前培训，不得指定教材或者其他助考材料。”可知，该资格考试应公开举行，不得组织强制性考前培训。因此，CD项正确。

综上所述，本题答案为CD项。

11 1002082

答案：A,B,C,D。

解析：A项：根据《行政许可法》第16条第4款的规定：“法规、规章对实施上位法设定的行政许可作出的具体规定，不得增设行政许可；对行政许可条件作出的具体规定，不得增设违反上位法的其他条件。”可知，当地餐饮行业协会属于行业自治协会，地方性法规要求申请人再办理认证属于增设义务，明显违反上位法。因此，A项错误，当选。

B项：根据《行政许可法》第59条的规定：“行政机关实施行政许可，依照法律、行政法规收取费用的，应当按照公布的法定项目和标准收费；所收取的费用必须全部上缴国库，任何机关或者个人不得以任何形式截留、挪用、私分或者变相私分。财政部门不得以任何形式向行政机关返还或者变相返还实施行政许可所收取的费用。”可知，文化主管部门收取财政部门按一定比例返还申请许可费的做法是违法的。因此，B项错误，当选。

C项：根据《行政许可法》第58条第1款的规定：“行政机关实施行政许可和对行政许可事项进行监督检查，不得收取任何费用。但是，法律、行政法规另有规定的，依照其规定。”可知，实施行政许可不得收费，对于需要收费的特殊情形也只能由法律、行政法规规定，地方性法规无权规定对行政许可收费。故“缴纳特别管理费”的规定违反了《行政许可法》。因此，C项错误，当选。

D项：根据《行政许可法》第27条的规定：“行政机关实施行政许可，不得向申请人提出购买指定商品、接受有偿服务等不正当要求。行政机关工作人员办理行政许可，不得索取或者收受申请人的财物，不得谋取其他利益。”可知，申请建设工程规划许可证时要求安装建设主管部门指定的节能设施，违反了《行政许可法》的规定。因此，D项错误，当选。

综上所述，本题为选非题，答案为ABCD项。

二、模拟训练

【单选】

12 62205222

答案：A。

解析：A项：《护士执业证书》属于《行政许可法》第12条第3项规定的“认可”，“按照技术标准、技术规范鉴定”针对的是《行政许可法》第12条第 4 项规定的“核准”，此处张冠李戴了。因此，A 项错误，当选。

B 项：根据《行政许可法》第 29 条第 1、3 款的规定：“公民、法人或者其他组织从事特定活动，依法需要取得行政许可的，应当向行政机关提出申请……行政许可申请可以通过信函、电报、电传、传真、电子数据交换和电子邮件等方式提出。”可知，申请行政许可应当采用书面形式。因此，B 项正确，不当选。

C 项：根据《行政许可法》第 40 条的规定：“行政机关作出的准予行政许可决定，应当予以公开，公众有权查阅。”因此，C 项正确，不当选。

D 项：根据《行政许可法》第 44 条的规定：“行政机关作出准予行政许可的决定，应当自作出决定之日起十日内向申请人颁发、送达行政许可证件，或者加贴标签、加盖检验、检测、检疫印章。”因此，D 项正确，不当选。

综上所述，本题为选非题，答案为 A 项。

【多选】

13　61805042

答案：A,B,C。

解析：ABCD 项：根据《行政许可法》第 48 条第 1 款第 1、3 项、第 2 款的规定：“听证按照下列程序进行：（一）行政机关应当于举行听证的【七日前】将举行听证的时间、地点通知申请人、利害关系人，必要时予以公告；（三）行政机关应当指定【审查该行政许可申请的工作人员以外】的人员为听证主持人，申请人、利害关系人认为主持人与该行政许可事项有直接利害关系的，【有权申请回避】；行政机关【应当】根据听证笔录，作出行政许可决定。”可知，ABC 项符合第一、三项的规定，因此，ABC 项正确；D 项中，行政机关是“应当”根据听证笔录作出行政许可决定，而非“可以”。因此，D 项错误。

综上所述，本题答案为 ABC 项。

14　62205223

答案：A,B,D。

解析：A 项：根据《行政许可法》第 58 条第 2 款的规定：“行政机关提供行政许可申请书格式文本，【不得收费】。”可知，卫健委提供申请书格式文本的，不得收取费用。因此，A 项错误，当选。

B 项：根据《行政许可法》第 32 条第 1 款第 4 项的规定：“行政机关对申请人提出的行政许可申请，应当根据下列情况分别作出处理：（四）申请材料不齐全或者不符合法定形式的，应当当场或者在五日内一次告知申请人需要补正的全部内容，逾期不告知的，自收到申请材料之日起【即为受理】。”可知，卫健委逾期不告知的，视为受理而不是视为准予许可。准不准予许可，必须看申请人是否符合法定的许可条件。因此，B 项错误，当选。

C 项：根据《行政许可法》第 34 条第 3 款的规定：“根据法定条件和程序，需要对申请材料的实质内容进行核实的，行政机关应当指派两名以上工作人员进行核查。”可知，实质审查才必须由两名以上工作人员进行，形式审查一名工作人员也可以进行。因此，C 项正确，不当选。

D 项：根据《行政许可法》第 42 条的规定：“除可以当场作出行政许可决定的外，行政机关应当自受理行政许可申请之日起【二十日内】作出行政许可决定。二十日内不能作出决定的，经本行政机关负责人批准，可以【延长十日】，并应当将延长期限的理由告知申请人。但是，法律、法规另有规定的，依照其规定。依照本法第二十六条的规定，行政许可采取统一办理或者联合办理、集中办理的，办理的时间不得超过四十五日；四十五日内不能办结的，经本级人民政府负责人批准，可以延长十五日，并应当将延长期限的理由告知申请人。”可知，本题不属于统一办理等特殊情形，仅卫健委一个机关办理，最长应当在受理该项许可之日起 30 日内作出行政许可决定。因此，D 项错误，当选。

综上所述，本题为选非题，答案为 ABD 项。

15　62105097

答案：B,C。

解析：AB 项：根据《行政许可法》第 17 条的规定：“除本法第十四条（法律、行政法规、国务院决定）、第十五条（地方性法规、省级规章）规定的外，其他规范性文件一律不得设定行政许可。”

可知，甲市政府无权设定行政许可，通知是因违反法律强制性规定而违法，并非是因为没有经过听证程序而违法。成都市政府的规章不属于省级规章，无权设定行政许可。因此，A 项错误；B 项正确。

C 项：根据《行政许可法》第 16 条第 3 款的规定："规章可以在上位法设定的行政许可事项范围内，对实施该行政许可作出具体规定。"可知，财政部规章有权对《会计法》设定的行政许可作出具体规定。因此，C 项正确。

D 项：根据《行政许可法》第 16 条第 4 款的规定："法规、规章对实施上位法设定的行政许可作出的具体规定，不得增设行政许可……"可知，生态环境部规章对实施《环境保护法》作出具体规定时，不得增设相关许可，没有例外。因此，D 项错误。

综上所述，本题答案为 BC 项。

【不定项】

16 61905181

答案：D。

解析：A 项：根据《行政许可法》第 69 条第 2 款的规定："被许可人以欺骗、贿赂等不正当手段取得行政许可的，应当予以撤销。"可知，个体经营户提交伪造的申请材料，属于以不正当手段取得行政许可，故市场监督管理局应该撤销其营业执照，而非吊销。因此，A 项错误。

B 项：违法取得许可用撤销，取得许可后实施违法行为用吊销，也就是说，取得许可是合法的，但之后有违法行为导致许可被吊销。该店食品生产不符合法律所要求的安全标准，是合法取得许可后有违法行为，故市场监督管理局应该吊销其经营许可证，而非撤销。因此，B 项错误。

CD 项：根据《行政许可法》第 70 条第 2、4 项的规定："有下列情形之一的，行政机关应当依法办理有关行政许可的注销手续：(二) 赋予公民特定资格的行政许可，该公民死亡或者丧失行为能力的；(四) 行政许可依法被撤销、撤回，或者行政许可证件依法被吊销的；"可知，C 项符合（二）的规定，应予以注销，而非撤回；D 项符合（四）的规定。因此，C 项错误；D 项正确。

综上所述，本题答案为 D 项。

17 62205224

答案：B,D。

解析：ABCD 项：根据《行政许可法》第 3 条的规定："行政许可的设定和实施，适用本法。有关行政机关对其他机关或者对其直接管理的事业单位的人事、财务、外事等事项的审批，不适用本法。"可知，BD 项分别属于行政机关对其直接管理的事业单位的财务和外事事项的审批，故不适用行政许可法。因此，BD 项正确，AC 项错误。

综上所述，本题答案为 BD 项。

第七章 行政处罚

参考答案

[1]A	[2]C	[3]D	[4]C	[5]C
[6]A	[7]ABC	[8]ABD	[9]ABC	[10]BC
[11]AC	[12]BC	[13]C	[14]B	[15]A
[16]C	[17]ACD	[18]AB		

一、历年真题及仿真题

（一）行政处罚概述

【单选】

1 1002044

答案：A。

解析：A 项：根据《行政处罚法》第 9 条第 3 项的规定："行政处罚的种类：(三) 暂扣许可证件、降低资质等级、吊销许可证件；"又根据《道路交通安全法》第 88 条的规定："对道路交通安全违法行为的处罚种类包括：警告、罚款、暂扣或者吊销机动车驾驶证、拘留。"可知，张某违章驾车，被暂扣驾驶执照属于行政处罚。因此，A 项正确。

B 项：行政许可的届满注销，是一种法定程序，不具有惩戒性，不属于行政处罚。因此，B 项错误。

C 项：根据《行政强制法》第 2 条的规定："行政强制措施，是指行政机关在行政管理过程中，为制止违法行为、防止证据损毁、避免危害发生、控制危险扩大等情形，依法对公民的人身自由实施暂时性限制，或者对公民、法人或者其他组织的财物实施暂时性控制的行为。"又根据《传染病防治法》第 39 条第 3 款的规定："拒绝隔离治疗或者隔离期未满擅自脱离隔离治疗的，可以由公安机关协助医疗机构采取强制隔离治疗措施。"可知卫生局对甲类流行性传染病患者强制隔离，是为预防、控制和消除传染病的发生与流行，保障人体健康和公共卫生，依法对公民人身自由实施暂时性限制，不是以制裁违法为直接目的，属于行政强制措施而非行政处罚。因此，C 项错误。

D 项：市场监督管理局责令召回不符合食品安全标准的食品，属于经济法律责任，是行政命令，而非行政处罚。因此，D 项错误。

综上所述，本题答案为 A 项。

（二）行政处罚的程序

【单选】

2 1102044

答案：C。

解析：《行政处罚法》第 56 条规定："行政机关在收集证据时，可以采取抽样取证的方法；在证据可能灭失或者以后难以取得的情况下，经行政机关负责人批准，可以先行登记保存，并应当在七日内及时作出处理决定，在此期间，当事人或者有关人员不得销毁或者转移证据。"

A 项：先行登记保存是对当事人财物的暂时控制，要求当事人或者有关人员不得销毁或者转移证据，对王某的权利义务产生了实质的影响。例如，在 1 个月内不能进行销售。因此，A 项错误。

B 项：在证据可能灭失或者以后难以取得的情况下，经行政机关负责人批准，方可先行登记保存，不可现场直接作出。因此，B 项错误。

C 项："王某生产的饼干涉嫌违法使用添加剂"，若不先行登记保存，王某很有可能会将饼干毁损而逃避处罚，故证据可能灭失或以后难以取得是质监局采取先行登记保存行为的前提。因此，C 项正确。

D 项：先行登记保存期限最多为 7 日，而本案中先行登记保存 1 个月超过了法定期限。因此，D 项错误。

综上所述，本题答案为 C 项。

（三）综合知识点

【单选】

3 2301074

答案：D。

解析：A 项：根据《行政处罚法》第 11 条、第 12 条的规定："法律对违法行为未作出行政处罚规定，行政法规为实施法律，可以补充设定行政处罚。""法律、行政法规对违法行为未作出行政处罚规定，地方性法规为实施法律、行政法规，可以补充设定行政处罚。"可知，只有行政法规和地方性法规才能补充设定行政处罚。本题中，《水行政处罚实施办法》为部门规章，而规章无权补充设定行政处罚。因此，A 项错误。

B 项：根据《行政处罚法》第 51 条的规定："违法事实确凿并有法定依据，对公民处以二百元以下、对法人或者其他组织处以三千元以下罚款或者警告的行政处罚的，可以当场作出行政处罚决定。法律另有规定的，从其规定。"可知，只有法律才能另行设定简易程序的适用，因此，B 项错误。

C 项：根据《行政处罚法》第 36 条第 1 款的规定："违法行为在二年内未被发现的，不再给予行政处罚；涉及公民生命健康安全、金融安全且有危害后果的，上述期限延长至五年。法律另有规定的除外。"可知，只有法律才能另行设定行政处罚的期限。因此，C 项错误。

D 项：根据《行政处罚法》第 22 条的规定："行政处罚由违法行为发生地的行政机关管辖。法律、行政法规、部门规章另有规定的，从其规定。"本题中，《水行政处罚实施办法》为部门规章，故有权另行规定地域管辖。因此，D 项正确。

综上所述，本题答案为 D。

4 2101071

答案：C。

解析：A 项：《规定》由国家市场监督管理总局和

环境部联合签署，属于部门规章，根据《规章制定程序条例》第31条第1款的规定："部门规章签署公布后，及时在国务院公报或者部门公报和中国政府法制信息网以及在全国范围内发行的报纸上刊载。"可知，部门规章可以在国务院公报或者在部门公报上公布。A项说应当在国务院公报上发布过于绝对。因此，A项错误。

B项：根据《规章制定程序条例》第33条第1款的规定："规章解释权属于规章制定机关。"可知，《规定》是国家市场监督管理总局和生态环境部联合制定的，所以这两个机关都有解释权，解释权并不独属于国家市场监督管理总局。因此，B项错误。

C项：根据《行政处罚法》第13条第2款的规定："尚未制定法律、行政法规的，国务院部门规章对违反行政管理秩序的行为，可以设定警告、通报批评或者一定数额罚款的行政处罚。罚款的限额由国务院规定。"可知，部门规章有权设定警告、通报批评或者一定数额罚款的行政处罚，是可以依据《规定》对机动车排放召回进行相应的处罚的。因此，C项正确。

D项：根据《规章制定程序条例》第35条第1款的规定："国家机关、社会团体、企业事业组织、公民认为规章同法律、行政法规相抵触的，可以向国务院书面提出审查的建议，由国务院法制机构研究并提出处理意见，按照规定程序处理。"可知，对于违反上位法规定的部门规章，公民可以书面提出审查的建议，而不是直接申请审查。因此，D项错误。

综上所述，本题答案为C项。

5 1402045

答案：C。

解析：A项：具体行政行为是针对特定对象和特定事项作出的，且不可以反复适用。本题中，某县公安局发布的通知是针对社会发布的，是针对不特定的对象作出的，而且能够反复适用，属于抽象行政行为。因此，A项错误。

B项：行政指导的最大特征之一是非处分性，即不会影响当事人的权利义务。而B项中要求10名机动车所有人学习交通法规5日的行为显然具有处分性，为这10名机动车所有人增加了义务，故非行政指导。因此，B项错误。

C项：根据《行政处罚法》第9条第3项的规定："行政处罚的种类：(三)暂扣许可证件、降低资质等级、吊销许可证件。"同时根据《道路交通安全法》第88条的规定："对道路交通安全违法行为的处罚种类包括：警告、罚款、暂扣或者吊销机动车驾驶证、拘留。"可知，公安机关暂扣行驶证、驾驶证6个月的行为属于行政处罚。因此，C项正确。

D项：根据《行政强制法》第2条的规定："本法所称行政强制，包括行政强制措施和行政强制执行。行政强制措施，是指行政机关在行政管理过程中，为制止违法行为、防止证据损毁、避免危害发生、控制危险扩大等情形，依法对公民的人身自由实施暂时性限制，或者对公民、法人或者其他组织的财物实施暂时性控制的行为。行政强制执行，是指行政机关或者行政机关申请人民法院，对不履行行政决定的公民、法人或者其他组织，依法强制履行义务的行为。"可知，D项中的通知所指的强制恢复是机动车所有人不予自行恢复时所采取的强制恢复，即排除妨碍恢复原状，为行政强制执行，而非行政强制措施。因此，D项错误。

综上所述，本题答案为C项。

6 1102041

答案：A。

解析：A项：根据《行政许可法》第16条第3款的规定："规章可以在上位法设定的行政许可事项范围内，对实施该行政许可作出具体规定。"又根据《立法法》第93条第1款的规定："省、自治区、直辖市和设区的市、自治州的人民政府，可以根据法律、行政法规和本省、自治区、直辖市的地方性法规，制定规章。"可知，较大的市有权依据法律等制定规章，可以在上位法设定的行政许可事项范围内，对实施该行政许可作出具体规定。因此，A项正确。

B项：根据《行政许可法》第58条第1款的规定："行政机关实施行政许可和对行政许可事项进行监督检查，不得收取任何费用。但是，法律、行政法规另有规定的，依照其规定。”可知，只有法律、行政法规有权另行规定，而规章在费用方面不能另行规定。因此，B 项错误。

C 项：根据《行政处罚法》第 19 条的定：“法律、法规授权的具有管理公共事务职能的组织可以在法定授权范围内实施行政处罚。”可知，只有法律、法规可以授权相关组织依法实施行政处罚，规章不能授权。因此，C 项错误。

D 项：根据《行政处罚法》第 36 条第 1 款的规定：“违法行为在二年内未被发现的，不再给予行政处罚；涉及公民生命健康安全、金融安全且有危害后果的，上述期限延长至五年。法律另有规定的除外。”可知，只有法律有权另行规定，规章无权对此作出规定。因此，D 项错误。

综上所述，本题答案为 A 项。

【多选】

7 2101070

答案：A,B,C。

解析：A 项：根据《行政处罚法》第 13 条第 1 款的规定：“国务院部门规章可以在法律、行政法规规定的给予行政处罚的行为、种类和幅度的范围内作出具体规定。”可知，行政处罚的违法所得计算属于处罚的具体实施规定，因此部门规章依法可以在法律、行政法规规定的范围内制定计算的特别规定。因此，A 项正确。

B 项：根据《行政许可法》第 16 条第 3 款的规定：“规章可以在上位法设定的行政许可事项范围内，对实施该行政许可作出具体规定。”可知，部门规章能够在上位法规定的事项范围内对行政许可的实施作出细化规定。因此，B 项正确。

C 项：根据《行政处罚法》第 22 条的规定：“行政处罚由违法行为发生地的行政机关管辖。法律、行政法规、部门规章另有规定的，从其规定。”可知，关于行政处罚的地域管辖，对部门规章有特别授权，故部门规章能够对行政处罚的地域管辖进行特别规定。因此，C 项正确。

D 项：根据《行政处罚法》第 11 条、第 12 条的规定，只有行政法规、地方性法规可以补充设定行政处罚，规章无权补充设定。因此，D 项错误。

综上所述，本题答案为 ABC 项。

8 1602081

答案：A,B,D。

解析：行政处罚，是指行政机关依法对违反行政管理秩序的公民、法人或者其他组织，以减损权益或者增加义务的方式予以惩戒的行为。行政处罚和强制措施的区分关键就在于行为是否具有惩戒性，是否实际减损了权益或增加了新的负担。

A 项：根据《行政强制法》第 2 条第 2 款的规定：“行政强制措施，是指行政机关在行政管理过程中，为制止违法行为、防止证据损毁、避免危害发生、控制危险扩大等情形，依法对公民的人身自由实施暂时性限制，或者对公民、法人或者其他组织的财物实施暂时性控制的行为。”可知，质监局对甲企业侵权产品的先行登记保存是暂时性控制的行为，是为了防止证据毁损而进行的预防性、控制性行为，属于行政强制措施，而非行政处罚。因此，A 项正确。

BCD 项：根据《行政处罚法》第 9 条的规定：“行政处罚的种类：（一）警告、通报批评；（二）罚款、没收违法所得、没收非法财物；（三）暂扣许可证件、降低资质等级、吊销许可证件；（四）限制开展生产经营活动、责令停产停业、责令关闭、限制从业；（五）行政拘留；（六）法律、行政法规规定的其他行政处罚。”可知，市场监管局责令召回乙企业已上市但不符合标准的药品未增加乙企业负担，因为该药品本来就是不符合标准、不应该上市的，是本来就不该有的权益，将本来就不该有的权益减损了并不具有惩戒性，非行政处罚。环保局对丙企业作出责令停产停业的决定符合第 9 条第 4 项规定，是行政处罚的法定种类中的“责令停产停业”，属于行政处罚。工商局责令丁企业支付消费者 3 倍赔偿金属于经济法上的侵权赔偿，不属于行政处罚。因此，BD 项正确，C 项错误。

综上所述，本题答案为 ABD 项。

9 1602080

答案：A,B,C。

解析：AC 项：根据《行政处罚法》第 18 条第 2、3 款的规定：“【国务院或者省、自治区、直辖市人民政府】可以决定一个行政机关行使有关行政机关的行政处罚权。限制人身自由的行政处罚权只能由【公安机关和法律规定的其他机关行使】。”因此，AC 项正确。

BD 项：根据《行政许可法》第 25 条的规定：“【经国务院批准，省、自治区、直辖市人民政府】根据精简、统一、效能的原则，可以决定一个行政机关行使有关行政机关的行政许可权。”以及第 24 条第 1 款的规定：“行政机关在其法定职权范围内，依照法律、法规、规章的规定，可以委托其他行政机关实施行政许可……”可知，行政许可法中并没有规定公安机关行使的许可不得交由其他机关行使。因此，B 项正确，D 项错误。

综上所述，本题答案为 ABC 项。

10 1502077

答案：B,C。

解析：A 项：A 项中的扣押商品属于行政强制，《行政强制法》及相关规定对行政强制并未规定听证程序，故税务局不需要告知当事人有权要求听证。因此，A 项错误。

B 项：根据《行政处罚法》第 63 条第 1 款第 3 项的规定：“行政机关拟作出下列行政处罚决定，应当告知当事人有要求听证的权利，当事人要求听证的，行政机关应当组织听证：（三）降低资质等级、吊销许可证件。”可知，行政机关在作出吊销许可证的行政处罚时，应当告知当事人有申请听证的权利。因此，B 项正确。

C 项：根据《行政许可法》第 47 条第 1 款的规定：“行政许可直接涉及申请人与他人之间重大利益关系的，行政机关在作出行政许可决定前，应当告知申请人、利害关系人享有要求听证的权利；申请人、利害关系人在被告知听证权利之日起五日内提出听证申请的，行政机关应当在二十日内组织听证。”可知，本题中，该许可证直接涉及申请人与附近居民之间的重大利益关系，行政机关应当告知当事人有权要求听证。因此，C 项正确。

D 项：根据《治安管理处罚法》第 98 条的规定：“公安机关作出吊销许可证以及处二千元以上罚款的治安管理处罚决定前，应当告知违反治安管理行为人有权要求举行听证；违反治安管理行为人要求听证的，公安机关应当及时依法举行听证。”可知，公安机关只有对吊销许可证和处以 2000 元以上罚款的决定，才应告知当事人有权要求听证，行政拘留不属于这两种情况。因此，D 项错误。

综上所述，本题答案为 BC 项。

11 1202084

答案：A,C。

解析：AB 项：规划局向公司发出《拆除所建房屋通知》，要求公司在 15 日内拆除房屋，给公司增加了新的负担，具有惩戒性，属于行政处罚，且属于处罚种类中 "法律、法规规定的其他处罚 "。到期后，该公司未拆除所建房屋，该局发出《关于限期拆除所建房屋的通知》，要求公司在 10 日内自动拆除，否则将依法强制执行，属于实施强制执行前的催告程序（不是具体行政行为）。因此，A 项正确，B 项错误。

C 项：根据《行政诉讼法》第 12 条第 1 款第 1 项的规定：“人民法院受理公民、法人或者其他组织提起的下列诉讼：（一）对行政拘留、暂扣或者吊销许可证和执照、责令停产停业、没收违法所得、没收非法财物、罚款、警告等【行政处罚】不服的。”根据 AB 项解析可知，规划局作出的《拆除所建房屋通知》是行政处罚，属于行政诉讼受案范围，具有可诉性。因此，C 项正确。

D 项：根据《行政处罚法》第 51 条的规定：“违法事实确凿并有法定依据，对公民处以二百元以下、对法人或者其他组织处以三千元以下罚款或者警告的行政处罚的，可以当场作出行政处罚决定。法律另有规定的，从其规定。”可知，当场处罚针对的都是一定金额以下的罚款或者警告等较轻的处罚，拆除房屋不在其中，而且对于限期拆除这种决定，相关法律并未规定有简易程序。因此，D 项错误。

综上所述，本题答案为 AC 项。

12 2001128

答案：B,C。

解析：A 项：根据《道路交通安全法》第 24 条第 1 款的规定：“公安机关交通管理部门对机动车驾驶人违反道路交通安全法律、法规的行为，除依法给予行政处罚外，实行累积记分制度……”以及该法第 88 条规定：“对道路交通安全违法行为的处罚种类包括：警告、罚款、暂扣或者吊销机动车驾驶证、拘留。”可知，本案中货车司机违反《道路交通安全法》不按信号灯指示变道行使，公安交管部门可以对其进行罚款的行政处罚以及按照累积记分制进行扣分。因此，A项正确，不当选。

B项：根据《行政许可法》第70条第4项的规定：“有下列情形之一的，行政机关应当依法办理有关行政许可的注销手续：（四）行政许可依法被撤销、撤回，或者行政许可证件依法被吊销的；”可知，注销是在行政许可的效力消失，当事人无法继续从事行政机关准予的许可活动时，原发证机关需要办理的手续。比如，机动车驾驶人死亡、身体条件不适合驾驶机动车或者机动车驾驶证依法被吊销或者驾驶许可依法被撤销都是注销的合法理由，而本题中司机仅是在一个记分周期内有记满12分记录，如果司机在道路交通安全法律、法规教育的重新考试中考试合格的，行政机关会返还其机动车驾驶证，此时显然不具备“当事人无法继续从事行政机关准予的许可活动时”的理由，行政机关直接注销机动车驾驶证的行为是违法的。并且行政机关没有先做出吊销驾驶证等行为就直接注销，也是违反《行政许可法》的。因此，B项错误，当选。

C项：根据《道路交通安全法》第24条第1款的规定：“……公安机关交通管理部门对累积记分达到规定分值的机动车驾驶人，扣留机动车驾驶证，对其进行道路交通安全法律、法规教育，重新考试；考试合格的，发还其机动车驾驶证。”以及《行政处罚法》第9条第3项的规定：“行政处罚的种类：（三）暂扣许可证件、降低资质等级、吊销许可证件；”可知，扣留驾驶证并不是行政处罚，它和暂扣驾驶证有根本区。暂扣驾驶证是《行政处罚法》规定的行政处罚方式，是确定当事人违法后的一种终局化的惩戒，而扣留驾驶证是一种强制措施，扣留驾驶证件的不一定会受到暂扣或者吊销驾驶证件的处罚，只是对相对人的权利进行了限制，并没有使其权利受到减损或者消灭。因此，扣留驾驶证是一种强制措施而不是行政处罚。因此，C项错误，当选。

D项：《行政许可法》第69条对行政许可的撤销情形作出了规定，即：（1）行政机关工作人员滥用职权、玩忽职守作出准予行政许可决定的；（2）超越法定职权作出准予行政许可决定的；（3）违反法定程序作出准予行政许可决定的；（4）对不具备申请资格或者不符合法定条件的申请人准予行政许可的；（5）依法可以撤销行政许可的其他情形。被许可人以欺骗、贿赂等不正当手段取得行政许可的，应当予以撤销。依照前两款的规定撤销行政许可，可能对公共利益造成重大损害的，不予撤销。依照本条第一款的规定撤销行政许可，被许可人的合法权益受到损害的，行政机关应当依法给予赔偿。依照本条第二款的规定撤销行政许可的，被许可人基于行政许可取得的利益不受保护。从上述规定看，《行政许可法》并未规定撤销许可行为的实施程序。因此，D项正确，不当选。

综上所述，本题为选非题，答案为BC项。

二、模拟训练

【单选】

13 62005011

答案：C。

解析：A项：《行政处罚法》规定的处罚种类主要可以分为四类：申诫罚、财产罚、行为罚和自由罚。（1）申诫罚是指对行政违法行为人提出谴责和告诫，申明其行为违法并教育行政违法行为人，避免其以后重犯的行政处罚方式，包括警告、通报批评；（2）财产罚是指强迫行政违法行为人缴纳一定数额的金钱或者剥夺其原有财产的行政处罚方式，包括罚款、没收违法所得和非法财物；（3）行为罚也称为能力罚、资格罚，是指以限制或剥夺被处罚人从事特定活动的能力和资格为内容的处罚类型，包括限制开展生产经营活动、责令停产停业、责令关闭、限制从业、暂扣或者吊销许可证件、降低资质等级；（4）自由罚也称人身罚，是指限制或者剥夺行政违法行为人人身自由的行政处罚方式。本案中“不得申请食品生产经营许可”，属于行为罚，“罚款3000元”属于财产罚。因此，A项错误。

B项：根据《行政处罚法》第44条的规定：“行

政机关在作出行政处罚决定之前，【应当】告知当事人拟作出的行政处罚内容及事实、理由、依据，并告知当事人依法享有的陈述、申辩、要求听证等权利。”可知，行政机关在作出行政处罚决定之前，必须告知当事人处罚的事实等，否则属于程序违法。因此，B 项错误。

C 项：根据《行政处罚法》第 42 条第 1 款的规定：“行政处罚应当由具有行政执法资格的执法人员实施。【执法人员不得少于两人】，法律另有规定的除外。”以及第 55 条第 1 款的规定：“执法人员在调查或者进行检查时，应当主动向当事人或者有关人员【出示执法证件】。当事人或者有关人员有权要求执法人员出示执法证件。执法人员不出示执法证件的，当事人或者有关人员有权拒绝接受调查或者检查。”因此，C 项正确。

D 项：根据《行政处罚法》第 61 条的规定：“行政处罚决定书应当在宣告后当场交付当事人；当事人不在场的，行政机关应当在七日内依照《中华人民共和国民事诉讼法》的有关规定，将行政处罚决定书【送达当事人】。当事人【同意并签订确认书】的，行政机关可以采用传真、电子邮件等方式，将行政处罚决定书等送达当事人。”本题题干并未表明杨某同意并签订了确认书，所以市场监督管理局不可以电子邮件方式送达行政处罚书，仍应按照相关规定将处罚决定书送达。因此，D 项错误。

综上所述，本题答案为 C 项。

14 62105016

答案：B。

解析：A 项：罚款原则上是“罚缴分离”，例外才是当场收缴（简易程序、特殊地区的当场收缴）。因此，A 项正确，不当选。

B 项：根据《行政处罚法》第 69 条的规定：“在边远、水上、交通不便地区，行政机关及其执法人员依照本法第五十一条、第五十七条的规定作出罚款决定后，当事人到指定的银行或者通过电子支付系统缴纳罚款确有困难，【经当事人提出】，行政机关及其执法人员可以当场收缴罚款。”可知，B 项没有满足“当事人提出”这一条件，不可以当场收缴。因此，B 项错误，当选。

C 项：根据《行政处罚法》第 71 条的规定：“执法人员当场收缴的罚款，应当自收缴罚款之日起【二日内】，交至行政机关……”因此，C 项正确，不当选。

D 项：根据《行政处罚法》第 72 条第 1 款第 1 项的规定：“当事人逾期不履行行政处罚决定的，作出行政处罚决定的行政机关可以采取下列措施：（一）到期不缴纳罚款的，每日按罚款数额的百分之三加处罚款，加处罚款的数额【不得超出罚款的数额】。”因此，D 项正确，不当选。

综上所述，本题为选非题，答案为 B 项。

15 62105020

答案：A。

解析：A 项：根据《行政处罚法》第 63 条第 1 款第 3 项的规定：“行政机关拟作出下列行政处罚决定，应当告知当事人有要求听证的权利，当事人要求听证的，行政机关应当组织听证：（三）降低资质等级、吊销许可证件。”本案中，县文化局拟吊销程某经营许可证，这属于吊销许可证件的情形，故应当告知程某可以申请听证。因此，A 项正确。

B 项：根据《行政处罚法》第 51 条的规定：“违法事实确凿并有法定依据，对公民处以【二百元以下】、对法人或者其他组织处以三千元以下罚款或者警告的行政处罚的，可以【当场作出行政处罚决定】。法律另有规定的，从其规定。”可知，本案县文化局拟对程某处以 2000 元罚款，故不能当场处罚。因此，B 项错误。

C 项：根据《行政处罚法》第 68 条的规定：“依照本法第五十一条的规定当场作出行政处罚决定，有下列情形之一，执法人员可以当场收缴罚款：（一）依法给予【一百元以下罚款】的；（二）【不当场收缴事后难以执行】的。”又根据第 69 条的规定：“在边远、水上、交通不便地区，行政机关及其执法人员依照本法第五十一条、第五十七条的规定作出罚款决定后，当事人到指定的银行或者通过电子支付系统缴纳罚款确有困难，经当事人提出，行政机关及其执法人员可以当场收缴罚款。”可知，本案不符合上述当场收缴的条件。因此，C 项错误。

D 项：根据《行政处罚法》第 56 条的规定："……在证据可能灭失或者以后难以取得的情况下，【经行政机关负责人批准】，可以先行登记保存，并应当在七日内及时作出处理决定，在此期间，当事人或者有关人员不得销毁或者转移证据。"可知，先行登记保存应经行政机关负责人批准，执法人员不能自行决定。因此，D 项错误。

综上所述，本题答案为 A 项。

16 62105056

答案：C。

解析：A 项：根据《行政处罚法》第 14 条第 2 款的规定："尚未制定法律、法规的，地方政府规章对违反行政管理秩序的行为，可以设定警告、通报批评或者一定数额罚款的行政处罚。罚款的限额由省、自治区、直辖市人民代表大会常务委员会规定。"可知，地方政府规章设定罚款的限额统一由省级人大常委会规定，不能由同级的市人大常委会规定。因此，A 项错误。

B 项：根据《行政处罚法》第 12 条第 1 款的规定："地方性法规可以设定除限制人身自由、【吊销】营业执照以外的行政处罚。"可知，地方性法规可以设定暂扣营业执照的行政处罚。因此，B 项错误。

CD 项：根据《行政处罚法》第 32 条第 2、3 项的规定："当事人有下列情形之一，【应当】从轻或者减轻行政处罚：（二）受他人胁迫或者诱骗实施违法行为的；（三）主动供述行政机关尚未掌握的违法行为的；"可知，受他人诱骗实施违法行为是"应当"从轻或者减轻行政处罚，不是"可以"。因此，C 项正确，D 项错误。

综上所述，本题答案为 C 项。

【多选】

17 62105010

答案：A,C,D。

解析：A 项：根据《行政处罚法》第 18 条第 3 款的规定："限制人身自由的行政处罚权只能由公安机关和法律规定的其他机关行使。"可知，行政拘留的实施权只能由公安机关和法律规定的其他机关行使。工商局并非法律规定的其他机关，不能实施行政拘留。因此，A 项错误，当选。

B 项：根据《行政处罚法》第 21 条的规定："受委托组织必须符合以下条件：（一）依法成立并具有管理公共事务职能；（二）有熟悉有关法律、法规、规章和业务并【取得行政执法资格的工作人员】；（三）需要进行技术检查或者技术鉴定的，应当有条件组织进行相应的技术检查或者技术鉴定。"因此，B 项正确，不当选。

C 项：根据《行政处罚法》第 19 条的规定："【法律、法规】授权的具有管理公共事务职能的组织可以在法定授权范围内实施行政处罚。"可知，规章不可以作出授权实施的规定。因此，C 项错误，当选。

D 项：根据《行政处罚法》第 18 条第 2 款的规定："国务院或者省、自治区、直辖市【人民政府】可以决定一个行政机关行使有关行政机关的行政处罚权。"可知，是国务院或省级政府决定行政处罚权的集中实施，而非省级人大及其常委会决定。因此，D 项错误，当选。

综上所述，本题为选非题，答案为 ACD 项。

【不定项】

18 62105012

答案：A,B。

解析：A 项：根据《行政处罚法》第 42 条第 1 款的规定："行政处罚应当由具有行政执法资格的执法人员实施。执法人员【不得少于两人】，法律另有规定的除外。"因此，A 项正确。

BC 项：根据《行政处罚法》第 56 条的规定："行政机关在收集证据时，可以采取抽样取证的方法；在证据可能灭失或者以后难以取得的情况下，【经行政机关负责人批准】，可以先行登记保存，并应当在【七日内】及时作出处理决定，在此期间，当事人或者有关人员不得销毁或者转移证据。"可知，证据先行登记保存应当经行政机关负责人批准，保存的期限是 7 日而不是 14 日。因此，B 项正确，C 项错误。

D 项：根据《行政处罚法》第 57 条的规定："调查终结，行政机关负责人应当对调查结果进行审查，根据不同情况，分别作出如下决定……对情节复杂或者重大违法行为给予行政处罚，行政机关负责人应当【集体讨论决定】。”可知，原则上行政处罚应由行政机关负责人决定，但对情节复杂或重大违法行为给予处罚的，行政机关负责人应当集体讨论决定。因此，D项错误。
综上所述，本题答案为AB项。

第八章 治安管理处罚

参考答案

[1]C [2]AD [3]AC [4]BCD [5]AB
[6]BCD [7]AB [8]ACD [9]AD

一、历年真题及仿真题

（一）治安管理处罚程序

【单选】

1 1602045

答案：C。
解析：A项：根据《治安管理处罚法》第91条的规定：“治安管理处罚由县级以上人民政府公安机关决定；其中警告、五百元以下的罚款可以由公安派出所决定。”可知，派出所可以作出警告和500元以下罚款的处罚，不能作出行政拘留处罚。因此，A项错误。
B项：根据《行政处罚法》第51条的规定：“违法事实确凿并有法定依据，对公民处以二百元以下、对法人或者其他组织处以三千元以下罚款或者警告的行政处罚的，可以当场作出行政处罚决定。法律另有规定的，从其规定。”又根据《治安管理处罚法》第100条规定：“违反治安管理行为事实清楚，证据确凿，处警告或者二百元以下罚款的，可以当场作出治安管理处罚决定。”可知，本题中是行政拘留，不属于上述可以当场处罚的情形，必须按照法定程序行使处罚职权。因此，B项错误。
C项：根据《治安管理处罚法》第97条第1款的规定：“公安机关应当向被处罚人宣告治安管理处罚决定书，并当场交付被处罚人；无法当场向被处罚人宣告的，应当在二日内送达被处罚人。决定给予行政拘留处罚的，应当及时通知被处罚人的家属。”可知，公安机关应当及时通知李某的家属。因此，C项正确。
D项：根据《行政处罚法》第59条第1款的规定：“行政机关依照本法第五十七条的规定给予行政处罚，应当制作行政处罚决定书……”可知，行政处罚决定要以书面形式作出，不得以口头的形式作出。因此，D项错误。
综上所述，本题答案为C项。

（二）综合知识点

【多选】

2 2301084

答案：A,D。
解析：A项：根据《治安管理处罚法》第16条的规定：“有两种以上违反治安管理行为的，分别决定，合并执行。行政拘留处罚合并执行的，最长不超过二十日。”因此，A项正确。
B项：根据《治安管理处罚法》第21条第1款的规定：“违反治安管理行为人有下列情形之一，依照本法应当给予行政拘留处罚的，不执行行政拘留处罚：（一）已满十四周岁不满十六周岁的；”可知，小王15岁，不执行拘留。因此B项错误。
C项：根据《治安管理处罚法》第9条的规定：“对于因民间纠纷引起的打架斗殴或者损毁他人财物等违反治安管理行为，情节较轻的，公安机关可以调解处理。”可知，公安机关并不是“应当”进行调解。因此，C项错误。
D项：根据《治安管理处罚法》第99条的规定：“公安机关办理治安案件的期限，自受理之日起不得超过三十日；案情重大、复杂的，经上一级公安机关批准，可以延长三十日。为了查明案情进行鉴定的期间，不计入办理治安案件的期限。”因此，D项正确。
综上所述，本题答案为AD。

3 1702079

答案：A,C。

解析：A 项：根据《治安管理处罚法》第 91 条的规定："治安管理处罚由县级以上人民政府公安机关决定；其中【警告、五百元以下的罚款】可以由公安派出所决定。"可知，公安派出所有权处以500 元以下罚款。因此，A 项正确。

B 项：根据《治安管理处罚法》第 100 条的规定："违反治安管理行为事实清楚，证据确凿，处警告或者二百元以下罚款的，可以当场作出治安管理处罚决定。"可知，公安机关能够当场作出处罚决定的事项限于 200 元以下罚款和警告，本案中派出所作出罚款决定的数额为 500 元，已经超过 200 元，故不能当场作出。因此，B 项错误。

C 项：根据《治安管理处罚法》第 97 条第 2 款的规定："有被侵害人的，公安机关应当将决定书副本抄送被侵害人。"可知，张某是被侵害人，公安机关应当将决定书副本抄送张某。因此，C 项正确。

D 项：根据《行政诉讼法》第 26 条第 1 款的规定："公民、法人或者其他组织直接向人民法院提起诉讼的，作出行政行为的行政机关是被告。"可知，本案公安派出所有权作出 500 元罚款的处罚决定，如果李某不服，应当以该派出所为被告。因此，D 项错误。

综上所述，本题答案为 AC 项。

4 1702082

答案：B,C,D。

解析：A 项：扣押属于行政强制措施，《行政强制法》及相关法律法规对于具体的行政强制措施行为并没有规定听证制度，所以对于区工商分局的扣押措施，个体户王某无权要求举行听证。因此，A 项错误。

BD 项：根据《治安管理处罚法》第 98 条的规定："公安机关作出吊销许可证以及处 2000 元以上罚款的治安管理处罚决定前，应当告知违反治安管理行为人有权要求举行听证；违反治安管理行为人要求听证的，公安机关应当及时依法举行听证。"可知，陈某被县公安局罚款 3000 元，属于 2000 元以上罚款，故陈某有权要求听证；胡某被吊销驾驶证属于上述规定的吊销许可证的范围，故胡某也有权要求听证。因此，BD 项正确。

C 项：根据《行政处罚法》第 63 条第 1 款第 4 项的规定："行政机关拟作出下列行政处罚决定，应当告知当事人有要求听证的权利，当事人要求听证的，行政机关应当组织听证：(四)责令停产停业、责令关闭、限制从业；"可知，对于环保局的责令停业整顿，某公司有权申请听证。因此，C 项正确。

综上所述，本题答案为 BCD 项。

二、模拟训练

【多选】

5 61805054

答案：A,B。

解析：A 项：依据《治安管理处罚法》第 91 条："治安管理处罚由县级以上人民政府公安机关决定；其中警告、五百元以下的罚款可以由公安派出所决定。"以及第 118 条："本法所称以上、以下、以内，包括本数。"因此，A 项正确。

B 项：根据《治安管理处罚法》第 96 条第 2 款："决定书应当由作出处罚决定的公安机关加盖印章。"因此 B 项正确。

C 项：根据《治安管理处罚法》第 97 条："公安机关应当向被处罚人宣告治安管理处罚决定书，并当场交付被处罚人；无法当场向被处罚人宣告的，应当在二日内送达被处罚人。决定给予行政拘留处罚的，应当及时通知被处罚人的家属。有被侵害人的，公安机关应当将决定书副本抄送被侵害人。"故应当是 2 日内送达。因此，C 项错误。

D 项：根据《治安管理处罚法》第 98 条："公安机关作出吊销许可证以及处二千元以上罚款的治安管理处罚决定前，应当告知违反治安管理行为人有权要求举行听证；违反治安管理行为人要求听证的，公安机关应当及时依法举行听证。"处罚 2000 元以上才有权要求听证。因此，D 项错误。

综上所述，本题选 AB。

6 61905096

答案：B,C,D。

解析：A 项：根据《治安管理处罚法》第 100 条的规定："违反治安管理行为事实清楚，证据确凿，处警告或者二百元以下罚款的，可以当场作出治安管理处罚决定。"可知，派出所对耿某罚款 300 元的决定超出了 200 元的范围，因此不能当场作出。因此，A 项错误。

B 项：根据《治安管理处罚法》第 22 条第 1 款的规定："违反治安管理行为在六个月内没有被公安机关发现的，不再处罚。"可知，治安管理处罚的追究时效是 6 个月。从 2019 年 5 月 16 日到 2019 年 12 月 20 日已经超过了 6 个月，辉星乡派出所不能对耿某作出处罚决定。因此，B 项正确。

C 项：根据《治安管理处罚法》第 91 条的规定："治安管理处罚由县级以上人民政府公安机关决定；其中警告、五百元以下的罚款可以由公安派出所决定。"可知，警告、500 元以下的罚款可以由公安派出所决定。因此，C 项正确。

D 项：根据《治安管理处罚法》第 97 条的规定："……决定给予行政拘留处罚的，应当及时通知被处罚人的家属。有被侵害人的，公安机关应当将决定书副本抄送被侵害人。"可知，卢某是被侵害人，因此辉星乡派出所应当将决定书副本抄送卢某。因此，D 项正确。

综上所述，本题答案为 BCD 项。

7 62205225

答案：A,B。

解析：AB 项：根据《行政处罚法》第 63 条第 1 款第 1、3 项的规定："行政机关拟作出下列行政处罚决定，应当告知当事人有要求听证的权利，当事人要求听证的，行政机关应当组织听证：（一）较大数额罚款；（三）降低资质等级、吊销许可证件；"可知，AB 项符合法定听证的情形。因此，AB 项正确。

CD 项：根据《治安管理处罚法》第 98 条的规定："公安机关作出【吊销许可证以及处二千元以上罚款】的治安管理处罚决定前，【应当告知】违反治安管理行为人有权要求举行听证……"可知，警告和暂扣驾驶执照不属于法定听证的情形。因此，CD 项错误。

综上所述，本题答案为 AB 项。

8 62105059

答案：A,C,D。

解析：A 项：根据《行政处罚法》第 29 条的规定："对当事人的同一个违法行为，不得给予两次以上罚款的行政处罚……"可知，一事不再罚是指对当事人的同一个违法行为，不得给予两次以上罚款处罚，但并不意味着不能再给予罚款以外的其他处罚。因此，A 项错误，当选。

B 项：根据《治安管理处罚法》第 91 条的规定："治安管理处罚由县级以上人民政府公安机关决定；其中警告、【五百元以下的罚款】可以由公安派出所决定。"以及《行政诉讼法》第 26 条第 1 款的规定："公民、法人或者其他组织直接向人民法院提起诉讼的，作出行政行为的行政机关是被告。"可知，派出所有权以自己的名义作出罚款 400 元的处罚决定，故对该决定不服的，应当以派出所为被告。因此，B 项正确，不当选。

C 项：根据《治安管理处罚法》第 97 条第 1 款的规定："公安机关应当向被处罚人宣告治安管理处罚决定书，并当场交付被处罚人；无法当场向被处罚人宣告的，应当在【二日内】送达被处罚人。决定给予行政拘留处罚的，应当及时通知被处罚人的家属。"可知，处罚决定书无法当场交付刘某的，派出所应当在"2 日内"送达被处罚人，而非"5 日内"。因此，C 项错误，当选。

D 项：根据《治安管理处罚法》第 98 条的规定："公安机关作出吊销许可证以及处【二千元以上罚款】的治安管理处罚决定前，【应当】告知违反治安管理行为人有权要求举行听证……"可知，罚款 400 元不属于应当告知听证权利的情形。因此，D 项错误，当选。

综上所述，本题为选非题，答案为 ACD 项。

【不定项】

9 62005014

答案：A,D。

解析：A 项：根据《治安管理处罚法》第 83 条第 1 款的规定："对违反治安管理行为人，公安机关传唤后应当及时询问查证，询问查证的时间不得超过八小时；情况复杂，依照本法规定【可能适用行政拘留处罚】的，询问查证的时间【不得超过二十四小时】。”本案可能适用行政拘留处罚，所以询问查证的时间不得超过二十四小时。因此，A项正确。

B项：根据《治安管理处罚法》第98条的规定：“公安机关作出吊销许可证以及处【二千元以上罚款】的治安管理处罚决定前，应当告知违反治安管理行为人有权要求举行听证；违反治安管理行为人要求听证的，公安机关应当及时依法举行听证。”可知，1000元罚款不属于应当告知听证权利的情形。因此，B项错误。

C项：根据《治安管理处罚法》第107条的规定：“被处罚人不服行政拘留处罚决定，申请行政复议、提起行政诉讼的，可以向公安机关提出暂缓执行行政拘留的申请。公安机关认为暂缓执行行政拘留不致发生社会危险的，由被处罚人或者其近亲属提出符合本法第一百零八条规定条件的【担保人】，或者按每日行政拘留二百元的标准交纳【保证金】，行政拘留的处罚决定暂缓执行。”可知，暂缓执行行政拘留需要满足以下4个条件：①被处罚人不服拘留处罚决定，申请复议或提起诉讼；②提出暂缓执行拘留的申请；③暂缓执行拘留不致发生社会危险；④由被处罚人或其近亲属提出担保人或按每日200元的标准交纳保证金。本题，朱某仅是不服处罚决定提起了行政诉讼，只符合4个条件中的一个，还有三个条件未满足，不能暂缓执行行政拘留。因此，C项错误。

D项：根据《治安管理处罚法》第82条第2款的规定：“公安机关应当将传唤的原因和依据告知被传唤人。对【无正当理由不接受传唤】或者逃避传唤的人，【可以强制传唤】。”因此，D项正确。

综上所述，本题答案为AD项。

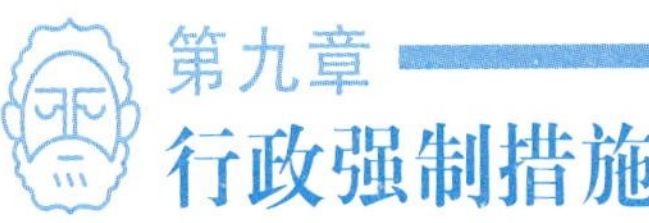

第九章 行政强制措施

参考答案

[1] B	[2] B	[3] BCD	[4] D	[5] D
[6] A	[7] A	[8] ABC	[9] AB	[10] ABC
[11] ABD	[12] BD	[13] B	[14] C	[15] ABC
[16] ABCD	[17] ABD	[18] AC	[19] BC	[20] ABD
[21] ACD	[22] ABD	[23] B	[24] C	[25] B
[26] ACD	[27] AD	[28] BCD	[29] ACD	

一、历年真题及仿真题

（一）行政强制措施概述

【单选】

1 1302043

答案：B。

解析：A项：根据《行政处罚法》第2条的规定：“行政处罚是指行政机关依法对违反行政管理秩序的公民、法人或者其他组织，以减损权益或者增加义务的方式予以惩戒的行为。”可知，行政处罚具有惩戒性的特征。某公安局将李某送至强制隔离戒毒所进行强制隔离戒毒的行为并不是以惩戒的目的作出的，而是帮助李某戒毒，不具有惩戒性，不能认定为行政处罚。因此，A项错误。

B项：根据《行政强制法》第2条第2款的规定：“行政强制措施，是指行政机关在行政管理过程中，为制止违法行为、防止证据损毁、避免危害发生、控制危险扩大等情形，依法对公民的人身自由实施暂时性限制，或者对公民、法人或者其他组织的财物实施暂时性控制的行为。”可知，某公安局将李某送至强制隔离戒毒所的目的是对其进行强制戒毒，进而矫正其违法行为，具有控制性、暂时性，属于行政强制措施。因此，B项正确。

C项：根据《行政强制法》第2条第3款的规定：“行政强制执行，是指行政机关或者行政机关申请人民法院，对不履行行政决定的公民、法人或者其他组织，依法强制履行义务的行为。”本案中，李某没有不履行行政机关依法作出的行政处理决定中规定的义务，故强制隔离戒毒不属于行政强制执行。因此，C 项错误。

D 项：根据《行政许可法》第 2 条的规定："本法所称行政许可，是指行政机关根据公民、法人或者其他组织的申请，经依法审查，准予其从事特定活动的行为。"可知，强制隔离戒毒并非对一般禁止行为的解除，不属于行政许可。因此，D 项错误。

综上所述，本题答案为 B 项。

【不定项】

2 1302097

答案：B。

解析：A 项：根据《行政处罚法》第 2 条的规定："行政处罚是指行政机关依法对违反行政管理秩序的公民、法人或者其他组织，以减损权益或者增加义务的方式予以惩戒的行为。"可知，行政处罚和强制措施区分的关键就在于是否具有惩戒性。本题中，责令孙某立即停止违法开采的行为是基于孙某已经破坏了环境，是让其不要再继续破坏，并没有给孙某增加新的义务负担，不具有惩戒性，不能认定为行政处罚。因此，A 项错误。

B 项：根据《行政强制法》第 2 条第 2 款的规定："行政强制措施，是指行政机关在行政管理过程中，为制止违法行为、防止证据损毁、避免危害发生、控制危险扩大等情形，依法对公民的人身自由实施暂时性限制，或者对公民、法人或者其他组织的财物实施暂时性控制的行为。"可知，责令孙某立即停止违法开采，是为了避免生态环境的破坏，具有预防性，属于行政强制措施。因此，B 项正确。

C 项：行政征收是指行政机关或者法定授权的组织根据法律、法规的规定，向公民、法人或者其他组织【收取一定财物】的行政行为。责令孙某立即停止违法开采的行为很显然不属于行政征收。因此，C 项错误。

D 项：根据《行政强制法》第 2 条第 3 款的规定："行政强制执行，是指行政机关或者行政机关申请人民法院，对【不履行行政决定】的公民、法人或者其他组织，【依法强制履行义务】的行为。"可知，本案中并没有已经作出的基础决定，故责令立即停止违法开采不属于行政强制执行。因此，D 项错误。

综上所述，本题答案为 B 项。

（二）行政强制措施的种类

【多选】

3 2001129

答案：B,C,D。

解析：A 项：根据《行政处罚法》第 9 条第 3 项的规定："行政处罚的种类：（三）暂扣许可证件、降低资质等级、吊销许可证件；"可知，暂扣李某机动车驾驶证 6 个月是确定当事人违法后对当事人的一种制裁，行为性质属于行政处罚。因此，A 项错误。

B 项：根据《行政强制法》第 9 条第 1 项的规定："行政强制措施的种类：（一）限制公民人身自由；"行政强制措施，是为了制止违法行为、防止证据损毁、避免危害发生、控制危险扩大等情形而采取的。可知，强制约束醉酒者至酒醒属于行政强制措施。因此，B 项正确。

CD 项：根据《行政强制法》第 9 条第 3 项的规定："行政强制措施的种类：（三）扣押财物；"可知，为了防止未经检验检疫的猪肉流入市场销售影响民众的身体健康而采取的暂扣行为具有预防性、暂时性，属于行政强制措施。为了防止公司转移财产的扣押行为，有利于后续行政决定的执行，也属于行政强制措施。因此，CD 项正确。

综上所述，本题答案为 BCD 项。

（三）强制措施与强制执行的区分

【单选】

4 2001107

答案：D。

解析：A 项：查封是行政机关对相对人的场所或物品进行封存，不准转移和处理的措施，可以适用于财物，也可适用于场所和设施。查封的对象一般为不动产或其他不便于移动的财产，方式一般为在物品上加贴封条以限制当事人对于财产的移动或使用。本题中，通知显然并不是查封行为。

因此，A 项错误。

B 项：扣押，又称为扣留，指的是行政机关将当事人的财物由行政机关移至另外场所加以保管，不准被执行人占有、使用和处分的措施。本题中，行政机关并没有将甲的船舶转移占有，没有移至另外场所加以保管，所以，该行政行为的性质也不属于扣押。因此，B 项错误。

CD 项：行政强制措施没有基础决定，行政强制执行有基础决定。也就是说，行政强制执行是当事人不履行行政机关为其设定义务的行政行为（基础决定），然后才需要动用强力强制执行；而行政强制措施是直接动用强力。本题中，行政机关直接向甲发出通知，“责令其 3 日内将船舶停靠在指定规划区域内，并限期不得驶离”，作出该通知前并没有要求当事人履行义务的其他基础决定，所以，通知的性质不属于行政强制执行，而属于行政强制措施。同时，既然通知属于行政强制措施，但不属于强制措施中的查封和扣押，那么就应归类为 D 项的其他行政强制措施。因此，C 项错误，D 项正确。

综上所述，本题答案为 D 项。

（四）行政强制措施的实施程序

【单选】

5 1801050

答案：D。

解析：AC 项：根据《行政强制法》第 18 条的规定：“行政机关实施行政强制措施应当遵守下列规定：（一）实施前须向行政机关负责人报告并经批准；（二）由两名以上行政执法人员实施；（三）出示执法身份证件……（七）制作现场笔录。”可知，即使经市场监督管理局负责人批准，仍应当由两名以上执法人员实施扣押。因此，A 项错误。法律【并未强制要求】行政机关执法人员执法时佩戴执法记录仪全程录像。因此，C 项错误。

B 项：根据《行政强制法》第 19 条的规定：“情况紧急，需要当场实施行政强制措施的，行政执法人员应当在二十四小时内向行政机关负责人报告，并补办批准手续。行政机关负责人认为不应当采取行政强制措施的，应当立即解除。”以及第 20 条第 1 款第 2 项的规定：“依照法律规定实施限制公民人身自由的行政强制措施，除应当履行本法第十八条规定的程序外，还应当遵守下列规定：（二）在紧急情况下当场实施行政强制措施的，在返回行政机关后，立即向行政机关负责人报告并补办批准手续。”可知，在紧急情况下针对财物实施强制措施的，应当在 24 小时内向负责人报告并补办批准手续。针对人身自由实施强制措施的，返回单位后应当“立即”向行政机关负责人报告并补办批准手续。本题是针对财物实施强制措施，执法人员应当在 24 小时内而非立即向负责人报告并补办批准手续。因此，B 项错误。

D 项：根据《行政强制法》第 26 条第 2 款的规定：“对查封的场所、设施或者财物，行政机关可以委托第三人保管，第三人不得损毁或者擅自转移、处置。因第三人的原因造成的损失，行政机关先行赔付后，有权向第三人追偿。”可知，市场监督管理局可以委托他人保管扣押的财物。因此，D 项正确。

综上所述，本题答案为 D 项。

6 1702048

答案：A。

解析：A 项：根据《行政强制法》第 26 条第 3 款的规定：“因查封、扣押发生的保管费用由行政机关承担。”可知，因扣押发生的保管费用应由质监局承担。因此，A 项错误，当选。

B 项：根据《行政强制法》第 18 条第 7 项的规定：“行政机关实施行政强制措施应当遵守下列规定：（七）制作现场笔录；”可知，扣押应制作现场笔录。因此，B 项正确，不当选。

C 项：根据《行政强制法》第 24 条第 1 款的规定：“行政机关决定实施查封、扣押的，应当履行本法第十八条规定的程序，制作并当场交付查封、扣押决定书和清单。”可知，扣押应制作并当场交付扣押决定书和扣押清单。因此，C 项正确，不当选。

D 项：根据《行政强制法》第 23 条第 1 款的规定：“查封、扣押限于涉案的场所、设施或者财物，不得查封、扣押与违法行为无关的场所、设施或者财物；不得查封、扣押公民个人及其所扶养家属的生活必需品。”可知，不得扣押与违法行为无关的财物。因此，D 项正确，不当选。

综上所述，本题为选非题，答案为 A 项。

7 1402047

答案：A。

解析：A 项：根据《行政强制法》第 19 条的规定："情况紧急，需要当场实施行政强制措施的，行政执法人员【应当在二十四小时之内向行政机关负责人报告，并补办批准手续】……”以及第 20 条第 1 款第 2 项的规定："依照法律规定实施限制公民人身自由的行政强制措施，除应当履行本法第十八条规定的程序外，还应当遵守下列规定：（二）在紧急情况下当场实施行政强制措施的，在返回行政机关后，立即向行政机关负责人报告并补办批准手续。”可知，本案中，执法人员对孙某的烟花爆竹采取了扣押措施属于对财产的扣押，但并未对其人身自由实施限制，所以在 24 小时内报告并补办手续即可，而非立即。因此，A 项错误，当选。

BD 项：根据《行政强制法》第 17 条第 3 款的规定："行政强制措施应当由行政机关具备资格的行政执法人员实施，其他人员不得实施。”第 18 条第 2 项、第 7 项的规定："行政机关实施行政强制措施应当遵守下列规定：（二）由两名以上行政执法人员实施；（七）制作现场笔录。”可知，执行扣押时公安分局应当派遣两名以上具有执法资格的执法人员实施且需要制作现场笔录。因此，BD 项正确，不当选。

C 项：根据《行政强制法》第 24 条第 1 款的规定："行政机关决定实施查封、扣押的，应当履行本法第十八条规定的程序，制作并当场交付查封、扣押决定书和清单。”可知，扣押时应当制作并当场交付扣押决定书和清单。因此，C 项正确，不当选。

综上所述，本题为选非题，答案为 A 项。

【多选】

8 2101077

答案：A,B,C。

解析：A 项：根据《行政强制法》第 18 条第 2 项的规定："行政机关实施行政强制措施应当遵守下列规定：（二）由两名以上行政执法人员实施；”可知，实施扣押的行政强制措施应当由两名以上的执法人员实施。因此，A 项正确。

B 项：根据《行政强制法》第 24 条第 1 款的规定："行政机关决定实施查封、扣押的，应当履行本法第十八条规定的程序，制作并当场交付查封、扣押决定书和清单。”可知，实施扣押措施的，应当当场制作并交付扣押清单。因此，B 项正确。

C 项：根据《行政强制法》第 27 条的规定："行政机关采取查封、扣押措施后，应当及时查清事实，在本法第二十五条规定的期限内作出处理决定。对违法事实清楚，依法应当没收的非法财物予以没收；法律、行政法规规定应当销毁的，依法销毁；应当解除查封、扣押的，作出解除查封、扣押的决定。”可知，如发现不需要扣押的应当作出解除扣押的决定，且行政行为应当以要式为基本原则，所以甲市交通管理部门解除扣押的应当制作解除决定书。因此，C 项正确。

D 项：根据《行政强制法》第 26 条第 3 款的规定："因查封、扣押发生的保管费用由行政机关承担。”可知，扣押车辆产生的停车费用应当由甲市交通管理部门承担。因此，D 项错误。

综上所述，本题答案为 ABC 项。

9 1801130

答案：A,B。

解析：A 项：根据《行政强制法》第 24 条第 1 款的规定："行政机关决定实施查封、扣押的，应当履行本法第十八条规定的程序，制作并当场交付查封、扣押决定书和清单。”可知，城管局在对李某商品进行扣押时，应制作并当场交付扣押决定书和扣押清单。因此，A 项正确。

B 项：根据《行政强制法》第 18 条第 7 项的规定："行政机关实施行政强制措施应当遵守下列规定：（七）【制作现场笔录】。”可知，扣押属于行政强制措施，行政机关应当制作现场笔录。因此，B 项正确。

C 项：行政强制措施的目的是“控制与预防”，是为了制止违法行为、防止证据毁损、避免危害发生、控制危险扩大，这就决定了行政强制措施往往是在突发情况下实施的，所以，不禁止在夜间或节假日实施行政强制措施（注意：原则上禁止在夜间或法定节假日实施的是行政强制执行）。因此，C 项错误。

D 项：首先，《行政强制法》没有规定扣押时应当全程录像，该选项属于无中生有；其次，扣押等强制措施具有预防性，所以往往是在较为急迫的情况下作出的，行政机关工作人员怎么可能随时随地携带录像设备呢？所以 D 选项从生活逻辑上也可以排除。因此，D 项错误。

综上所述，本题答案为 AB 项。

10 1502078

答案：A,B,C。

解析：AB 项：根据《行政强制法》第 18 条第 2、5 项的规定："行政机关实施行政强制措施应当遵守下列规定：（二）由两名以上行政执法人员实施；（五）当场告知当事人采取行政强制措施的理由、依据以及当事人依法享有的权利、救济途径。"可知，交通大队对王某的电动三轮车进行扣押，应当由两名以上行政执法人员进行，也要当场告知王某扣押的理由、依据和王某享有的权利等。因此，AB 项正确。

C 项：根据《行政强制法》第 24 条第 1 款的规定："行政机关决定实施查封、扣押的，应当履行本法第十八条规定的程序，制作并当场交付查封、扣押决定书和清单。"可知，交通大队民警在扣押时还应当向王某当场交付扣押决定书。因此，C 项正确。

D 项：根据《行政强制法》第 23 条的规定："查封、扣押限于涉案的场所、设施或者财物，不得查封、扣押与违法行为无关的场所、设施或者财物……"三轮车上的物品与未悬挂号牌的违法行为无关，不得扣押。因此，D 项错误。

综上所述，本题答案为 ABC 项。

11 1302080

答案：A,B,D。

解析：AB 项：根据《行政强制法》第 24 条第 1 款、第 3 款："行政机关决定实施查封、扣押的，应当履行本法第十八条规定的程序，制作并当场交付查封、扣押决定书和清单。查封、扣押清单一式二份，由当事人和行政机关分别保存。"第 18 条第 4 项的规定："行政机关实施行政强制措施应当遵守下列规定：（四）通知当事人到场。"可知，本案工商分局在实施强制措施扣押时应当通知肖某到场，准备两份扣押清单，由肖某和该工商分局分别保存。因此，AB 项正确。

CD 项：根据《行政强制法》第 26 条第 1 款、第 3 款的规定："对查封、扣押的场所、设施或者财物，行政机关应当妥善保管，不得使用或者损毁；造成损失的，应当承担赔偿责任。因查封、扣押发生的保管费用由行政机关承担。"可知，工商分局应当妥善保管被扣押的物品，同时对扣押物品发生的合理保管费用，由工商分局承担而不是肖某承担。因此，C 项错误，D 项正确。

综上所述，本题答案为 ABD 项。

12 2201137

答案：B,D。

解析：A 项：根据《行政处罚法》第 9 条第 4 项的规定："行政处罚的种类：（四）限制开展生产经营活动、【责令停产停业】、责令关闭、限制从业。"可知，停业整顿对"臻好吃熟食店"具有惩戒性，相当于责令停产停业，属于行政处罚，不是行政强制措施。因此，A 项错误。

B 项：根据《行政处罚法》第 42 条第 1 款的规定："行政处罚应当由具有行政执法资格的执法人员实施。执法人员【不得少于两人】，法律另有规定的除外。"以及《行政强制法》第 18 条第 2 项的规定："行政机关实施行政强制措施应当遵守下列规定：（二）由【两名以上】行政执法人员实施。"可知，行政处罚（停业整顿决定书）和行政强制措施（查封）的实施需要 2 名以上的执法人员进行。因此，B 项正确。

C 项：根据《行政处罚法》第 51 条的规定："违法事实确凿并有法定依据，对公民处以二百元以下、对法人或者其他组织处以三千元以下罚款或者警告的行政处罚的，可以当场作出行政处罚决定。法律另有规定的，从其规定。"可知，本题不符合上述当场处罚的条件，不能当场作出停业整顿决定书。因此，C 项错误。

D 项：根据《行政强制法》第 24 条第 1 款的规

定:“行政机关决定实施查封、扣押的,应当履行本法第十八条规定的程序,【制作并当场交付查封、扣押决定书和清单】。”因此,D 项正确。
综上所述,本题答案为 BD 项。

(五)综合知识点

【单选】

13 1602046

答案:B。
解析:A 项:根据《行政强制法》第 2 条第 2 款的规定:“行政强制措施,是指行政机关在行政管理过程中,为制止违法行为、防止证据损毁、避免危害发生、控制危险扩大等情形,依法对公民的人身自由实施暂时性限制,或者对公民、法人或者其他组织的财物实施暂时性控制的行为。”可知,封存资料的目的是为了保证审计能够顺利进行,属于行政强制措施。因此,A 项错误。
B 项:根据《行政处罚法》第 9 条第 3 项的规定:“行政处罚的种类:(三)暂扣许可证件、降低资质等级、吊销许可证件;”可知,交通执法大队暂扣酒后驾车的贾某机动车驾驶证 6 个月的行为属于行政处罚,不属于行政强制措施。因此,B 项正确。
CD 项:根据《行政强制法》第 9 条的规定:“行政强制措施的种类:(一)限制公民人身自由;(二)查封场所、设施或者财物;(三)扣押财物;(四)冻结存款、汇款;(五)其他行政强制措施。”可知,税务局扣押商品的行为和公安机关对醉酒的王某采取约束性措施至酒醒的行为都属于行政强制措施。因此,CD 项错误。
综上所述,本题答案为 B 项。

14 1302048

答案:C。
解析:AD 项:根据《行政处罚法》第 13 条的规定:“国务院部门规章可以在法律、行政法规规定的给予行政处罚的行为、种类和幅度的范围内作出具体规定。尚未制定法律、行政法规的,国务院部门规章对违反行政管理秩序的行为,可以设定【警告、通报批评或者一定数额罚款】的行政处罚。罚款的限额由国务院规定。”可知,部门规章仅可以设定警告、通报批评或者一定数额罚款的行政处罚,不可以设定暂扣许可证和限制人身自由的行政处罚。因此,AD 项错误。
B 项:根据《行政强制法》第 10 条第 4 款的规定:“【法律、法规以外】的其他规范性文件不得设定行政强制措施。”可知,部门规章不可以设定扣押财物的行政强制措施。因此,B 项错误。
C 项:根据《行政许可法》第 16 条第 3 款的规定:“规章可以在【上位法】设定的行政许可事项【范围内】,对实施该行政许可作出【具体规定】。”因此,C 项正确。
综上所述,本题答案为 C 项。

【多选】

15 2201129

答案:A,B,C。
解析:A 项:根据《行政强制法》第 9 条第 3 项的规定:“行政强制措施的种类:(三)【扣押】财物。”可知,扣押属于行政强制措施。又根据第 10 条第 4 款的规定:“法律、法规以外的其他规范性文件【不得设定】行政强制措施。”可知,部门规章无权设定扣押。因此,A 项正确。
B 项:根据《行政强制法》第 9 条第 2 项的规定:“行政强制措施的种类:(二)【查封】场所、设施或者财物;”可知,查封也属于行政强制措施。又根据第 17 条第 1 款的规定:“行政强制措施由法律、法规规定的行政机关在法定职权范围内实施。【行政强制措施权不得委托】。”可知,查封、扣押不得委托其他行政机关实施。因此,B 项正确。
C 项:财产罚是指被处罚人的财产权利和利益受到损害的行政处罚。没收电脑损害了被处罚人的财产权,属于财产罚。因此,C 项正确。
D 项:根据《行政强制法》第 10 条第 1–3 款的规定:“行政强制措施由【法律】设定。尚未制定法律,且属于国务院行政管理职权事项的,【行政法规】可以设定除本法第九条第一项(限制公民人身自由)、第四项(冻结存款、汇款)和应当由法律规定的行政强制措施以外的其他行政强制措施。尚未制定法律、行政法规,且属于地方性事务的,【地方性法规】可以设定本法第九条第二项(查封场所、设施或者财物）、第三项（扣押财物）的行政强制措施。”可知，法律、行政法规、地方性法规都可以设定查封经营场所的行政强制措施，D项过于绝对。因此，D项错误。

综上所述，本题答案为ABC项。

16 2201058

答案：A,B,C,D。

解析：AB项：根据《行政强制法》第24条第1款的规定：“行政机关决定实施查封、扣押的，应当履行本法第十八条规定的程序，制作并【当场交付】查封、扣押决定书和清单。”可知，行政机关作出扣押决定时应当场交付扣押决定书。本题中，城管局在5日实施了扣押行为，但是在8日才交付了决定书和清单，未当场交付扣押决定书和清单的行为违法。因此，AB项正确。

C项：根据《行政处罚法》第9条第2项的规定：“行政处罚的种类：（二）罚款、没收违法所得、没收非法财物。”可知，没收扣押物品属于行政处罚。因此，C项正确。

D项：根据《行政强制法》第27条的规定：“行政机关采取查封、扣押措施后，应当及时查清事实，在本法第二十五条规定的期限内作出处理决定。对违法事实清楚，依法应当没收的非法财物予以没收；法律、行政法规规定应当销毁的，依法销毁；应当解除查封、扣押的，作出解除查封、扣押的决定”。可知，城管局对扣押物品的销毁应有法律、行政法规依据。因此，D项正确。

综上所述，本题答案为ABCD项。

17 1801081

答案：A,B,D。

解析：AD项：根据《行政处罚法》第9条的规定：“行政处罚的种类：（一）警告、通报批评；（二）罚款、没收违法所得、没收非法财物；（三）暂扣许可证件、降低资质等级、吊销许可证件；（四）限制开展生产经营活动、责令停产停业、责令关闭、限制从业；（五）行政拘留；（六）法律、行政法规规定的其他行政处罚。”可知，责令停产1年和暂扣驾驶执照6个月的行为分别符合第（四）、（三）项的情形，属于行政处罚，不属于行政强制措施。因此，AD项正确。

B项：市场监督管理局注销营业执照的行为属于行政许可的注销，注销是程序性行为，不属于行政强制措施。因此，B项正确。

C项：根据《行政强制法》第2条第2款的规定：“行政强制措施，是指行政机关在行政管理过程中，为制止违法行为、防止证据损毁、避免危害发生、控制危险扩大等情形，依法对公民的人身自由实施暂时性限制，或者对公民、法人或者其他组织的财物实施暂时性控制的行为。”可知，本题中，责令种树是为了避免生态环境的破坏，具有预防性，在性质上属于行政强制措施。因此，C项错误。

综上所述，本题答案为ABD项。

18 1602082

答案：A,C。

解析：A项：根据《行政强制法》第24条第1款的规定：“行政机关决定实施查封、扣押的，应当履行本法第十八条规定的程序，制作并当场交付查封、扣押决定书和清单。”可知，工商局应制作并向陈某当场交付扣押决定书和扣押清单。因此，A项正确。

B项：根据《行政强制法》第18条的规定：“行政机关实施行政强制措施应当遵守下列规定：（一）实施前须向行政机关负责人报告并经批准；（二）由两名以上行政执法人员实施；（三）出示执法身份证件；（四）通知当事人到场；（五）当场告知当事人采取行政强制措施的理由、依据以及当事人依法享有的权利、救济途径；（六）听取当事人的陈述和申辩；（七）制作现场笔录；（八）现场笔录由当事人和行政执法人员签名或者盖章，当事人拒绝的，在笔录中予以注明；（九）当事人不到场的，邀请见证人到场，由见证人和行政执法人员在现场笔录上签名或者盖章；（十）法律、法规规定的其他程序。”可知，工商局在作出扣押决定前应告知陈某采取扣押的理由、依据以及当事人享有的权利、救济途径等，但行政强制中并无听证程序。因此，B项错误。

C项：根据《行政强制法》第26条第1款的规定：“对查封、扣押的场所、设施或者财物，行政机关应当妥善保管，不得使用或者损毁；造成损失的，应当承担赔偿责任。”可知，工商局不得使用扣押的电脑。因此，C 项正确。

D 项：根据《行政诉讼法》第 12 条第 1 款第 2 项的规定：“人民法院受理公民、法人或者其他组织提起的下列诉讼：（二）对限制人身自由或者对财产的查封、扣押、冻结等行政强制措施和行政强制执行不服的；”可知，本题中扣押行为属于第（二）项，为行政诉讼的受案范围，可以提起诉讼。因此，D 项错误。

综上所述，本题答案为 AC 项。

19 1302076

答案：B,C。

解析：A 项：根据《行政许可法》第 16 条第 3 款的规定：“规章可以在上位法设定的行政许可事项范围内，对实施该行政许可作出具体规定。”以及第 63 条的规定：“行政机关实施监督检查，不得妨碍被许可人正常的生产经营活动，不得索取或者收受被许可人的财物，不得谋取其他利益。”可知，对行政许可事项进行监督时，不得妨碍被许可人正常的生产经营活动是法律的规定，规章可以对该事项作出具体规定。因此，A 项正确，不当选。

B 项：根据《行政处罚法》第 63 条第 2 款的规定：“当事人不承担行政机关组织听证的费用。”可知，要求申请人承担组织听证的费用是违法的。因此，B 项错误，当选。

C 项：根据《行政强制法》第 17 条的规定：“行政强制措施由法律、法规规定的行政机关在法定职权范围内实施。【行政强制措施权不得委托】。”可知，行政强制措施不得委托。因此，C 项错误，当选。

D 项：根据《行政许可法》第 68 条第 2 款的规定：“行政机关在监督检查时，发现直接关系【公共安全、人身健康、生命财产安全】的重要设备、设施存在安全隐患的，应当责令【停止建造、安装和使用】，并责令设计、建造、安装和使用单位【立即改正】。”因此，D 项正确，不当选。

综上所述，本题为选非题，答案为 BC 项。

20 1202080

答案：A,B,D。

解析：A 项：根据《行政强制法》第 17 条第 1 款的规定：“行政强制措施由法律、法规规定的行政机关在法定职权范围内实施。行政强制措施权不得委托。”可见，工商局不得委托城管执法局实施扣押。因此，A 项错误，当选。

B 项：根据《行政强制法》第 25 条第 1 款的规定：“查封、扣押的期限不得超过三十日；情况复杂的，经行政机关负责人批准，可以延长，但是延长期限不得超过三十日。法律、行政法规另有规定的除外。”可见，工商局对汽车扣押的期限最多不得超过 60 日。因此，B 项错误，当选。

C 项：根据《行政强制法》第 26 条第 2 款的规定：“对查封的场所、设施或者财物，行政机关可以委托第三人保管，第三人不得损毁或者擅自转移、处置。因第三人的原因造成的损失，行政机关先行赔付后，有权向第三人追偿。”可见，对扣押车辆，工商局有权委托第三人保管。因此，C 项正确，不当选。

D 项：根据《行政强制法》第 25 条第 3 款的规定：“对物品需要进行检测、检验、检疫或者技术鉴定的，查封、扣押的期间不包括检测、检验、检疫或者技术鉴定的期间。检测、检验、检疫或者技术鉴定的期间应当明确，并书面告知当事人。检测、检验、检疫或者技术鉴定的费用由行政机关承担。”可见，扣押车辆的检测费用应当由行政机关承担，而非某公司承担。因此，D 项错误，当选。

综上所述，本题为选非题，答案为 ABD 项。

【不定项】

21 2201144

答案：A,C,D。

解析：AB 项：行政强制措施，是指行政机关在行政管理过程中，为制止违法行为、防止证据损毁、避免危害发生、控制危险扩大等情形，依法对公民的人身自由实施暂时性限制，或者对公民、法人或者其他组织的财物实施暂时性控制的行为。强制戒毒是为了制止宋某的吸毒行为，避免危害发生所依法实施的限制其人身自由的行政强制措施，不是行政强制执行。因此，B 项错误。又根据《行政强制法》第 10 条的规定：“行政强制措施由【法律】设定。尚未制定法律，且属于国务院行政管理职权事项的，行政法规可以设定除本法第九条第一项（限制公民人身自由）、第四项和应当由法律规定的行政强制措施以外的其他行政强制措施。尚未制定法律、行政法规，且属于地方性事务的，地方性法规可以设定本法第九条第二项、第三项的行政强制措施。法律、法规以外的其他规范性文件不得设定行政强制措施。”可知，限制人身自由的行政强制措施只能由法律设定。因此，A 项正确。

C 项：根据《行诉解释》第 14 条第 2 款的规定：“公民因【被限制人身自由】而不能提起诉讼的，其【近亲属可以依其口头或者书面委托以该公民的名义提起诉讼】……”因此，C 项正确。

D 项：根据《行政诉讼法》第 19 条的规定：“对【限制人身自由的行政强制措施】不服提起的诉讼，由被告所在地或者【原告所在地】人民法院管辖。”又根据《行诉解释》第 8 条第 1 款的规定：“行政诉讼法第十九条规定的‘原告所在地’，包括原告的户籍所在地、【经常居住地】和被限制人身自由地。”可知，宋某被采取限制人身自由的行政强制措施，可以向其经常居住地法院起诉。因此，D 项正确。

综上所述，本题答案为 ACD 项。

22 1202099

答案：A,B,D。

解析：AB 项：根据《行政强制法》第 2 条第 2 款的规定：“行政强制措施，是指行政机关在行政管理过程中，为制止违法行为、防止证据损毁、避免危害发生、控制危险扩大等情形，依法对公民的人身自由实施暂时性限制，或者对公民、法人或者其他组织的财物实施暂时性控制的行为。”以及第 9 条的规定：“行政强制措施的种类：（一）限制公民人身自由；（二）查封场所、设施或者财物；（三）扣押财物；（四）冻结存款、汇款；（五）其他行政强制措施。”可知，扣留驾驶证的行为和扣留车载货物的行为是为了防止证据损毁，属于行政强制措施。因此，AB 项正确。

CD 项：根据《行政强制法》第 2 条第 3 款的规定：“行政强制执行，是指行政机关或者行政机关申请人民法院，对不履行行政决定的公民、法人或者其他组织，依法强制履行义务的行为。”以及第 12 条的规定：“行政强制执行的方式：（一）加处罚款或者滞纳金；（二）划拨存款、汇款；（三）拍卖或者依法处理查封、扣押的场所、设施或者财物；（四）排除妨碍、恢复原状；（五）代履行；（六）其他强制执行方式。”可知，行政强制执行的种类包括划拨存款、汇款，拍卖、查封、扣押财物等，因而拍卖车载货物的行为是行政强制执行，而非行政强制措施。因此，D 项正确，C 项错误。

综上所述，本题答案为 ABD 项。

23 2001132

答案：B。

解析：A 项：根据《行政许可法》第 31 条第 1 款的规定：“申请人申请行政许可，应当如实向行政机关提交有关材料和反映真实情况，并对其【申请材料实质内容的真实性负责】。行政机关不得要求申请人提交与其申请的行政许可事项无关的技术资料和其他材料。”因此，A 项正确，不当选。

B 项：关系公共利益的特定行业的准入类许可，简称为特许，指的是有限自然资源开发利用、公共资源配置以及直接关系公共利益的特定行业的市场准入等。具体包括，煤炭、有色金属等采矿许可，国有土地使用许可，航线使用许可，无线电频率使用许可，电信业务经营许可等。而本题所涉及的城市临时建筑许可证并不是分配有限的自然资源或公共资源，只属于一般许可，并不属于特许。因此，B 项错误，当选。

C 项：《行政许可法》规定了行政许可的申请、受理、审查、听证、决定、送达程序，即怎么发放许可证的程序，还规定了行政许可的撤销条件、后果等，但是对撤销的程序没有作出规定。因为撤销属于独立的具体行政行为，所以其程序在《行政许可法》中并未规定。因此，C 项正确，不当选。

D 项：根据《行政处罚法》第 72 条第 1 项的规定：“当事人逾期不履行行政处罚决定的，作出行政处罚决定的行政机关可以采取下列措施：（一）到期不缴纳罚款的，每日按罚款数额的【百分之三】加处罚款，加处罚款的数额【不得超出罚款的数额】；”因此，D项正确，不当选。
综上所述，本题为选非题，答案为B项。

二、模拟训练

【单选】

24 62205227

答案：C。
解析：AD项：根据《行政处罚法》第9条第3、4项的规定：“行政处罚的种类：(三)暂扣许可证件、降低资质等级、吊销许可证件；(四)限制开展生产经营活动、责令停产停业、责令关闭、限制从业。”可知，责令停产1年和暂扣驾驶执照6个月的行为属于行政处罚。因此，AD项错误。
B项：注销是一种程序上的手续，本身就是一类独立的行政行为，不属于行政强制措施。因此，B项错误。
C项：根据《行政强制法》第2条第2款的规定：“行政强制措施，是指行政机关在行政管理过程中，为制止违法行为、防止证据损毁、避免危害发生、控制危险扩大等情形，依法对公民的人身自由实施暂时性限制，或者对公民、法人或者其他组织的财物实施暂时性控制的行为。”可知，行政强制措施具有预防性、暂时性、非惩罚性。本题中，市矿产资源管理局责令孙某停止违法采矿是制止其正在进行的违法行为，避免生态环境被破坏，具有预防性，属于制止型的行政强制措施。因此，C项正确。
综上所述，本题答案为C项。

25 62105118

答案：B。
解析：A项：根据《行政强制法》第10条第4款的规定：“法律、法规以外的其他规范性文件不得设定行政强制措施。”可知，规章不可以设定行政强制措施。因此，A项错误。
B项：根据《行政强制法》第2条第2款的规定：“行政强制措施，是指行政机关在行政管理过程中，为制止违法行为、防止证据损毁、避免危害发生、控制危险扩大等情形，依法对公民的人身自由实施暂时性限制，或者对公民、法人或者其他组织的财物实施暂时性控制的行为。”可知，行政强制措施的目的是维护行政秩序，是一种面向未来的具有预防性的行为，具有非惩罚性。因此，B项正确。
C项：根据B项解析可知，为了实现制止违法行为、防止证据损毁等目的，行政机关在行政决定作出前，往往会实施查封、扣押等强制措施；而根据《行政强制法》第2条第3款的规定：“行政强制执行，是指行政机关或者行政机关申请人民法院，对不履行行政决定的公民、法人或者其他组织，依法强制履行义务的行为。”可知，行政强制执行则是在行政决定作出后，强迫当事人履行义务的行为。可见，行政强制执行有基础决定作为前提，强制措施没有基础决定作为前提。因此，C项错误。
D项：根据《行政强制法》第17条第1款的规定：“……行政强制措施权不得委托。”可知，行政强制措施权一律不得委托，没有例外。因此，D项错误。
综上所述，本题答案为B项。

【多选】

26 62005019

答案：A,C,D。
解析：根据《行政强制法》第9条第3项的规定：“行政强制措施的种类：(三)扣押财物。”可知，行政机关扣押货物(汽车)行为的目的在于防止当事人转移财物，属于行政强制措施。
A项：根据《行政强制法》第17条第1款的规定：“行政强制措施由法律、法规规定的行政机关在法定职权范围内实施。【行政强制措施权不得委托】。”又根据第26条第2款的规定：“对查封的场所、设施或者财物，行政机关可以委托第三人保管……”可知，市监局可委托第三人保管，但不可委托城管执法局实施扣押。因此，A项错误，当选。
B项：根据《行政强制法》第20条第1款第2项的规定：“依照法律规定实施限制公民人身自由的行政强制措施，除应当履行本法第十八条规定的程序外，还应当遵守下列规定：(二)在紧急情况下当场实施行政强制措施的，在返回行政机关后，立即向行政机关负责人报告并补办批准手续；”可知，市监局的工作人员在来不及向行政机关负责人报告时，可先将孙某飞送入指定医院强制治疗，事后立即补办手续。因此，B 项正确，不当选。

C 项：根据《行政强制法》第 18 条第 8 项的规定：“行政机关实施行政强制措施应当遵守下列规定：（八）现场笔录由当事人和行政执法人员签名【或者】盖章，当事人拒绝的，在笔录中予以注明。”可知，现场笔录由当事人和执法人员签名或盖章即可，并非签名和盖章都要有。因此，C 项错误，当选。

D 项：只有行政处罚、行政许可有听证程序，行政强制没有听证程序，所以孙某无权就扣押货物的行为申请听证。因此，D 项错误，当选。

综上所述，本题为选非题，答案为 ACD 项。

27　62005082

答案：A,D。

解析：A 项：根据《行政强制法》第 18 条第 2 项的规定：“行政机关实施行政强制措施应当遵守下列规定：（二）由【两名以上】行政执法人员实施。”因此，A 项正确。

B 项：根据《行政强制法》第 26 条第 3 款的规定：“因查封、扣押发生的保管费用由【行政机关】承担。”可知，因扣押发生的保管费用应由交警一大队承担，而非刘某承担。因此，B 项错误。

C 项：扣留车辆属于暂时性的行政强制措施，不能用扣留行为代替实体处理的手段。晋源交警一大队扣留车辆后，应依照《道路交通安全法》第 96 条第 4 款和《道路交通安全违法行为处理程序规定》第 30 条第 1 款的规定，分别作出相应处理：如认为刘某已经提供相应的合法证明，则应及时返还机动车；如对刘某所提供的机动车来历证明仍有疑问，则应尽快调查核实；如认为刘某需要补办相应手续，也应依法明确告知补办手续的具体方式方法并依法提供必要的协助。交警大队一直扣押的行为违法。因此，C 项错误。

D 项：根据《行政强制法》第 24 条第 3 款的规定：“查封、扣押清单【一式二份】，由【当事人和行政机关】分别保存。”因此，D 项正确。

综上所述，本题答案为 AD 项。

28　62005083

答案：B,C,D。

解析：A 项：根据《行政强制法》第 19 条的规定：“情况紧急，需要当场实施行政强制措施的，行政执法人员应当在【二十四小时内】向行政机关负责人报告，并补办批准手续……”又根据第 20 条第 2 项的规定：“依照法律规定实施限制公民人身自由的行政强制措施，除应当履行本法第十八条规定的程序外，还应当遵守下列规定：（二）在紧急情况下当场实施行政强制措施的，在返回行政机关后，立即向行政机关负责人报告并补办批准手续。”可知，一般当场实施强制措施的，应当在 24 小时内向行政机关负责人报告，只有限制人身自由的才要立即报告。本案不属于“限制人身自由”的情形，所以不必立即报告。因此，A 项错误。

B 项：根据《行政强制法》第 18 条第 7 项的规定：“行政机关实施行政强制措施应当遵守下列规定：（七）制作【现场笔录】。”因此，B 项正确。

C 项：根据《行政强制法》第 24 条第 1 款的规定：“行政机关决定实施查封、扣押的，应当履行本法第十八条规定的程序，【制作并当场交付】查封、扣押决定书和清单。”因此，C 项正确。

D 项：根据《行政强制法》第 17 条第 3 款的规定：“行政强制措施应当由【行政机关具备资格的行政执法人员】实施，其他人员不得实施。”因此，D 项正确。

综上所述，本题答案为 BCD 项。

29　62205226

答案：A,C,D。

解析：A 项：根据《行政强制法》第 30 条第 2 款的规定：“金融机构接到行政机关依法作出的冻结通知书后，应当立即予以冻结，不得拖延，不得在冻结前向当事人泄露信息。”可知，若金融机构在实施冻结前听取当事人的陈述申辩，会导致消息泄露，所以金融机构在实施冻结之前不应当听取该公司的陈述申辩。因此，A 项错误，当选。

B 项：根据《行政强制法》第 29 条第 2 款的规定：“冻结存款、汇款的数额应当与违法行为涉及的金额相当……”可知，冻结金额不得明显超过涉案款项。因此，B 项正确，不当选。

C 项：只要是与违法行为有关的资金，就可以冻结，企业正常经营需要的资金也不例外。因此，C 项错误，当选。

D 项：根据《行政强制法》第 33 条第 1 款的规定：“有下列情形之一的，行政机关应当及时作出解除冻结决定：（一）当事人没有违法行为；（二）冻结的存款、汇款与违法行为无关；（三）行政机关对违法行为已经作出处理决定，不再需要冻结；（四）冻结期限已经届满；（五）其他不再需要采取冻结措施的情形。”可知，解除冻结和冻结行为本身合法与否没有必然联系，比如，冻结期限届满税务局就要解除冻结，但这并不意味着冻结行为违法。因此，D 项错误，当选。

综上所述，本题为选非题，答案为 ACD 项。

第十章 行政强制执行

参考答案

[1]BCD	[2]B	[3]AC	[4]ABD	[5]ABCD
[6]A	[7]B	[8]D	[9]B	[10]ABC
[11]AB	[12]ACD	[13]A	[14]ABD	[15]ABD
[16]BC	[17]CD			

一、历年真题及仿真题

（一）行政强制执行的种类和设定

【多选】

1 1702080

答案：B,C,D。

解析：ABCD 项：根据《行政强制法》第 13 条的规定：“行政强制执行【由法律设定】。法律没有规定行政机关强制执行的，作出行政决定的行政机关应当申请人民法院强制执行。”可知，行政强制执行只能由法律设定，行政法规、地方性法规和部门规章均无权设定。因此，A 项错误，BCD 项正确。

综上所述，本题答案为 BCD 项。

（二）行政机关强制执行程序

【单选】

2 1502049

答案：B。

解析：AB 项：根据《行政强制法》第 42 条的规定：“实施行政强制执行，行政机关可以在不损害公共利益和他人合法权益的情况下，与当事人达成执行协议。执行协议可以约定分阶段履行；当事人采取补救措施的，可以减免加处的罚款或者滞纳金。执行协议应当履行。【当事人不履行执行协议】的，行政机关应当【恢复强制执行】。”可知，本案中，甲与行政机关达成履行协议后却不履行，行政机关应当恢复强制执行。因此，A 项错误，B 项正确。

C 项：强制执行是行政机关行使行政职权的管理行为，而非平等主体之间的民事行为，不能提起民事诉讼。因此，C 项错误。

D 项：行政诉讼的被告是恒定的，为对外行使行政职权的行政主体，行政诉讼是“民告官”，公民不可能成为行政诉讼的被告。因此，D 项错误。

综上所述，本题答案为 B 项。

【多选】

3 1702081

答案：A,C。

解析：A 项：根据《行政强制法》第 52 条的规定：“需要立即清除道路、河道、航道或者公共场所的遗洒物、障碍物或者污染物，当事人不能清除的，【行政机关可以决定立即实施代履行】；当事人不在场的，行政机关应当在事后立即通知当事人，并依法作出处理。”可知，本案中林某在河道内修建旅社，严重影响了河道内的通行人员和船只的安全，基于公共利益、公共安全的考虑，防汛指挥机构可以立即实施代履行。因此，A 项正确。

B 项：根据《行政诉讼法》第 56 条第 1 款的规定：“【诉讼期间，不停止行政行为的执行】。但有下列情形之一的，裁定停止执行：（一）被告认为需要停止执行的；（二）原告或者利害关系人申请停止执行，人民法院认为该行政行为的执行会造成难以弥补的损失，并且停止执行不损害国家利益、社会公共利益的；（三）人民法院认为该行政行为的执行会给国家利益、社会公共利益造成重大损害的；（四）法律、法规规定停止执行的。”可知，如果林某起诉，强制清除行为不是必然暂停执行。因此，B 项错误。

C 项：根据《行政强制法》第 43 条第 1 款的规定：“行政机关不得在【夜间】或者【法定节假日】实施行政强制执行。但是，【情况紧急的除外】。”可知，行政机关原则上禁止在夜间或者法定节假日实施行政强制执行，但紧急情况除外。题干中已经说明“紧急防汛期”，应认定存在紧急情况。因此，C 项正确。

D 项：根据《行政强制法》第 42 条第 1 款的规定：“实施行政强制执行，行政机关可以在【不损害公共利益】和【他人合法权益】的情况下，与当事人达成执行协议。执行协议可以约定分阶段履行；当事人采取补救措施的，可以减免加处的罚款或者滞纳金。”可知，通常实施行政强制执行时，行政机关可以在不损害公共利益和他人合法权益的情况下，与当事人达成执行协议。但本案中存在紧急情况，不具备分阶段履行的条件。因此，D 项错误。

综上所述，本题答案为 AC 项。

4 1402081

答案：A,B,D。

解析：A 项：根据《行政强制法》第 50 条的规定：“……【行政机关可以代履行】，或者【委托没有利害关系的第三人代履行】。”可知，代履行的方式有两种，并非只能委托没有利害关系的第三人代履行。因此，A 项错误，当选。

B 项：根据《行政强制法》第 51 条第 2 款的规定：“代履行的费用按照成本合理确定，由当事人承担。但是，法律另有规定的除外。”可知，B 项中代履行的费用均应当由负有义务的当事人承担这一表述过于绝对，不符合法条表述。因此，B 项错误，当选。

C 项：根据《行政强制法》第 51 条第 3 款的规定：“代履行不得采用暴力、胁迫以及其他非法方式。”可知，代履行禁止采用暴力、胁迫以及其他非法方式。因此，C 项正确，不当选。

D 项：根据《行政强制法》第 51 条第 1 款第 1、2 项的规定：“代履行应当遵守下列规定：（一）【代履行前送达决定书】，代履行决定书应当载明当事人的姓名或者名称、地址，代履行的理由和依据、方式和时间、标的、费用预算以及代履行人；（二）代履行【三日前】，催告当事人履行，当事人履行的，停止代履行。”可知，代履行前应当送达决定书，但并没有 3 日前送达的要求。因此，D 项错误，当选。

综上所述，本题为选非题，答案为 ABD 项。

（三）申请法院强制执行程序

【多选】

5 2101135

答案：A,B,C,D。

解析：AD 项：根据《行诉解释》第 160 条第 1 款的规定：“人民法院受理行政机关申请执行其行政行为的案件后，应当在七日内由【行政审判庭】对行政行为的合法性进行审查，并作出是否准予执行的【裁定】。”可知，行政机关提出的强制执行申请，由人民法院行政审判庭进行合法性审查，且准予执行是以法院裁定形式作出，而非以判决形式作出。因此，AD 项错误，当选。

B 项：根据《行诉解释》第 157 条第 1 款的规定：“行政机关申请人民法院强制执行其行政行为的，由申请人所在地的基层人民法院受理……”可知，本题中，受理强制执行申请的应当是申请人生态环境局所在地的基层法院，而非被申请人博达公司所在地的基层法院。因此，B 项错误，当选。

C 项：申请人民法院强制执行，行政机关不缴纳申请费。强制执行的费用由被执行人承担。因此，C 项错误，当选。

综上所述，本题为选非题，答案为 ABCD 项。

（四）综合知识点

【单选】

6 2301075

答案：A。

解析：A 项：根据《行政强制法》第 60 条第 1 款的规定："行政机关申请人民法院强制执行，不缴纳申请费。强制执行的费用由被执行人承担。"因此，A 项正确。

B 项：根据《行政强制法》第 51 条第 2 款的规定："代履行的费用按照成本合理确定，由当事人承担。但是，法律另有规定的除外。"因此，B 项错误。

C 项：根据《行政强制法》第 26 条第 3 款的规定："因查封、扣押发生的保管费用由行政机关承担。"因此，C 项错误。

D 项：根据《行政许可法》第 58 条的规定："行政机关实施行政许可和对行政许可事项进行监督检查，不得收取任何费用。但是，【法律、行政法规】另有规定的，依照其规定。"本题中，规章无权另行规定。因此，D 项错误。

综上所述，本题答案为 A。

7 1801120

答案：B。

解析：A 项：根据《行政强制法》第 45 条第 1 款的规定："行政机关依法作出金钱给付义务的行政决定，当事人逾期不履行的，行政机关可以依法加处罚款或者滞纳金。加处罚款或者滞纳金的标准应当告知当事人。"只有金钱给付义务行政机关才可以加处处罚，A 项内容为补种杨树的义务，非金钱给付义务，不能按日加处处罚。因此，A 项错误。

B 项：根据《行政强制法》第 50 条的规定："行政机关依法作出要求当事人履行排除妨碍、恢复原状等义务的行政决定，当事人逾期不履行，经催告仍不履行，其后果已经或者将危害交通安全、造成环境污染或者破坏自然资源的，行政机关可以代履行，或者委托没有利害关系的第三人代履行。"可知，本题中，陈某滥伐树木属于破坏自然资源的行为，行政机关可以代为补种树木。因此，B 项正确。

C 项：根据《行政处罚法》第 45 条第 2 款的规定："行政机关不得因当事人陈述、申辩而给予更重的处罚。"可知，行政机关因当事人申辩从拟罚款 300 元加重到罚款 500 元，属于违反行政处罚程序的行为。因此，C 项错误。

D 项：行政强制措施的目的在于控制和预防，而行政处罚的目的在于惩戒。责令补种树木的性质属于行政处罚，满足行政处罚惩戒性的核心特点。惩戒性包含两个要素：第一，目的是惩戒；第二，实现惩戒目的的方式是给当事人增加负担。本题中陈某未办理林木采伐许可证而砍伐 2 棵杨树，林业局却要求其补种 5 棵树木，在恢复当事人对于社会秩序的破坏之外，还增加了新的负担，而这种新的负担的增加目的在于对当事人进行惩戒。因此，D 项错误。

综上所述，本题答案为 B 项。

8 1202048

答案：D。

解析：A 项：根据《行政强制法》第 18 条第 7 项的规定："行政机关实施行政强制措施应当遵守下列规定：（七）制作现场笔录。"可知，质监局实施查封时应制作现场笔录。因此，A 项正确，不当选。

B 项：根据《行政处罚法》第 51 条的规定："违法事实确凿并有法定依据，对公民处以二百元以下、对法人或者其他组织处以三千元以下罚款或者警告的行政处罚的，可以当场作出行政处罚决定。法律另有规定的，从其规定。"本案中，市质监局对公司罚款 10 万元，超出了 3 千元的限制，不能适用简易程序。因此，B 项正确，不当选。

C 项：根据《行政处罚法》第 72 条第 1 款第 1 项的规定："当事人逾期不履行行政处罚决定的，作出行政处罚决定的行政机关可以采取下列措施：（一）到期不缴纳罚款的，每日按罚款数额的百分之三加处罚款，加处罚款的数额不得超出罚款的数额。"可知，对公司逾期缴纳罚款，质监局可以每日按罚款数额的 3% 加处罚款。因此，C 项正确，不当选。

D 项：质监局并非法律授权的具有强制执行权的机关，因而只能依法向法院申请强制执行，不可以直接通知该公司的开户银行划拨其存款。因此，D 项错误，当选。

综上所述，本题为选非题，答案为 D 项。

9 1801128

答案：B。

解析：A 项：根据《行政处罚法》第 14 条第 2 款的规定："尚未制定法律、法规的，地方政府规章对违反行政管理秩序的行为，可以设定【警告、通报批评或者一定数额罚款】的行政处罚……"可知，省级政府规章仅有权设定警告、通报批评或者一定数额罚款，无权设定没收违法所得的处罚。因此，A 项错误。

B 项：根据《行政许可法》第 15 条第 1 款的规定："……尚未制定法律、行政法规和地方性法规的，因行政管理的需要，确需立即实施行政许可的，【省、自治区、直辖市人民政府规章可以设定临时性的行政许可】……"可知，省级政府规章有权设定临时性的行政许可。因此，B 项正确。

C 项：根据《行政强制法》第 10 条第 4 款的规定："法律、法规以外的其他规范性文件不得设定行政强制措施。"可知，省级政府规章不得设定行政强制措施。因此，C 项错误。

D 项：根据《行政强制法》第 13 条第 1 款的规定："行政强制执行由法律设定。"可知，省级政府规章不得设定行政强制执行。因此，D 项错误。

综上所述，本题答案为 B 项。

【多选】

10 2201138

答案：A,B,C。

解析：A 项：根据《行政处罚法》第 73 条第 3 款的规定："当事人申请行政复议或者提起行政诉讼的，加处罚款的数额在行政复议或者【行政诉讼期间不予计算】。"因此，A 项正确。

B 项：间接强制执行包括执行罚与代履行，其中执行罚有加处罚款和滞纳金，加处罚款属于间接强制执行的一种。因此，B 项正确。

C 项：根据《行政处罚法》第 72 条第 1 款第 1 项的规定："当事人逾期不履行行政处罚决定的，作出行政处罚决定的行政机关可以采取下列措施：（一）到期不缴纳罚款的，每日按罚款数额的百分之三加处罚款，【加处罚款的数额不得超出罚款的数额】。"因此，C 项正确。

D 项：加处罚款属于行政强制执行，并无听证程序。因此，D 项错误。

综上所述，本题答案为 ABC 项。

11 1901045

答案：A,B。

解析：A 项：根据《行政许可法》第 15 条第 1 款的规定："本法第十二条所列事项，尚未制定法律、行政法规的，地方性法规可以设定行政许可；尚未制定法律、行政法规和地方性法规的，因行政管理的需要，确需立即实施行政许可的，【省、自治区、直辖市人民政府规章】可以设定【临时性的行政许可】。临时性的行政许可实施满一年需要继续实施的，应当提请本级人民代表大会及其常务委员会制定地方性法规。"可知，省规章可以设定临时性许可。因此，A 项正确。

B 项：根据《行政处罚法》第 14 条第 2 款的规定："尚未制定法律、法规的，【地方政府规章】对违反行政管理秩序的行为，可以设定【警告、通报批评或者一定数额罚款】的行政处罚。罚款的限额由省、自治区、直辖市人民代表大会常务委员会规定。"所以，省规章可以在法律、法规规定的范围内作出具体规定，可以设定一定数量罚款。因此，B 项正确。

C 项：根据《行政强制法》第 10 条第 4 款的规定："法律、法规以外的其他规范性文件不得设定行政强制措施。"可知，省规章无权设定行政强制措施。因此，C 项错误。

D 项：根据《行政强制法》第 13 条第 1 款的规定："行政强制执行由法律设定。"可知，省规章无权设定行政强制执行。因此，D 项错误。

综上所述，本题答案为 AB 项。

12 1901047

答案：A,C,D。

解析：A 项：根据《行政强制法》第 45 条的规定："行政机关依法作出金钱给付义务的行政决定，当事人逾期不履行的，行政机关可以依法【加处罚款】或者滞纳金。加处罚款或者滞纳金的标准应当告知当事人。加处罚款或者滞纳金的数额【不得超出金钱给付义务的数额】。”可知，区市监局针对超市的罚款这一金钱给付义务可以加处罚款，每日按罚款数额的3%加处罚款正确，但需注意加处罚款的数额不得超过罚款的数额。因此，A项正确。

B项：根据《行政强制法》第46条第3款的规定：“没有行政强制执行权的行政机关应当申请人民法院强制执行。但是，当事人在法定期限内【不申请行政复议】或者【提起行政诉讼】,【经催告仍不履行】的，在实施行政管理过程中已经采取查封、扣押措施的行政机关，可以将查封、扣押的财物依法拍卖抵缴罚款。”可知，拍卖权的行使条件概括为“山穷水尽疑无路，扣的货物抵罚款”。而题干和B选项没有交代该超市具有不复议、不诉讼、经过催告程序也不履行的情形，并不满足拍卖香肠抵扣罚款的实施条件。因此，B项错误。

C项：根据《行政强制法》第42条第1款的规定：“实施行政强制执行，行政机关可以在不损害公共利益和他人合法权益的情况下，与当事人达成执行协议。执行协议可以【约定分阶段履行】;当事人采取补救措施的，可以减免加处的罚款或者滞纳金。”可知，行政机关可以在执行过程中与当事人签订执行协议，内容可以包括：①约定分阶段履行；②当事人采取补救措施的，可以减免加处的罚款或者滞纳金。但需要注意的是减免的只有加处的罚款或者滞纳金，不能减免罚款、税款等本金。因此，C项正确。

D项：考生在考场中会纠结罚款1万元是否属于较大数额的罚款，或者没收香肠等违法财物是否属于应当告知有权要求听证的范围，其实，大可不必纠结这两个问题。因为根据《行政处罚法》第63条的规定：“行政机关拟作出下列行政处罚决定，【应当告知】当事人有要求听证的权利，当事人要求听证的，行政机关应当组织听证：(一)较大数额罚款；(二)没收较大数额违法所得、没收较大价值非法财物；(三)降低资质等级、吊销许可证件；(四)责令停产停业、责令关闭、限制从业；(五)其他较重的行政处罚；(六)法律、法规、规章规定的其他情形。”可知，这里是“应当告知”，属于“法定听证”的内容，但是D选项的表述为“可以告知超市有申请听证的权利”，而非“应当告知”。命题人认为，听证范围除上述的法定听证外，还包括约定听证（可以告知），法定范围外的其他事项，比如拘留5日、罚款1000元，在官民双方自愿的情况下，均属于可以听证的范围。命题人认为，当事人的听证权并非仅基于法律规定或法律授予，也可以基于行政机关与当事人的约定，故本题中区市监局【可以告知】超市有申请听证的权利。因此，D项正确。

综上所述，本题答案为ACD项。

二、模拟训练

【单选】

13 62105120

答案：A。

解析：A项：根据《行政强制法》第43条第1款的规定：“行政机关不得在夜间或者法定节假日实施行政强制执行。但是，【情况紧急的除外】。”可知，情况紧急时，行政机关是可以在夜间实施行政强制执行的。因此，A项正确。

B项：根据《行政强制法》第43条第2款的规定：“行政机关不得对【居民生活】采取停止供水、供电、供热、供燃气等方式迫使当事人履行相关行政决定。”可知，这一规定的对象限于居民生活，至于法人和其他组织，行政机关依然可以采取停止供水、供电、供热、供燃气的方式督促其履行义务。因此，B项错误。

C项：根据《行政强制法》第44条的规定：“对违法的建筑物、构筑物、设施等需要强制拆除的，应当由行政机关予以公告，限期当事人自行拆除。当事人在法定期限内【不申请行政复议或者提起行政诉讼，又不拆除的】，行政机关可以依法强制拆除。”可知，只有当事人在法定期限内不申请行政复议或者提起行政诉讼，又不拆除的，行政机关才可以依法强制拆除。本题不满足“不复议、不诉讼”的前提条件，行政机关还不能强制拆除。因此，C项错误。

D项：根据《行政强制法》第45条第2款的规定：“加处罚款或者滞纳金的数额【不得超出】金

钱给付义务的数额。”该规定没有例外。因此，D项错误。

综上所述，本题答案为A项。

【多选】

14　62005085

答案：A,B,D。

解析：A项：根据《城乡规划法》第68条的规定：“【城乡规划主管部门作出责令停止建设或者限期拆除的决定】后，当事人不停止建设或者逾期不拆除的，建设工程所在地县级以上地方人民政府可以责成有关部门采取查封施工现场、强制拆除等措施。”可知，“责令拆”和“强制拆”属于两个不同的行为，明光市城乡规划局仅有权作出责令限期拆除决定，无权作出强制拆除决定，更无权强制执行。因此，A项错误，当选。

B项：根据《行政强制法》第2条第3款的规定：“行政强制执行，是指行政机关或者行政机关申请人民法院，对不履行行政决定的公民、法人或者其他组织，依法【强制履行义务】的行为。”可知，对杜某房屋的强制拆除行为是强制杜某履行义务，属于行政强制执行，而非行政强制措施。因此，B项错误，当选。

C项：根据《行政强制法》第44条的规定：“……当事人在法定期限内不申请行政复议或者提起行政诉讼，又【不拆除】的，行政机关可以依法强制拆除。”可知，实施强制拆除的前提之一是相对人逾期不履行限期拆除决定。因此，C项正确，不当选。

D项：根据《行政强制法》第35条的规定：“行政机关作出强制执行决定前，【应当事先催告】当事人履行义务……”可知，向杜某送达拆除催告书是作出强制执行决定的必要前提。因此，D项错误，当选。

综上所述，本题为选非题，答案为ABD项。

15　62205228

答案：A,B,D。

解析：AB项：根据《行政强制法》第50条的规定：“行政机关依法作出要求当事人履行排除妨碍、恢复原状等义务的行政决定，当事人逾期不履行，经催告仍不履行，其后果已经或者将危害交通安全、造成环境污染或者破坏自然资源的，行政机关可以代履行，或者委托没有利害关系的第三人代履行。”可知，医院拒绝清除，医疗废物将造成环境污染，卫健委可以实施代履行，也可以委托没有利害关系的第三人实施代履行。因此，AB项正确。

C项：根据《行政强制法》第51条第1款第2项的规定：“代履行应当遵守下列规定：（二）代履行三日前，催告当事人履行，当事人履行的，停止代履行。”可知，卫健委应当在代履行3日前催告医院履行义务。因此，C项错误。

D项：根据《行政强制法》第51条第1款第1项的规定：“代履行应当遵守下列规定：（一）代履行前送达【决定书】，代履行决定书应当载明当事人的姓名或者名称、地址，代履行的理由和依据、方式和时间、标的、【费用预算】以及代履行人。”因此，D项正确。

综上所述，本题答案为ABD项。

16　62105122

答案：B,C。

解析：A项：根据《行政强制法》第45条第1款的规定：“行政机关依法作出金钱给付义务的行政决定，当事人逾期不履行的，行政机关可以依法加处罚款或者滞纳金。加处罚款或者滞纳金的标准应当告知当事人。”可知，一般行政机关均有权依法加处罚款或者滞纳金，故市场监督管理局有权加处罚款。因此，A项错误。

BC项：根据执行手段，可以将行政强制执行分为直接强制执行和间接强制执行。直接强制执行包括划拨、拍卖等，间接强制执行包括代履行和执行罚。其中，执行罚又可以分为加处罚款和滞纳金。故加处罚款属于间接强制执行，拍卖属于直接强制执行。因此，BC项正确。

D项：根据《行政强制法》第46条第3款的规定：“没有行政强制执行权的行政机关应当申请人民法院强制执行。但是，当事人在法定期限内不申请行政复议或者提起行政诉讼，经催告仍不履行的，在实施行政管理过程中已经采取查封、扣押措施的行政机关，可以将查封、扣押的财物依法拍卖抵缴罚款。”可知，无强制执行权的机关，原则上只能申请法院强制执行，但在行政管理过程中市场监督管理局已经采取了查封、扣押措施，且满足其他条件，该局有权以拍卖的方式实施强制执行。因此，D 项错误。

综上所述，本题答案为 BC 项。

17 62205107

答案：C,D。

解析：A 项：根据《行政强制法》第 23 条第 1 款的规定：“查封、扣押限于涉案的场所、设施或者财物，【不得】查封、扣押与违法行为【无关的】场所、设施或者财物。”可知，货车是与违法行为无关的财物，不得进行扣押，故质监局的扣押行为违法。因此，A 项错误。

B 项：根据《行政强制法》第 26 条第 3 款的规定：“因查封、扣押发生的保管费用由【行政机关承担】。”因此，B 项错误。

C 项：根据《行政强制法》第 53 条的规定：“当事人在法定期限内不申请行政复议或者提起行政诉讼，又不履行行政决定的，没有行政强制执行权的行政机关可以自期限届满之日起三个月内，依照本章规定申请人民法院强制执行。”可知，质监局作为没有直接强制执行权的行政机关，在甲公司逾期不申请救济又不缴纳罚款时，可以请求法院强制执行。因此，C 项正确。

D 项：根据《行政强制法》第 46 条第 3 款的规定：“没有行政强制执行权的行政机关应当申请人民法院强制执行。但是，当事人在法定期限内不申请行政复议或者提起行政诉讼，经催告仍不履行的，在实施行政管理过程中【已经采取查封、扣押】措施的行政机关，可以将查封、扣押的财物依法【拍卖抵缴罚款】。”可知，甲公司在法定期限内不复议、不诉讼，经催告仍不履行的，质监局可以将已经扣押的大米拍卖抵缴罚款。因此，D 项正确。

综上所述，本题答案为 CD 项。

第十一章 政府信息公开

参考答案

[1] AB	[2] ACD	[3] ACD	[4] AC	[5] AB
[6] BD	[7] AC	[8] AC	[9] D	[10] AC
[11] ABD	[12] BD	[13] ABD	[14] ACD	

一、历年真题及仿真题

（一）公开的方式和程序

【多选】

1 2201127

答案：A,B。

解析：AB 项：根据《政府信息公开条例》第 35 条的规定：“申请人申请公开政府信息的数量、频次明显超过合理范围，【行政机关可以要求申请人说明理由】。【行政机关认为申请理由不合理的，告知申请人不予处理】……”可知，陈某申请信息公开 30 次已超过合理范围，行政机关可以要求陈某说明理由，理由不合理的，行政机关可以告知陈某不予处理。因此，AB 项正确。

C 项：根据《政府信息公开条例》第 42 条第 1 款的规定：“行政机关依申请提供政府信息，不收取费用。但是，申请人申请公开政府信息的数量、频次明显超过合理范围的，行政机关【可以收取信息处理费】。”因此，C 项错误。

D 项：根据《政府信息公开条例》第 44 条第 1 款的规定：“【多个申请人】就相同政府信息向同一行政机关提出公开申请，且该政府信息属于可以公开的，行政机关可以纳入主动公开的范围。”可知，在多个申请人申请公开同一政府信息的情况下，行政机关可以纳入主动公开的范围，本题中仅陈某一个申请人。因此，D 项错误。

综上所述，本题答案为 AB 项。

2 1901049

答案：A,C,D。

解析：A 项：为防止申请人滥用申请权，2019 年《政府信息公开条例》第 42 条第 1 款规定：“行政机关依申请提供政府信息，不收取费用。但是，申请人申请公开政府信息的数量、频次明显超过合理范围的，行政机关可以收取信息处理费。”所以，针对连续55次申请公开防汛信息的戴某可以收取相应信息处理费用。因此，A项正确。

B项：根据《政府信息公开条例》第27条的规定：“除行政机关主动公开的政府信息外，公民、法人或者其他组织可以向地方各级人民政府、对外以自己名义履行行政管理职能的县级以上人民政府部门（含本条例第十条第二款规定的派出机构、内设机构）申请获取相关政府信息。”可知，公民无需具备特殊条件就能申请政府信息公开，故戴某具有申请人资格。因此，B项错误。

CD项：根据《政府信息公开条例》第35条的规定：“申请人申请公开政府信息的数量、频次明显超过合理范围，行政机关可以要求申请人说明理由。行政机关认为申请理由不合理的，告知申请人不予处理；行政机关认为申请理由合理，但是无法在本条例第三十三条规定的期限内答复申请人的，可以确定延迟答复的合理期限并告知申请人。”可知，对于数量、频次明显超过合理范围的信息公开申请，行政机关是有权要求申请人说明理由的，若行政机关认为申请理由不合理，也可以不予处理。因此，CD项正确。

综上所述，本题答案为ACD项。

【不定项】

3 1702097

答案：A,C,D。

解析：A项：根据《政府信息公开条例》第29条第1款的规定：“公民、法人或者其他组织申请获取政府信息的，应当向行政机关的政府信息公开工作机构提出，并采用包括信件、数据电文在内的书面形式；采用书面形式确有困难的，申请人可以口头提出，由受理该申请的政府信息公开工作机构代为填写政府信息公开申请。”可知，申请政府信息公开时，可采用数据电文形式。因此，A项正确。

B项：根据《政府信息公开条例》第27条的规定：“除行政机关主动公开的政府信息外，公民、法人或者其他组织可以向地方各级人民政府、对外以自己名义履行行政管理职能的县级以上人民政府部门（含本条例第十条第二款规定的派出机构、内设机构）申请获取相关政府信息。”2019年《政府信息公开条例》取消了申请人“三需要”的要求，普遍赋予了公民获取政府信息的权利，该组织完全具有申请资格。因此，B项错误。

C项：根据《政府信息公开条例》第29条第2款第1项的规定：“政府信息公开申请应当包括下列内容：（一）申请人的姓名或者名称、身份证明、联系方式。”可知，县环保局有权要求该组织提出申请时出示有效身份证明。因此，C项正确。

D项：根据《政府信息公开条例》第30条的规定：“政府信息公开申请内容不明确的，行政机关应当给予指导和释明，并自收到申请之日起7个工作日内一次性告知申请人作出补正，说明需要补正的事项和合理的补正期限……”可知，县环保局认为申请内容不明确的，应一次性告知环保联合会作出更改、补充。因此，D项正确。

综上所述，本题答案为ACD项。

（新法修改，使得答案由AD变为ACD）

（二）综合知识点

【多选】

4 2301086

答案：A,C。

解析：AD项：根据《政府信息公开条例》第36条第5款的规定：“对政府信息公开申请，行政机关根据下列情况分别作出答复：（五）所申请公开信息不属于本行政机关负责公开的，告知申请人并说明理由；能够确定负责公开该政府信息的行政机关的，告知申请人该行政机关的名称、联系方式；”可知，规划局告知张某应向区档案局申请公开是合法的。因此，D项错误。根据《行政诉讼法》第69条规定：“行政行为证据确凿，适用法律、法规正确，符合法定程序的，或者原告申请被告履行法定职责或者给付义务理由不成立的，人民法院判决驳回原告的诉讼请求。”可知，法院应判决驳回张某诉讼请求。因此，A项正确。

B项：根据《中华人民共和国政府信息公开条例》第三31条第3款的规定：“行政机关收到政府信

息公开申请的时间，按照下列规定确定：（三）申请人通过互联网渠道或者政府信息公开工作机构的传真提交政府信息公开申请的，以双方确认之日为收到申请之日。”可知，申请公开之日为双方确认之日，而非在网上提交申请之日。因此，B项错误。

C项：根据《政府信息公开条例》第30条的规定：“政府信息公开申请内容不明确的，行政机关应当给予指导和释明，并自收到申请之日起7个工作日内一次性告知申请人作出补正，说明需要补正的事项和合理的补正期限。答复期限自行政机关收到补正的申请之日起计算。”因此，C项正确。

综上所述，本题答案为AC。

5 1502050

答案：A,B。

解析：A项：根据《政府信息公开条例》第29条第2款的规定：“政府信息公开申请应当包括下列内容：（一）申请人的姓名或者名称、身份证明、联系方式；（二）申请公开的政府信息的名称、文号或者便于行政机关查询的其他特征性描述；（三）申请公开的政府信息的形式要求，包括获取信息的方式、途径。”可知，该组织提出申请时应出示申请人的有效身份证明。因此，A项正确。

B项：根据《政府信息公开条例》第27条的规定：“除行政机关主动公开的政府信息外，公民、法人或者其他组织可以向地方各级人民政府、对外以自己名义履行行政管理职能的县级以上人民政府部门（含本条例第十条第二款规定的派出机构、内设机构）申请获取相关政府信息。”可知，该组织有申请资格。因此，B项正确。

C项：根据《政府信息公开条例》第30条的规定：“政府信息公开申请内容不明确的，行政机关应当给予指导和释明，并自收到申请之日起7个工作日内一次性告知申请人作出补正，说明需要补正的事项和合理的补正期限。答复期限自行政机关收到补正的申请之日起计算。申请人无正当理由逾期不补正的，视为放弃申请，行政机关不再处理该政府信息公开申请。”可知，环保局没有经过上述步骤直接以内容不明确为由拒绝公开是错误的。因此，C项错误。

D项：根据《政府信息公开条例》第13条第1款的规定：“除本条例第十四条、第十五条、第十六条规定的政府信息外，政府信息应当公开。”第14条规定：“依法确定为国家秘密的政府信息，法律、行政法规禁止公开的政府信息，以及公开后可能危及国家安全、公共安全、经济安全、社会稳定的政府信息，不予公开。”第15条规定：“涉及商业秘密、个人隐私等公开会对第三方合法权益造成损害的政府信息，行政机关不得公开。但是，第三方同意公开或者行政机关认为不公开会对公共利益造成重大影响的，予以公开。”第16条规定：“行政机关的内部事务信息，包括人事管理、后勤管理、内部工作流程等方面的信息，可以不予公开。行政机关在履行行政管理职能过程中形成的讨论记录、过程稿、磋商信函、请示报告等过程性信息以及行政执法案卷信息，可以不予公开。法律、法规、规章规定上述信息应当公开的，从其规定。”可知，该企业的环境影响评价报告、排污许可证信息不属于不应公开的信息范围。因此，D项错误。

综上所述，本题答案为AB项。

6 1102079

答案：B,D。

解析：A项：乡镇政府是中国行政层级中最底层级的政府，它们履行的职能非常接地气，往往具有强烈的乡土气息，比如，贯彻落实农业农村政策、农田水利工程建设运营、农村土地承包经营权流转、宅基地使用情况审核、土地征收、房屋征收、筹资筹劳、社会救助等方面的政府信息。在2008年《政府信息公开条例》中规定计划生育属于重点公开的范畴，但随着中国的计划生育工作逐步放开，2019年《政府信息公开条例》并没有将计划生育列入重点公开的范畴。新《政府信息公开条例》第21条规定：“除本条例第二十条规定的政府信息外，设区的市级、县级人民政府及其部门还应当根据本地方的具体情况，主动公开涉及市政建设、公共服务、公益事业、土地征收、房屋征收、治安管理、社会救助等方面的政府信息；乡（镇）人民政府还应当根据本地方的具体情况，主动公开贯彻落实农业农村政策、农田水利工程建设运营、农村土地承包经营权流转、宅基地使用情况审核、土地征收、房屋征收、筹资筹劳、社会救助等方面的政府信息。”可见条例并没有将计划生育信息列为镇政府重点公开的信息。因此，A 项错误。

BD 项：根据《政府信息公开条例》第 25 条的规定：“各级人民政府应当在国家档案馆、公共图书馆、政务服务场所设置政府信息查阅场所，并配备相应的设施、设备，为公民、法人和其他组织获取政府信息提供便利。行政机关可以根据需要设立公共查阅室、资料索取点、信息公告栏、电子信息屏等场所、设施，公开政府信息。行政机关应当及时向国家档案馆、公共图书馆提供主动公开的政府信息。”据此可知，政府【应当在公共图书馆】及时提供信息，【可以根据需要设立信息公告栏公开该信息】。因此，BD 项正确。

C 项：根据《政府信息公开条例》第 26 条的规定：“属于主动公开范围的政府信息，应当自该政府信息形成或者变更之日起 20 个工作日内及时公开。法律、法规对政府信息公开的期限另有规定的，从其规定。”本题属于政府主动公开的情形，应当在 20 个工作日内而非 3 个月内予以公开。因此，C 项错误。

综上所述，本题答案为 BD 项。

7　1002045

答案：A,C。

解析：A 项：根据《政府信息公开条例》第 29 条第 2 款第 1 项的规定：“政府信息公开申请应当包括下列内容：（一）申请人的姓名或者名称、身份证明、联系方式……”可知，王某提出申请时应出示有效身份证明。因此，A 项正确。（由于法条修改之后所有的申请都必须提供身份证明，因此本题从单选题变为多选题）

B 项：本案中，王某是被拆迁人，他申请的信息是该公司办理拆迁许可证时所提交的建设用地规划许可证，王某与该信息具有利害关系，退一步讲，即使该信息与王某的生产、生活、科研等特殊需要无关，行政机关依然无权以此为理由拒绝公开该信息。因为 2019 年《政府信息公开条例》取消了申请人“三需要”的要求，《政府信息公开条例》第 27 条规定：“除行政机关主动公开的政府信息外，公民、法人或者其他组织可以向地方各级人民政府、对外以自己名义履行行政管理职能的县级以上人民政府部门（含本条例第十条第二款规定的派出机构、内设机构）申请获取相关政府信息。”可知，该条文普遍赋予了公民获取政府信息的权利，以王某与申请公开的信息无利害关系为由拒绝其公开申请是错误的。因此，B 项错误。

C 项：根据《政府信息公开条例》第 10 条第 1 款规定：“行政机关制作的政府信息，由制作该政府信息的行政机关负责公开。行政机关从公民、法人和其他组织获取的政府信息，由保存该政府信息的行政机关负责公开；行政机关获取的其他行政机关政府信息，由制作或者最初获取该政府信息的行政机关负责公开。法律、法规对政府信息公开的权限另有规定的，从其规定。”可知，申请人王某向区房管局申请公开的是该公司办理拆迁许可证时所提交的建设用地规划许可证，此许可证的发放者为规划部门而不是区房管局。因此该规划许可证应当由规划部门进行公开，区房管局拒绝公开具有法律依据，是正当的。因此，C 项正确。

D 项：根据《政府信息公开条例》第 33 条第 1、2 款的规定：“行政机关收到政府信息公开申请，能够当场答复的，应当当场予以答复。行政机关不能当场答复的，应当自收到申请之日起 20 个工作日内予以答复；需要延长答复期限的，应当经政府信息公开工作机构负责人同意并告知申请人，延长的期限最长不得超过 20 个工作日……”可知，一般应在收到申请之日起 20 个工作日内答复；特殊情况，可延长不超过 20 个工作日，并非在一个月内作出答复。因此，D 项错误。

综上所述，本题答案为 AC 项。

【不定项】

8　2201141

答案：A,C。

解析：A 项：根据《政府信息公开条例》第 29 条第 2 款第 1 项的规定：“政府信息公开申请应当包

括下列内容：（一）申请人的姓名或者名称、【身份证明】、联系方式。”可知，李某申请信息公开时应当提供身份证明。因此，A 项正确。

B 项：根据《政府信息公开条例》第 31 条第 2 项的规定：“行政机关收到政府信息公开申请的时间，按照下列规定确定：（二）……以平常信函等无需签收的邮寄方式提交政府信息公开申请的，政府信息公开工作机构应当于收到申请的当日与申请人确认，确认之日为收到申请之日；”因此，B 项错误。

C 项：根据《治安管理处罚法》第 82 条第 1 款的规定：“……对【现场发现的】违反治安管理行为人，人民警察经出示工作证件，【可以口头传唤】，但应当在询问笔录中注明。”因此，C 项正确。

D 项：根据《政府信息公开条例》第 16 条第 2 款的规定：“行政机关在履行行政管理职能过程中形成的讨论记录、过程稿、磋商信函、请示报告等过程性信息以及【行政执法案卷信息，可以不予公开】……”可知，对于行政执法案卷信息是【可以】不予公开，非【应当】不予公开。因此，D 项错误。

综上所述，本题答案为 AC 项。

二、模拟训练

【单选】

9 62205230

答案：D。

解析：A 项：根据《政府信息公开条例》第 35 条的规定：“申请人申请公开政府信息的数量、频次明显超过合理范围，行政机关可以要求申请人【说明理由】……”因此，A 项正确，不当选。

B 项：根据《政府信息公开条例》第 36 条第 6 项的规定：“对政府信息公开申请，行政机关根据下列情况分别作出答复：（六）行政机关已就申请人提出的政府信息公开申请作出答复、申请人【重复申请】公开相同政府信息的，告知申请人【不予重复处理】。”因此，B 项正确，不当选。

C 项：根据《政府信息公开条例》第 42 条第 1 款的规定：“行政机关依申请提供政府信息，不收取费用。但是，申请人申请公开政府信息的数量、频次明显超过合理范围的，行政机关【可以收取信息处理费】。”可知，徐某大量反复地申请政府信息公开，行政机关可以向其收取信息处理费。因此，C 项正确，不当选。

D 项：根据《政府信息公开条例》第 42 条第 2 款的规定：“行政机关收取信息处理费的具体办法由国务院价格主管部门会同【国务院财政部门】、全国政府信息公开工作主管部门制定。”可知，选项中缺少了国务院财政部门。因此，D 项错误，当选。

综上所述，本题为选非题，答案为 D 项。

【多选】

10 62005088

答案：A,C。

解析：AB 项：根据《政府信息公开条例》第 31 条第 3 项的规定：“行政机关收到政府信息公开申请的时间，按照下列规定确定：申请人通过互联网渠道或者政府信息公开工作机构的传真提交政府信息公开申请的，以【双方确认之日】为收到申请之日。”本案中，广东省人民政府“政府信息网依申请公开系统”作为政府信息申请公开平台，应当具有整合性与权威性，如未作例外说明，则从该平台上发出递交成功的通知应视为相关行政机关已收到原告通过互联网提出的政府信息公开申请。至于外网与内网、上下级行政机关之间对于该申请的流转，属于行政机关内部管理事务，不能成为交通运输厅延期处理的理由。因此，该网络系统确认申请提交成功的日期应当视为被告交通运输厅收到申请之日，即 2019 年 6 月 1 日。因此，A 项正确，B 项错误。

C 项：根据《政府信息公开条例》第 38 条的规定：“行政机关向申请人提供的信息，应当是已制作或者获取的政府信息。除依照本条例第三十七条的规定能够作区分处理的外，需要行政机关对现有政府信息进行加工、分析的，行政机关可以不予提供。”可知，如果李某所申请的政府信息是需要交通运输厅对现有政府信息进行加工的，交通运输厅可不予提供。因此，C 项正确。

D 项：根据《政府信息公开条例》第 44 条第 1 款的规定：“多个申请人就相同政府信息向同一行政

机关提出公开申请，且该政府信息属于可以公开的，行政机关可以纳入主动公开的范围。”可知，交通运输厅是“可以”纳入主动公开的范围，而非“应当”。因此，D项错误。

综上所述，本题答案为AC项。

11 62205232

答案：A,B,D。

解析：A项：根据《政府信息公开条例》第3条第3款的规定：“县级以上地方人民政府【办公厅（室）】是本行政区域的政府信息公开工作主管部门，负责推进、指导、协调、监督本行政区域的政府信息公开工作。”可知，地方各级政府是政府信息公开工作的领导机关，地方各级政府办公厅（室）才是政府信息公开工作的主管部门。因此，A项错误，当选。

B项：根据《行政许可法》第40条的规定：“行政机关作出的准予行政许可决定，应当予以公开，公众有权查阅。”以及《政府信息公开条例》第10条的规定：“行政机关制作的政府信息，由制作该政府信息的行政机关负责公开……”这说明烟草专卖零售许可证应由作出烟草专卖零售许可决定的机关——县烟草专卖局公开，所以，县市场监督管理局拒绝公开，告知李某向县烟草专卖局申请公开的做法是合法的。因此，B项错误，当选。

C项：根据《政府信息公开条例》第29条第2款第1项的规定：“政府信息公开申请应当包括下列内容：（一）申请人的姓名或者名称、【身份证明】、联系方式。”所有申请政府信息公开的申请人均需要提交身份证明，所以李某应当提交身份证明。因此，C项正确，不当选。

D项：根据《政府信息公开条例》第42条第1款的规定：“行政机关依申请提供政府信息，不收取费用。但是，申请人申请公开政府信息的数量、频次明显超过合理范围的，行政机关可以收取信息处理费。”可知，只有对滥用知情权，大量、高频申请政府信息公开的申请人，才可以收取信息处理费。李某并没有大量、高频地申请政府信息公开，不可以向其收取信息处理费。因此，D项错误，当选。

综上所述，本题为选非题，答案为ABD项。

12 62205231

答案：B,D。

解析：AB项：根据《政府信息公开条例》第10条第3款的规定：“两个以上行政机关共同制作的政府信息，由牵头制作的行政机关负责公开。”由牵头机关负责公开最有权威性，本题中牵头机关为甲省公安厅，应当由其负责公开。因此，A项正确，不当选；B项错误，当选。

C项：根据《政府信息公开条例》第34条的规定：“申请公开的政府信息由两个以上行政机关共同制作的，牵头制作的行政机关收到政府信息公开申请后【可以征求相关行政机关的意见】，被征求意见机关应当自收到征求意见书之日起15个工作日内提出意见，逾期未提出意见的视为同意公开。”可知，共同制作的政府信息，牵头机关可以在收到政府信息公开申请后征询相关行政机关的意见。因此，C项正确，不当选。

D项：根据《政府信息公开条例》第33条第2款的规定：“行政机关不能当场答复的，应当自收到申请之日起20个工作日内予以答复；需要延长答复期限的，应当经政府信息公开工作机构负责人同意并告知申请人，延长的期限最长不得超过20个工作日。”可知，依申请公开的政府信息，原则上应当在20个工作日内答复，最迟应当在40个工作日内答复。因此，D项错误，当选。

综上所述，本题为选非题，答案为BD项。

13 62205229

答案：A,B,D。

解析：A项：根据《政府信息公开条例》第21条的规定：“……乡（镇）人民政府还应当根据本地方的具体情况，【主动公开】贯彻落实农业农村政策、农田水利工程建设运营、农村土地承包经营权流转、宅基地使用情况审核、土地征收、房屋征收、【筹资筹劳】、社会救助等方面的政府信息。”因此，A项正确。

B项：根据《政府信息公开条例》第25条第2款的规定：“行政机关可以根据需要设立公共查阅室、资料索取点、信息公告栏、【电子信息屏】等场所、设施，公开政府信息。”因此，B项正确。

C 项：根据《政府信息公开条例》第 26 条的规定："属于主动公开范围的政府信息，应当自该政府信息形成或者变更之日起 20 个工作日内及时公开。法律、法规对政府信息公开的期限另有规定的，从其规定。"据此可知，主动公开的政府信息，原则上应在 20 个工作日内公开而非 40 个工作日。依申请公开的政府信息，才是最长不得超过 40 个工作日。因此，C 项错误。

D 项：根据《政府信息公开条例》第 25 条第 1 款的规定："各级人民政府应当在国家档案馆、公共图书馆、【政务服务场所设置政府信息查阅场所】，并配备相应的设施、设备，为公民、法人和其他组织获取政府信息提供便利。"因此，D 项正确。

综上所述，本题答案为 ABD 项。

14 62105102

答案：A,C,D。

解析：A 项：根据《政府信息公开条例》第 37 条的规定："申请公开的信息中含有不应当公开或者不属于政府信息的内容，但是能够作区分处理的，行政机关应当向申请人提供可以公开的政府信息内容，【并对不予公开的内容说明理由】。"可知，行政机关除了需要提供可以公开的内容外，还应对不予公开的内容说明理由。因此，A 项错误，当选。

B 项：根据《政府信息公开条例》第 11 条第 1 款的规定："行政机关应当建立健全【政府信息公开协调机制】……"因此，B 项正确，不当选。

C 项：根据《政府信息公开条例》第 42 条第 1 款的规定："行政机关依申请提供政府信息，【不收取费用】。但是，申请人申请公开政府信息的数量、频次明显超过合理范围的，行政机关可以收取信息处理费。"可知，行政机关依申请提供政府信息的不得收取费用，只有在特定情况下才可以收取信息处理费。因此，C 项错误，当选。

D 项：根据《政府信息公开条例》第 30 条的规定："政府信息公开申请内容不明确的，行政机关【应当给予指导和释明】，并自收到申请之日起 7 个工作日内一次性告知申请人作出补正，说明需要补正的事项和合理的补正期限……"可知，行政机关还应当给予指导和释明，并非只告知申请人补正即可。因此，D 项错误，当选。

综上所述，本题为选非题，答案为 ACD 项。

第十二章 行政复议与诉讼①

参考答案

[1] ACD	[2] C	[3] A	[4] B	[5] D
[6] CD	[7] ACD	[8] AC	[9] ABD	[10] BCD
[11] ACD	[12] B	[13] D	[14] D	[15] ABD

一、历年真题及仿真题

（一）行政复议与诉讼的衔接

【多选】

1 1801083

答案：A,C,D。

解析：A 项：根据《反垄断法》第 65 条的规定："对反垄断执法机构依据本法第三十四条（禁止经营者集中）、第三十五条（限制经营者集中）作出的决定不服的，可以先依法申请行政复议；对行政复议决定不服的，可以依法提起行政诉讼。"可知，某企业应当先申请行政复议，对复议决定不服的才可提起行政诉讼。因此，A 项正确。

B 项：新《行政复议法》修改后，复议前置情形共有六种：（1）行政确权案件中当事人认为侵犯自己已经取得的自然资源所有权或者使用权的案件；（2）纳税争议案件（税收相关的行政处罚、强制及反倾销税除外）；（3）反垄断法中的限制或禁止经营者集中的决定；（4）当场作出的处罚决定；（5）行政不作为案件；（6）不予公开政府信息。对省级政府作出的行政行为不服的不在此列，所以江某对省政府作出的行政行为不服的不需要先申请行政复议，可以直接提起行政诉讼。因此，B 项错误。

C 项：根据《行政复议法》第 23 条第 1 款第 2 项

① 2023 年 9 月 1 日，新修订的《行政复议法》经十四届全国人大常委会第五次会议表决通过，自 2024 年 1 月 1 日起施行。本题集解析均依照新法作出。

的规定："有下列情形之一的，申请人应当先向行政复议机关申请行政复议，对行政复议决定不服的，可以再依法向人民法院提起行政诉讼：（二）对行政机关作出的侵犯其已经依法取得的自然资源的所有权或者使用权的决定不服。"可知，C选项为自然资源确权案件，属于复议前置的情形，故刘某应当先申请行政复议；对行政复议决定不服的，才可以向法院提起行政诉讼。因此，C项正确。

D项：根据《税收征收管理法》第88条第1款的规定："纳税人、扣缴义务人、纳税担保人同税务机关在纳税上发生争议时，必须先依照税务机关的纳税决定缴纳或者解缴税款及滞纳金或者提供相应的担保，然后可以依法申请行政复议；对行政复议决定不服的，可以依法向人民法院起诉。"可知，税务局责令补缴税款是行政征收行为，属于一般纳税争议，王某不服税务局要求其补缴个税决定的，应当先履行补缴义务，然后再申请行政复议，对行政复议决定不服，才可以提起行政诉讼。因此，D项正确。

综上所述，本题答案为ACD项。

（二）综合知识点

【单选】

2 1302045

答案：C。

解析：A项：根据《政府信息公开条例》第27条的规定："除行政机关主动公开的政府信息外，公民、法人或者其他组织可以向地方各级人民政府、对外以自己名义履行行政管理职能的县级以上人民政府部门（含本条例第十条第二款规定的派出机构、内设机构）申请获取相关政府信息。"可知，田某作为公民，具备申请人资格。因此，A项错误。

B项：根据《政府信息公开条例》第20条第6项的规定："行政机关应当依照本条例第十九条的规定，主动公开本行政机关的下列政府信息：（六）实施行政处罚、行政强制的依据、条件、程序以及本行政机关认为具有一定社会影响的行政处罚决定。"可知，行政机关认为具有一定社会影响的行政处罚决定才属于重点公开的范畴，而不是所有的处罚决定均应主动公开。因此，B项错误。

C项：根据《行政复议法》第23条第1款第4项的规定："有下列情形之一的，申请人应当先向行政复议机关申请行政复议，对行政复议决定不服的，可以再依法向人民法院提起行政诉讼：（四）申请政府信息公开，行政机关不予公开。"可知，新《行政复议法》将不予公开政府信息决定列入复议前置范围，本题中某工商局拒绝公开田某申请的政府信息，田某不服的应当先申请行政复议。因此，C项正确。

D项：首先，根据C项可知，不予公开决定属于复议前置的情形，应当先申请复议，对复议决定不服的再提起行政诉讼，故起诉期限一定不是行政诉讼一般起诉期限6个月。其次，根据《行政诉讼法》第45条的规定："公民、法人或者其他组织不服复议决定的，可以在收到复议决定书之日起十五日内向人民法院提起诉讼。复议机关逾期不作决定的，申请人可以在复议期满之日起十五日内向人民法院提起诉讼。法律另有规定的除外。"可知，若田某复议后再起诉，起诉期限为15日。因此，D项错误。

综上所述，本题答案为C项。

【由于《行政复议法》修订，本题原答案为D，现修改为C。】

3 1002048

答案：A。

解析：A项：根据《行政复议法》第20条第1款的规定："公民、法人或者其他组织认为行政行为侵犯其合法权益的，可以自知道或者应当知道该行政行为之日起六十日内提出行政复议申请；但是法律规定的申请期限超过六十日的除外。"可知，行政复议的一般申请期限为知道或者应当知道具体行政行为之日起60日，但如其他法律规定的申请期限超过60日的，则依照其他法律的规定，如少于60日的，则依照《行政复议法》的规定。《环境保护法》中规定的复议申请期限为15日，少于60日，如该企业申请复议，应按《行政复议法》规定的60日计算。因此，A项正确。

B项：根据《行政诉讼法》第46条第1款的规定："公民、法人或者其他组织直接向人民法院提起诉讼的，应当自知道或者应当知道作出行政行为之日起六个月内提出。法律另有规定的除外。”可知，对于行政诉讼的起诉期限通常情况下为6个月，如法律有特殊规定则从特殊规定。《环境保护法》规定的起诉期限为15日，如该企业直接起诉，则提起诉讼的期限应为15日。因此，B项错误。

C项：只有通过法律的授权，行政处罚的决定机关才可以从该企业的银行账户中划拨相应款项，但《环境保护法》并未赋予处罚决定机关强制执行权，故县环保局应【向人民法院申请强制执行】。因此，C项错误。

D项：根据《行政强制法》第46条第3款的规定：“没有行政强制执行权的行政机关应当申请人民法院强制执行。但是，当事人在法定期限内【不申请行政复议或者提起行政诉讼】，经【催告仍不履行】的，在实施行政管理过程中【已经采取查封、扣押措施】的行政机关，可以将查封、扣押的财物依法拍卖抵缴罚款。”可知，没有强制执行权的行政机关也有拍卖权，本题中，只有在该企业不诉讼、不复议，经催告仍不履行时，才能拍卖县环保局已经实施查封、扣押措施的财产。选项中“企业逾期不缴纳罚款，县环保局可扣押财产并拍卖”的说法，并没有说明上述条件。因此，D项错误。

综上所述，本题答案为A项。

4 1502048

答案：B。

解析：A项：根据《治安管理处罚法》第49条的规定：“盗窃、诈骗、哄抢、抢夺、敲诈勒索或者故意损毁公私财物的，处五日以上十日以下拘留，可以并处五百元以下罚款；情节较重的，处十日以上十五日以下拘留，可以并处一千元以下罚款。”可知，哄抢财物的行为属于侵犯公民财产权利的行为，并不必然导致公共秩序的混乱，不是扰乱公共秩序的行为。因此，A项错误。

B项：根据《治安管理处罚法》第89条第1款的规定：“公安机关办理治安案件，对与案件有关的需要作为证据的物品，可以扣押；对被侵害人或者善意第三人合法占有的财产，不得扣押，应当予以登记。对与案件无关的物品，不得扣押。”可知，田某哄抢的财物为他人合法占有的财产，所以应予以登记。因此，B项正确。

C项：根据《治安管理处罚法》第83条第1款的规定：“对违反治安管理行为人，公安机关传唤后应当及时询问查证，询问查证的时间不得超过八小时；情况复杂，依照本法规定可能适用行政拘留处罚的，询问查证的时间不得超过二十四小时。”可知，本案可能适用行政拘留，询问查证最长不得超过24小时而非12小时。因此，C项错误。

D项：根据《行政复议法》第20条第1款的规定：“公民、法人或者其他组织认为行政行为侵犯其合法权益的，可以自知道或者应当知道该行政行为之日起六十日内提出行政复议申请；但是法律规定的申请期限超过六十日的除外。”可知，田某申请复议的期限为60日而非6个月。因此，D项错误。

综上所述，本题答案为B项。

5 1102048

答案：D。

解析：A项：根据《行政处罚法》第59条第1款第5项的规定：“行政机关依照本法第五十七条的规定给予行政处罚，应当制作行政处罚决定书。行政处罚决定书应当载明下列事项：（五）申请行政复议、提起行政诉讼的途径和期限；”可知，国土资源局应当在向陈某送达的决定书上载明不服该决定申请行政复议或提起行政诉讼的途径和期限。因此，A项正确，不当选。

B项：为当事人设定义务或者剥夺其权益的，是负担性的具体行政行为；为当事人授予权利、利益或者免除负担义务的，是授益性的具体行政行为。本题中，国土资源局责令陈某拆除房屋的决定为陈某设定了拆除房屋的义务，属于负担性具体行政行为。因此，B项正确，不当选。

C项：根据《行政诉讼法》第46条第1款的规定：“公民、法人或者其他组织直接向人民法院提起诉讼的，应当自知道或者应当知道作出行政行为之日起六个月内提出。【法律另有规定的除外】。”可知，行政诉讼的起诉期限，若其他法律有特殊规定的，特殊法优先适用。因此，C项正确，不当选。

D项：根据《行政强制法》第53条规定："当事人在法定期限内不申请行政复议或者提起行政诉讼，又不履行行政决定的，没有行政强制执行权的行政机关可以自期限届满之日起三个月内，依照本章规定申请人民法院强制执行。"可知，没有行政强制执行权的行政机关只能申请法院强制执行。根据我国《土地管理法》的相关规定，并没有赋予国土资源局强制执行权。在本题中，陈某不履行决定又未在法定期限内申请复议或起诉，国土资源局应申请法院强制执行，而不能自行拆除。因此，D项错误，当选。

综上所述，本题为选非题，答案为D项。

【多选】

6 1302083

答案：C,D。

解析：A项：行政机关对民事纠纷的调解不具有强制执行力，不对当事人的权利义务产生实质的影响，不具有处分性，不是具体行政行为，不属于受案范围，不能进行诉讼和复议。因此，A项错误。

B项：根据《出境入境管理法》第64条第1款的规定："外国人对依照本法规定对其实施的继续盘问、拘留审查、限制活动范围、遣送出境措施不服的，可以依法申请行政复议，该行政复议决定为最终决定。"可知，出入境边防检查机关对外国人采取的遣送出境措施只能进行复议不能进行诉讼，属于复议终局。因此，B项错误。

C项：根据《反倾销条例》第53条的规定："对依照本条例第二十五条作出的终裁决定不服的，对依照本条例第四章作出的是否征收反倾销税的决定以及追溯征收、退税、对新出口经营者征税的决定不服的，或者对依照本条例第五章作出的复审决定不服的，可以依法申请行政复议，也可以依法向人民法院提起诉讼。"可知，对于是否征收反倾销税的决定，可以申请行政复议，也可以提起行政诉讼。因此，C项正确。

D项：根据《税收征收管理法》第88条第2款的规定："当事人对税务机关的处罚决定、强制执行措施或者税收保全措施不服的，可以依法申请行政复议，也可以依法向人民法院起诉。"可知，对于税务机关的处罚决定，既可以选择行政复议，也可以选择行政诉讼。因此，D项正确。

综上所述，本题答案为CD项。

7 2201128

答案：A,C,D。

解析：AD项：根据《行政处罚法》第64条第5项、第8项的规定："听证应当依照以下程序组织：（五）当事人可以亲自参加听证，也【可以委托一至二人代理】……（八）【听证应当制作笔录】……"可知，企业可委托代理人参加听证，税务局应制作听证笔录。因此，AD项正确。

B项：根据《行政处罚法》第63条第2款的规定："当事人【不承担】行政机关组织听证的费用。"可知，企业不承担听证费用。因此，B项错误。

C项：根据《税收征收管理法》第88条第2款的规定："当事人对税务机关的【处罚决定】、强制执行措施或者税收保全措施不服的，【可以依法申请行政复议】，【也可以依法向人民法院起诉】。"本题为对税务机关作出的行政处罚决定不服的案件，不属于复议前置情形，故该企业既可以申请复议，也可以直接提起诉讼。因此，C项正确。

综上所述，本题答案为ACD项。

8 1402079

答案：A,C。

解析：A项：根据《治安管理处罚法》第83条第1款的规定："对违反治安管理行为人，公安机关传唤后应当及时询问查证，询问查证的时间不得超过八小时；情况复杂，依照本法规定可能适用行政拘留处罚的，询问查证的时间不得超过二十四小时。"由于刘某可能适用行政拘留处罚，所以对其询问查证时间最长不得超过24小时。因此，A项正确。

B项：根据《治安管理处罚法》第98条的规定："公安机关作出吊销许可证以及处二千元以上罚款的治安管理处罚决定前，应当告知违反治安管理行为人有权要求举行听证；违反治安管理行为人要求听证的，公安机关应当及时依法举行听证。"可知，公安局对刘某处以3000元的罚款，已超过法条规定的 2000 元的限制，应当告知其有权适用听证程序。因此，B 项错误。

C 项：根据《治安管理处罚法》第 10 条第 2 款的规定："对违反治安管理的外国人，可以附加适用限期出境或者驱逐出境。"可知，本题中，如刘某为外国人，可以附加适用限期出境。因此，C 项正确。

D 项：根据《行政诉讼法》第 46 条第 1 款的规定："公民、法人或者其他组织直接向人民法院提起诉讼的，应当自知道或者应当知道作出行政行为之日起六个月内提出。法律另有规定的除外。"可知，刘某向法院起诉的期限为 6 个月而非 3 个月。因此，D 项错误。

综上所述，本题答案为 AC 项。

9 1102081

答案：A,B,D。

解析：A 项：根据《行政处罚法》第 44 条的规定："行政机关在作出行政处罚决定之前，应当告知当事人拟作出的行政处罚内容及【事实、理由、依据】，并告知当事人依法享有的陈述、申辩、要求听证等权利。"因此，A 项正确。

B 项：根据《行政复议法》第 20 条第 1 款的规定："公民、法人或者其他组织认为行政行为侵犯其合法权益的，可以自知道或者应当知道该行政行为之日起六十日内提出行政复议申请；但是法律规定的申请期限超过六十日的除外。"可知，沈某申请复议的期限为 60 日。因此，B 项正确。

CD 项：根据《治安管理处罚法》第 98 条的规定："公安机关作出吊销许可证以及处二千元以上罚款的治安管理处罚决定前，应当告知违反治安管理行为人有权要求举行听证；违反治安管理行为人要求听证的，公安机关应当及时依法举行听证。"可知，公安机关只有作出吊销许可证或者处 2000 元以上罚款的治安管理处罚决定前才有告知听证的义务，因此按照一般情形，本题中的 1000 元罚款无需进行听证。但是，根据信赖利益保护原则，由于公安机关已经告知沈某有提出听证的权利，沈某提出听证要求后，公安机关应当组织听证。本题中，该分局未进行听证而作出罚款决定是违法的。因此，D 项正确；C 项错误。

综上所述，本题答案为 ABD 项。

10 2001114

答案：B,C,D。

解析：A 项：根据《政府信息公开条例》第 32 条的规定："依申请公开的政府信息公开会损害第三方合法权益的，行政机关应当书面征求第三方的意见。第三方应当自收到征求意见书之日起 15 个工作日内提出意见。第三方逾期未提出意见的，由行政机关依照本条例的规定决定是否公开……"可知，若某公司逾期未答复，既不是视为拒绝，也不是视为同意，而是由行政机关权衡判断，因为此时行政机关需要平衡申请人和第三方的利益，知情权和隐私权或商业秘密权之间没有公式般孰优孰劣的关系，行政机关只能结合具体的案情作出权衡判断，如果认为知情权更值得保护，则应予以公开，反之，则应不公开。因此，A 项错误。

B 项：根据《政府信息公开条例》第 15 条的规定："涉及商业秘密、个人隐私等公开会对第三方合法权益造成损害的政府信息，行政机关不得公开。但是，第三方同意公开或者行政机关认为不公开会对公共利益造成重大影响的，予以公开。"可知，本题中，行政机关尽管已经书面征求第三方意见，但未依职权判断是否存在不公开会对公共利益造成重大影响的情况，其直接以涉及商业秘密为由拒绝公开的做法是违法的。因此，B 项正确。

C 项：根据《行政复议法》第 23 条第 1 款第 4 项的规定："有下列情形之一的，申请人应当先向行政复议机关申请行政复议，对行政复议决定不服的，可以再依法向人民法院提起行政诉讼：（四）申请政府信息公开，行政机关不予公开。"可知，新《行政复议法》规定行政机关不予公开政府决定属于复议前置事项。本题中，行政机关拒绝公开政府信息，故甲应当先申请复议。因此，C 项正确。

D 项：根据《政府信息公开条例》第 29 条第 2 款第 1 项的规定："政府信息公开申请应当包括下列内容：（一）申请人的姓名或者名称、身份证明、联系方式；"为了防止在申请资格放开后，一些"匿名"申请人滥用权利胡乱申请，进而浪费有限的行政资源，《条例》要求所有申请人均需要提供身份证明。因此，D项正确。
综上所述，本题答案为BCD项。
【由于《行政复议法》修订，本题原答案为BD，现修改为BCD。】

【不定项】

11　2001133

答案：A,C,D。
解析：AC项：2019年《政府信息公开条例》取消了申请人所申请的信息应当与“自身生产、生活、科研等特殊需要”相关的要求。因此，行政机关不得以申请公开的信息与申请人的生产、生活等没有关系为由拒绝公开。因此，AC项错误，当选。
BD项：根据《行政复议法》第20条第1款的规定：“公民、法人或者其他组织认为行政行为侵犯其合法权益的，可以自知道或者应当知道该行政行为之日起六十日内提出行政复议申请；但是法律规定的申请期限超过六十日的除外。”可知，行政复议申请期为60日，此时间是法定的，不可协商确定。因此，B项正确，不当选，D项错误，当选。
综上所述，本题为选非题，答案为ACD项。

二、模拟训练

【单选】

12　62105110

答案：B。
解析：AB项：根据《税收征收管理法》第88条第1、2款的规定：“纳税人、扣缴义务人、纳税担保人同税务机关在纳税上发生争议时，必须先依照税务机关的纳税决定缴纳或者解缴税款及滞纳金或者提供相应的担保，然后可以依法申请行政复议；对行政复议决定不服的，可以依法向人民法院起诉。当事人对税务机关的处罚决定、强制执行措施或者税收保全措施不服的，可以依法申请行政复议，也可以依法向人民法院起诉。”可知，本案的纳税争议非关于税务机关的处罚、强制执行等措施，属于复议前置情形，故该公司必须先申请行政复议，不经复议不得起诉。因此，A项错误，B项正确。
CD项：根据《行政复议法》第26条的规定：“对省、自治区、直辖市人民政府依照本法第二十四条第二款的规定、国务院部门依照本法第二十五条第一项的规定作出的行政复议决定不服的，可以向人民法院提起行政诉讼；也可以向国务院申请裁决，国务院依照本法的规定作出最终裁决。”可知，对省部级单位就自己的行政行为作出的复议决定不服的，才能够向国务院申请终局裁决。本题中的市税务局非省部级单位，不符合要求。因此，CD项错误。
综上所述，本题答案为B项。

13　62205125

答案：D。
解析：A项：根据《税收征收管理法》第88条第1、2款的规定：“纳税人、扣缴义务人、纳税担保人同税务机关在纳税上发生争议时，必须先依照税务机关的纳税决定缴纳或者解缴税款及滞纳金或者提供相应的担保，然后可以依法申请行政复议；对行政复议决定不服的，可以依法向人民法院起诉。当事人对税务机关的处罚决定、强制执行措施或者税收保全措施不服的，可以依法申请行政复议，也可以依法向人民法院起诉。”可知，对于涉税案件一般适用复议前置，但存在三个例外，即行政处罚、行政强制与反倾销税。对缴税数额的异议不属于三种例外情形，故应当适用一般的复议前置。因此，A项错误。
B项：根据《反垄断法》第53条的规定：“对反垄断执法机构依据本法第二十八条（禁止集中）、第二十九条（限制集中）作出的决定不服的，可以先依法申请行政复议；对行政复议决定不服的，可以依法提起行政诉讼。”可知，乙公司对反垄断执法机构的限制收购决定不服，应先申请复议后才能提起诉讼。因此，B项错误。
C项：根据《行政复议法》第23条第1款第2项的规定：“有下列情形之一的，申请人应当先向行政复议机关申请行政复议，对行政复议决定不服的，可以再依法向人民法院提起行政诉讼：（二）对行政机关作出的侵犯其已经依法取得的自然资源的所有权或者使用权的决定不服。”可知，甲村如果认为林业局的行为侵犯了其对该荒地的所有权，应当先进行复议，而不能直接起诉。因此，C项错误。

D项：撤销行政许可不属于法律、法规规定的复议前置或复议终局的情形，故赵某可直接提起诉讼。因此，D项正确。

综上所述，本题答案为D项。

14 62205128

答案：D。

解析：AC项：根据《行政诉讼法》第25条第1款的规定："行政行为的相对人以及其他与行政行为有利害关系的公民、法人或者其他组织，有权提起诉讼。"又根据《行诉解释》第12条第3项的规定："有下列情形之一的，属于行政诉讼法第二十五条第一款规定的'与行政行为有利害关系'：（三）要求行政机关依法追究加害人法律责任的；"可知，本案中，乙作为被害人，可以向法院起诉，其次甲作为行政处罚的相对人且罚款500元的行政处罚不属于复议前置案件，甲可以直接向法院起诉。因此，AC项正确，不当选。

B项：根据《行政复议法》第23条第1款第2项的规定："有下列情形之一的，申请人应当先向行政复议机关申请行政复议，对行政复议决定不服的，可以再依法向人民法院提起行政诉讼：（二）对行政机关作出的侵犯其已经依法取得的自然资源的所有权或者使用权的决定不服。"可知，甲对县政府关于土地所有权的裁决不服，不能直接起诉，应当先申请行政复议。因此，B项正确，不当选。

D项：新《行政复议法》修订后，复议终局情形仅有一种，即复议机关针对出入境管理机关依照《出境入境管理法》规定对外国人、境外人员作出的继续盘问、拘留审查、遣送出境等限制人身自由的措施作出的复议决定。除此之外，其余情形均不是复议终局，故本案市政府作出的复议决定并非终局裁决。因此，D项错误，当选。

综上所述，本题为选非题，答案为D项。

【多选】

15 62005137

答案：A,B,D。

解析：A项：根据《行政复议法》第23条第1款第2项的规定："有下列情形之一的，申请人应当先向行政复议机关申请行政复议，对行政复议决定不服的，可以再依法向人民法院提起行政诉讼：（二）对行政机关作出的侵犯其已经依法取得的自然资源的所有权或者使用权的决定不服。"可知，本案属于复议前置的情形，袁某应先申请行政复议。又根据《行政复议法》第24条第1款第2项的规定："县级以上地方各级人民政府管辖下列行政复议案件：（二）对下一级人民政府作出的行政行为不服的。"所以，袁某应向镇政府的上一级地方政府即县政府申请行政复议，而非向镇政府申请。因此，A项错误，当选。

B项：根据《行政复议法》第20条第1款的规定："公民、法人或者其他组织认为行政行为侵犯其合法权益的，可以自知道或者应当知道该行政行为之日起六十日内提出行政复议申请；但是法律规定的申请期限超过六十日的除外。"袁某于2月1日知道该具体行政行为，应在60日内即4月2日之前申请行政复议，而非3月28日之前。因此，B项错误，当选。

CD项：法院应予受理。原因在于：第一，原告的起诉行为还仅仅停留在起诉阶段，案件并未经实质的审理。此时，原告的撤诉行为并不会导致诉权的消耗，故原告撤诉后再行起诉的行为也不违反一事不再理原则。第二，由A项解析可知，本案为行政复议前置案件，故本案原告必须先申请行政复议，否则原告的起诉将不符合起诉条件。本案原告在撤诉之前因没有提起行政复议，也就没有相应的行政诉权，其撤诉后依法提起行政复议的行为应当属于对其行使行政诉权的修复。第三，原告撤诉后，申请行政复议。复议机关作出复议维持决定后，原告不服再次起诉，请求法院撤销原处理决定。可见，原告此时依据的法律事实确已发生变化，并非基于同一事实和理由。因此，对于此种情形下原告撤诉后再起诉的，人民法院依法应当受理。因此，C项正确，不当选；D项错误，当选。

综上所述，本题为选非题，答案为ABD项。

第十三章 行政复议与诉讼受案范围

参考答案

[1]D	[2]BD	[3]BD	[4]BCD	[5]ACD
[6]C	[7]A	[8]C	[9]B	[10]AB
[11]CD	[12]AD	[13]B	[14]D	[15]CD
[16]ABC				

一、历年真题及仿真题

（一）行政诉讼与复议受案范围

【单选】

1 1702049

答案：D。

解析：A项：根据《行诉解释》第1条第2款第2项的规定："下列行为不属于人民法院行政诉讼的受案范围：（二）调解行为以及法律规定的仲裁行为。"可知，当事人对劳动争议仲裁裁决结果不服的，不属于行政诉讼的受案范围，而是属于民事诉讼的受案范围。因此，A项错误。

B项：根据《出境入境管理法》第64条第1款的规定："外国人对依照本法规定对其实施的继续盘问、拘留审查、限制活动范围、遣送出境措施不服的，可以依法申请行政复议，该行政复议决定为最终决定。"又根据《行政诉讼法》第13条第4项的规定："人民法院不受理公民、法人或者其他组织对下列事项提起的诉讼：（四）法律规定由行政机关最终裁决的行政行为。"可知，外国人对出入境边检机关实施遣送出境措施不服的，只能申请复议，并且该复议决定为最终决定，不能提起行政诉讼。因此，B项错误。

C项：根据《行政诉讼法》第13条第3项的规定："人民法院不受理公民、法人或者其他组织对下列事项提起的诉讼：（三）行政机关对行政机关工作人员的奖惩、任免等决定。"可知，财政局对其工作人员李某进行定期考核，此系内部行为，不可提起行政诉讼。因此，C项错误。

D项：根据《行政诉讼法》第12条第1款第11项的规定："人民法院受理公民、法人或者其他组织提起的下列诉讼：（十一）认为行政机关不依法履行、未按照约定履行或者违法变更、解除政府特许经营协议、土地房屋征收补偿协议等协议的。"可知，D项属于第11项规定的情形，因此该纠纷属于行政诉讼的受案范围。因此，D项正确。

综上所述，本题答案为D项。

【多选】

2 2201122

答案：B,D。

解析：AB项：根据《高校教师职称评审监管暂行办法》第3条的规定："高校教师【职称评审权直接下放至高校】，尚不具备独立评审能力的可以采取联合评审、委托评审的方式，【主体责任由高校承担】……"以及《高等教育法》第37条的规定："高等学校……按照国家有关规定，【评聘教师和其他专业技术人员的职务】，调整津贴及工资分配。"可知，高校教师职称评定乃高校行使自治权的表现，非行使行政职权，不具有行政性，此时高校也并非行政主体，故职称评定不属于具体行政行为，也不属于内部行为（内部行为是行政主体在行政管理的过程中作出的，只是不针对外部对象不产生对外效力），不可诉。因此，A项错误，B项正确。

C项：过程性行为是指行政主体为最终作出有权利义务安排的行政行为而进行的准备性、过程性、中间性、阶段性的行为，如准备、论证、研究、层报、咨询等行为。内部行为是指行政机关在行政管理内部所作的行为，比如行政机关间内部沟通、会签意见、内部报批等行为。本案中，市教育局将《初步意见》报送市政府审查，属于内部行为，非过程性行为。因此，C项错误。

D项：市政府的复核行为属于上级行政机关基于内部层级监督关系对下级行政机关所进行的监督，属于内部行为，不具有外部性，不属于具体行政行为，不可诉。因此，D项正确。

综上所述，本题答案为BD项。

3 1801082

答案：B,D。

解析：A 项：根据《行诉解释》第 57 条的规定："法律、法规未规定行政复议为提起行政诉讼必经程序，公民、法人或者其他组织既提起诉讼又申请行政复议的，由先立案的机关管辖；同时立案的，由公民、法人或者其他组织选择。公民、法人或者其他组织已经申请行政复议，在法定复议期间内又向人民法院提起诉讼的，人民法院裁定不予立案。"可知，李某已经申请行政复议，在法定复议期间内又向人民法院提起诉讼的，人民法院应当裁定不予立案。因此，A 项错误。

BD 项：根据《行政诉讼法》第 12 条第 1 款第 5 项的规定："人民法院受理公民、法人或者其他组织提起的下列诉讼：（五）对征收、征用决定及其补偿决定不服的。"房屋征收决定和房屋征收补偿决定会对当事人的权利义务产生实质影响，属于具体行政行为，可诉。因此，BD 项正确。

C 项：我国的行政诉讼只有"民告官"，没有"官告民"，原告应当是不享有行政权力的普通公民、法人或者其他组织。房屋征收部门属于行政机关，不可以原告身份对行政相对人提起行政诉讼。因此，C 项错误。

综上所述，本题答案为 BD 项。

4 1602083

答案：B,C,D。

解析：AC 项：根据《行政诉讼法》第 12 条第 1 款第 11 项的规定："人民法院受理公民、法人或者其他组织提起的下列诉讼：（十一）认为行政机关不依法履行、未按照约定履行或者违法变更、解除政府特许经营协议、土地房屋征收补偿协议等协议的。"可知，A 项属于第 11 项的情形，为行政诉讼受案范围；C 项的原告为房屋征收主管部门，被告为相对人李某，与第 11 项以行政机关为被告不符。即行政诉讼是"民告官"的诉讼，没有"官告民"的诉讼。因此，A 项正确，不当选；C 项错误，当选。

BD 项：根据《行政诉讼法》第 13 条的规定："人民法院不受理公民、法人或者其他组织对下列事项提起的诉讼：（一）国防、外交等国家行为；（二）行政法规、规章或者行政机关制定、发布的具有普遍约束力的决定、命令；（三）行政机关对行政机关工作人员的奖惩、任免等决定；（四）法律规定由行政机关最终裁决的行政行为。"可知，B 项的环保局干部孙某考核不合格属于第 3 项的内部行政行为，D 项的征地补偿安置标准文件属于第 2 项的抽象行政行为，均为不可诉。因此，BD 项错误，当选。

综上所述，本题为选非题，答案为 BCD 项。

5 1102080

答案：A,C,D。

解析：A 项：根据《行政诉讼法》第 12 条第 1 款第 3 项的规定："人民法院受理公民、法人或者其他组织提起的下列诉讼：（三）申请行政许可，行政机关拒绝或者在法定期限内不予答复，或者对行政机关作出的有关行政许可的其他决定不服的。"可知，本项属于对行政机关作出的拒绝发放行政许可的决定不服，属于行政诉讼的受案范围。因此，A 项正确。

B 项：根据《行政许可案件规定》第 3 条的规定："公民、法人或者其他组织仅就行政许可过程中的告知补正申请材料、听证等通知行为提起行政诉讼的，人民法院不予受理，但导致许可程序对上述主体事实上终止的除外。"可知，B 项属于告知补正申请材料，且没有导致行政程序事实上的终止，不属于行政诉讼的受案范围。因此，B 项错误。

C 项：根据《行政许可案件规定》第 2 条的规定："公民、法人或者其他组织认为行政机关未公开行政许可决定或者未提供行政许可监督检查记录侵犯其合法权益，提起行政诉讼的，人民法院应当依法受理。"可知，环保局未提供对化肥厂排污许可证的监督检查记录侵犯了附近居民的合法权益，居民遭到拒绝后有权起诉，C 项属于行政诉讼的受案范围。因此，C 项正确。

D 项：根据《行政许可案件规定》第 1 条的规定："公民、法人或者其他组织认为行政机关作出的行政许可决定以及相应的不作为，或者行政机关就行政许可的变更、延续、撤回、注销、撤销等事项作出的有关具体行政行为及其相应的不作为侵犯其合法权益，提起行政诉讼的，人民法院应当依法受理。"可知，D 项属于对撤回行政许可决定不服，属于行政诉讼的受案范围。因此，D项正确。

综上所述，本题答案为ACD项。

【不定项】

6 1502098

答案：C。

解析：A项：根据《行诉解释》第1条第2款第1项的规定："下列行为不属于人民法院行政诉讼的受案范围：（一）公安、国家安全等机关依照刑事诉讼法的明确授权实施的行为（刑事司法行为）。"本案中公安机关拒绝立案侦查的行为属于依照刑诉法授权实施的行为，故不属于行政诉讼的受案范围。因此，A项错误。

B项：根据《行政诉讼法》第2条第1款的规定："公民、法人或者其他组织认为行政机关和行政机关工作人员的行政行为侵犯其合法权益，有权依照本法向人民法院提起诉讼。"可知行政诉讼是由公民、法人或者其他组织提起，行政机关并不能提起行政诉讼。因此，B项错误。

C项：根据《行政诉讼法》第12条第1款第8项的规定："人民法院受理公民、法人或者其他组织提起的下列诉讼：（八）认为行政机关滥用行政权力排除或者限制竞争的。"可知某企业有权就工商局滥用权力限制竞争的行为提起行政诉讼。因此，C项正确。

D项：根据《行政诉讼法》第13条第2项的规定："人民法院不受理公民、法人或者其他组织对下列事项提起的诉讼：（二）行政法规、规章或者行政机关制定、发布的具有普遍约束力的决定、命令。"市政府发布的征收土地补偿费标准是针对不特定主体作出的，具有普遍约束力，不具有特定性，属于抽象行政行为，因此不属于行政诉讼的受案范围。因此，D项错误。

综上所述，本题答案为C项。

7 1102097

答案：A。

解析：A项：李某还没有被录用为公务员，因此，其与人保局之间的法律关系属于行政法律关系，并且人保局作出的具体行政行为影响到了李某的权利义务，因此该行为属于可诉的行政行为，属于行政诉讼的受案范围。因此，A项正确。

BCD项：根据《行政诉讼法》第13条第3项的规定："人民法院不受理公民、法人或者其他组织对下列事项提起的诉讼：（三）行政机关对行政机关工作人员的奖惩、任免等决定。"又根据《公务员法》第95条的规定："公务员对涉及本人的下列人事处理不服的，可以自知道该人事处理之日起三十日内向原处理机关申请复核；对复核结果不服的，可以自接到复核决定之日起十五日内，按照规定向同级公务员主管部门或者作出该人事处理的机关的上一级机关提出申诉；也可以不经复核，自知道该人事处理之日起三十日内直接提出申诉……"可知，工作人员对行政机关的内部处理决定不服的，只能去申请复核或者申诉，而不能提起行政诉讼，B项属于录用处理，C项属于处分行为，D项属于辞职处理，BCD均属于内部行政行为，不属于行政诉讼受案范围，因此，BCD项错误。

综上所述，本题答案为A项。

（二）综合知识点

【单选】

8 1402044

答案：C。

解析：A项：根据《公务员法》第34条的规定："新录用的公务员试用期为一年。试用期满合格的，予以任职；不合格的，取消录用。"可知，A项中对王某的试用期法律规定为一年，不是由某县财政局自主确定。因此，A项错误。

B项：根据《公务员法》第88条的规定："公公务员有下列情形之一的，予以辞退：（一）在年度考核中，连续两年被确定为不称职的；（二）不胜任现职工作，又不接受其他安排的；（三）因所在机关调整、撤销、合并或者缩减编制员额需要调整工作，本人拒绝合理安排的；（四）不履行公务员义务，不遵守法律和公务员纪律，经教育仍无转变，不适合继续在机关工作，又不宜给予开除处分的；（五）旷工或者因公外出、请假期满无正当理由逾期不归连续超过十五天，或者一年内累计超过三十天的。”可知，公务员试用期满不合格并非辞退的法定情形，故取消录用不应当适用辞退公务员的规定。因此，B 项错误。

C 项：根据《行政诉讼法》第 13 条第 3 项的规定：“人民法院不受理公民、法人或者其他组织对下列事项提起的诉讼：（三）行政机关对行政机关工作人员的奖惩、任免等决定。”可知，对王某取消录用属于行政机关对行政机关工作人员的任免决定，王某对其提起行政诉讼，法院不予受理。因此，C 项正确。

D 项：根据《公务员法》第 26 条的规定：“下列人员不得录用为公务员：（一）因犯罪受过刑事处罚的；（二）被开除中国共产党党籍的；（三）被开除公职的；（四）被依法列为失信联合惩戒对象的；（五）有法律规定不得录用为公务员的其他情形的。”可知，不予录用是由于未通过政审等原因，没有成为公务员，取消录用是试用期考核不合格，取消公务员资格，性质不同。因此，D 项错误。

综上所述，本题答案为 C 项。

9 1202085

答案：B。

解析：A 项：根据《信息公开案件规定》第 2 条第 2 项的规定：“公民、法人或者其他组织对下列行为不服提起行政诉讼的，人民法院【不予受理】：（二）要求行政机关提供政府公报、报纸、杂志、书籍等公开出版物，行政机关予以拒绝的。”因此，A 项错误。

B 项：根据《信息公开案件规定》第 1 条第 3 项的规定：“公民、法人或者其他组织认为下列政府信息公开工作中的具体行政行为侵犯其合法权益，依法提起行政诉讼的，人民法院应当受理：（三）认为行政机关主动公开或者依他人申请公开政府信息侵犯其商业秘密、个人隐私的。”可知，B 项符合法律规定情形。因此，B 项正确。

CD 项：根据《行政复议法》第 23 条第 1 款第 4 项的规定：“有下列情形之一的，申请人应当先向行政复议机关申请行政复议，对行政复议决定不服的，可以再依法向人民法院提起行政诉讼：（四）申请政府信息公开，行政机关不予公开。”可知，新《行政复议法》将不予公开政府信息决定列为了复议前置事项，故针对不予公开决定，不得直接提起行政诉讼。CD 项属于行政机关拒绝公开政府信息的情形，属于复议前置的范围，未经复议，法院不得受理。因此，CD 项错误。

综上所述，本题答案为 B 项。

【由于《行政复议法》修订，本题原答案为 BCD，现修改为 B。】

【多选】

10 1901048

答案：A,B。

解析：AC 项：发出《拆除所建房屋通知》的行为性质为行政处罚，属于可诉的具体行政行为。第一，《拆除所建房屋通知》不属于过程性行为。所谓过程性行政行为，是指为最终作出权利义务安排的行政行为而实施的准备、论证、研究、层报、咨询等程序性、阶段性工作行为。例如，申请许可时当事人申请材料不足，行政机关向当事人送达的材料补正告知书即为过程性行为，告知补正材料并不是拒绝当事人许可申请，当事人在补正材料后依然可获得许可，所以，材料补正告知书为不可诉的过程性行为；又如，行政处罚决定作出前未告知听证权利，听证后也并不一定就会作出处罚，所以，听证告知为过程性行为。而本题《拆除所建房屋通知》的内容为要求公司在 30 日内拆除房屋，就如同要求当事人交 500 元罚款的行政处罚决定，或交 50 万元税款的征收决定一样，属于可诉的具体行政行为。第二，《拆除所建房屋通知》不属于行政指导，行政指导是指行政机关以倡导、示范、建议、咨询等方式，引导公民自愿配合而达到行政管理目的的行为，行政指导为“柔性”行为，而本题显然不是“柔性”的行政指导。因此，A 项正确，C 项错误。

B 项：规划局强制拆除是违法的行政行为。第一，有权作出责令拆除决定的是规划主管部门，而有权决定执行强制拆除的是县级以上政府。因此，区规划局强制拆除行为主体违法。第二，在拆除时，区规划局也没有按照《行政强制法》的要求催告当事人、并听取刘某陈述申辩，属于程序违法。第三，《行政强制法》第 44 条规定：“对违法的建筑物、构筑物、设施等需要强制拆除的，应当由行政机关予以公告，限期当事人自行拆除。当事人在法定期限内不申请行政复议或者提起行政诉讼，又不拆除的，行政机关可以依法强制拆除。”区规划局未公告，还在刘某起诉期和复议期满前就实施了强拆行为，属于时限违法。因此，B项正确。

D项：新《行政复议法》修改后，复议前置情形共有六种：（1）行政确权案件中当事人认为侵犯自己已经取得的自然资源所有权或者使用权的案件；（2）纳税争议案件（税收相关的行政处罚、强制及反倾销税除外）；（3）反垄断法中的限制或禁止经营者集中的决定；（4）当场作出的处罚决定；（5）行政不作为案件；（6）不予公开政府信息。本案并不属于六种情形中的任何一种，所以，刘某无需先复议再提起诉讼，可以直接提起行政诉讼。因此，D项错误。

综上所述，本题答案为AB项。

【不定项】

11 2101073

答案：C,D。

解析：A项：具体行政行为应当具备行政性、处分性、外部性、特定性的特征，但本题中《意见》的针对对象是不确定的，因此不具备特定性，属于抽象行政行为。因此，A项错误。

B项：根据《个人所得税法》第4条第1款第1项的规定：“下列各项个人所得，免征个人所得税：（一）省级人民政府、国务院部委和中国人民解放军军以上单位，以及外国组织、国际组织颁发的科学、教育、技术、文化、卫生、体育、环境保护等方面的奖金；”可知，县级政府颁发的奖金不属于免征个人所得税的范围，本题中奖金是由甲县政府发放的，因此应当依法缴纳个人所得税。因此，B项错误。

C项：信赖利益保护原则要求行政机关不得任意撤销、变更已生效的行政决定，确因国家利益、公共利益或者其他法定事由需要撤回或者变更已经生效的行政决定的，也必须依照法定权限和程序进行。本题中，甲县政府应当对其发布的《意见》的真实性、有效性承担法律责任，不得任意更改。因此，C项正确。

D项：乙公司同甲县政府签订投资协议建设垃圾焚毁厂是行政机关为了公共利益同法人签订的协议，属于行政协议。根据《行政协议案件规定》第4条第1款的规定：“因行政协议的订立、履行、变更、终止等发生纠纷，公民、法人或者其他组织作为原告，以行政机关为被告提起行政诉讼的，人民法院应当依法受理。”可知，乙公司就行政协议发生争议的，依法可以提起行政诉讼。因此，D项正确。

综上所述，本题答案为CD项。

12 1302098

答案：A,D。

解析：AB项：根据《行诉解释》第1条第2款第5、6项的规定：“下列行为不属于人民法院行政诉讼的受案范围：（五）行政机关作出的不产生外部法律效力的行为；（六）行政机关为作出行政行为而实施的准备、论证、研究、层报、咨询等过程性行为。”可知，市林业局致函的对象是县政府，属于行政机关的内部行为，县政府的会议纪要为行政机关为作出行政行为而实施的准备，也是行政机关内部的职权调整和安排，属于过程性行为，均不具有可诉性。因此，A项正确，B项错误。

C项：行政合同指行政机关为维护与增进公共利益，实现行政管理目标，与行政相对人经过协商一致达成的协议。三部门的处理意见是行政机关共同作出的，而不是行政机关与行政相对人签订的协议，不能认定为行政合同。因此，C项错误。

D项：三部门的通知内容为责令孙某立即停止违法开采，对被破坏的生态进行整治，属于对特定主体孙某作出的实质影响其权利义务的行为，具有行政性、外部性、特定性和处分性，是具体行政行为，具有可诉性。因此，D项正确。

综上所述，本题答案为AD项。

二、模拟训练

【单选】

13 62205079

答案：B。

解析：A项：根据《行诉解释》第1条第2款第1项的规定：“下列行为不属于人民法院行政诉讼的

受案范围:(一)公安、国家安全等机关依照刑事诉讼法的明确授权实施的行为;”可知，公安机关予以刑事拘留的行为属于【刑事司法行为】，不具有行政性，故李某请求确认公安局行为违法的行为不属于行政诉讼的受案范围。因此，A 项错误。

B 项：根据《行政诉讼法》第 12 条第 1 款第 11 项的规定:“人民法院受理公民、法人或者其他组织提起的下列诉讼:(十一)认为行政机关不依法履行、未按照约定履行或者违法变更、解除政府特许经营协议、土地房屋征收补偿协议等协议的;”可知,【行政协议具有可诉性】，属于行政诉讼的受案范围。因此，B 项正确。

C 项：根据《行诉解释》第 1 条第 2 款第 3 项的规定:“下列行为不属于人民法院行政诉讼的受案范围:(三)行政指导行为;”可知，丙市政府的呼吁行为属于【行政指导行为】，不具有处分性，不属于行政诉讼的受案范围。因此，C 项错误。

D 项：根据《行政诉讼法》第 13 条第 3 项的规定:“人民法院不受理公民、法人或者其他组织对下列事项提起的诉讼:(三)行政机关对行政机关工作人员的奖惩、任免等决定;”可知，记大过属于行政机关对行政机关工作人员的【内部处分】，不具有外部性，不属于行政诉讼的受案范围。因此，D 项错误。

综上所述，本题答案为 B 项。

14 62205120

答案:D。

解析:A 项：根据《行政许可案件规定》第 3 条的规定:“公民、法人或者其他组织仅就行政许可过程中的告知补正申请材料、听证等通知行为提起行政诉讼的，人民法院【不予受理】，但导致许可程序对上述主体事实上终止的除外。”可知，A 项属于告知补正申请材料，且没有导致行政程序事实上的终止，不属于行政诉讼的受案范围。因此，A 项错误。

B 项：根据《行政诉讼法》第 2 条第 1 款的规定:“【公民、法人或者其他组织】认为行政机关和行政机关工作人员的行政行为侵犯其合法权益，有权依照本法向人民法院提起诉讼。”可知，行政诉讼是由公民、法人或者其他组织提起，行政机关并不能提起行政诉讼。因此，B 项错误。

C 项：出入境管理机关依照《出境入境管理法》的规定对外国人、境外人员作出的继续盘问、拘留审查、遣送出境措施等【限制人身自由】的措施，适用复议终局。故区政府对托某就拘留行为的复议决定属于终局决定，其不能再提起诉讼。因此，C 项错误。

D 项：对于涉税案件的复议前置，存在三个例外，即【行政处罚、行政强制与反倾销税】。赵某被县税务局处以 5000 元罚款属于行政处罚，故赵某可以直接起诉。因此，D 项正确。

综上所述，本题答案为 D 项。

【多选】

15 62005131

答案:C,D。

解析:AB 项：抽象行政行为是指国家行政机关制定行政法规、规章和具有普遍约束力的决定、命令等行政规则的行为。抽象行政行为是相对于具体行政行为而言的，具体行政行为是行政机关针对特定的公民、法人或者其他组织，就特定事项作出的影响该公民、法人或者其他组织权利义务的单方行为。本案中,《公告》和《补充公告》针对的对象特定、事项具体，对相关人的权利义务产生实质影响，所以《公告》和《补充公告》属于具体行政行为。因此，A 项错误。只要属于具体行政行为，除法律规定复议终局的情形外，就可以通过诉讼的方式予以救济。故本案《公告》和《补充公告》可诉。因此，B 项错误。

C 项：根据《行政许可法》第 30 条第 1 款的规定:“行政机关应当将法律、法规、规章规定的有关行政许可的事项、依据、条件、数量、程序、期限以及需要提交的全部材料的目录和申请书示范文本等在办公场所公示。”可知，本案中，简阳市政府在作出通告时并没有告知使用期限，之后直接以期限届满为由告知行政相对人须重新登记并缴费，属于行政程序违法。因此，C 项正确。

D 项：本案不属于复议前置情形，所以行政相对人既可以提起行政复议，又可以提起行政诉讼。根据《行政复议法》第 24 条第 1 款第 2 项的规定："县级以上地方各级人民政府管辖下列行政复议案件：（二）对下一级人民政府作出的行政行为不服的。"可知，对简阳市政府作出的具体行政行为不服，应向其上一级政府即成都市政府申请行政复议。又根据《行政诉讼法》第15条第1项的规定："中级人民法院管辖下列第一审行政案件：（一）对国务院部门或者县级以上地方人民政府所作的行政行为提起诉讼的案件。"，以及第18条第1款的规定："行政案件由最初作出行政行为的行政机关所在地人民法院管辖……"可知，本案应由成都市中级人民法院管辖。因此，D项正确。
综上所述，本题答案为CD项。

16 62205237

答案：A,B,C。
解析：ABC项：根据《行政协议案件规定》第9条第1、2、5项的规定："在行政协议案件中，行政诉讼法第四十九条第三项规定的'有具体的诉讼请求'是指：（一）请求判决撤销行政机关变更、解除行政协议的行政行为，或者确认该行政行为违法；（二）请求判决行政机关依法履行或者按照行政协议约定履行义务；（五）请求判决撤销、解除行政协议。"可知，这类行政协议案件，公民、法人或者其他组织作为原告，以行政机关为被告提起行政诉讼的，人民法院应当依法受理。A项符合第二项的情形，B项符合第一项的情形，C项符合第五项的情形。因此，ABC项正确。
D项：行政诉讼是"民告官"的诉讼，不是"官告民"的诉讼。蒋某不履行行政协议的，县政府可以强制执行或者申请法院强制执行，不能向法院提起行政诉讼。因此，D项错误。
综上所述，本题答案为ABC项。

第十四章 行政复议与诉讼主体

参考答案

[1]A	[2]AD	[3]BCD	[4]A	[5]C
[6]D	[7]A	[8]B	[9]B	[10]ABC
[11]AC	[12]BCD	[13]AB	[14]BC	[15]AD
[16]BCD	[17]B	[18]B	[19]BCD	[20]AB
[21]BD	[22]AC	[23]ABD		

一、历年真题及仿真题

（一）被告与复议被申请人

【不定项】

1 2201131

答案：A。
解析：ABCD项：本题的解题关键在于判断复议机关的行为是否属于"复议不作为"。"复议不作为"，既包括受理之后逾期不作复议决定，也包括对复议申请不予受理；不予受理既包括书面决定不予受理的积极不作为，也包括对是否受理怠为处分的消极不作为。本题属于明示不予受理的积极不作为。
根据《行政诉讼法》第26条第3款的规定："复议机关在法定期限内未作出复议决定，公民、法人或者其他组织起诉原行政行为的，作出原行政行为的行政机关是被告；起诉复议机关不作为的，复议机关是被告。"即"复议不作为择一告"。本案中，因被征收人不服征收决定起诉，故被告为作出征收决定的区政府。因此，A项正确，BCD项错误。
综上所述，本题答案为A项。

（二）第三人

【多选】

2 1202082

答案：A,D。
解析：根据《行政诉讼法》第29条的规定："公民、法人或者其他组织同被诉行政行为有利害关系但没有提起诉讼，或者同案件处理结果有利害关系的，可以作为第三人申请参加诉讼，或者由人民法院通知参加诉讼。人民法院判决第三人承担义务或者减损第三人权益的，第三人有权依法提起上诉。”可知，行政诉讼的第三人须与具体行政行为有利害关系，即具体行政行为对其权利义务产生了影响。

A 项：本案中，丙并未被行政机关处罚，没有影响其权利义务，与该具体行政行为无利害关系，因此其不能成为第三人。因此，A 项正确。

BC 项：本案中，乙属于行政处罚案件的共同被处罚人，李某属于行政处罚案件的受害人，都与被诉的具体行政行为有利害关系，因此均能成为本案第三人。因此，BC 项错误。

D 项：造纸厂属于受害人，与被诉的具体行政行为有利害关系，能成为第三人，但其厂长与被诉的具体行政行为没有利害关系，不能成为第三人。因此，D 项正确。

综上所述，本题答案为 AD 项。

3 2001112

答案：B,C,D。

解析：AD 项：市政建设管理部门授予甲公司城市管道燃气独占专营权是行政机关为公共利益行使管理权的表现，是行政机关经依法审查准予行政相对人从事特定活动的行为，属于行政许可，并不是民事行为。因此，A 项错误，D 项正确。

B 项：甲公司获得的是独占专营权（1 号许可），此时对市政建设管理部门的“一物二卖”，即在甲公司独占专营权存续期间，让乙公司获得城市管道燃气项目招标方案的行为（2 号许可），甲公司作为公平竞争者且具有行政法上的利害关系，自然有权起诉。在甲公司起诉的时候，如果 2 号许可因为“一物二卖”被撤销，2 号许可的相对人乙公司利益自然会受到影响，所以，乙公司可为该案件的第三人。因此，B 项正确。

C 项：根据信赖利益保护原则，非因法定事由并经法定程序，行政机关不得撤销、变更已经生效的行政决定，行政机关的朝令夕改，恰恰会破坏法律的安定性。因此，C 项正确。

综上所述，本题答案为 BCD 项。

（三）综合知识点

【单选】

4 2001127

答案：A。

解析：ABD 项：根据《城乡规划法》第 68 条的规定：“城乡规划主管部门作出责令停止建设或者限期拆除的决定后，当事人不停止建设或者逾期不拆除的，建设工程所在地【县级以上地方人民政府】可以责成有关部门采取查封施工现场、强制拆除等措施。”可知，县政府才有作出强制拆除违规建筑决定的权力。本案中，乙镇政府只是被指派为具体负责强制拆除的执行人，实质上作出强制拆除意思表示的有权者为甲县政府，故应以甲县政府为被告。本案的被告正确，法院不应通知变更被告为乙镇政府或者追加乙镇政府为被告。又因为乙镇政府只是执行人，无需对强拆行为承担责任，故无需作为第三人参加诉讼，法院不应当追加乙镇政府为第三人。因此，A 项正确，BD 项错误。

C 项：原《行政赔偿规定》中规定，当事人在提起行政诉讼的同时一并提出行政赔偿请求应当分别立案。但 2022 年的新《行政赔偿规定》中删除了该内容，可知对于一并提起行政赔偿诉讼的情况不再分别立案。因此，C 项错误。

综上所述，本题答案为 A 项。

5 2101082

答案：C。

解析：A 项：《六号文件》仅约束绿源公司，是针对特定对象、特定事项作出的行为，所以不是具有普遍约束力的行政规范性文件。因此，A 项错误。

B 项：《六号文件》指定绿源公司实施全区的废弃物清理回收活动，对绿源公司的权利义务产生了实质影响，所以具有处分性。同时《六号文件》是甲区政府针对绿源公司作出的，具有外部性、行政性和特定性，所以《六号文件》是具体行政行为，属于行政复议的受理范围。因此，B 项错误。

C 项：甲区畜牧兽医局的行为约束对象特定，对五家生猪屠宰场的权利义务产生了实质影响，具有特定性、处分性、外部性、行政性，是具体行政行为，属于行政复议受理范围；五家生猪屠宰场作为行政相对人与该行为有利害关系，所以具有申请人资格，故五家生猪屠宰场有权对甲区畜牧兽医局的行为申请行政复议。因此，C 项正确。

D 项：行政确权是对已有的法律事实或法律关系的确认。甲区畜牧兽医局的行为并非对某一法律事实或法律关系的确认，不属于行政确权行为，从性质而言属于对甲区五家生猪屠宰场的行政命令行为。因此，D 项错误。

综上所述，本题答案为 C 项。

6 2201047

答案：D。

解析：A 项：根据《行政复议法》第 20 条第 1 款的规定："公民、法人或者其他组织认为行政行为侵犯其合法权益的，可以自知道或者应当知道该行政行为之日起六十日内提出行政复议申请；但是法律规定的申请期限超过六十日的除外。"法律并没有对行政处罚申请复议期限作出例外规定，故张某申请行政复议的期限应当是 60 日而非 90 日。因此，A 项错误。

B 项：根据《治安管理处罚法》第 99 条第 1 款的规定："公安机关办理治安案件的期限，自受理之日起不得超过【三十日】；案情重大、复杂的，经上一级公安机关批准，可以【延长三十日】。"可知，县公安局对张某作出治安处罚的期限是 30 日，最长不得超过 60 日。90 日是一般行政处罚的期限。因此，B 项错误。

C 项：根据《行政诉讼法》第 26 条第 2 款的规定："经复议的案件，复议机关决定维持原行政行为的，作出原行政行为的行政机关和复议机关是【共同被告】……"可知，本案属于复议维持的案件，应当以县公安局和县政府为共同被告。因此，C 项错误。

D 项：根据《行政处罚法》第 73 条第 2 款的规定："当事人对限制人身自由的行政处罚决定不服，申请行政复议或者提起行政诉讼的，可以向作出决定的机关提出暂缓执行申请。符合法律规定情形的，应当暂缓执行。"可知，张某对拘留决定不服申请行政复议的，可以向县公安局提出暂缓执行申请。因此，D 项正确。

综上所述，本题答案为 D 项。

7 1302047

答案：A。

解析：A 项：根据《行政许可法》第 58 条第 1 款的规定："行政机关实施【行政许可】和对行政许可事项进行监督检查，【不得收取任何费用】。但是，法律、行政法规另有规定的，依照其规定。"可知，发放许可证不得收取任何费用。因此，A 项正确。

BC 项：《行政诉讼法》第 25 条第 1 款规定："行政行为的相对人以及其他与行政行为有利害关系的公民、法人或者其他组织，有权提起诉讼。""利害关系"包括相邻权关系、竞争关系等。本题中，规划局的行政许可会影响刘某房屋的采光，损害刘某的相邻权，故规划局审查和决定发放许可证需听取其意见；刘某与该行政许可有利害关系，有权提起诉讼，具有原告资格。因此，BC 项错误。

D 项：行政诉讼的审理对象是已经生效的具体行政行为的合法性。在相关行政行为已经作出并生效时，只要相关人认为其合法权益受到损害，便可以提起行政诉讼，并不一定要其合法权益受到实际损害为前提。因此，D 项错误。

综上所述，本题答案为 A 项。

8 2101079

答案：B。

解析：A 项：退税款本不属于甲公司的合法财产，税务机关追缴该 500 万元退税款属于行政征收，不属于行政处罚。因此，A 项错误。

B 项：行政强制执行是指行政机关或者行政机关申请人民法院，对不履行行政决定的公民、法人或者其他组织，依法强制其履行义务的行为。根据《行政强制法》第 12 条第 2 项的规定："行政强制执行的方式：（二）划拨存款、汇款；"可知，税务局强制扣缴税款的行为是对追缴税款决定的强制履行，依法属于行政强制执行。因此，B 项正确。

C 项：根据《行政诉讼法》第 45 条的规定："公民、法人或者其他组织不服复议决定的，可以在收到复议决定书之日起十五日内向人民法院提起诉讼。复议机关逾期不作决定的，申请人可以在复议期满之日起十五日内向人民法院提起诉讼。法律另有规定的除外。”可知，甲公司不服复议决定，应当在收到复议决定书之日起 15 日内向人民法院提起诉讼。因此，C 项错误。

D 项：根据《行政诉讼法》第 26 条第 2 款的规定：“经复议的案件，复议机关决定维持原行政行为的，作出原行政行为的行政机关和复议机关是共同被告；复议机关改变原行政行为的，复议机关是被告。”可知，本题属于复议维持案件，市税务局和复议机关应当是共同被告。因此，D 项错误。

综上所述，本题答案为 B 项。

9 1202046

答案：B。

解析：A 项：根据《行政诉讼法》第 25 条第 2 款的规定：“有权提起诉讼的公民死亡，其近亲属可以提起诉讼。”可知，有权提起诉讼的公民死亡时，原告资格发生转移，由其近亲属以自己名义提起诉讼，因此李某妻子应该以自己的名义起诉。因此，A 项错误。

BC 项：根据《专利法》第 46 条第 2 款的规定：“对国务院专利行政部门宣告专利权无效或者维持专利权的决定不服的，可以自收到通知之日起三个月内向人民法院起诉。人民法院应当通知无效宣告请求程序的对方当事人作为第三人参加诉讼。”可知，法院应当通知无效宣告请求程序的对方当事人王某作为第三人参加诉讼，起诉期限为 3 个月，而非 60 日。因此，B 项正确，C 项错误。

D 项：新《行政复议法》修改后，复议前置情形共有六种：（1）行政确权案件中当事人认为侵犯自己已经取得的自然资源所有权或者使用权的案件；（2）纳税争议案件（税收相关的行政处罚、强制及反倾销税除外）；（3）反垄断法中的限制或禁止经营者集中的决定；（4）当场作出的处罚决定；（5）行政不作为案件；（6）不予公开政府信息。本案不属于上述复议前置情形中的任何一种，不需要先申请复议才能再起诉。因此，D 项错误。

综上所述，本题答案为 B 项。

【多选】

10 2101083

答案：A,B,C。

解析：根据《行诉解释》第 22 条第 1 款的规定：“行政诉讼法第二十六条第二款规定的‘复议机关改变原行政行为’，是指复议机关改变原行政行为的处理结果。复议机关改变原行政行为所认定的主要事实和证据、改变原行政行为所适用的规范依据，但未改变原行政行为处理结果的，视为复议机关维持原行政行为。”可知，区政府以张某不是工伤作出《决定书》只是改变了认定的事实依据，并没有改变区人社局的认定结果，因此属于复议维持决定，依法应当将区人社局和区政府列为共同被告。

ABD 项：根据《行诉解释》第 26 条的规定：“原告所起诉的被告不适格，人民法院应当告知原告变更被告；原告不同意变更的，裁定驳回起诉。应当追加被告而原告不同意追加的，人民法院应当通知其以第三人的身份参加诉讼，但行政复议机关作共同被告的除外。”可知，在区政府作为共同被告的情况下，张某只起诉区人社局的，法院应当通知张某追加区政府为共同被告，张某不追加的应当直接列为共同被告。同时，本案中区人社局属于适格被告，因为不存在被告不适格的情形，依法不得驳回起诉。因此，AB 项错误，当选；D 项正确，不当选。

C 项：根据《行诉解释》第 94 条第 2 款的规定：“公民、法人或者其他组织起诉请求确认行政行为无效，人民法院审查认为行政行为不属于无效情形，经释明，原告请求撤销行政行为的，应当继续审理并依法作出相应判决；原告请求撤销行政行为但超过法定起诉期限的，裁定驳回起诉；原告拒绝变更诉讼请求的，判决驳回其诉讼请求。”可知，驳回诉讼请求适用于诉讼请求有误，而不是诉讼参加人错误的情形，本案不存在诉讼请求有误的情况，因此，C 项错误，当选。

综上所述，本题为选非题，答案为 ABC 项。

11 2001115

答案：A,C。

解析：AC 项：根据《行政诉讼法》第 26 条第 3

款的规定："复议机关在法定期限内未作出复议决定，公民、法人或者其他组织起诉原行政行为的，作出原行政行为的行政机关是被告；起诉复议机关不作为的，复议机关是被告。"可知，本案中，李某既能够以区政府为被告向法院提起行政诉讼起诉征收决定，又能够以市政府为被告向法院提起行政诉讼起诉复议不作为。因此，AC 项正确。

BD 项：新《行政复议法》修改后，复议前置情形共有六种：（1）行政确权案件中当事人认为侵犯自己已经取得的自然资源所有权或者使用权的案件；（2）纳税争议案件（税收相关的行政处罚、强制及反倾销税除外）；（3）反垄断法中的限制或禁止经营者集中的决定；（4）当场作出的处罚决定；（5）行政不作为案件；（6）不予公开政府信息。本案是行政征收决定，并不是上述六种情形中的任何一种，不是复议前置案件。因此，BD 项错误。

综上所述，本题答案为 AC 项。

12 2001118

答案：B,C,D。

解析：本题根据最高人民法院指导案例第 69 号"王明德诉乐山市人力资源和社会保障局工伤认定案"改编。

A 项：《道路交通事故证明》的性质为行政确认。行政确认是行政机关对特定的法律事实、法律关系或者法律状态作出具有法律效力的认定，并对特定法律事实、法律关系或者法律状态予以证明的行政行为。比如道路交通事故责任认定、工伤认定和排污不合格认定等。行政裁决中行政机关是作为第三方中立的主体身份出现的，在行政裁决法律关系中，必然会涉及三方主体；但行政确认是行政机关和行政相对人之间的双方法律关系，行政机关是以管理者的身份，而非以第三方中立主体的身份出现。因此，A 项错误。

B 项：被告作出的《工伤认定中止书》一般属于工伤认定程序中的过程性行政行为，对相对人的权利义务不会产生实质影响，一般不具有可诉性。但如果该程序性行政行为具有终局性，对相对人权利义务产生实质影响，并且无法通过提起针对相关实体性行政行为的诉讼获得救济的，则属于可诉行政行为，学理上将其称作"过程性行为终局化"。本题题干交代，"交警大队多次调查未查明事故原因，因为交通事故原因客观上无法查清，交警大队出具了《道路交通事故证明》，而在原因无法查清的情况下，行政机关作出的《工伤认定中止书》，事实上扮演了拒绝工伤认定的角色，属于行政不作为行为，该行为将导致原告的合法权益长期乃至永久得不到依法救济，直接影响了原告的合法权益，对其权利义务产生实质影响，并且原告也无法通过对相关实体性行政行为提起诉讼以获得救济。因此，被告作出《工伤认定中止书》属于可诉行政行为，法院应当依法受理。因此，B 项正确。

C 项：根据《行诉解释》第 54 条第 1 款第 1 项的规定："依照行政诉讼法第四十九条的规定，公民、法人或者其他组织提起诉讼时应当提交以下起诉材料：（一）原告的身份证明材料以及有效联系方式。"可知，在王某死亡后，其妻子作为近亲属可以提起行政诉讼，但应提交身份证明，证明自己是王某的近亲属。因此，C 项正确。

D 项：根据《行政诉讼法》第 29 条第 1 款的规定："公民、法人或者其他组织同被诉行政行为有利害关系但没有提起诉讼，或者同案件处理结果有利害关系的，可以作为第三人申请参加诉讼，或者由人民法院通知参加诉讼。"可知，嘉宝公司作为工伤认定的申请人，是被告出具《工伤认定中止书》行为的相对人，自然与《工伤认定中止书》有法律上的利害关系，有资格作为第三人。因此，D 项正确。

综上所述，本题答案为 BCD 项。

13 2201044

答案：A,B。

解析：A 项：根据《行政许可法》第 31 条第 1 款的规定："申请人申请行政许可，应当如实向行政机关提交有关材料和反映真实情况，并对其申请材料实质内容的真实性负责。"可知，某船舶公司应当对其提交材料内容的真实性负责，承担实质性责任。因此，A 项正确。

B 项：根据《行政许可法》第 12 条第 2 项的规定："下列事项可以设定行政许可：（二）有限自然

资源开发利用、公共资源配置以及直接关系公共利益的特定行业的市场准入等，需要赋予特定权利的事项。”可知，设立渡口许可涉及有限自然资源开发利用、公共资源配置以及直接关系公共利益的特定行业的市场准入，需要赋予特定权利，属于特许事项。

CD 项：根据《内河交通安全管理条例》第 35 条的规定：“设置或者撤销渡口，应当经渡口所在地的县级人民政府审批；县级人民政府审批前，应当征求当地海事管理机构的意见。”可知，本题中，县海事管理机构对县政府作出的复函属于行政机关的过程性行为，未对当事人的权利义务产生实质影响，不属于行政复议的受案范围，故船舶公司不可以对复函申请复议，县海事管理机构也不能成为共同被申请人。因此，CD 项错误。

综上所述，本题答案为 AB 项。

14 2101076

答案：B,C。

解析：A 项：该《公告》针对的是某市 7 月 20 日到 7 月 25 日之间所有通行该路段的车辆、行人，针对不特定人群，具有普遍性，属于抽象行政行为。因此，A 项错误。

B 项：根据《行政处罚法》第 51 条的规定：“违法事实确凿并有法定依据，对公民处以二百元以下、对法人或者其他组织处以三千元以下罚款或者警告的行政处罚的，可以当场作出行政处罚决定。法律另有规定的，从其规定。”可知，本题针对李某作出 200 元的罚款，属于行政机关可以当场作出的行政处罚决定，当场作出处罚意思即为依法适用简易程序作出处罚。因此，B 项正确。

C 项：根据《行政处罚法》第 41 条第 2 款的规定：“电子技术监控设备记录违法事实应当真实、清晰、完整、准确。行政机关应当审核记录内容是否符合要求；未经审核或者经审核不符合要求的，不得作为行政处罚的证据。”可知，电子监控作为处罚的证据必须事先经过审核，未经审核的不得作为证据使用。因此，C 项正确。

D 项：根据《行政诉讼法》第 26 条第 1 款的规定：“公民、法人或者其他组织直接向人民法院提起诉讼的，作出行政行为的行政机关是被告。”另外，设区的市公安交通管理机构下设的公安交通警察大队属于《道路交通安全法实施条例》第 109 条第 1 款规定的“县级以上人民政府公安机关交通管理部门或者相当于同级的公安机关交通管理部门”，依法具有独立的行政执法权和执法主体资格。本题作出处罚行为的是 A 区交警支队，李某对处罚行为不服，所以被告应当是 A 区交警支队，不包括 A 区交管局。因此，D 项错误。

综上所述，本题答案为 BC 项。

15 2301077

答案：A,D。

解析：A 项：根据《行政复议法》第 23 条第 1 款第 2 项的规定：“有下列情形之一的，申请人应当先向行政复议机关申请行政复议，对行政复议决定不服的，可以再依法向人民法院提起行政诉讼：（三）认为行政机关存在本法第十一条规定的未履行法定职责情形；”可知，镇政府行政不作为属于复议前置的情况，张某不服的应当先申请复议。因此，A 项正确。

B 项：根据《行政诉讼法》第 27 条的规定：“行政诉讼第三人是因与被提起行政诉讼的具体行政行为有利害关系，通过申请或法院通知形式，参加到诉讼中来的其他公民、法人或者其他组织。”（复议第三人与讼诉第三人同理）本题中，县政府与本案的纠纷无关，不应作为第三人。且被告型第三人（即行政机关作为第三人）的情况仅有以下四种：①假共同行为中的非行政组织；②共同行为中原告不同意追加为共同被告的行政机关；③两个以上机关作出相互矛盾的具体行政行为，非被告的机关是第三人；④复议改变后再起诉，被告为复议机关，原机关为第三人。本题不属于以上情况，故县政府不能作为第三人。因此，B 项错误。

C 项：根据《森林法》第 22 条第 2 款的规定：“个人之间、个人与单位之间发生的林木所有权和林地使用权争议，由乡镇人民政府或者县级以上人民政府依法处理。”可知，乡镇人民政府可以处理张某和王某的争议。因此，C 项错误。

D 项：行政裁决是指行政主体依照法律授权和法定程序，对当事人之间发生的与行政管理活动密切相关的、与合同无关的特定民事、经济纠纷进行裁决的具体行政行为。本题中镇政府对林地使用权纠纷作出的处理属于权属纠纷裁决（行政主体对平等主体之间，因涉及与行政管理相关的某一财产、资源的所有权、使用权的归属发生争议所作出的裁决），属于行政裁决。因此，D 项正确。

综上所述，本题答案为 AD。

【不定项】

16 1302100

答案：B,C,D。

解析：A 项：根据《土地管理法》第 14 条第 1、2 款的规定："土地所有权和使用权争议，由当事人协商解决；协商不成的，由人民政府处理。单位之间的争议，由县级以上人民政府处理；个人之间、个人与单位之间的争议，由乡级人民政府或者县级以上人民政府处理。"可知，村民甲、乙因自留地使用权发生争议属于个人之间的争议，乡政府有权处理。县政府撤销乡政府决定的同时不是必须应当确定系争土地权属。因此，A 项错误。

B 项：根据《行诉解释》第 31 条的规定："当事人委托诉讼代理人，应当向人民法院提交由委托人签名或者盖章的授权委托书。委托书应当载明委托事项和具体权限……"可知，甲的授权委托书应当载明委托事项和具体权限。因此，B 项正确。

C 项：根据《行政诉讼法》第 26 条第 2 款的规定："经复议的案件，复议机关决定维持原行政行为的，作出原行政行为的行政机关和复议机关是共同被告；复议机关改变原行政行为的，复议机关是被告。"可知，本案中县政府撤销了乡政府的决定，属于复议改变的情形，故复议机关县政府是适格被告。因此，C 项正确。

D 项：根据《行诉解释》第 89 条的规定："复议决定改变原行政行为错误，人民法院判决撤销复议决定时，可以一并责令复议机关重新作出复议决定或者判决恢复原行政行为的法律效力。"可知，若法院撤销复议决定，可以判决恢复原行政行为的效力，所以作出原行政行为的行政机关与被诉行政复议决定有利害关系，属于应当参加诉讼的第三人，故乡政府是本案适格的第三人。又根据《行政诉讼法》第 29 条第 1 款的规定："公民、法人或者其他组织同被诉行政行为有利害关系但没有提起诉讼，或者同案件处理结果有利害关系的，可以作为第三人申请参加诉讼，或者由人民法院通知参加诉讼。"本案处理结果和乙的利益有密切关系，故乙同被诉行政行为有利害关系，乙在本案中是适格第三人。因此，D 项正确。

综上所述，本题答案为 BCD 项。

二、模拟训练

【单选】

17 62105063

答案：B。

解析：ABCD 项：根据《行诉解释》第 19 条的规定："当事人不服经上级行政机关批准的行政行为，向人民法院提起诉讼的，以在对外发生法律效力的文书上署名的机关为被告。"可知，本题署名机关为乙市市场监督管理局，所以应当以其为被告提起诉讼。因此，B 项正确，ACD 项错误。

综上所述，本题答案为 B 项。

18 62205129

答案：B。

解析：A 项：根据《行政复议法》第 23 条第 1 款的规定："有下列情形之一的，申请人应当先向行政复议机关申请行政复议，对行政复议决定不服的，可以再依法向人民法院提起行政诉讼：（一）对当场作出的行政处罚决定不服；（二）对行政机关作出的侵犯其已经依法取得的自然资源的所有权或者使用权的决定不服；（三）认为行政机关存在本法第十一条规定的未履行法定职责情形；（四）申请政府信息公开，行政机关不予公开；（五）法律、行政法规规定应当先向行政复议机关申请行政复议的其他情形。"可知，罚款处罚不属于法律、法规规定的复议前置情形，故张某可直接申请复议，也可直接提起诉讼。因此，A 项错误。

B 项：根据《行诉解释》第 19 条的规定："当事人不服经上级行政机关批准的行政行为，向人民法院提起诉讼的，以在对外发生法律效力的文书上【署名的机关】为被告。"可知，本案中，卫健委经政府批准以自己的名义作出行政行为，署名机关为区卫健委，故诉讼应以区卫健委为被告。因此，B 项正确。

C 项：根据《行政复议法实施条例》第 13 条的规定："下级行政机关依照法律、法规、规章规定，经上级行政机关批准作出具体行政行为的，【批准机关】为被申请人。"可知，涉案行政行为是经批准作出的，区政府为批准机关，故申请复议应以区政府为被申请人。因此，C 项错误。

D 项：根据《行政处罚法》第 9 条第 3 项的规定："行政处罚的种类：（三）【暂扣许可证件】、降低资质等级、吊销许可证件。"可知，暂扣餐饮服务许可证属于行政处罚。又根据《行政诉讼法》第 12 条第 1 款第 1 项的规定："人民法院受理公民、法人或者其他组织提起的下列诉讼：（一）对行政拘留、【暂扣或者吊销许可证】和执照、责令停产停业、没收违法所得、没收非法财物、罚款、警告等行政处罚不服的。"可知，张某对此处罚决定不满，可以向法院起诉。因此，D 项错误。

综上所述，本题答案为 B 项。

【多选】

19 62005127

答案：B,C,D。

解析：A 项：根据《行政诉讼法》第 25 条第 1 款、第 2 款的规定："行政行为的相对人以及其他与行政行为有利害关系的公民、法人或者其他组织，有权提起诉讼。有权提起诉讼的公民死亡，其近亲属可以提起诉讼。"可知，只有有权提起诉讼的公民死亡，原告资格才发生转移，近亲属才可以提起诉讼。本题孙某没有死亡，原告资格不转移，所以孙某妻子没有原告资格，无权提起诉讼。因此，A 项错误。

B 项：根据《行政诉讼法》第 26 条第 1 款的规定："公民、法人或者其他组织直接向人民法院提起诉讼的，作出行政行为的行政机关是被告。"可知，作出《工伤认定决定书》的园区人社局为本案的适格被告。因此，B 项正确。

C 项：根据《行政诉讼法》第 29 条第 1 款的规定："公民、法人或者其他组织同被诉行政行为有利害关系但没有提起诉讼，或者同案件处理结果有利害关系的，可以作为第三人申请参加诉讼，或者由人民法院通知参加诉讼。"可知，中力公司同本案的处理结果有利害关系，是本案第三人。又根据《行诉解释》第 30 条第 1 款的规定："行政机关的同一行政行为涉及两个以上利害关系人，其中一部分利害关系人对行政行为不服提起诉讼，人民法院【应当通知】没有起诉的其他利害关系人作为第三人参加诉讼。"可知，本案是【同一个】行政行为涉及两个利害关系人，所以法院是"应当"通知其参加诉讼。因此，C 项正确。

D 项：根据《行政诉讼法》第 29 条第 2 款的规定："人民法院判决第三人承担义务或者减损第三人权益的，第三人有权依法提起上诉。"可知，若法院作出撤销园区人社局《工伤认定决定书》的判决，将对中力公司的权益产生影响，所以中力公司有权依法提起上诉。因此，D 项正确。

综上所述，本题答案为 BCD 项。

20 62205204

答案：A,B。

解析：A 项：根据《行诉解释》第 133 条的规定："行政诉讼法第二十六条第二款规定的'复议机关决定维持原行政行为'，包括【复议机关驳回复议申请】或者复议请求的情形，但以复议申请不符合受理条件为由驳回的除外。"可知，甲省政府驳回储某行政复议申请的行为，属于"复议机关决定维持原行政行为"的情形。因此，A 项正确。

B 项：根据《行政诉讼法》第 26 条第 2 款的规定："经复议的案件，复议机关决定维持原行政行为的，【作出原行政行为的行政机关】和【复议机关】是共同被告……"根据 A 选项的解析可知，复议机关甲省政府维持了原行政行为，故甲省自然资源厅与甲省政府为共同被告。因此，B 项正确。

C 项：根据《行诉解释》第 134 条第 3 款的规定："复议机关作共同被告的案件，以【作出原行政行为的行政机关】确定案件的级别管辖。"又根据《行政诉讼法》第 15 条第 1 项的规定："中级人民法院管辖下列第一审行政案件：（一）对国务院部门或者县级以上地方人民政府所作的行政行为提起诉讼的案件。"可知，本案应当以原机关甲省自然资源厅确定案件的级别管辖，且省自然资源厅非国务院部门或县级以上地方人民政府，不属于中级人民法院管辖的情形，故应当由基层人民法院管辖。因此，C 项错误。

D 项：根据《行诉解释》第 28 条的规定："人民法院追加共同诉讼的当事人时，应当通知其他当事人。应当追加的原告，已明确表示放弃实体权利的，可不予追加；既不愿意参加诉讼，又不放弃实体权利的，【应】追加为第三人，其不参加诉讼，不能阻碍人民法院对案件的审理和裁判。"可知，李某不愿意放弃实体权利，法院"应当"追加李某为第三人，而非可以。因此，D 项错误。

综上所述，本题答案为 AB 项。

21 62105024

答案：B,D。

解析：ABC 项：根据《行政诉讼法》第 12 条第 1 款第 12 项的规定："人民法院受理公民、法人或者其他组织提起的下列诉讼：（十二）认为行政机关侵犯其他人身权、财产权等合法权益的。"可知，市建委的文件针对特定的住户，要求其搬迁的行为对该厂住户的权益产生了实质影响，是具体行政行为，属于行政诉讼的受案范围。因此，AC 项错误，B 项正确。

D 项：根据《行政诉讼法》第 28 条的规定："当事人一方人数众多的共同诉讼，可以由当事人推选代表人进行诉讼……"又根据《行诉解释》第 29 条第 1、3 款的规定："行政诉讼法第二十八条规定的'人数众多'，一般指十人以上。行政诉讼法第二十八条规定的代表人为【二至五人】。代表人可以委托一至二人作为诉讼代理人。"可知，本案当事人超过 10 人，可以推选 2–5 名诉讼代表人，因此可以推选 3 名诉讼代表人参加诉讼。因此，D 项正确。

综上所述，本题答案为 BD 项。

22 62205010

答案：A,C。

解析：AC 项：根据《行政诉讼法》第 29 条第 1 款的规定："公民、法人或者其他组织同被诉行政行为有利害关系但没有提起诉讼，或者同案件处理结果有利害关系的，可以作为第三人申请参加诉讼，或者由人民法院通知参加诉讼。"以及《行诉解释》第 30 条第 1、2 款的规定："行政机关的同一行政行为涉及两个以上利害关系人，其中一部分利害关系人对行政行为不服提起诉讼，人民法院应当通知没有起诉的其他利害关系人作为第三人参加诉讼。与行政案件处理结果有利害关系的第三人，可以申请参加诉讼，或者由人民法院通知其参加诉讼。人民法院判决其承担义务或者减损其权益的第三人，有权提出上诉或者申请再审。"张某在本案中被拘留 5 日，他与王某的诉讼裁判结果有利害关系，作为原告型的第三人参加到王某诉讼中，由于是受同一类行政行为（均为行政处罚）的影响，因此法院是可以通知。钱某在本案中是受害人，他与王某的诉讼裁判结果有利害关系，作为原告型的第三人参加到王某诉讼中，由于是受同一个行政行为（对于钱某而言就一个行政行为：王某被拘留 10 日）的影响，因此法院是应当通知。因此，AC 项正确。

B 项：李某在本案中没有受到行政处罚，与王某的诉讼裁判结果没有利害关系，因此不能作为本案的第三人参加诉讼。因此，B 项错误。

D 项：根据《行政复议法》第 16 条第 1 款的规定："申请人以外的同被申请行政复议的行政行为或者行政复议案件处理结果有利害关系的公民、法人或者其他组织，【可以】作为第三人申请参加行政复议，或者由行政复议机构通知其作为第三人参加行政复议。"以及《行政复议法实施条例》第 9 条第 1 款的规定："行政复议期间，行政复议机构认为申请人以外的公民、法人或者其他组织与被审查的具体行政行为有利害关系的，【可以通知】其作为第三人参加行政复议。"可知，行政复议中的第三人都是可以通知，区别于行政诉讼中的应当通知。因此，D 项错误。

综上所述，本题答案为 AC 项。

【不定项】

23 62205201

答案：A,B,D。

解析：A 项：根据《行政诉讼法》第 26 条第 2 款的规定："经复议的案件，复议机关决定维持原行政行为的，【作出原行政行为的行政机关】和【复议机关】是共同被告……”可知，潍坊市政府维持了寿光市政府的决定，属于复议维持，故潍坊市政府和寿光市政府应为本案共同被告。因此，A项错误，当选。

B项：根据《行诉解释》第134条第1款的规定："复议机关决定维持原行政行为的，作出原行政行为的行政机关和复议机关是共同被告。原告只起诉作出原行政行为的行政机关或者复议机关的，人民法院应当告知原告追加被告。原告不同意追加的，人民法院【应当将另一机关列为共同被告】。"可知，法院应当将潍坊市政府追加为共同被告，而非第三人。因此，B项错误，当选。

C项：首先级别管辖：根据《行诉解释》第134条第3款的规定："复议机关作共同被告的案件，以【作出原行政行为的行政机关】确定案件的级别管辖。"又根据《行政诉讼法》第15条第1项的规定："中级人民法院管辖下列第一审行政案件：（一）对国务院部门或者【县级以上地方人民政府】所作的行政行为提起诉讼的案件。"可知，本案属于复议机关作共同被告的案件，以原机关寿光市政府确定级别管辖，因寿光市政府属于县级以上地方人民政府，故应由中级人民法院管辖。其次地域管辖：根据《行政诉讼法》第18条第1款的规定："行政案件由【最初作出行政行为的行政机关所在地】人民法院管辖。经复议的案件，也可以由【复议机关所在地】人民法院管辖。"可知，本案属于经过复议的案件，既可以由寿光市政府所在地人民法院管辖，也可以由潍坊市政府所在地人民法院管辖。综上，本案可以由寿光市政府所在地的中级人民法院或潍坊市政府所在地的中级人民法院管辖。又因为寿光市是潍坊市（地级市）的县级市，一个地级市内只有一个中级人民法院，所以实际上寿光市政府所在地的中级人民法院和潍坊市政府所在地的中级人民法院都是潍坊市中级人民法院。因此，C项正确，不当选。

D项：根据《行政协议案件规定》第16条第3款的规定："被告变更、解除行政协议的行政行为违法，人民法院可以依据行政诉讼法第七十八条的规定【判决被告继续履行协议、采取补救措施；给原告造成损失的，判决被告予以赔偿】。"可知，本案燃气配套设施建设工程的建设期限尚未到期，寿光市政府以昆仑燃气公司的燃气配套设施建设工程未完成为由收回特许经营权的行为违法，故法院应判决被告继续履行协议、采取补救措施并承担相应的赔偿责任。因此，D项错误，当选。

综上所述，本题为选非题，答案为ABD项。

第十五章 行政复议

参考答案

[1] A	[2] B	[3] C	[4] D	[5] A
[6] C	[7] A	[8] D	[9] D	[10] D
[11] D	[12] A	[13] D	[14] A	[15] AC
[16] CD	[17] ABCD	[18] CD	[19] BC	[20] ACD
[21] AB	[22] AC	[23] BD	[24] BCD	[25] CD
[26] BCD	[27] B	[28] ABCD	[29] ABC	[30] ABCD
[31] BC	[32] D	[33] B	[34] AC	[35] ABD
[36] BCD	[37] BC	[38] ABD	[39] AB	[40] ABC
[41] BC	[42] BC	[43] BC		

一、历年真题及仿真题

（一）行政复议管辖

【单选】

1 1901032

答案：A。

解析：ABCD项：根据《行政复议法》第25条第1项的规定："国务院部门管辖下列行政复议案件：（一）对本部门作出的行政行为不服的。"可知，国务院部门作为被申请人时的行政复议机关，是作出该具体行政行为的国务院部门。也就是说，复议机关并不是国务院，而是部门自己，即"自我复议"。注意这里的国务院部门，包括组成部门（比如教育部）和直属机构（比如国家税务总局、国家市场监督管理总局、国家统计局等）。因此，A项正确，BCD项错误。

除此以外，还需要注意，省级政府作出的行政行为也是“自我复议”。对于省部级行政单位的行为，在申请原机关一次复议之后，当事人除了可以提起行政诉讼之外，还可以选择向国务院申请二次复议（学理名称为国务院裁决，法条依据为《行政复议法》第26条）。该制度规定的原理是，如果对省部级机关所有的行政行为，当事人均可以直接向国务院申请复议的话，国务院无力承担如此繁重的复议工作。而在行政争议产生后，当事人必须首先经过省部级一次复议，然后才能去向国务院申请二次复议，这样的方式可以让省部级机关自己“筛”掉一些案件，而此时国务院复议审理的压力就会有所减轻，同时国务院也可以避免成为行政诉讼被告。

综上所述，本题答案为A项。

2 1102084

答案：B。

解析：ABCD项：根据《行政复议法》第24条第4款的规定：“对县级以上地方各级人民政府工作部门依法设立的派出机构依照法律、法规、规章规定，以派出机构的名义作出的行政行为不服的行政复议案件，由【本级人民政府管辖】……”可知，本案中，对派出所作出的罚款决定不服的，应当向本级人民政府，即区政府申请行政复议。所以B项正确，ACD项错误。

综上所述，本题答案为B项。

【由于《行政复议法》修订，本题原答案为AB，现修改为B。】

（二）综合知识点

【单选】

3 2001122

答案：C。

解析：A项：根据《行政许可法》第35条的规定：“依法应当先经下级行政机关审查后报上级行政机关决定的行政许可，下级行政机关应当在法定期限内将初步审查意见和全部申请材料直接报送上级行政机关。上级行政机关【不得要求申请人重复提供申请材料】。”可知，科技部不能要求甲医院重复提供申请材料。因此，A项错误。

B项：根据《行诉解释》第19条的规定：“当事人不服经上级行政机关批准的行政行为，向人民法院提起诉讼的，以在对外发生法律效力的文书上署名的机关为被告。”可知，本题中，“省科技厅审查通过后，将申请材料及相关资料上报科技部，科技部审核后对外作出了不予批准的决定”，这说明对外作出不予批准决定的是科技部，所以本案的被告应当是科技部。因此，B项错误。

C项：根据《行政复议法实施条例》第13条的规定：“下级行政机关依照法律、法规、规章规定，经上级行政机关批准作出具体行政行为的，批准机关为被申请人。”可知，对于经批准的行为，复议被申请人的确立模式和诉讼被告不一样，复议直接以批准机关为被申请人，诉讼则需要看该行为是以哪个机关的名义作出的。本题中，复议被申请人是批准机关即国家科技部。同时根据《行政复议法》第25条第1项的规定：“国务院部门管辖下列行政复议案件：（一）对本部门作出的行政行为不服的。”可知，国务院部门作出的行政行为原级复议，复议被申请人和复议机关均是国家科技部。因此，C项正确。

D项：新《行政复议法》修改后，复议前置情形共有六种：（1）行政确权案件中当事人认为侵犯自己已经取得的自然资源所有权或者使用权的案件；（2）纳税争议案件（税收相关的行政处罚、强制及反倾销税除外）；（3）反垄断法中的限制或禁止经营者集中的决定；（4）当场作出的处罚决定；（5）行政不作为案件；（6）不予公开政府信息。本案不属于复议前置六种情形中的任何一种，不需要经过复议后才能再起诉。因此，D项错误。

综上所述，本题答案为C项。

4 2001131

答案：D。

解析：A项：上级对下级的申请所作出的批复，一般会被认为是内部行政行为不可诉。但直接对公民、法人或者其他组织的权利义务产生实际影响，且通过送达等途径外化的，属于可诉的具体行政行为，这就是所谓的“内部行为外部化”。本题的批复就是如此，市自然资源局直接将批复予以执行，就转化为了对公司的权利义务产生影响的具体行政行为，此时的批复导致了收回土地的行政征收，自然可诉。因此，A 项错误。

BD 项：复议被申请人和诉讼被告的确定标准在经过批准的行为上不同，即“诉讼看名义，复议直接告上级”。复议是直接以批准机关（也就是上级行政机关）为被申请人的，而不管该行为是以哪个机关的名义作出的，复议适用实质标准，谁的级别高，谁就必然做复议被申请人，所以本案被申请人是高级别的市政府。因此，D 项正确。“诉讼看名义”指的是法律文书是以哪个机关的名义作出的，哪个机关就是被告，本题是市政府对市自然资源局作出的批复，自然是以市政府的名义作出的，所以，诉讼被告应当是市政府，而非市自然资源局。因此，B 项错误。

C 项：行政征收，是指行政机关为了公共利益的需要，依照法律规定强制从行政相对人处有偿或无偿获取一定私有财产、税费或劳务的行为。行政征收主要包括两种类型：①税费征收；②财产征收。财产征收主要包括征收土地和房屋，国家为了公共利益的需要，可以依法对土地实行征收或者征用并给予补偿。本案就是行政征收中的财产征收行为。征收是一种独立的具体行政行为，不属于行政强制措施。因此，C 项错误。

综上所述，本题答案为 D 项。

5 1602048

答案：A。

解析：A 项：根据《行政复议法》第 20 条第 1 款的规定：“公民、法人或者其他组织认为行政行为侵犯其合法权益的，可以自知道或者应当知道该行政行为之日起六十日内提出行政复议申请；但是法律规定的申请期限超过六十日的除外。”由于《食品安全法》对申请复议期限未作另行规定，故本题申请复议期限适用《行政复议法》中 60 日的一般申请期限。因此，A 项正确。

B 项：根据《行政复议法实施条例》第 18 条第 2 款的规定：“有条件的行政复议机构【可以】接受以电子邮件形式提出的行政复议申请。”可知，B 项说法太过绝对。因此，B 项错误。

C 项：根据《行政复议法》第 5 条第 1 款的规定：“行政复议机关办理行政复议案件，可以进行调解。”可知，行政复议案件可以进行调解。因此，C 项错误。

D 项：根据《行政复议法》第 41 条第 1 项的规定：“行政复议期间有下列情形之一的，行政复议机关决定终止行政复议：（一）申请人撤回行政复议申请，行政复议机构准予撤回。”可知，如果公司在复议决定作出前撤回申请，并经复议机构同意的，复议终止，而非中止。因此，D 项错误。

综上所述，本题答案为 A 项。

6 1402049

答案：C。

解析：A 项：根据《行政复议法》第 24 条第 1 款第 1 项的规定：“县级以上地方各级人民政府管辖下列行政复议案件：（一）对本级人民政府工作部门作出的行政行为不服的。”可知，新《行政复议法》取消了地方各级人民政府工作部门的行政复议职责，对政府部门的行政行为不服的，只能向同级政府申请行政复议，因此本案复议机关是县政府。又根据《行政复议法》第 4 条第 2 款的规定：“行政复议机关办理行政复议事项的机构是行政复议机构……”可知，行政复议机构非独立的行政主体，只是复议机关的内部工作机构，这是两个不同的概念。若复议机关为县政府，那么复议机构就只能是县人民政府的内部工作机构。因此，A 项错误。

B 项：根据《行政复议法》第 39 条第 1 款第 7 项的规定：“行政复议期间有下列情形之一的，行政复议中止：（七）行政复议案件涉及的法律适用问题需要有权机关作出解释或者确认。”可知，复议期间案件涉及法律适用问题需要有权机关作出解释的，《行政复议法》规定应当“中止”而非“终止”行政复议。因此，B 项错误。

C 项：根据《行政复议法》第 75 条第 2 款的规定：“行政复议决定书一经送达，即发生法律效力。”可知，C 项表述与法条规定一致。因此，C 项正确。

D 项：根据《行政诉讼法》第 18 条第 1 款的规定：“行政案件由最初作出行政行为的行政机关所在地人民法院管辖。经复议的案件，也可以由复议机关所在地人民法院管辖。”可知，经过复议的案件，原机关所在地法院和复议机关所在地法院均有管辖权，D项说法太绝对。因此，D项错误。
综上所述，本题答案为C项。

7 1302050

答案：A。

解析：A项：根据《行政复议法》第20条第1款的规定："公民、法人或者其他组织认为行政行为侵犯其合法权益的，可以自知道或者应当知道该行政行为之日起六十日内提出行政复议申请；但是法律规定的申请期限超过六十日的除外。"可知，申请复议的期限为60日而不是30日。因此，A项错误，当选。

B项：根据《行政复议法实施条例》第8条的规定："同一行政复议案件申请人超过5人的，推选1至5名代表参加行政复议。"可知，由于村民们人数较多，申请人远远超过5人，故应当推举1到5名代表参加复议。因此，B项正确，不当选。

C项：根据《行政复议法》第24条第1款第2项的规定："县级以上地方各级人民政府管辖下列行政复议案件：（二）对下一级人民政府作出的行政行为不服的。"可知，村民们对乙区政府的决定不服的，其上一级政府甲市政府是复议机关。因此，C项正确，不当选。

D项：根据《行政复议法》第31条第1款的规定："行政复议申请材料不齐全或者表述不清楚，无法判断行政复议申请是否符合本法第三十条第一款规定的，行政复议机关应当自【收到申请之日起五日内书面通知申请人补正】……"可知，甲市政府应在收到复议申请之日起5日内书面通知村民。因此，D项正确，不当选。

综上所述，本题为选非题，答案为A项。

8 1202049

答案：D。

解析：A项：根据《行政复议法》第44条第1款的规定："被申请人对其作出的行政行为的【合法性、适当性】负有举证责任。"虽然新《行政复议法》删除了直接规定行政复议案件审理对象的相关条文，但是对被申请人的举证要求作出了规定。既然被申请人需要对行政行为合法性和适当性进行举证，那么由此可知，行政复议既审查合法性，也审查适当性。因此，A项错误。

B项：根据《行政复议法实施条例》第10条的规定："……公民在特殊情况下无法书面委托的，可以口头委托……"可知，公民在特殊情况下无法书面委托的，才可以口头委托，企业不可以口头委托代理人参加行政复议。因此，B项错误。

C项：根据《行政复议法》第74条第2款的规定："当事人达成和解后，由申请人向行政复议机构撤回行政复议申请。行政复议机构准予撤回行政复议申请、行政复议机关决定终止行政复议的，申请人不得再以同一事实和理由提出行政复议申请。但是，申请人能够证明撤回行政复议申请违背其真实意愿的除外。"可知，该企业能够证明撤回行政复议申请违背其真实意思表示的可以再次提出行政复议申请。C项说法过于绝对。因此，C项错误。

D项：根据《行政复议法》第26条的规定："对省、自治区、直辖市人民政府依照本法第二十四条第二款的规定、国务院部门依照本法第二十五条第一项的规定作出的行政复议决定不服的，可以向人民法院提起行政诉讼；也可以向国务院申请裁决，国务院依照本法的规定作出【最终裁决】。"以及《行政诉讼法》第13条第4项的规定："人民法院不受理公民、法人或者其他组织对下列事项提起的诉讼：（四）法律规定由行政机关最终裁决的行政行为。"可知，国务院的裁决为最终裁决，不可诉。因此，D项正确。

综上所述，本题答案为D项。

9 2201123

答案：D。

解析：A项：根据《行政复议法实施条例》第13条的规定："下级行政机关依照法律、法规、规章规定，经上级行政机关批准作出具体行政行为的，【批准机关】为被申请人。"本题中，《征收闲置费决定》乃市自然资源局经市政府批准后作出，故被申请人为市政府。又根据《行政复议法》第24条第1款第2项的规定："县级以上地方各级人民政府管辖下列行政复议案件：（二）对下一级人民政府作出的行政行为不服的。"可知，被申请人为市政府，故复议机关为上一级地方人民政府，即省政府。因此，A项错误。

B 项：根据《行政协议案件规定》第 14 条的规定："原告认为行政协议存在胁迫、欺诈、重大误解、显失公平等情形而请求撤销，人民法院经审理认为符合法律规定可撤销情形的，可以依法判决【撤销】该协议。"本案中，某企业与市政府签订的建设用地使用合同是为了实现公共服务，具有行政法上的权利义务内容，属于行政协议；若该合同存在胁迫、欺诈等情形，法院可以判决撤销合同。因此，B 项错误。

C 项：行政确认是指行政机关依法对公民、法人或者其他组织既有的法律地位、法律关系等进行认定、证明的行政行为。行政征收是指行政机关依法向公民、法人或者其他组织强制征收财产的行政行为。本题中，因某企业未按照约定使用土地，市自然资源局作出《征收闲置费决定》是因该企业闲置土地超期不使用，而依法强制征收其财产，属于行政征收，而非行政确认。因此，C 项错误。

D 项：根据《行诉解释》第 19 条的规定："当事人不服经上级行政机关批准的行政行为，向人民法院提起诉讼的，以【在对外发生法律效力的文书上署名的机关】为被告。"本题中，市自然资源局经市政府批准后作出《征收闲置费决定》，该决定乃市自然资源局以自己的名义作出，故署名机关为市自然资源局，因此被告为市自然资源局。因此，D 项正确。

综上所述，本题答案为 D 项。

10 1901044

答案：D。

解析：A 项：损坏国家保护的文物，并不会对公共安全产生影响。因此，A 项错误。

B 项：根据《治安管理处罚法》第 98 条的规定："公安机关作出【吊销许可证】以及【处二千元以上罚款】的治安管理处罚决定前，【应当告知】违反治安管理行为人有权要求举行听证；违反治安管理行为人要求听证的，公安机关应当及时依法举行听证"。可知，行政拘留并不属于"法定告知"听证的情形，因此在作出拘留决定前，县公安局无需告知胡某有申请听证的权利。因此，B 项错误。

C 项：根据《行政复议法》第 24 条第 1 款第 1 项的规定："县级以上地方各级人民政府管辖下列行政复议案件：（一）对本级人民政府工作部门作出的行政行为不服的。"可知，新《行政复议法》取消了地方各级人民政府工作部门的行政复议职责，对政府部门的行政行为不服的，只能向同级政府申请行政复议。可知，在县公安局为被申请人的情况下，复议机关应当是、只能是县政府，并非"可以是"。因此，C 项错误。

D 项：根据《治安管理处罚法》第 107 条的规定："被处罚人不服行政拘留处罚决定，申请行政复议、提起行政诉讼的，可以向公安机关提出暂缓执行行政拘留的申请。公安机关认为暂缓执行行政拘留不致发生社会危险的，由被处罚人或者其近亲属提出符合本法第一百零八条规定条件的担保人，或者按每日行政拘留二百元的标准交纳保证金，行政拘留的处罚决定暂缓执行。"可知，被处罚人可以申请暂缓执行行政拘留，但并不意味着当事人申请，公安机关就会同意，只有在条件满足时，行政拘留的处罚决定才会暂缓执行。因此，D 项正确。

综上所述，本题答案为 D 项。

【由于《行政复议法》修订，本题原答案为 CD，现修改为 D。】

11 1302046

答案：D。

解析：A 项：根据《治安管理处罚法》第 63 条的规定："有下列行为之一的，处警告或者二百元以下罚款；情节较重的，处五日以上十日以下拘留，并处二百元以上五百元以下罚款：（一）刻划、涂污或者以其他方式故意损坏国家保护的文物、名胜古迹的；（二）违反国家规定，在文物保护单位附近进行爆破、挖掘等活动，危及文物安全的。"该条属于《治安管理处罚法》第三章第四节"妨害社会管理的行为和处罚"的内容，可知，关某的行为属于妨害社会管理的行为，而非妨害公共安全。因此，A 项错误。

B 项：根据《治安管理处罚法》第 98 条的规定："公安机关作出吊销许可证以及处二千元以上罚款的治安管理处罚决定前，应当告知违反治安管理行为人有权要求举行听证；违反治安管理行为人要求听证的，公安机关应当及时依法举行听证。”可知，罚款500元及拘留不属于听证的范围。因此，B项错误。

C项：根据《行政复议法》第24条第1款第1项的规定：“县级以上地方各级人民政府管辖下列行政复议案件：（一）对本级人民政府工作部门作出的行政行为不服的。”可知，新《行政复议法》取消了地方各级人民政府工作部门的行政复议职责，对政府部门的行政行为不服的，只能向同级政府申请行政复议。因此，本案中关某只能向县公安局所在的县政府申请复议。因此，C项错误。

D项：根据《治安管理处罚法》第111条的规定：“行政拘留的处罚决定被撤销，或者行政拘留处罚开始执行的，公安机关收取的保证金应当及时退还交纳人。”可知，如果复议机关撤销对关某的处罚，县公安局应当及时将收取的保证金退还。因此，D项正确。

综上所述，本题答案为D项。

12 1202047

答案：A。

解析：A项：根据《治安管理处罚法》第82条第2款的规定：“公安机关【应当将传唤的原因和依据告知被传唤人】。对无正当理由不接受传唤或者逃避传唤的人，可以强制传唤。”因此，A项正确。

B项：根据《治安管理处罚法》第83条第1款的规定：“对违反治安管理行为人，公安机关传唤后应当及时询问查证，询问查证的时间不得超过八小时；情况复杂，依照本法规定可能适用行政拘留处罚的，询问查证的时间不得超过二十四小时。”可见，情况复杂，可能适用行政拘留处罚的最长不得超过24小时而非48小时。因此，B项错误。

C项：根据《行政复议法》第24条第1款第1项的规定：“县级以上地方各级人民政府管辖下列行政复议案件：（一）对本级人民政府工作部门作出的行政行为不服的。”可知，政府工作部门为被申请人时，复议机关为本级人民政府。本案中，孙某对县公安局的处罚决定不服，应当向县政府申请行政复议。因此，C项错误。

D项：根据《治安管理处罚法》第107条的规定：“被处罚人不服行政拘留处罚决定，申请行政复议、提起行政诉讼的，可以向公安机关提出暂缓执行行政拘留的申请。公安机关认为暂缓执行行政拘留不致发生社会危险的，由被处罚人或者其近亲属提出符合本法第一百零八条规定条件的担保人，或者按每日行政拘留二百元的标准交纳保证金，行政拘留的处罚决定暂缓执行。”可知，除提起行政诉讼外，还需满足其他条件才能暂缓执行行政拘留。因此，D项错误。

综上所述，本题答案为A项。

13 2201048

答案：D。

解析：A项：根据《政府信息公开条例》第31条第2项的规定：“行政机关收到政府信息公开申请的时间，按照下列规定确定：（二）……以平常信函等无需签收的邮寄方式提交政府信息公开申请的，政府信息公开工作机构应当于收到申请的当日与申请人确认，【确认之日】为收到申请之日。”可知，廖某邮寄的方式是平信，也就是此处的无需签收的平常信函，应当以确认之日为收到申请之日，而非签收之日。因此，A项错误。

B项：根据《信息公开案件规定》第5条第1、5款的规定：“被告拒绝向原告提供政府信息的，应当对拒绝的根据以及履行法定告知和说明理由义务的情况举证。……被告主张政府信息不存在，原告能够提供该政府信息系由被告制作或者保存的相关线索的，可以申请人民法院调取证据。”可知，市自然资源与规划局以信息不存在为由拒绝公开信息的，应当对拒绝的根据也就是信息不存在承担举证责任。原告可以提供相关线索，但不属于举证责任。因此，B项错误。

C项：根据《政府信息公开条例》第29条第2款的规定：“政府信息公开申请应当包括下列内容：（一）申请人的姓名或者名称、身份证明、联系方式；（二）申请公开的政府信息的名称、文号或者便于行政机关查询的其他特征性描述；（三）申请公开的政府信息的形式要求，包括获取信息的方式、途径。”可知，申请政府信息公开的材料不包括申请信息与自身特殊需要有关的证明，故廖某提出申请时无需说明申请的信息与自身的特殊需要。因此，C 项错误。

D 项：根据《行政复议法》第 24 条第 1 款第 1 项的规定：“县级以上地方各级人民政府管辖下列行政复议案件：(一) 对本级人民政府工作部门作出的行政行为不服的。”可知，廖某对市自然资源与规划局的答复不服，应当向市政府申请复议。因此，D 项正确。

综上所述，本题答案为 D 项。

14 2101134

答案：A。

解析：A 项：根据《税收征收管理法》第 40 条第 1 项的规定：“从事生产、经营的纳税人、扣缴义务人未按照规定的期限缴纳或者解缴税款，纳税担保人未按照规定的期限缴纳所担保的税款，由税务机关责令限期缴纳，逾期仍未缴纳的，经县以上税务局（分局）局长批准，税务机关可以采取下列强制执行措施：(一)【书面通知其开户银行或者其他金融机构从其存款中扣缴税款】。”因此，A 项正确。

B 项：根据《行政复议法》第 27 条的规定：“对海关、金融、外汇管理等实行垂直领导的行政机关、税务和国家安全机关的行政行为不服的，向上一级主管部门申请行政复议。”可知，我国税务机关实行垂直管理体制，复议机关应当是上一级税务机关，而非市政府。因此，B 项错误。

C 项：根据《税收征收管理法》第 88 条第 1 款、第 2 款的规定：“纳税人、扣缴义务人、纳税担保人同税务机关在纳税上发生争议时，必须先依照税务机关的纳税决定缴纳或者解缴税款及滞纳金或者提供相应的担保，然后可以依法申请行政复议；对行政复议决定不服的，可以依法向人民法院起诉。当事人对税务机关的处罚决定、强制执行措施或者税收保全措施不服的，可以依法申请行政复议，也可以依法向人民法院起诉。”可知，市税务局责令补缴 2 万元税款的行为是一般纳税争议，属于行政征收，不属于行政处罚、行政强制措施、税收保全措施，属于复议前置案件。故博达公司应当先申请复议，对复议决定不服的，才可提起诉讼。因此，C 项错误。

D 项：根据《行政复议法》第 20 条第 1 款的规定：“公民、法人或者其他组织认为行政行为侵犯其合法权益的，可以自知道或者应当知道该行政行为之日起六十日内提出行政复议申请；但是法律规定的申请期限超过六十日的除外。”可知，《税收征收管理法》并未就行政相对人对纳税争议申请行政复议的期限作出特别规定，因此应当适用《行政复议法》有关申请复议的一般期限规定，即 60 天，而非 6 个月。因此，D 项错误。

综上所述，本题答案为 A 项。

【多选】

15 2301076

答案：A,C。

解析：A 项：派出所的处罚权限是警告和 500 元以下罚款。本题中，派出所作出的警告和罚款 200 元的行政处罚，没有超越处罚权限，故被申请人依旧是派出所本身。因此，A 项正确。

BC 项：根据新《行政复议法》第 24 条第 4 款规定：“对县级以上地方各级人民政府工作部门依法设立的派出机构依照法律、法规、规章规定，以派出机构的名义作出的行政行为不服的行政复议案件，由本级人民政府管辖。”复议法修改后，除垂直领导等特殊情形外，申请人对县级以上地方各级人民政府工作部门及其【派出机构】、授权组织等作出的行政行为不服的，以前是选择向本级人民政府申请行政复议或者上一级主管部门申请行政复议，现在是统一向本级人民政府申请行政复议。本题中，乙街道派出所以自己的名义作出了警告和 200 元罚款的处罚，当事人王某申请复议的，应当由县政府管辖。因此，B 项错误，C 选项正确。

D 项：根据《治安管理处罚法》第 84 条规定：“询问笔录应当交被询问人核对；对没有阅读能力的，应当向其宣读。记载有遗漏或者差错的，被询问人可以提出补充或者更正。被询问人确认笔录无误后，应当签名或者盖章，询问的人民警察也应当在笔录上签名。”民警应当在询问笔录上签名，但并不必须加盖公章。因此，D 项错误。

综上所述，本题答案为 AC。

16 2101074

答案：C,D。

解析：A 项：根据《行政诉讼法》第 29 条第 1 款的规定："公民、法人或者其他组织同被诉行政行为有利害关系但没有提起诉讼，或者同案件处理结果有利害关系的，可以作为第三人申请参加诉讼，或者由人民法院通知参加诉讼。"可知，第三人是同被诉行政行为或者案件处理结果有利害关系的 公民、法人或其他组织。本题中，海事管理局与不予许可决定之间没有利害关系，所以不是第三人，法院不应将海事管理局列为第三人。因此，A 项错误。

B 项：根据《行诉解释》第 1 条第 1 款第 6 项的规定："下列行为不属于人民法院行政诉讼的受案范围：（六）行政机关为作出行政行为而实施的准备、论证、研究、层报、咨询等过程性行为。"可知，复函作为海事管理局提供的咨询意见，属于区政府为作出许可决定而实施的过程性行为，依法不属于受案范围。因此，B 项错误。

C 项：根据《行政许可法》第 45 条的规定："行政机关作出行政许可决定，依法需要听证、招标、拍卖、检验、检测、检疫、鉴定和专家评审的，所需时间不计算在本节规定的期限内。行政机关应当将所需时间书面告知申请人。"可知，专家评估时间不计入行政许可期限。因此，C 项正确。

D 项：根据《行政复议法》第 75 条第 2 款的规定："行政复议决定书一经送达，即发生法律效力。"因此，D 项正确。

综上所述，本题答案为 CD 项。

17 2001124

答案：A,B,C,D。

解析：A 项：根据《行政复议法实施条例》第 39 条的规定："行政复议期间被申请人改变原具体行政行为的，不影响行政复议案件的审理。但是，申请人依法撤回行政复议申请的除外。"可知，行政行为改变后，如果当事人撤回复议申请，则复议程序终结；如果当事人不撤回申请，案子照审不误。行政行为的改变本身不会导致行政复议程序的中止。因此，A 项错误，当选。

B 项：《行政强制法》对直接强制执行权并没有进行全面授权。原则上，通过《税收征收管理法》《城乡规划法》等特别法个别授权让某些行政机关（公安、国安、税务、海关和县级以上人民政府）获得了直接强制执行权，允许其自行直接强制执行，但并未授予银保监会[①]划拨存款抵缴罚款的权力。因此，B 项错误，当选。

C 项：根据《行政复议法》第 39 条第 1 款第 6 项的规定："行政复议期间有下列情形之一的，行政复议中止：（六）依照本法规定进行调解、和解，【申请人和被申请人同意中止】。"可知，若复议案件进行和解的，需要申请人和被申请人同意才能中止。因此，C 项错误，当选。

D 项：根据《行政复议法》第 20 条第 1 款的规定："公民、法人或者其他组织认为行政行为侵犯其合法权益的，可以自知道或者应当知道该行政行为之日起六十日内提出行政复议申请；但是法律规定的申请期限超过六十日的除外。"可知，原则上，申请行政复议的期限为 60 日，本题不存在例外情形。因此，D 项错误，当选。

综上所述，本题为选非题，答案为 ABCD 项。

18 1901054

答案：C,D。

解析：A 项：行政确认是对业已存在的主体资格、法律事实与法律关系依法进行认定，赋予其法律效力并宣示该效力的行为，户籍登记、婚姻登记和工伤认定均属于行政确认。行政裁决中行政机关是作为第三方中立的主体身份出现的，在行政裁决法律关系中，必然会涉及三方主体；但行政确认是行政机关和行政相对人之间的双方法律关系，行政机关是以管理者的身份，而非以第三方中立主体的身份出现。因此，A 项错误。

B 项：《行政复议法》第 14 条第 2 款规定："有权申请行政复议的公民死亡的，其近亲属可以申请行政复议……"本案中，田某死亡，妻子作为近亲属可以申请复议。因此，B 项错误。

C 项：《行政复议法》第 17 条第 1 款规定："申请人、第三人可以委托一至二名律师、基层法律服

① 2023 年 3 月国务院机构改革，在中国银行保险监督管理委员会（简称"银保监会"）基础上组建了国家金融监督管理总局，不再保留银保监会。

务工作者或者其他代理人代为参加行政复议。”可知，无论公民、法人还是其他组织，只要属于复议案件的申请人或第三人，均有权委托代理人参加行政复议。因此，C 项正确。

D 项：《行政复议法》第 76 条规定：“行政复议机关在办理行政复议案件过程中，发现被申请人或者其他下级行政机关的有关行政行为违法或者不当的，可以向其制发行政复议意见书......”行政复议意见书是在行政复议期间行政复议机关发现被申请人或者其他下级行政机关的相关行政行为违法或者需要做好善后工作的情况下制作的（个性问题）；行政复议的建议书，是在行政复议期间行政复议机构发现法律、法规、规章实施中带有普遍性的问题，需要向有关机关提出完善制度和改进行政执法的建议的情况下制作的（普遍问题）。因此，D 项正确。

综上所述，本题答案为 CD 项。

19 1702084

答案：B,C。

解析：A 项：根据《行政复议法》第 24 条第 1 款第 1 项的规定：“县级以上地方各级人民政府管辖下列行政复议案件：(一）对本级人民政府工作部门作出的行政行为不服的。”可知，新《行政复议法》取消了地方各级人民政府工作部门的行政复议职责，对政府部门的行政行为不服的，只能向同级政府申请行政复议。故本案中，公司对县市监局的处罚不服的，应当向县政府申请复议。因此，A 项错误。

B 项：根据《行政复议法》第 17 条第 1 款的规定：“申请人、第三人可以委托一至二名律师、基层法律服务工作者或者其他代理人代为参加行政复议。”可知，公司作为申请人可委托 1 至 2 名代理人参加行政复议。因此，B 项正确。

C 项：根据《行政复议法实施条例》第 22 条的规定：“申请人提出行政复议申请时错列被申请人的，行政复议机构应当告知申请人变更被申请人。”可知，申请时错列被申请人的，行政复议机构应告知公司变更被申请人。因此，C 项正确。

D 项：根据《行政复议法》第 11 条第 1 项的规定：“有下列情形之一的，公民、法人或者其他组织可以依照本法申请行政复议：(一）对行政机关作出的行政处罚决定不服。”以及《行政诉讼法》第 12 条第 1 款第 1 项的规定：“人民法院受理公民、法人或者其他组织提起的下列诉讼：(一）对行政拘留、暂扣或者吊销许可证和执照、责令停产停业、没收违法所得、没收非法财物、罚款、警告等行政处罚不服的。”可知，本案中县市监局作出的是行政处罚决定，对此不服，可以提起行政复议，也可以直接起诉，属于“自由选择型”，而非“复议前置”案件。因此，D 项错误。

综上所述，本题答案为 BC 项。

【由于《行政复议法》修订，本题原答案为 ABC，现修改为 BC。】

20 1702083

答案：A,C,D。

解析：A 项：根据《行政复议法实施条例》第 37 条的规定：“行政复议期间涉及专门事项需要鉴定的，当事人可以自行委托鉴定机构进行鉴定，也可以申请行政复议机构委托鉴定机构进行鉴定。鉴定费用由当事人承担。鉴定所用时间不计入行政复议审理期限。”可知，行政复议期间涉及专门事项需要鉴定的，当事人可自行委托鉴定机构进行鉴定。因此，A 项正确。

B 项：根据《行政复议法》第 50 条第 1 款的规定：“审理重大、疑难、复杂的行政复议案件，行政复议机构应当组织听证。”可知，对于重大、复杂的案件，不论当事人是否申请听证审理，都应当采取听证的方式审理。因此，B 项错误。

C 项：根据《行政复议法实施条例》第 38 条第 1 款的规定：“申请人在行政复议决定作出前自愿撤回行政复议申请的，经行政复议机构同意，可以撤回。”因此，C 项正确。

D 项：根据《行政复议法》第 45 条第 2 款的规定：“调查取证时，行政复议人员不得少于两人，并应当出示行政复议工作证件。”可知，行政复议人员调查取证时应向当事人或者有关人员出示证件。因此，D 项正确。

综上所述，本题答案为 ACD 项。

21 1502080

答案：A,B。

解析：A 项：根据《行政复议法》第 17 条第 1 款的规定："申请人、第三人可以委托一至二名律师、基层法律服务工作者或者其他代理人代为参加行政复议。"可知，该公司可以委托代理人代为参加行政复议。因此，A 项正确。

B 项：根据《行政复议法》第 46 条第 1 款的规定："行政复议期间，被申请人不得自行向申请人和其他有关单位或者个人收集证据；自行收集的证据不作为认定行政行为合法性、适当性的依据。"可知，区工商分局不得自行向申请人和其他有关组织或个人收集证据。因此，B 项正确。

C 项：根据《行政复议法》第 49 条的规定："适用普通程序审理的行政复议案件，行政复议机构应当当面或者通过互联网、电话等方式听取当事人的意见，并将听取的意见记录在案。因当事人原因不能听取意见的，可以书面审理。"可知，区政府原则上应适用普通程序审理，但普通程序并不是指开庭审理，这是行政诉讼的规定。因此，C 项错误。

D 项：根据《行政复议法》第 63 条第 1 款第 1 项的规定："行政行为有下列情形之一的，行政复议机关决定变更该行政行为：（一）事实清楚，证据确凿，适用依据正确，程序合法，但是内容不适当。"可知，若区工商分局的决定明显不当，区政府也可以根据情况予以变更，而不是只能予以撤销。因此，D 项错误。

综上所述，本题答案为 AB 项。

22 1102047

答案：A,C。

解析：A 项：根据《行政复议法》第 88 条第 2 款规定："本法关于行政复议期间有关"三日"、"五日"、"七日"、【"十日"的规定是指工作日】，不含法定休假日。"因此，A 项正确。

B 项：根据《行政复议法实施条例》第 39 条规定："行政复议期间被申请人改变原具体行政行为的，不影响行政复议案件的审理。但是，申请人依法撤回行政复议申请的除外。"据此，行政复议期间，被申请人可以改变原具体行政行为。因此，B 项错误。

C 项：根据《行政复议法》第 76 条规定："行政复议机关在办理行政复议案件过程中，发现被申请人或者其他下级行政机关的有关行政行为违法或者不当的，可以向其制发行政复议意见书。有关机关应当自收到行政复议意见书之日起六十日内，将纠正相关违法或者不当行政行为的情况报送行政复议机关。"可知，行政复议期间，【复议机关发现被申请人的相关行政行为违法的】，可以制作行政复议意见书。因此，C 项正确。

D 项：根据《行政复议法》第 44 条第 1 款的规定："被申请人对其作出的行政行为的【合法性、适当性】负有举证责任。"虽然新《行政复议法》删除了直接规定行政复议案件审理对象的相关条文，但是对被申请人的举证要求作出了规定。既然被申请人需要对行政行为合法性和适当性进行举证，那么由此可知，行政复议既审查合法性，也审查适当性。因此，D 项错误。

综上所述，本题答案为 AC 项。

【由于《行政复议法》修订，本题原答案为 C，现修改为 AC。】

23 1002084

答案：B,D。

解析：A 项：根据《行政复议法》第 41 条第 5 项的规定："行政复议期间有下列情形之一的，行政复议机关决定终止行政复议：（五）依照本法第三十九条第一款第一项、第二项、第四项的规定中止行政复议满六十日，行政复议中止的原因仍未消除。"以及第 39 条第 1 款第 1、2、4 项的规定："行政复议期间有下列情形之一的，行政复议中止：（一）作为申请人的公民死亡，其近亲属尚未确定是否参加行政复议；（二）作为申请人的公民丧失参加行政复议的行为能力，尚未确定法定代理人参加行政复议；（四）作为申请人的法人或者其他组织终止，尚未确定权利义务承受人。"可知，复议中止原因满 60 日仍未消除而终止复议的情形，只限于第 39 条规定的三项情形，不可抗力导致中止的并不在此范围内。因此，A 项错误。

B 项：根据《行政复议法实施条例》第 34 条第 3 款的规定："需要现场勘验的，【现场勘验所用时间不计入行政复议审理期限】。"因此，B 项正确。

C 项：根据《行政复议法》第 41 条第 4 项的规

定："行政复议期间有下列情形之一的，行政复议机关决定【终止】行政复议：（四）申请人对行政拘留或者限制人身自由的行政强制措施不服申请行政复议后，因同一违法行为涉嫌犯罪，被采取刑事强制措施。"可知，选项C所述情形导致行政复议的终止，而不是"中止"。因此，C项错误。

D项：根据《行政复议法实施条例》第37条的规定："行政复议期间涉及专门事项需要鉴定的，【当事人可以自行委托鉴定机构进行鉴定】，也可以申请行政复议机构委托鉴定机构进行鉴定。鉴定费用由当事人承担。鉴定所用时间不计入行政复议审理期限。"因此，D项正确。

综上所述，本题答案为BD项。

24 2101075

答案：B,C,D。

解析：A项：根据《行政诉讼法》第46条的规定："公民、法人或者其他组织直接向人民法院提起诉讼的，应当自知道或者应当知道作出行政行为之日起六个月内提出。法律另有规定的除外。"可知，本题属于直接向法院起诉的情形，起诉期间是6个月，而非15天。因此，A项错误。

B项：县生态环境局要求企业限期整改的行为属于责令改正违法行为，按照要求开展养殖工作是正常的要求，没有为该企业增添新的负担，不具有惩戒性，不属于行政处罚。因此，B项正确。

C项：根据《行政复议法》第24条第1款第1项的规定："县级以上地方各级人民政府管辖下列行政复议案件：（一）对本级人民政府工作部门作出的行政行为不服的。"可知，新《行政复议法》取消了地方各级人民政府工作部门的行政复议职责，对政府部门的行政行为不服的，只能向同级政府申请行政复议。可知，本案行政行为作出机关为县生态环境保护局，若要申请复议，应当向县政府申请复议。因此，C项正确。

D项：根据《环境保护法》第60条的规定："企业事业单位和其他生产经营者超过污染物排放标准或者超过重点污染物排放总量控制指标排放污染物的，县级以上人民政府环境保护主管部门可以责令其采取限制生产、停产整治等措施；情节严重的，报经【有批准权的人民政府】批准，责令停业、关闭。"可知，县生态环境局若决定关闭该企业，必须先报有批准权的政府批准。因此，D项正确。

综上所述，本题答案为BCD项。

25 1402080

答案：C,D。

解析：A项：根据《行政复议法》第24条第1款第1项的规定："县级以上地方各级人民政府管辖下列行政复议案件：（一）对本级人民政府工作部门作出的行政行为不服的。"可知，新《行政复议法》取消了地方各级人民政府工作部门的行政复议职责，对政府部门的行政行为不服的，只能向同级政府申请行政复议。本题中，对县工商局的行政处罚不服，复议机关为县工商局的本级人民政府，即县政府。因此，A项错误。

B项：根据《行政复议法》第20条第1款的规定："公民、法人或者其他组织认为行政行为侵犯其合法权益的，可以自知道或者应当知道该行政行为之日起六十日内提出行政复议申请；但是【法律规定的申请期限超过六十日的除外】。"可知，行政复议申请期限一般为60日，但是法律可以规定超过60日的复议申请期限。《反不正当竞争法》（1993年12月1日施行）规定的行政复议期限仅15天，违反了《行政复议法》（2024年1月1日施行）的规定，故应当适用《行政复议法》关于复议申请期限的规定。因此，B项错误。

C项：根据《行政诉讼法》第45条的规定："公民、法人或者其他组织不服复议决定的，可以在收到复议决定书之日起十五日内向人民法院提起诉讼。复议机关逾期不作决定的，申请人可以在复议期满之日起十五日内向人民法院提起诉讼。法律另有规定的除外。"可知，该企业在经过行政复议后向法院起诉，起诉期限为15日。因此，C项正确。

D项：根据题干中《反不正当竞争法》的规定，当事人对监督检查部门作出的决定不服的，可以依法申请行政复议或者提起行政诉讼。所以该公司不服处罚行为可直接就此提起诉讼。因此，D项正确。

综上所述，本题答案为CD项。

26 1901043

答案：B,C,D。

解析：A 项：撤销属于独立的具体行政行为的类型，并不是处罚。因此，A 项错误。

B 项：B 选项考查行政许可收费问题，但考查内容较偏。《行政许可法》第 58 条第 1 款规定："行政机关实施行政许可和对行政许可事项进行监督检查，不得收取任何费用。但是，法律、行政法规另有规定的，依照其规定。"据此，行政许可原则上不得收取任何费用，除非法律、行政法规另有规定。至此，我们似乎感觉 B 选项表达过于绝对，应该错误。但由于本题涉及的是行政许可的具体类型规划许可，除了需要遵照一般法《行政许可法》外，还需要遵照特别法《城乡规划法》，《城乡规划法》并没有条款允许收取规划许可证的颁发费用。可见，B 选项的说法在规划许可问题上并没有过于绝对化，是正确的。因此，B 项正确。

C 项：根据《行政许可法》第 40 条的规定："行政机关作出的准予行政许可决定，应当予以公开，公众有权查阅。"对于准予许可的决定应当公开，以便公众查阅，而不予许可决定则不需要公开。因此，C 项正确。

D 项：根据《行政复议法》第 24 条第 1 款第 1 项的规定："县级以上地方各级人民政府管辖下列行政复议案件：（一）对本级人民政府工作部门作出的行政行为不服的。"可知，新《行政复议法》取消了地方各级人民政府工作部门的行政复议职责，对政府部门的行政行为不服的，只能向同级政府申请行政复议。本案中，撤销决定是县规划局作出的，故当事人应当向本级人民政府县政府申请复议，即复议机关应当为县政府。因此，D 项正确。

综上所述，本题答案为 BCD 项。

【由于《行政复议法》修订，本题原答案为 BC，现修改为 BCD。】

【不定项】

27 2001130

答案：B。

解析：A 项：根据《治安管理处罚法》第 20 条的规定："违反治安管理有下列情形之一的，从重处罚：（一）有较严重后果的；（二）教唆、胁迫、诱骗他人违反治安管理的；（三）对报案人、控告人、举报人、证人打击报复的；（四）六个月内曾受过治安管理处罚的。"可知，法律并未规定受害人为未成年人时需要从重处罚。因此，A 项错误。

B 项：根据《行政复议法》第 16 条第 1 款的规定："申请人以外的同被申请行政复议的行政行为或者行政复议案件处理结果有利害关系的公民、法人或者其他组织，可以作为第三人申请参加行政复议，或者由行政复议机构通知其作为第三人参加行政复议。"可知，方某砸伤的人是陈某某，所以与行政处罚有法律上利害关系的相关人陈某某可以作为行政复议案件的第三人。但因为陈某某是未成年人，所以需要由其法定代理人（比如其父陈某或其母亲等）代为参加行政复议。因此，B 项正确。

C 项：根据《行政复议法》第 24 条第 1 款第 1 项的规定："县级以上地方各级人民政府管辖下列行政复议案件：（一）对本级人民政府工作部门作出的行政行为不服的。"可知，新《行政复议法》取消了地方各级人民政府工作部门的行政复议职责，对政府部门的行政行为不服的，只能向同级政府申请行政复议。可知，县公安局作出的处罚决定，复议机关应当是、只能是县政府，非"可以是"。因此，C 项错误。

D 项：根据《治安管理处罚法》第 107 条的规定："被处罚人不服行政拘留处罚决定，申请行政复议、提起行政诉讼的，可以向公安机关提出暂缓执行行政拘留的申请。公安机关认为暂缓执行行政拘留不致发生社会危险的，由被处罚人或者其近亲属提出符合本法第一百零八条规定条件的担保人，或者按每日行政拘留二百元的标准交纳保证金，行政拘留的处罚决定暂缓执行。"可知，被处罚人不服拘留决定，可以向公安机关申请暂缓执行拘留，但要同时满足以下条件：第一，当事人已申请行政复议或提起行政诉讼；第二，当事人主动申请；第三，公安机关认为暂缓执行不致发生社会危险；第四，被处罚人或其近亲属提出符合条件的担保人，或按每日行政拘留 200 元的标准交纳保证金。申请暂缓执行拘留的后 3 个条

件题干均未交代，所以并非应当暂停执行行政拘留。因此，D 项错误。

综上所述，本题答案为 B 项。

【由于《行政复议法》修订，本题原答案为 BC，现修改为 B。】

28 1801100

答案：A,B,C,D。

解析：A 项：根据《行政复议法》第 24 条第 1 款第 1 项的规定："县级以上地方各级人民政府管辖下列行政复议案件：（一）对本级人民政府工作部门作出的行政行为不服的。"可知，新《行政复议法》取消了地方各级人民政府工作部门的行政复议职责，对政府部门的行政行为不服的，应当向同级政府申请行政复议。故本案中，韩某应当向乙县政府申请行政复议。因此，A 项错误。

B 项：根据《行政复议法实施条例》第 39 条的规定："行政复议期间被申请人改变原具体行政行为的，不影响行政复议案件的审理。但是，申请人依法撤回行政复议申请的除外。"可知，县卫健委在行政复议期间，可以改变被申请复议的行政行为。因此，B 项错误。

C 项：根据《行政复议法》第 31 条第 1 款的规定："行政复议申请材料不齐全或者表述不清楚，无法判断行政复议申请是否符合本法第三十条第一款规定的，行政复议机关【应当】自收到申请之日起五日内书面通知申请人补正。补正通知应当一次性载明需要补正的事项。"可知，韩某复议申请材料不齐全的，复议机关"应当"自收到该行政复议申请之日起 5 日内书面通知韩某补正，而不是"可以"。因此，C 项错误。

D 项：根据《行政复议法实施条例》第 32 条的规定："行政复议机构审理行政复议案件，应当由 2 名以上行政复议人员参加。"可知，即使是权利义务关系明确，争议不大的案件，也应由 2 名以上行政复议人员参加，不能仅由 1 人审理。因此，D 项错误。

29 1602097

答案：A,B,C。

解析：A 项：根据《行政复议法》第 17 条第 2 款的规定："申请人、第三人委托代理人的，应当向行政复议机构提交授权委托书、委托人及被委托人的身份证明文件……"可知，豪美公司委托代理人参加复议，应提交授权委托书。因此，A 项正确。

B 项：根据《行政复议法》第 50 条第 3 款的规定："听证由一名行政复议人员任主持人，两名以上行政复议人员任听证员，一名记录员制作听证笔录。"可知，市政府应当派出 2 名以上行政复议人员参加。因此，B 项正确。

C 项：根据《行政复议法实施条例》第 35 条的规定："行政复议机关应当为申请人、第三人查阅有关材料提供必要条件。"可知，市政府应为公司查阅有关材料提供必要条件。因此，C 项正确。

D 项：根据《行政复议法》第 63 条第 1 款第 3 项的规定："行政行为有下列情形之一的，行政复议机关决定变更该行政行为：（三）事实不清、证据不足，经行政复议机关查清事实和证据。"可知，如处罚决定认定事实不清，证据不足，只要复议机关能查清事实，是可以作出变更决定的。因此，D 项错误。

综上所述，本题答案为 ABC 项。

30 1602098

答案：A,B,C,D。

解析：AB 项：根据《行政复议法》第 80 条的规定："行政复议机关不依照本法规定履行行政复议职责，对负有责任的领导人员和直接责任人员依法给予警告、记过、记大过的处分；经有权监督的机关督促仍不改正或者造成严重后果的，依法给予降级、撤职、开除的处分。"可知，有监督权的行政机关可以督促市政府对法定期限不作出复议决定的行为加以改正，若市政府在法定期限内不作出复议决定的，可对市政府直接负责的主管人员和其他直接负责人员处警告、记过、记大过等处分。因此，AB 项正确。

CD 项：根据《行政诉讼法》第 26 条第 3 款的规定："复议机关在法定期限内未作出复议决定，公民、法人或者其他组织起诉原行政行为的，作出原行政行为的行政机关是被告；起诉复议机关不作为的，复议机关是被告。"可见，对于复议机关不作为，豪美公司既可向法院起诉要求市政府履行复议职责，也可针对原处罚决定向法院起诉原行政机关市工商局，其遵循的原则是“复议不作为选择告”。因此，CD 项正确。

综上所述，本题答案为 ABCD 项。

31 1002100

答案：B,C。

解析：A 项：根据《治安管理处罚法》第 89 条第 1 款的规定：“公安机关办理治安案件，对与案件有关的需要作为证据的物品，可以扣押；对被侵害人或者善意第三人合法占有的财产，不得扣押，应当予以登记。对与案件无关的物品，不得扣押。”可知，甲偷开的轿车为被侵害人乙所有，故不得扣押。因此，A 项错误。

B 项：根据《行政复议法》第 74 条第 2 款的规定：“当事人达成和解后，由申请人向行政复议机构撤回行政复议申请。行政复议机构准予撤回行政复议申请、行政复议机关决定终止行政复议的，申请人不得再以同一事实和理由提出行政复议申请。但是，申请人能够证明撤回行政复议申请违背其真实意愿的除外。”可知，若甲能够证明撤回复议申请违背其真实意思表示，可以以同一事实和理由再次对该处罚决定提出复议申请。因此，B 项正确。

C 项：根据《行政处罚法》第 72 条第 1 款第 1 项的规定：“当事人逾期不履行行政处罚决定的，作出行政处罚决定的行政机关可以采取下列措施：（一）到期不缴纳罚款的，每日按罚款数额的百分之三加处罚款，加处罚款的数额不得超出罚款的数额；”可知，甲逾期不缴纳罚款，县公安局可以每日按罚款数额的 3% 加处罚款。因此，C 项正确。

D 项：根据《行诉解释》第 58 条的规定：“法律、法规未规定行政复议为提起行政诉讼必经程序，公民、法人或者其他组织向复议机关申请行政复议后，又经复议机关同意撤回复议申请，在法定起诉期限内对原行政行为提起诉讼的，人民法院应当依法立案。”可知，本案是行政处罚案件，非复议前置案件，甲撤回复议申请后，只要在法定的起诉期限内起诉，人民法院就应当依法立案。本题中，甲知道具体行政行为的作出之日为 5 月 9 日，于 6 月 20 日提起行政诉讼，并未超过行政诉讼 6 个月的起诉期限，法院应当受理。因此，D 项错误。

综上所述，本题答案为 BC 项。

二、模拟训练

【单选】

32 62205234

答案：D。

解析：A 项：根据《行政复议法》第 87 条的规定：“行政复议机关受理行政复议申请，【不得向申请人收取任何费用】。”可知，受理行政复议申请是不得收取费用的。因此，A 项正确，不当选。

B 项：行政复议案件，复议机关的审查对象是被申请复议的行政行为的合法性与适当性。因此，B 项正确，不当选。

C 项：根据《行政复议法》第 20 条第 1 款的规定：“公民、法人或者其他组织认为行政行为侵犯其合法权益的，可以自知道或者应当知道该行政行为之日起【六十日内】提出行政复议申请；但是法律规定的申请期限超过六十日的除外。”关于对行政处罚申请复议的期限，《行政处罚法》未作出另行规定，故本案复议申请期限为 60 日。因此，C 项正确，不当选。

D 项：根据《行政复议法》第 17 条第 1 款的规定：“【申请人、第三人】可以委托一至二名律师、基层法律服务工作者或者其他代理人代为参加行政复议。”也就是说，在行政复议中，只有申请人、第三人才可以委托代理人参加行政复议，被申请人不可以委托代理人。这是因为被申请人委托代理人参加复议，不利于案件事实的查明，不利于复议机关与作为被申请人的原机关进行有效沟通，更何况原机关作为被申请人是复议机关的下级机关，自己不参加复议，委托代理人去见上级机关，也不合适。因此，D 项错误，当选。

综上所述，本题为选非题，答案为 D 项。

33 62405001

答案：B。

解析：A 项：根据《政府信息公开条例》第 29 条第 2 款的规定：“政府信息公开申请应当包括下列

内容:（一）申请人的姓名或者名称、身份证明、联系方式;（二）申请公开的政府信息的名称、文号或者便于行政机关查询的其他特征性描述;（三）申请公开的政府信息的形式要求，包括获取信息的方式、途径。”可知，申请政府信息公开的材料不包括申请信息与自身特殊需要有关的证明，故廖某提出申请时无需说明申请的信息与自身的特殊需要。因此，A 项错误。

B 项：根据《行政复议法》第 23 条第 1 款第 4 项的规定：“有下列情形之一的，申请人应当先向行政复议机关申请行政复议，对行政复议决定不服的，可以再依法向人民法院提起行政诉讼:（四）申请政府信息公开，【行政机关不予公开】。”可知，不予公开政府信息决定属于复议前置情形，对此类决定不服的应当先申请复议。若廖某不服，应当先申请复议。又根据第 24 条第 1 款第 1 项的规定:“县级以上地方各级人民政府管辖下列行政复议案件:（一）对本级人民政府工作部门作出的行政行为不服的。”可知，新《行政复议法》取消了地方各级人民政府工作部门的行政复议职责，对政府部门的行政行为不服的，只能向同级政府申请行政复议。综上，若廖某对市自然资源与规划局作出的行政行为不服，只能先申请复议，且只能向市政府申请复议。因此，B 项正确。

C 项：根据《行政复议法》第 53 条第 1 款第 4 项、第 2 款的规定:“行政复议机关审理下列行政复议案件，认为事实清楚、权利义务关系明确、争议不大的，可以适用简易程序:（四）属于【政府信息公开案件】。除前款规定以外的行政复议案件，当事人【各方同意】适用简易程序的，可以适用简易程序。”可知，政府信息公开案件属于法定简易情形，若满足条件，本案可适用简易程序进行审理；即使不满足条件，经双方同意仍然可以适用简易程序审理。故 C 项“应当适用普通程序”的说法过于绝对。因此，C 项错误。

D 项：根据《行政复议法》第 45 条第 2 款的规定:“调查取证时，行政复议人员【不得少于两人】，并应当出示行政复议工作证件。”可知，调查取证时复议人员不得少于 2 人。因此，D 项错误。

综上所述，本题答案为 B 项。

【多选】

34 62005115

答案：A,C。

解析：A 项：根据《行政复议法实施条例》第 13 条的规定:“下级行政机关依照法律、法规、规章规定，经上级行政机关批准作出具体行政行为的，批准机关为被申请人。”以及根据《行政复议法》第 24 条第 1 款第 2 项的规定:“县级以上地方各级人民政府管辖下列行政复议案件:（二）对下一级人民政府作出的行政行为不服的。”可知，本案中，罗某的宅基地用地申请是在高家镇政府审核后报县政府审批的，因此复议被申请人为丰都县政府，故复议机关为丰都县政府的上一级政府。因此，A 项正确。

B 项：根据《行政复议法》第 23 条第 1 款第 2 项的规定:“有下列情形之一的，申请人应当先向行政复议机关申请行政复议，对行政复议决定不服的，可以再依法向人民法院提起行政诉讼:（二）对行政机关作出的侵犯其【已经依法取得】的自然资源的所有权或者使用权的决定不服。”可知，属于复议前置情形的自然资源权属争议案件，要求涉案的自然资源是当事人已经取得的权益，罗某在县政府审批前并未取得相应的宅基地使用权，故该案不属于自然资源权属争议案件，无需复议前置。因此，B 项错误。

C 项：根据《行政复议法》第 20 条第 1 款的规定:“公民、法人或者其他组织认为行政行为侵犯其合法权益的，可以自知道或者应当知道该行政行为之日起六十日内提出行政复议申请；但是法律规定的申请期限超过六十日的除外。”可知，罗某若申请行政复议，应当自知道或应当知道该具体行政行为之日即收到批件之日起 60 日内申请行政复议。因此，C 项正确。

D 项：被告方作第三人仅限于以下情形：1. 假共同行为，非行政机关组织为第三人；2. 共同行为，未被起诉的行政机关为第三人；3. 两个以上行政机关作出相互矛盾的具体行政行为，非被告的行政机关可以作第三人；4. 复议改变后再起诉，被告为复议机关，原机关为第三人。在本案中，高家镇政府虽然审核了罗某的申请，但其并非审批机关，且与丰都县政府的审批行为之间并无利害关系，不属于上述被告方作第三人的情形，故高家镇政府不能作为第三人参加行政诉讼。因此，D 项错误。

综上所述，本题答案为 AC 项。

35 62005117

答案：A,B,D。

解析：A 项：根据《行政复议法》第 11 条第 15 项的规定："有下列情形之一的，公民、法人或者其他组织可以依照本法申请行政复议：（十五）认为行政机关的其他行政行为侵犯其合法权益。"本案中，曹某认为徐州市房管局作出的具体行政行为侵犯了自己的合法权益，其有权申请行政复议。因此，A 项错误，当选。

B 项：根据《行政复议法》第 20 条第 1 款的规定："公民、法人或者其他组织认为行政行为侵犯其合法权益的，可以自知道或者应当知道该行政行为之日起六十日内提出行政复议申请；但是法律规定的申请期限超过六十日的除外。"以及第 21 条的规定："因不动产提出的行政复议申请自行政行为作出之日起超过二十年，其他行政复议申请自行政行为作出之日起超过五年的，行政复议机关不予受理。"首先，曹某在行政行为作出时并不知情，且该行政行为涉及不动产，故申请复议的最长保护期限为 20 年，其申请复议时并未超过此期限。其次，行政复议申请期限从知道或应当知道该具体行政行为之日起，即从 2013 年 10 月 12 日起算 60 日，曹某于第二日就申请行政复议并没有超过复议申请期限。因此，B 项错误，当选。

CD 项：根据《行政复议法》第 16 条第 1 款的规定："申请人以外的同被申请行政复议的行政行为或者行政复议案件处理结果有利害关系的公民、法人或者其他组织，可以作为第三人申请参加行政复议，或者由行政复议机构通知其作为第三人参加行政复议。"以及《行政复议法实施条例》第 9 条第 1 款的规定："行政复议期间，行政复议机构认为申请人以外的公民、法人或者其他组织与被审查的具体行政行为有利害关系的，【可以通知】其作为第三人参加行政复议。"可知，张某作为与被审查的具体行政行为有利害关系的人，可以以第三人的身份申请参加行政复议。并且徐州市人民政府是"可以"通知而不是"应当"通知。因此，C 项正确，不当选；D 项错误，当选。

综上所述，本题为选非题，答案为 ABD 项。

36 62205196

答案：B,C,D。

解析：A 项：具体行政行为是行政机关针对特定的公民、法人或者其他组织，就特定的具体事项，作出的影响该公民、法人或者其他组织权利义务的单方行为，具有行政性、外部性、特定性、处分性的特点。（2019）02 号《关于矿山采掘业停业整顿的通知》面向的对象特定——全县范围内的各矿场、砖厂、石场，且针对特定的事项——要求矿山采掘业停业整顿，给涉及主体的实质性权利义务带来影响。所以，藤地矿安字（2019）02 号《关于矿山采掘业停业整顿的通知》属于具体行政行为。因此，A 项正确，不当选。

B 项：根据《行政复议法》第 24 条第 1 款第 1 项的规定："县级以上地方各级人民政府管辖下列行政复议案件：（一）对本级人民政府工作部门作出的行政行为不服的。"《行政复议法》修订后，取消了地方政府工作部门受理行政复议案件的权限，由本级人民政府统一受理。可知，本案被申请人为县地质矿产局，卢某应当向其本级人民政府即藤县人民政府申请行政复议。因此，B 项错误，当选。

C 项：根据《行政复议法》第 39 条第 1 款第 3 项的规定："行政复议期间有下列情形之一的，行政复议中止：（三）作为申请人的公民下落不明。"可知，若在行政复议期间卢某下落不明，则复议中止，而非终止。因此，C 项错误，当选。

D 项：复议前置情形共有六种：（1）行政确权案件中当事人认为侵犯自己已经取得的自然资源所有权或者使用权的案件；（2）纳税争议案件（税收相关的行政处罚、强制及反倾销税除外）；（3）反垄断法中的限制或禁止经营者集中的决定；（4）当场作出的处罚决定；（5）行政不作为案件；（6）不予公开政府信息。本案要求矿山采掘业停业整顿的决定虽然侵犯了卢某的采矿权，但并非行政确权案件，且不符合上述其他情形，故本案不属于复议前置的案件范围，卢某可以直接向人民法院起诉。因此，D 项错误，当选。

综上所述，本题为选非题，答案为 BCD 项。

37 62105083

答案：B,C。

解析：AB 项：根据《行政复议法》第 25 条第 1 项的规定："国务院部门管辖下列行政复议案件：（一）对本部门作出的行政行为不服的。"可知，对国务院部门的具体行政行为不服的，原机关复议，故该公司应向生态环境部申请复议，而不是向国务院申请复议。因此，A 项错误，B 项正确。

C 项：根据《行政复议法》第 30 条第 1 款的规定："行政复议机关收到行政复议申请后，应当在【五日内】进行审查。"因此，C 项正确。

D 项：根据《行政复议法》第 46 条第 1 款的规定："行政复议期间，被申请人【不得自行】向申请人和其他有关单位或者个人收集证据；自行收集的证据不作为认定行政行为合法性、适当性的依据。"因此，D 项错误。

综上所述，本题答案为 BC 项。

38 62405003

答案：A,B,D。

解析：A 项：根据《行政复议法》第 22 条第 1 款的规定："申请人申请行政复议，可以书面申请；书面申请有困难的，也【可以口头申请】。"因此，A 项正确。

B 项：根据《行政复议法》第 22 条第 2 款的规定："书面申请的，可以通过邮寄或者行政复议机关【指定的互联网渠道等方式】提交行政复议申请书……"因此，B 项正确。

C 项：根据《行政复议法》第 31 条第 1 款的规定："行政复议申请材料不齐全或者表述不清楚，无法判断行政复议申请是否符合本法第三十条第一款规定的，行政复议机关应当自收到申请之日起五日内【书面通知申请人补正】。补正通知应当一次性载明需要补正的事项。"可知，若申请人提交的申请材料不齐全，复议机关应当通知申请人补正材料，并非直接不予受理。因此，C 项错误。

D 项：根据《行政复议法》第 33 条的规定"行政复议机关受理行政复议申请后，发现该行政复议申请不符合本法第三十条第一款规定的，【应当决定驳回申请】并说明理由。"因此，D 项正确。

综上所述，本题答案为 ABD 项。

39 62405005

答案：A,B。

解析：AB 项：根据《行政复议法》第 49 条的规定："适用普通程序审理的行政复议案件，行政复议机构应当当面或者通过互联网、【电话】等方式听取当事人的意见，并将听取的意见记录在案。因当事人原因不能听取意见的，【可以书面审理】。"因此，AB 项正确。

C 项：根据《行政复议法》第 51 条第 1 款的规定："行政复议机构组织听证的，应当于举行听证的【五日前】将听证的时间、地点和拟听证事项书面通知当事人。"可知，复议机关应当于举行听证的 5 日前告知听证事项，非 10 日前。因此，C 项错误。

D 项：根据《行政复议法》第 51 条第 3 款的规定："被申请人的负责人应当参加听证。不能参加的，【应当说明理由并委托相应的工作人员参加听证】。"可知，县交管局负责人不能参加的，应当说明理由并委托相应的工作人员参加听证，不能仅出具书面说明。因此，D 项错误。

综上所述，本题答案为 AB 项。

40 62405007

答案：A,B,C。

解析：ABCD 项：根据《行政复议法》第 63 条第 1 款的规定："行政行为有下列情形之一的，行政复议机关决定变更该行政行为：（一）事实清楚，证据确凿，适用依据正确，程序合法，但是内容不适当；（二）事实清楚，证据确凿，程序合法，但是未正确适用依据；（三）事实不清、证据不足，经行政复议机关查清事实和证据。"可知，A 项符合第（一）项，B 项符合第（二）项，C 项符合第（三）项，D 项不符合以上情形。因此，ABC 项正确，D 项错误。

综上所述，本题答案为 ABC 项。

【不定项】

41 62405002

答案：B,C。

解析：A 项：根据《行政复议法》第 24 条第 1 款第 1 项的规定："【县级以上地方各级人民政府】管辖下列行政复议案件：（一）对本级人民政府工作部门作出的行政行为不服的。"可知，新《行政复议法》取消了地方各级人民政府工作部门的行政复议职责，对政府部门的行政行为不服的，只能向同级政府申请行政复议。故本案中，李某对 A 县城管局行政行为不服申请复议，复议机关只能是 A 县政府。因此，A 项错误。

B 项：根据《行政复议法》第 17 条第 1 款的规定："申请人、第三人可以委托【一至二名】律师、基层法律服务工作者或者其他代理人代为参加行政复议。"因此，B 项正确。

C 项：根据《行政复议法》第 53 条第 1 款第 1 项的规定："行政复议机关审理下列行政复议案件，认为事实清楚、权利义务关系明确、争议不大的，可以适用简易程序：（一）被申请行政复议的行政行为是【当场作出】。"可知，被诉行政行为乃当场作出的行政处罚，若事实清楚、权利义务关系明确、争议不大，复议机关可直接适用简易程序审理。因此，C 项正确。

D 项：根据《行政复议法》第 23 条第 1 款第 1 项的规定："有下列情形之一的，申请人应当先向行政复议机关申请行政复议，对行政复议决定不服的，可以再依法向人民法院提起行政诉讼：（一）对【当场作出的行政处罚决定】不服。"可知，行政处罚乃 A 县城管局当场作出，若李某不服，应当先申请复议，不能直接提起行政诉讼。因此，D 项错误。

综上所述，本题答案为 BC 项。

42 62405004

答案：B,C。

解析：ABCD 项：根据《行政复议法》第 28 条的规定："对履行行政复议机构职责的地方人民政府司法行政部门的行政行为不服的，可以向【本级人民政府】申请行政复议，也可以向【上一级司法行政部门】申请行政复议。"可知，本案行政行为作出机关为乙市司法局，且乙市司法局是履行行政复议机构职责的司法行政部门，故徐某可以向甲省司法厅或乙市政府申请复议。因此，BC 项正确，AD 项错误。

综上所述，本题答案为 BC 项。

43 62405006

答案：B,C。

解析：A 项：根据《行政复议法》第 56 条的规定："申请人依照本法第十三条的规定提出对有关规范性文件的附带审查申请，行政复议机关【有权处理】的，应当在【三十日内】依法处理；无权处理的，应当在七日内转送有权处理的行政机关依法处理。"可知，县政府有权处理县交管局发布的文件，故应在 30 日内予以处理。因此，A 项错误。

BC 项：根据《行政复议法》第 58 条的规定："行政复议机关依照本法第五十六条、第五十七条的规定有权处理有关规范性文件或者依据的，行政复议机构应当自【行政复议中止之日起三日内】，书面通知规范性文件或者依据的制定机关就相关条款的合法性提出书面答复。制定机关应当自【收到书面通知之日起十日内】提交书面答复及相关材料。行政复议机构认为必要时，可以要求规范性文件或者依据的制定机关当面说明理由，制定机关应当配合。"因此，BC 项正确。

D 项：根据《行政复议法》第 59 条的规定："行政复议机关依照本法第五十六条、第五十七条的规定【有权处理】有关规范性文件或者依据，认为相关条款合法的，在行政复议决定书中一并告知；认为相关条款超越权限或者违反上位法的，【决定停止该条款的执行】，并责令制定机关予以纠正。"可知，县政府有权处理该文件，其认为相关条款违法的，应决定停止该条款的执行。因此，D 项错误。

综上所述，本题答案为 BC 项。

第十六章 行政诉讼管辖

参考答案

[1] D	[2] D	[3] A	[4] C	[5] A
[6] CD	[7] BC	[8] AC	[9] BC	[10] ACD
[11] ABCD	[12] AC	[13] D	[14] AB	[15] AC
[16] D	[17] BC	[18] ACD	[19] ACD	[20] BC
[21] BCD	[22] AD	[23] AB	[24] A	

一、历年真题及仿真题

（一）综合知识点

【单选】

1 1901030

答案：D。

解析：AB 项：根据《行政诉讼法》第 26 条第 2 款的规定："经复议的案件，复议机关决定维持原行政行为的，作出原行政行为的行政机关和复议机关是共同被告；复议机关改变原行政行为的，复议机关是被告。"可知，本题中甲市税务局将罚款改为 10 万，属于改变处理结果（实体权利义务）的复议改变行为。所以，被告应当为复议机关甲市税务局。因此，AB 项错误。

CD 项：确定管辖法院需要遵照"先级别，后地域"的做题步骤：第一步，级别管辖。根据《行政诉讼法》第 15 条第 1 项的规定："中级人民法院管辖下列第一审行政案件：（一）对国务院部门或者县级以上地方人民政府所作的行政行为提起诉讼的案件。"本案被告是甲市税务局，不属于国务院部门或者县级以上地方人民政府（县级政府、市级政府和省级政府），所以，本案不应由中院管辖，而应该由基层法院管辖。因此，C 项错误。【其实到这里答案已经出来，能够确定是 D 选项了。】第二步，地域管辖。根据《行政诉讼法》第 18 条第 1 款的规定："行政案件由最初作出行政行为的行政机关所在地人民法院管辖。经复议的案件，也可以由复议机关所在地人民法院管辖。"可知，本题可以由甲市税务局所在地法院或乙区税务局所在地法院管辖。综上，结合级别和地域因素后，本题应该由甲市税务局所在地的基层法院或乙区税务局所在地的基层法院管辖。甲市税务局位于甲市丙区，其所在地的基层法院为丙区法院，如果选项中有该项内容是可以选的；乙区税务局位于甲市乙区，其所在地的基层法院为乙区法院。因此，D 项正确。

综上所述，本题答案为 D 项。

2 1801046

答案：D。

解析：AB 项：根据《行政诉讼法》第 26 条第 2 款的规定："经复议的案件，复议机关决定维持原行政行为的，作出原行政行为的行政机关和复议机关是共同被告；复议机关改变原行政行为的，复议机关是被告。"以及《行诉解释》第 22 条第 1 款的规定："行政诉讼法第二十六条第二款规定的'复议机关改变原行政行为'，是指复议机关改变原行政行为的处理结果。复议机关改变原行政行为所认定的主要事实和证据、改变原行政行为所适用的规范依据，但未改变原行政行为处理结果的，视为复议机关维持原行政行为。"可知，本案复议机关虽然改变了原行政行为所适用的规范依据，但未改变原行政行为的处理结果，所以，本案属于复议维持案件，甲市市场监督管理局和甲市政府为本案共同被告。因此，AB 项错误。

C 项：根据《行政诉讼法》第 45 条的规定："公民、法人或者其他组织不服复议决定的，可以在【收到复议决定书之日起十五日内】向人民法院提起诉讼。复议机关逾期不作决定的，申请人可以在复议期满之日起十五日内向人民法院提起诉讼。法律另有规定的除外。"可知，复议后起诉的起诉期限为 15 日，而非 6 个月。因此，C 项错误。

D 项：根据《行诉解释》第 134 条第 3 款的规定："复议机关作共同被告的案件，以作出原行政行为的行政机关确定案件的级别管辖。"可知，本案甲市市场监督管理局和甲市政府作共同被告，以甲市市场监督管理局确定级别管辖。又根据《行政诉讼法》第 15 条的规定："中级人民法院管辖下列第一审行政案件：（一）对国务院部门或者县级以上地方人民政府所作的行政行为提起诉讼的案件；（二）海关处理的案件；（三）本辖区内重大、复杂的案件；（四）其他法律规定由中级人民法院管辖的案件。”可知，以甲市市场监督管理局为被告的案件不属于中级法院管辖的情形，故本案应由基层法院管辖。因此，D项正确。

综上所述，本题答案为D项。

3 2301069

答案：A。

解析：CD项：海关作为受委托机关作出不予许可决定，法律责任应当由委托机关市商务局承担。本题原机关为市商务局，复议机关为市政府。复议维持案件，原机关和复议机关为共同被告，因此本题被告为市商务局和市政府。CD项错误。

AB项：复议维持案件，原机关和复议机关为共同被告，以原机关确定案件的级别管辖。因此，应当以市商务局确定级别管辖。市商务局作为地方人民政府工作部门，不属于中院管辖的情形，本案应当由基层法院管辖。因此，A项正确，B项错误。

综上所述，本题答案为A。

4 2201121

答案：C。

解析：A项：根据《治安管理处罚法》第4条第1款的规定：“在【中华人民共和国领域内】发生的违反治安管理行为，除法律有特别规定的外，适用本法。”可知，只要是发生在中华人民共和国领域内的违反治安管理的行为，无论是本国人还是外国人，都可适用《治安管理处罚法》进行处罚。因此，A项错误。

B项：根据《行政诉讼法》第100条的规定：“外国人、无国籍人、外国组织在中华人民共和国进行行政诉讼，【委托律师】代理诉讼的，应当【委托中华人民共和国律师机构的律师】。”可知，卡尔不得委托外籍律师代理诉讼。因此，B项错误。

C项：根据《治安管理处罚法》第10条第2款的规定：“对违反治安管理的外国人，【可以】附加适用限期出境或者驱逐出境。”因此，C项正确。

D项：根据《行政诉讼法》第15条第3项的规定：“中级人民法院管辖下列第一审行政案件：（三）本辖区内重大、复杂的案件。”另根据《行诉解释》第5条第2项的规定：“有下列情形之一的，属于行政诉讼法第十五条第三项规定的‘本辖区内重大、复杂的案件’：（二）【涉外】或者涉及香港特别行政区、澳门特别行政区、台湾地区的案件。”可知，卡尔为外国人提起行政诉讼，本案属于涉外案件，故应当由中级法院管辖。因此，D项错误。

综上所述，本题答案为C项。

5 1102043

答案：A。

解析：A项：根据《政府信息公开条例》第36条第3项的规定：“对政府信息公开申请，行政机关根据下列情况分别作出答复：（三）行政机关依据本条例的规定决定不予公开的，告知申请人不予公开并说明理由。”可知，区政府对刘某作出拒绝公开的答复时应当告知其理由。因此，A项正确。

B项：根据《行政诉讼法》第45条的规定：“公民、法人或者其他组织不服复议决定的，可以在收到复议决定书之日起十五日内向人民法院提起诉讼……”可知，经过复议后起诉的起诉期限为15日，2个月的起诉期限不符合法律规定。因此，B项错误。

C项：根据《行诉解释》第134条第3款的规定：“复议机关作共同被告的案件，以作出原行政行为的行政机关确定案件的级别管辖。”以及《行政诉讼法》第15条第1项的规定：“中级人民法院管辖下列第一审行政案件：（一）对国务院部门或者县级以上地方人民政府所作的行政行为提起诉讼的案件。”可知，本案属于复议维持案件，以原机关区政府确定级别管辖。区政府属于县级以上人民政府，故管辖法院应当是中级人民法院。因此，C项错误。

D项：根据《政府信息公开条例》第27条的规定：“除行政机关主动公开的政府信息外，公民、法人或者其他组织可以向地方各级人民政府、对外以自己名义履行行政管理职能的县级以上人民政府部门（含本条例第十条第二款规定的派出机构、内设机构）申请获取相关政府信息。”可知，刘某向区政府申请公开该厂进行改制的全部档案、拖欠原职工工资如何处理等信息与自身利益密切相关，且条例并未要求信息公开的内容必须与自身利益密切相关，故区政府拒绝公开的答复是违法的。因此，D 项错误。

综上所述，本题答案为 A 项。

【多选】

6 2001117

答案：C,D。

解析：A 项：根据《行政复议法》第 27 条的规定："对海关、金融、外汇管理等实行垂直领导的行政机关、税务和国家安全机关的行政行为不服的，向上一级主管部门申请行政复议。"可知，区税务局的复议机关只有上一级主管部门市税务局，没有区政府。因此，A 项错误。

B 项：根据《行诉解释》第 134 条第 1 款的规定："复议机关决定维持原行政行为的，作出原行政行为的行政机关和复议机关是共同被告。原告只起诉作出原行政行为的行政机关或者复议机关的，人民法院应当告知原告追加被告。原告不同意追加的，人民法院应当将另一机关列为共同被告。"本案属于复议维持案件，原机关和复议机关是共同被告。本题的复议机关是市税务局，而非区政府，所以本案的被告应为原机关（区税务局）和复议机关（市税务局）。因此，B 项错误。

C 项：根据《行诉解释》第 134 条第 3 款的规定："复议机关作共同被告的案件，以作出原行政行为的行政机关确定案件的级别管辖。"可知，本案级别管辖按区税务局来确定，区税务局并不是国务院部门或者县级以上地方人民政府，因此，本案应当由基层人民法院管辖。同时根据《行政诉讼法》第 18 条第 1 款的规定："行政案件由最初作出行政行为的行政机关所在地人民法院管辖。经复议的案件，也可以由复议机关所在地人民法院管辖。"可知，经复议的案件，可以由原机关所在地（区税务局）或复议机关所在地（市税务局）人民法院管辖。综上，本案可以由区税务局所在地基层法院或市税务局所在地基层法院管辖。因此，C 项正确。

D 项：根据《行政强制法》第 45 条的规定："行政机关依法作出金钱给付义务的行政决定，当事人逾期不履行的，行政机关可以依法加处罚款或者滞纳金。加处罚款或者滞纳金的标准应当告知当事人。加处罚款或者滞纳金的数额【不得超出金钱给付义务的数额】。"本案中，该公司欠缴企业所得税的本金是 20 万元，加处滞纳金的数额不得超出金钱给付义务 20 万。因此，D 项正确。

综上所述，本题答案为 CD 项。

7 1202079

答案：B,C。

解析：A 项：根据《治安管理处罚法》第 15 条的规定："醉酒的人违反治安管理的，应当给予处罚。醉酒的人在醉酒状态中，对本人有危险或者对他人的人身、财产或者公共安全有威胁的，应当对其采取保护性措施约束至酒醒。"公安局因醉酒扣留宋某是为了避免危害发生而对宋某的人身自由实施的暂时性限制，属于行政强制措施，而非行政处罚。因此，A 项错误。

BC 项：根据《行政诉讼法》第 19 条的规定："对限制人身自由的行政强制措施不服提起的诉讼，由被告所在地或者原告所在地人民法院管辖。"可知，本案宋某被采取限制人身自由的强制措施，其起诉可适用"两地管"的特殊地域管辖。甲县法院为原告宋某所在地法院，乙县法院为被告乙县公安局所在地法院，二者皆可管辖。因此，BC 项正确。

D 项：根据《行政诉讼法》第 29 条第 1 款的规定："公民、法人或者其他组织同被诉行政行为有利害关系但没有提起诉讼，或者同案件处理结果有利害关系的，可以作为第三人申请参加诉讼，或者由人民法院通知参加诉讼。"本题中，公安局的扣留行为对宋某亲戚的权利和义务没有任何影响，所以宋某的亲戚与本案并无利害关系，不能作为第三人。因此，D 项错误。

综上所述，本题答案为 BC 项。

8 1002085

答案：A,C。

解析：A 项：根据《行政复议法实施条例》第 32 条的规定："行政复议机构审理行政复议案件，应当由 2 名以上行政复议人员参加。"可知，市工商局应当派两名以上行政复议人员参加审理王某的复议案件。因此，A 项正确。

B 项：根据《行政诉讼法》第 26 条第 2 款的规定：“经复议的案件，复议机关决定维持原行政行为的，作出原行政行为的行政机关和复议机关是共同被告；复议机关改变原行政行为的，复议机关是被告。”可知，复议机关决定维持原具体行政行为，故县工商局和县政府应为共同被告。因此，B 项错误。

C 项：根据《行政诉讼法》第 18 条第 1 款的规定：“行政案件由最初作出行政行为的行政机关所在地人民法院管辖。经复议的案件，也可以由复议机关所在地人民法院管辖。”可知，由于本案是经复议的案件，所以复议机关县政府所在地的法院也可以管辖。因此，C 项正确。

D 项：根据《行诉解释》第 136 条第 1 款的规定：“人民法院对原行政行为作出判决的同时，应当对复议决定一并作出相应判决。”可知，复议决定维持原行政行为的，法院对原行政行为作出判决的同时，应当对复议决定一并作出相应判决。所以，如法院认为取缔决定违法而予以撤销，则应当同时判决撤销复议决定，而县政府的复议决定不会自然无效。因此，D 项错误。

综上所述，本题答案为 AC 项。

9　2201140

答案：B,C。

解析：A 项：根据《政府信息公开条例》第 29 条第 1 款的规定：“……采用书面形式确有困难的，申请人【可以口头提出】……”因此，A 项错误。

BC 项：根据《行诉解释》第 19 条的规定：“当事人不服经上级行政机关批准的行政行为，向人民法院提起诉讼的，以在对外发生法律效力的文书上署名的机关为被告。”本案中，不予公开决定乃县财政局经县政府批准后以自己名义对潘某作出，署名机关为县财政局，故被告为县财政局，法院应当通知县财政局应诉。因此，C 项正确。又根据《行政诉讼法》第 15 条的规定：“中级人民法院管辖下列第一审行政案件：（一）对国务院部门或者县级以上地方人民政府所作的行政行为提起诉讼的案件；（二）海关处理的案件；（三）本辖区内重大、复杂的案件；（四）其他法律规定由中级人民法院管辖的案件。”可知，本案不属于上述任一由中院管辖的情形，应当由基层法院管辖，故潘某应当向县法院起诉。因此，B 项正确。

D 项：2019 年新《政府信息公开条例》取消了申请人所申请的信息应当基于“自身生产、生活、科研等特殊需要”的要求，故潘某无需举证证明其申请公开的信息与本人具有利害关系。因此，D 项错误。

综上所述，本题答案为 BC 项。

10　2001116

答案：A,C,D。

解析：A 项：根据《行政复议法实施条例》第 37 条的规定：“行政复议期间涉及专门事项需要鉴定的，当事人可以自行委托鉴定机构进行鉴定，也可以申请行政复议机构委托鉴定机构进行鉴定。鉴定费用由当事人承担……”可知，本题中面粉复议鉴定的费用应由当事人承担。因此，A 项正确。

B 项：行政行为根据法律约束是否严格，可以分为羁束行政行为和裁量行政行为。如果法律规范对行政机关限制得很宽松，让行政机关具有很大的选择空间，就是裁量行政行为。一般而言，行政处罚是裁量行为。因此，B 项错误。

C 项：根据《行政诉讼法》第 26 条第 2 款的规定：“经复议的案件，复议机关决定维持原行政行为的，作出原行政行为的行政机关和复议机关是共同被告……”可知，本案被告为区市监局和区政府。因此，C 项正确。

D 项：根据《行诉解释》第 134 条第 3 款的规定：“复议机关作共同被告的案件，以作出原行政行为的行政机关确定案件的级别管辖。”可知，本案应该以区市监局来确定级别管辖，故应由基层法院管辖。因此，D 项正确。

综上所述，本题答案为 ACD 项。

11　1002083

答案：A,B,C,D。

解析：A 项：根据《治安管理处罚法》第 96 条第 1 款第 4 项规定：“公安机关作出治安管理处罚决定的，应当制作治安管理处罚决定书。决定书应当载明下列内容：（四）处罚的执行方式和期限；”可知，处罚决定书应载明处罚的执行方式和期限。

因此，A 项正确。

B 项：根据《治安管理处罚法》第 98 条规定："公安机关作出吊销许可证以及处二千元以上罚款的治安管理处罚决定前，应当告知违反治安管理行为人有权要求举行听证；违反治安管理行为人要求听证的，公安机关应当及时依法举行听证。"可知，对朱某的罚款数额为 5000 元，朱某有权要求听证。因此，B 项正确。

C 项：根据《治安管理处罚法》第 94 条第 2 款规定："违反治安管理行为人有权陈述和申辩。公安机关必须充分听取违反治安管理行为人的意见，对违反治安管理行为人提出的事实、理由和证据，应当进行复核；违反治安管理行为人提出的事实、理由或者证据成立的，公安机关应当采纳。"可知，朱某有权陈述和申辩，公安局必须充分听取朱某的意见。因此，C 项正确。

D 项：根据《行政诉讼法》第 18 条第 1 款规定："行政案件由最初作出行政行为的行政机关所在地人民法院管辖……"以及第 19 条规定："对限制人身自由的行政强制措施不服提起的诉讼，由被告所在地或者原告所在地人民法院管辖。"《行政诉讼法》及其司法解释中的"限制人身自由的强制措施"，仅仅包括强制传唤、强制隔离等行政强制措施，拘留等限制人身自由的行政处罚不包括在其中。故而可见，对拘留和罚款不服的，不适用特殊地域管辖，应由最初作出行政行为的行政机关所在地，即公安局所在地的法院管辖，原告所在地的法院没有管辖权。因此，D 项正确。

综上所述，本题答案为 ABCD 项。

12 2301070

答案：A,C。

解析：A 项：根据《行政诉讼法》第 26 条第 2 款的规定："经复议的案件，复议机关决定维持原行政行为的，作出原行政行为的行政机关和复议机关是共同被告。"因此，本题被告为县公安局和县政府。又根据《行诉解释》第 134 条第 3 款的规定："复议机关作共同被告的案件，以作出原行政行为的行政机关确定案件的级别管辖。"因此，本题应当以县公安局确定级别管辖。又根据《行政诉讼法》第 15 条第 1 项的规定："中级人民法院管辖下列第一审行政案件：（一）对国务院部门或者县级以上地方人民政府所作的行政行为提起诉讼的案件；"县公安局作为政府工作部门，不属于中院管辖情形。因此，本题应当由基层法院管辖，即县法院管辖。因此，A 项正确。

B 项：根据《治安管理处罚法》第 98 条规定："公安机关作出吊销许可证以及处二千元以上罚款的治安管理处罚决定前，应当告知违反治安管理行为人有权要求举行听证。"本题张某被处以行政拘留 10 日，罚款 500 元的处罚不属于法定听证范围。因此，B 项错误。

C 项：根据《治安管理处罚法》第 97 条第 1 款规定："公安机关应当向被处罚人宣告治安管理处罚决定书，并当场交付被处罚人；无法当场向被处罚人宣告的，应当在二日内送达被处罚人。决定给予行政拘留处罚的，应当及时通知被处罚人的家属。"因此，C 项正确。

D 项：根据《治安管理处罚法》第 107 条规定，暂缓拘留需要同时满足以下四个条件：①对拘留决定起诉或复议；②提出暂缓执行行政拘留的申请；③公安机关认为暂缓执行行政拘留不致发生社会危险；④提供合格担保人或按每行政拘留 1 日交 200 元的标准交纳保证金。本题中，韩某不满足上述条件，故不能暂缓执行。因此，D 项错误。

综上所述，本题答案为 AC。

13 2001109

答案：D。

解析：A 项：根据《行诉解释》第 134 条第 2 款的规定："行政复议决定既有维持原行政行为内容，又有改变原行政行为内容或者不予受理申请内容的，作出原行政行为的行政机关和复议机关为共同被告。"可知，本案中既有复议改变内容也有复议维持内容，被告应当是原机关区市场监督管理局和复议机关区政府。因此，A 项错误。

B 项：根据《行诉解释》134 条第 3 款的规定："复议机关作共同被告的案件，以作出原行政行为的行政机关确定案件的级别管辖。"又根据《行政诉讼法》第 15 条第 1 项的规定："中级人民法院管辖下列第一审行政案件：（一）对国务院部门或者县级以上地方人民政府所作的行政行为提起诉讼的案件；”本案原机关区市场监督管理局并非县级以上政府或国务院部门，所以，本案应当由基层法院管辖。因此，B项错误。需要注意的是，B项中的地域管辖没错，因为经过复议的案件，无论复议结果是维持还是改变，原告既可以向原机关所在地法院起诉，也可以向复议机关所在地法院起诉。

C项：行政处罚的种类分为声誉罚（比如警告、通报批评）、财产罚（比如罚款、没收）、资格罚（比如吊销许可证件）、行为罚（比如责令停产停业）和人身罚（比如拘留）等，没收违法所得和没收非法财物属于财产罚，而非禁止或限制从事某项活动的行为罚。因此，C项错误。

D项：根据《行政强制法》第45条第1款的规定：“行政机关依法作出金钱给付义务的行政决定，当事人逾期不履行的，行政机关可以依法加处罚款或者滞纳金。加处罚款或者滞纳金的标准【应当告知】当事人。”可知，加处罚款或滞纳金属于间接强制执行手段，一般所有的行政机关在当事人不履行金钱给付义务的情况下，均有权加处罚款或滞纳金。因此，D项正确。

综上所述，本题答案为D项。

14 2201134

答案：A,B。

解析：AB项：具体行政行为，是指行政机关依法就特定事项对特定公民、法人或其他组织权利义务作出的行政职权行为，具有行政性、外部性、特定性、处分性的特征。本案中，市政府发布的文件内容是对本市内职工人数在200人以上的企业征收环境保护费，约束的对象限制于本市内职工人数为200人以上的企业，具有特定性、处分性，属于具体行政行为，故A公司可直接就该文件提起诉讼。因此，AB项正确。

C项：根据《行政诉讼法》第26条第1款的规定：“公民、法人或者其他组织直接向人民法院提起诉讼的，作出行政行为的行政机关是被告。”可知，A公司不服市政府发布的文件，应当以该文件的作出机关市政府为被告。因此，C项错误。

D项：根据《行政诉讼法》第15条第1项的规定：“中级人民法院管辖下列第一审行政案件：（一）对国务院部门或者县级以上地方人民政府所作的行政行为提起诉讼的案件。”根据C项解析可知，本案被告为文件的作出机关市政府，市政府属于县级以上地方人民政府，故本案应由中级法院管辖。因此，D项错误。

综上所述，本题答案为AB项。

【不定项】

15 1602099

答案：A,C。

解析：AB项：根据《行诉解释》第22条第1款的规定：“行政诉讼法第二十六条第二款规定的‘复议机关改变原行政行为’，是指复议机关改变原行政行为的处理结果。复议机关改变原行政行为所认定的主要事实和证据、改变原行政行为所适用的规范依据，但【未改变原行政行为处理结果】的，视为复议机关维持原行政行为。”及第134条第1款的规定：“复议机关决定维持原行政行为的，作出原行政行为的行政机关和复议机关是共同被告……”可知，市政府虽然改变了处罚依据，但未改变处罚的最终结果，属于复议维持，市政府和市工商局为共同被告。因此，A项正确；B项错误。

CD项：根据《行政诉讼法》第18条第1款的规定：“行政案件由最初作出行政行为的行政机关所在地人民法院管辖。经复议的案件，也可以由复议机关所在地人民法院管辖。”可知，本案经过复议，原机关市工商局和复议机关市政府所在地的人民法院对本案均有管辖权。因此，C项正确；D项错误。

综上所述，本题答案为AC项。

16 1202097

答案：D。

解析：ABCD项：（1）关于被告。本案属于经过复议的案件，根据《行政诉讼法》第26条第2款的规定：“经复议的案件，复议机关决定维持原行政行为的，作出原行政行为的行政机关和复议机关是共同被告；复议机关改变原行政行为的，复议机关是被告。”可知，需要判断本案是复议维持还是复议改变。根据《行诉解释》第22条第1

款的规定：“行政诉讼法第二十六条第二款规定的‘复议机关改变原行政行为’，是指复议机关改变原行政行为的处理结果。复议机关改变原行政行为所认定的主要事实和证据、改变原行政行为所适用的规范依据，但未改变原行政行为处理结果的，视为复议机关维持原行政行为。”可见，只有改变原行为处理结果的，才属于复议改变。本案中，复议机关县政府依《药品管理法》第49条第3款关于生产劣药行为的规定决定维持处罚决定。虽然适用法律和定性发生改变，但是罚款20万元的结果未改变，仍属于复议维持，因此本案的被告应为原机关县市监局和复议机关县政府。据此，本题就可得出结论，D项正确，ABC项错误。

（2）关于管辖。从级别管辖的角度看，根据《行诉解释》第134条第3款的规定：“复议机关作共同被告的案件，以作出原行政行为的行政机关确定案件的级别管辖。”可知，本案共同被告是县市监局和县政府，按照级别管辖的“父随子”原则（就低原则），应当以原机关县市监局确定级别管辖，所以应当由县法院管辖。从地域管辖的角度看，根据《行政诉讼法》第18条第1款的规定：“行政案件由最初作出行政行为的行政机关所在地人民法院管辖。经复议的案件，也可以由复议机关所在地人民法院管辖。”当然，本案的原机关所在地法院和复议机关所在地法院是重合的。故结合级别管辖和地域管辖，本案的管辖法院应为乙县法院。故本案的被告应为乙县市监局和乙县政府，由乙县法院管辖。因此，D项正确，ABC项错误。

综上所述，本题答案为D项。

17 1102100

答案：B,C。

解析：A项：根据《行诉解释》第20条第1款的规定：“行政机关组建并赋予行政管理职能但不具有独立承担法律责任能力的机构，以自己的名义作出行政行为，当事人不服提起诉讼的，应当以【组建该机构的行政机关】为被告。”可知，本案中的临时机构基础设施建设指挥部所作的行为，都由组建机关甲县政府承担责任。又根据《城乡规划法》第68条的规定：“城乡规划主管部门作出责令停止建设或者限期拆除的决定后，当事人不停止建设或者逾期不拆除的，建设工程所在地【县级以上地方人民政府】可以责成有关部门采取查封施工现场、强制拆除等措施。”可知，县政府才有作出强制拆除违规建筑决定的权力。本案中，乙镇政府只是被指令为具体负责强制拆除的执行人，实质上作出强制拆除意思表示的有权者为甲县政府，故应以甲县政府为被告。因此，A项错误。

B项：根据《行政诉讼法》第15条第1项的规定：“中级人民法院管辖下列第一审行政案件：（一）对国务院部门或者县级以上地方人民政府所作的行政行为提起诉讼的案件。”由A项可知，本案被告为甲县政府，属于县级以上地方政府，故本案应由中级法院管辖。因此，B项正确。

C项：根据《行诉解释》第29条的规定：“行政诉讼法第二十八条规定的“人数众多”，一般指十人以上。根据行政诉讼法第二十八条的规定，当事人一方人数众多的，由当事人推选代表人。当事人推选不出的，可以由人民法院在起诉的当事人中指定代表人。行政诉讼法第二十八条规定的代表人为二至五人。代表人可以委托一至二人作为诉讼代理人。”可知，如10户居民在指定期限内未选定诉讼代表人的，法院可以依职权在起诉的当事人中指定。因此，C项正确。

D项：根据《行政复议法实施条例》第14条的规定：“行政机关设立的派出机构、内设机构或者其他组织，未经法律、法规授权，对外以自己名义作出具体行政行为的，该行政机关为被申请人。”可知，本案的被申请人应为甲县政府，同时根据《行政复议法》第24条第1款第2项的规定：“县级以上地方各级人民政府管辖下列行政复议案件：（二）对下一级人民政府作出的行政行为不服的。”可知，本案的复议机关应当为甲县政府的上一级人民政府。因此，D项错误。

综上所述，本题答案为BC项。

二、模拟训练

【多选】

18 62205238

答案：A,C,D。

解析：AB 项：根据《行政诉讼法》第 15 条第 3 项的规定："中级人民法院管辖下列第一审行政案件：（三）本辖区内重大、复杂的案件。"以及《行诉解释》第 5 条第 2 项的规定："有下列情形之一的，属于行政诉讼法第十五条第三项规定的'本辖区内重大、复杂的案件'：（二）涉外或者涉及香港特别行政区、澳门特别行政区、台湾地区的案件。"可知，涉外案件应由中级人民法院管辖，故本案应由甲市中级人民法院管辖。因此，A 项错误，当选；B 项正确，不当选。

C 项：根据《行政诉讼法》第 26 条第 2 款的规定："经复议的案件，复议机关决定维持原行政行为的，作出原行政行为的行政机关和复议机关是共同被告；复议机关改变原行政行为的，复议机关是被告。"以及《行诉解释》第 133 条的规定："行政诉讼法第二十六条第二款规定的'复议机关决定维持原行政行为'，包括复议机关驳回复议申请或者复议请求的情形，但以复议申请不符合受理条件为由驳回的除外。"可知，区政府驳回了威某的复议申请属于复议维持，故乙区公安分局和区政府为共同被告。因此，C 项错误，当选。

D 项：根据《治安管理处罚法》第 98 条的规定："公安机关作出吊销许可证以及处 2000 元以上罚款的治安管理处罚决定前，应当告知违反治安管理行为人有权要求举行听证……"可知，只有吊销许可证以及处 2000 元以上罚款才应当告知当事人听证权利，行政拘留无需告知。因此，D 项错误，当选。

综上所述，本题为选非题，答案为 ACD 项。

19 62105070

答案：A,C,D。

解析：A 项：根据《行政诉讼法》第 19 条的规定："对限制人身自由的行政强制措施不服提起的诉讼，由被告所在地或者原告所在地人民法院管辖。"可知，原告李某可以向自己所在地的甲区法院起诉。因此，A 项正确。

B 项：根据《行诉解释》第 10 条第 1 款的规定"人民法院受理案件后，被告提出管辖异议的，应当在收到起诉状副本之日起【十五日内】提出。"因此，B 项错误。

C 项：根据《行政诉讼法》第 26 条第 2 款的规定："……复议机关改变原行政行为的，复议机关是被告。"可知，本案属于复议改变案件，复议机关市政府是被告。又根据《行政诉讼法》第 15 条第 1 项的规定："中级人民法院管辖下列第一审行政案件：（一）对国务院部门或者县级以上地方人民政府所作的行政行为提起诉讼的案件。"可知，市政府属于县级以上地方政府，所以于某可向乙市中级人民法院起诉。因此，C 项正确。

D 项：根据《行政诉讼法》第 20 条的规定："因不动产提起的行政诉讼，由不动产所在地人民法院管辖。"可知，土地所有权纠纷属于不动产纠纷，故应向争议土地所在地的人民法院提起诉讼。因此，D 项正确。

综上所述，本题答案为 ACD 项。

20 62105071

答案：B,C。

解析：A 项：根据《行政诉讼法》第 18 条第 1 款的规定："行政案件由最初作出行政行为的行政机关所在地人民法院管辖。经复议的案件，也可以由复议机关所在地人民法院管辖。"可知，经复议的案件，复议机关和原机关所在地法院均有管辖权。因此，A 项正确，不当选。

B 项：行政诉讼选择管辖的情形有两种：1. 对限制人身自由的强制措施不服起诉的案件；2. 经复议的案件。行政机关复议不作为案件，告原机关由原机关所在地法院管辖，告复议机关由复议机关所在地法院管辖，不存在选择管辖的情形。因此，B 项错误，当选。

CD 项：根据《行政诉讼法》第 15 条第 1 项的规定："中级人民法院管辖下列第一审行政案件：（一）对国务院部门或者县级以上地方人民政府所作的行政行为提起诉讼的案件。"可知，C 项被告省公安厅并非国务院部门或者县级以上地方人民政府，所以对省公安厅提起诉讼，仍由基层法院管辖，因此，C 项错误，当选。D 项属于复议改变案件，复议机关县政府是被告，所以本案是以县级以上地方人民政府为被告提起诉讼，应由中级人民法院管辖。因此，D 项正确，不当选。

综上所述，本题为选非题，答案为 BC 项。

21 62205135

答案：B,C,D。

解析：根据《行政诉讼法》第 26 条第 2 款规定："经复议的案件，复议机关决定【维持】原行政行为的，作出原行政行为的行政机关和复议机关是【共同被告】；复议机关【改变】原行政行为的，【复议机关】是被告。"可知，经过复议的案件，遵循"复议维持共同告，复议改变单独告"的规则。又根据《行政诉讼法》第 15 条第 1 项的规定："中级人民法院管辖下列第一审行政案件：（一）对国务院部门或者【县级以上地方人民政府】所作的行政行为提起诉讼的案件；"可知，县级以上政府作为被告的案件由中院管辖。

A 项：根据"复议维持共同告"可知，县政府维持了县卫健委的决定，所以本案应当以原机关（县卫健委）和复议机关（县政府）为共同被告。又根据《行诉解释》第 134 条第 3 款的规定："复议机关作共同被告的案件，以【作出原行政行为的行政机关】确定案件的级别管辖。"可知，本案应根据原机关（县卫健委）确定案件的级别管辖，故本案应当由基层法院管辖。因此，A 项错误。

B 项：对县政府所作的行政行为提起诉讼，应由【中级人民法院】管辖。因此，B 项正确。

C 项：根据"复议改变单独告"的规则，本案属于复议改变案件，被告为区政府。区政府作为被告的案件，由中级人民法院管辖。再根据《行政诉讼法》第 18 条第 1 款的规定："……经复议的案件，也可以【由复议机关所在地】人民法院管辖。"可知，复议机关（区政府）所在地中级人民法院有管辖权。因此，C 项正确。

D 项：根据《行政诉讼法》第 20 条的规定："因不动产提起的行政诉讼，由【不动产所在地】人民法院管辖。"又根据《行诉解释》第 9 条的规定："行政诉讼法第二十条规定的'因不动产提起的行政诉讼'是指因行政行为导致不动产物权变动而提起的诉讼……"可知，市规划局限期自行拆除房屋的处罚决定会导致李某丧失对房屋的所有权，故应由不动产所在地 B 区法院管辖。因此，D 项正确。

综上所述，本题答案为 BCD 项。

22 62205239

答案：A,D。

解析：AB 项：根据《行诉解释》第 133 条的规定："行政诉讼法第二十六条第二款规定的'复议机关决定维持原行政行为'，包括复议机关驳回复议申请或者复议请求的情形，但以复议申请不符合受理条件为由驳回的除外。"可知，驳回复议请求属于复议维持。"复议维持共同告"，作出原行政行为的行政机关和复议机关是共同被告。故县文旅局和县政府是共同被告。因此，A 项错误，当选；B 项正确，不当选。

CD 项：根据《行诉解释》第 134 条第 3 款的规定："复议机关作共同被告的案件，以作出原行政行为的行政机关确定案件的级别管辖。"可知，本题应当以原机关县文旅局确定级别管辖。又根据《行政诉讼法》第 15 条第 1 项的规定："中级人民法院管辖下列第一审行政案件：（一）对国务院部门或者县级以上地方人民政府所作的行政行为提起诉讼的案件。"可知，县文旅局并非国务院部门或者县级以上地方人民政府，故不属于中院管辖，应当由基层人民法院管辖。因此，C 项正确，不当选；D 项错误，当选。

综上所述，本题为选非题，答案为 AD 项。

23 62205124

答案：A,B。

解析：A 项：根据《行政诉讼法》第 44 条的规定："对属于人民法院受案范围的行政案件，公民、法人或者其他组织可以先向行政机关申请复议，对复议决定不服的，再向人民法院提起诉讼；也【可以直接】向人民法院【提起诉讼】。法律、法规规定应当先向行政机关申请复议，对复议决定不服再向人民法院提起诉讼的，依照法律、法规的规定。"可知，公安分局的罚款处罚不属于复议前置的情形，故张某可不经复议直接起诉。因此，A 项正确。

B 项：根据《行政诉讼法》第 26 条第 2 款的规定："经复议的案件，复议机关决定维持原行政行为的，作出原行政行为的行政机关和复议机关是共同被告；复议机关【改变】原行政行为的，【复议机关】是被告。"可知，县政府增加罚款金额的

KEEP AWAKE 觉晓法考 行政诉讼管辖

决定属于复议改变，故张某应以县政府为被告。因此，B 项正确。

C 项：根据《行政诉讼法》第 15 条第 1 项的规定："中级人民法院管辖下列第一审行政案件：（一）对国务院部门或者县级以上地方人民政府所作的行政行为提起诉讼的案件；"以及第 18 条第 1 款的规定："行政案件由最初作出行政行为的行政机关所在地人民法院管辖。经复议的案件，也可以由复议机关所在地人民法院管辖。"可知，本案属于经过复议的案件，张某既可以向县公安分局所在地的法院起诉，也可以向县政府所在地的法院起诉。由于本案被告是县政府，故应当由中级人民法院管辖。综上，张某可以向县公安分局所在地的中级人民法院或县政府所在地的中级人民法院起诉。因此，C 项错误。

D 项：根据《行政诉讼法》第 45 条的规定："公民、法人或者其他组织不服复议决定的，可以在收到复议决定书之日起【十五日】内向人民法院提起诉讼……"因此，D 项错误。

综上所述，本题答案为 AB 项。

【不定项】

24 61905208

答案：A。

解析：A 项：根据《行政许可法》第 15 条第 2 款的规定："地方性法规和省、自治区、直辖市人民政府规章，不得设定应当由国家统一确定的公民、法人或者其他组织的资格、资质的行政许可；不得设定企业或者其他组织的设立登记及其前置性行政许可。其设定的行政许可，不得限制其他地区的个人或者企业到本地区从事生产经营和提供服务，不得限制其他地区的商品进入本地区市场。"可知，该地方性法规设定了公司登记的前置性行政许可，属于抵触上位法的情形，应属无效。因此，A 项正确。

BC 项：根据《行政诉讼法》第 25 条第 1 款的规定："行政行为的相对人以及其他与行政行为有利害关系的公民、法人或者其他组织，有权提起诉讼。"以及第 29 条第 1 款规定："公民、法人或者其他组织同被诉行政行为有利害关系但没有提起诉讼，或者同案件处理结果有利害关系的，可以作为第三人申请参加诉讼，或者由人民法院通知参加诉讼。"可知，在本案中，甲公司与行政机关之间的处罚行为没有直接的、实质性的利害关系，不是行政相对人，由该行政行为引起的后果也可以通过民事诉讼的方式解决，其非行政法意义上的利害关系人，不可以提起行政诉讼，也不应以第三人身份参加诉讼。因此，BC 项错误。

D 项：根据《行政诉讼法》第 15 条的规定："中级人民法院管辖下列第一审行政案件：（一）对国务院部门或者县级以上地方人民政府所作的行政行为提起诉讼的案件；（二）海关处理的案件；（三）本辖区内重大、复杂的案件；（四）其他法律规定由中级人民法院管辖的案件。"可知，本案不属于以上由中院管辖的情形，应当由基层法院管辖。因此，D 项错误。

综上所述，本题答案为 A 项。

第十七章 行政诉讼程序

参考答案

[1] C	[2] AC	[3] AC	[4] C	[5] A
[6] A	[7] BC	[8] AB	[9] B	[10] D
[11] D	[12] ABD	[13] ABCD	[14] ACD	[15] BD
[16] ACD	[17] ABD	[18] BC	[19] AB	[20] ACD
[21] ABCD	[22] CD	[23] AC	[24] BD	[25] ACD
[26] BC	[27] AC	[28] D	[29] ABC	[30] CD
[31] AC	[32] A	[33] A	[34] ABCD	[35] C
[36] BD	[37] BC	[38] ABD	[39] AD	[40] ACD
[41] ABC	[42] BCD			

一、历年真题及仿真题

（一）行政诉讼一审普通程序

【单选】

1 2201052

答案：C。

解析：A 项：根据《行诉解释》第 104 条第 1 款的

规定："适用简易程序案件的举证期限由人民法院确定，也可以【由当事人协商一致并经人民法院准许，但不得超过十五日】……"可知，双方协商举证期限的，应经法院准许才可以适用，且不得超过15日。因此，A项错误。

BC项：根据《行诉解释》第103条第1款的规定："适用简易程序审理的行政案件，人民法院可以用口头通知、电话、短信、传真、电子邮件等【简便方式传唤当事人】、通知证人、【送达裁判文书以外的诉讼文书】。"可知，法院可以简便方式传唤当事人，但不得以简便方式送达裁判文书。因此，B项错误，C项正确。

D项：根据《行政诉讼法》第83条的规定："适用简易程序审理的行政案件，由审判员一人独任审理，并应当在立案之日起【四十五日内】审结。"可知，本案应当在立案之日起45日内审结。因此，D项错误。

综上所述，本题答案为C项。

【多选】

2 1602084

答案：A,C。

解析：AB项：根据《行政诉讼法》第83条的规定："适用简易程序审理的行政案件，由审判员一人独任审理，并应当在立案之日起四十五日内审结。"可知，简易程序为审判员一人独任审理，审理期限为45日。因此，A项正确，B项错误。

C项：根据《行政诉讼法》第84条的规定："人民法院在审理过程中，发现案件【不宜适用简易程序】的，【裁定转为普通程序】。"因此，C项正确。

D项：根据《行政诉讼法》第85条的规定："当事人不服人民法院第一审判决的，有权在判决书送达之日起十五日内向上一级人民法院提起上诉。当事人不服人民法院第一审裁定的，有权在裁定书送达之日起十日内向上一级人民法院提起上诉。逾期不提起上诉的，人民法院的第一审判决或者裁定发生法律效力。"可知，适用简易程序审理的案件非一审终审，可在法定期限内上诉。因此，D项错误。

综上所述，本题答案为AC项。

3 1502083

答案：A,C。

解析：AB项：根据《行政诉讼法》第82条第2款、第3款的规定："除前款规定以外的第一审行政案件，当事人各方同意适用简易程序的，可以适用简易程序。发回重审、按照审判监督程序再审的案件不适用简易程序。"可知，对第一审行政案件，当事人各方同意适用简易程序的，可以适用。因此，A项正确。发回重审和上诉案件，不适用简易程序。因此，B项错误。

C项：根据《行政诉讼法》第83条的规定："适用简易程序审理的行政案件，由审判员一人独任审理，并应当在立案之日起四十五日内审结。"可知，适用简易程序审理的行政案件，应当由审判员一人独任审理。因此，C项正确。

D项：《行政诉讼法》关于简易程序的规定中并没有"当庭宣判"的规定。因此，D项错误。注意：民事案件用简易程序审理的，除人民法院认为不宜当庭宣判的以外，应当当庭宣判。不要将民事与行政相混淆。

综上所述，本题答案为AC项。

（二）撤诉、保全、先予执行等程序

【单选】

4 1002047

答案：C。

解析：ABCD项：根据《行政诉讼法》第57条的规定："人民法院对起诉行政机关没有依法支付抚恤金、最低生活保障金和工伤、医疗社会保险金的案件，权利义务关系明确、不先予执行将严重影响原告生活的，可以根据原告的申请，裁定先予执行。当事人对先予执行裁定不服的，可以申请复议一次。复议期间不停止裁定的执行。"可知，由于先予执行适用于行政给付案件，此类案件的当事人因为申请低保费、抚恤金被拒绝而起诉，不具备提供担保的条件，法律未规定其提供担保，所以陈某无需提供相应担保。本案中陈某申请领取最低生活保障费被拒绝而起诉，申请先予执行，属于《行政诉讼法》规定的先予执行范围。法院作出先予执行裁定，应当用书面形式，不予执行没有口头方式作出裁定的规定。行政法中以书面形式作出决定为原则，口头形式为例外，所以学员只需对例外的口头情形进行重点记忆，遇见书面、口头时采取排除法判断即可。民政局不服可以申请复议。因此，ABD 项错误，C 项正确。

综上所述，本题答案为 C 项。

（三）附带审查抽象行政行为

【单选】

5 1801047

答案：A。

解析：A 项：根据《行政诉讼法》第 53 条第 1 款的规定："公民、法人或者其他组织认为行政行为所依据的国务院部门和地方人民政府及其部门制定的规范性文件不合法，在对行政行为提起诉讼时，可以一并请求对该规范性文件进行审查。"可知，规章以下（不含规章）的规范性文件，只能间接请求法院进行审查，不能直接起诉，直接起诉的，裁定不予立案。因此，A 项错误，当选。

B 项：根据《行诉解释》第 147 条第 1 款的规定："人民法院在对规范性文件审查过程中，发现规范性文件可能不合法的，【应当听取规范性文件制定机关的意见】。"因此，B 项正确，不当选。

C 项：根据《行诉解释》第 149 条第 2、4 款的规定："规范性文件不合法的，人民法院可以在裁判生效之日起三个月内，向规范性文件制定机关提出修改或者废止该规范性文件的司法建议。接收司法建议的行政机关应当在收到司法建议之日起六十日内予以书面答复。情况紧急的，人民法院可以建议制定机关或者其上一级行政机关立即停止执行该规范性文件。"可知，《实施意见》不合法的，法院可以在裁判生效之日起 3 个月内向市房管局提出司法建议，市房管局应当在收到司法建议之日起 60 日内予以书面答复。因此，C 项正确，不当选。

D 项：根据《行诉解释》第 150 条的规定："人民法院认为规范性文件不合法的，应当在裁判生效后报送上一级人民法院进行备案……"可知，法院认为《实施意见》不合法的，应当在裁判生效后报送上一级法院备案。因此，D 项正确，不当选。

综上所述，本题为选非题，答案为 A 项。

【不定项】

6 1901089

答案：A。

解析：A 项：根据《行诉解释》第 147 条第 2 款的规定："制定机关申请出庭陈述意见的，人民法院应当准许。"可知，人民法院在对规范性文件进行审查过程中，两个制定机关申请出庭陈述意见的，法院应当准许。因此，A 项正确。

BC 项：根据《行诉解释》第 149 条的规定："人民法院经审查认为行政行为所依据的规范性文件合法的，应当作为认定行政行为合法的依据；经审查认为规范性文件不合法的，不作为人民法院认定行政行为合法的依据，并在裁判理由中予以阐明。作出生效裁判的人民法院应当向规范性文件的制定机关提出处理建议，并可以抄送制定机关的同级人民政府、上一级行政机关、监察机关以及规范性文件的备案机关。规范性文件不合法的，人民法院可以在裁判生效之日起三个月内，向规范性文件制定机关提出修改或者废止该规范性文件的司法建议。规范性文件由【多个部门联合制定的】，人民法院可以向该规范性文件的【主办机关或者共同上一级行政机关】发送司法建议。接收司法建议的行政机关应当在收到司法建议之日起六十日内予以书面答复。情况紧急的，人民法院可以建议制定机关或者其上一级行政机关立即停止执行该规范性文件。"可知，法院提出司法建议的对象为文件的主办机关或者共同上一级行政机关，而非人大常委会，因此，B 项错误。综上，规范性文件不合法的，法院并没有宣告该文件无效的权力。因此，C 项错误。

D 项：根据《行诉解释》第 147 条第 1 款的规定："人民法院在对规范性文件审查过程中，发现规范性文件【可能不合法】的，应当听取规范性文件制定机关的意见。"可知，只有在发现规范性文件可能不合法的时候，法院才应当听取规范性文件制定机关的意见，D 项欠缺了"发现规范性文件可能不合法"的要素。对于合法有效的文件，法院是不需要听取制定机关的意见的。因此，D项错误。

综上所述，本题答案为A项。

（四）一并审理相关民事争议

【多选】

7 2201043

答案：B,C。

解析：A项：根据《行政诉讼法》第61条第1款规定："在涉及行政许可、登记、征收、征用和行政机关对民事争议所作的裁决的行政诉讼中，当事人申请一并解决相关民事争议的，人民法院【可以】一并审理。"可知，是【可以】一并审理而不是【应当】，具体由法院裁量。因此，A项错误。

BD项：根据《行诉解释》第140条的规定："人民法院在行政诉讼中一并审理相关民事争议的，民事争议应当单独立案，由同一审判组织审理。人民法院审理行政机关对民事争议所作裁决的案件，一并审理民事争议的，不另行立案。"可知，行政诉讼对相关民事争议，原则上应分别立案，一并审理，但是审理行政机关对民事争议所作裁决的案件，一并审理民事争议的，不另行立案。本题属于行政裁决案件一并审理民事争议的情形，故不再分开立案，而应当一并立案。因此，B项正确，D项错误。

C项：根据《行诉解释》第144条的规定："人民法院一并审理相关民事争议，应当按行政案件、民事案件的标准【分别收取诉讼费用】。"但是根据BD选项可知，行政裁决案件一并审理民事争议的，不另行立案，而是一并立案。一并立案、一并审理，则无需分别收取诉讼费用，而是只按照行政案件标准收取诉讼费即可，故不再适用144条规定分别收取诉讼费用。因此，C项正确。

综上所述，本题答案为BC项。

8 1602085

答案：A,B。

解析：A项：根据《行诉解释》第137条的规定："公民、法人或者其他组织请求一并审理行政诉讼法第六十一条规定的相关民事争议，应当在第一审开庭审理前提出；有正当理由的，也可以在法庭调查中提出。"可知，乙村不服县政府行政裁决向法院起诉撤销县政府的裁决，并附带请求法院判定土地使用权归自己所有，除非有正当理由的，应于第一审开庭审理前提出。因此，A项正确。

B项：根据《行诉解释》第139条的规定："有下列情形之一的，人民法院应当作出不予准许一并审理民事争议的决定……对不予准许的决定可以申请复议一次。"可知，法院作出不予准许决定的，乙村可申请复议一次。因此，B项正确。

CD项：根据《行诉解释》第140条的规定："人民法院在行政诉讼中一并审理相关民事争议的，民事争议应当单独立案，由同一审判组织审理。人民法院审理行政机关对民事争议所作裁决的案件，一并审理民事争议的，不另行立案。"可知，本题属于法院审理县政府对甲乙村土地使用权的民事争议裁决案件，不另行立案，不另行组成合议庭审理。因此，CD项错误。

综上所述，本题答案为AB项。

（五）综合知识点

【单选】

9 2201050

答案：B。

解析：AB项：根据《行政诉讼法》第53条的规定："公民、法人或者其他组织认为行政行为所依据的国务院部门和地方人民政府及其部门制定的规范性文件不合法，【在对行政行为提起诉讼时，可以一并请求】对该规范性文件进行审查。前款规定的规范性文件不含规章。"可知，对其他规范性文件只能提起附带性审查，不能直接起诉。本案中，甲省住建厅、省自然资源厅和省交通厅为地方政府工作部门，其联合下发的是其他规范性文件，可以附带性审查。因此，A项错误，B项正确。

CD项：根据《行诉解释》第100条第2款的规定："人民法院审理行政案件，可以在裁判文书中引用合法有效的规章及其他规范性文件。"可知，对于其他规范性文件，法院是【可以引用】，而不是应当依据、参照适用。因此，CD项错误。

综上所述，本题答案为B项。

10 1402084

答案：D。

解析：A 项：根据《行政诉讼法》第 46 条的规定："公民、法人或者其他组织直接向人民法院提起诉讼的，应当自知道或者应当知道作出行政行为之日起六个月内提出。法律另有规定的除外。因不动产提起诉讼的案件自行政行为作出之日起超过二十年，其他案件自行政行为作出之日起超过五年提起诉讼的，人民法院不予受理。"可知，行政诉讼中没有 2 年起诉期限的规定。因此，A 项错误。

B 项：根据《行诉解释》第 65 条的规定："公民、法人或者其他组织不知道行政机关作出的行政行为内容的，其起诉期限从知道或者应当知道该行政行为内容之日起计算，但最长不得超过行政诉讼法第四十六条第二款规定的起诉期限。"可知，起诉期限从知道或者应当知道具体行政行为内容之日起开始计算，故本案要从郭某知道或者应当知道具体行政行为内容之日开始计算，而不是具体行政行为作出之日即 4 月 20 日起算。因此，B 项错误。

C 项：根据《行诉解释》第 31 条的规定："……当事人解除或者变更委托的，应当书面报告人民法院。"可知，新解释去掉了旧解释中的书面报告法院后再由人民法院通知其他当事人的规定，这意味着改由当事人自行通知，法院不再具有通知的义务。因此，C 项错误。

D 项：根据《行政诉讼法》第 87 条的规定："人民法院审理上诉案件，应当对原审人民法院的判决、裁定和被诉行政行为进行全面审查。"可知，我国行政诉讼二审实行全面审查原则。法院审理上诉案件，应对一审法院的裁判和被诉具体行政行为是否合法进行全面审查。因此，D 项正确。

综上所述，本题答案为 D 项。

11 2301079

答案：D。

解析：A 项：根据《立法法》第 97 条第 2 款的规定："地方政府规章签署公布后，及时在本级人民政府公报和中国政府法制信息网以及在【本行政区域范围内】发行的报纸上刊载。"可知，该市政府的规章应该在本级人民政府即市级人民政府公报刊载。因此，A 项错误。

B 项：根据《行政诉讼法》第 53 条的规定："公民、法人或者其他组织认为行政行为所依据的国务院部门和地方人民政府及其部门制定的规范性文件不合法，在对行政行为提起诉讼时，可以一并请求对该规范性文件进行审查。前款规定的规范性文件不含规章。"本题中，该《办法》为市政府规章，不可以附带性审查。因此，B 项错误。

C 项：根据《行政许可法》第 15 条的规定："尚未制定法律、行政法规和地方性法规的，因行政管理的需要，确需立即实施行政许可的，省、自治区、直辖市人民政府规章可以设定临时性的行政许可。"可知，只有省政府的规章才能设定地方临时性许可。该《办法》是市政府的规章，不能设定临时性的行政许可。因此，C 项错误。

D 项：根据《立法法》第 109 条第 4 项的规定："行政法规、地方性法规、自治条例和单行条例、规章应当在公布后的三十日内依照下列规定报有关机关备案：（四）部门规章和地方政府规章报国务院备案；地方政府规章应当同时报本级人民代表大会常务委员会备案；设区的市、自治州的人民政府制定的规章应当同时报省、自治区的人民代表大会常务委员会和人民政府备案；"可知，该《办法》应当向国务院备案。因此，D 项正确。

综上所述，本题答案为 D 项。

【多选】

12 2201126

答案：A,B,D。

解析：A 项：根据《行政诉讼法》第 45 条的规定："公民、法人或者其他组织不服复议决定的，可以在收到复议决定书之日起【十五日内】向人民法院提起诉讼。复议机关逾期不作决定的，申请人可以在复议期满之日起【十五日内】向人民法院提起诉讼。法律另有规定的除外。"可知，复议后起诉的期限为 15 日。因此，A 项正确。

B 项：根据《行政诉讼法》第 15 条第 1 项的规定："中级人民法院管辖下列第一审行政案件：（一）对国务院部门或者【县级以上地方人民政府】所作的行政行为提起诉讼的案件。"本案甲村对县政府所作出的裁决不服，经过复议后起诉的，无论复议机关的复议结果是什么，被告都为“县级以上地方人民政府”，故应当由中院管辖。因此，B 项正确。

C 项：根据《行诉解释》第 140 条第 2 款的规定：“人民法院审理行政机关对民事争议所作裁决的案件，一并审理民事争议的，不另行立案。”可知，本案中，法院既审理县政府裁决土地的行为，也审理土地的权属问题，故法院应当一并立案，无需另行立案。因此，C 项错误。

D 项：根据《行诉解释》第 142 条第 1 款的规定：“对行政争议和民事争议【应当分别裁判】。”可知，法院在审理县政府裁决行为的同时，一并审理土地权属问题的，应当分别裁判。因此，D 项正确。

综上所述，本题答案为 ABD 项。

13 2201059

答案：A,B,C,D。

解析：A 项：根据《行政诉讼法》第 45 条的规定：“公民、法人或者其他组织不服复议决定的，可以在收到复议决定书之日起十五日内向人民法院提起诉讼。复议机关逾期不作决定的，申请人可以在复议期满之日起十五日内向人民法院提起诉讼。法律另有规定的除外。”可知，甲应当在收到复议维持决定后 15 日内起诉。因此，A 项错误，当选。

B 项：根据《行诉解释》第 81 条第 3 款的规定：“被告改变原违法行政行为，原告仍要求确认原行政行为违法的，人民法院应当依法作出确认判决。”可知，诉讼中省生态环境厅变更行政行为，原告甲不撤诉，法院应当依法确认省生态环境厅不予许可的行为违法。因此，B 项错误，当选。

C 项：根据《行诉解释》第 51 条第 1、2 款的规定：“人民法院可以要求当事人签署送达地址确认书，当事人确认的送达地址为人民法院法律文书的送达地址。当事人同意电子送达的，应当提供并确认传真号、电子信箱等电子送达地址。”可知，法院以电子方式送达法律文书的，应经过当事人同意，不能直接电子送达。因此，C 项错误，当选。

D 项：当事人向法院邮寄立案材料的，自信件寄出之日起，视为当事人向法院提起诉讼。信件寄出之日以寄出的邮戳日为准；邮戳日不清晰或者没有邮戳的，以法院实际收到日为准，但是当事人能够提出实际邮戳日证据的除外。通过邮政企业以外的快递企业递交的，以快递企业收寄日为准；收寄日不明确的，以法院实际收到为准，但是当事人能够提出实际收寄日证据的除外。据此可知，对于甲的起诉，法院应以起诉状“寄出之日”为起诉日期，而非“签收日”。因此，D 项错误，当选。

综上所述，本题为选非题，答案为 ABCD 项。

14 2201135

答案：A,C,D。

解析：A 项：根据《行政诉讼法》第 28 条的规定：“当事人一方人数众多的共同诉讼，可以由当事人推选代表人进行诉讼……”又根据《行诉解释》第 29 条第 3 款的规定：“行政诉讼法第二十八条规定的代表人为【二至五人】……”可知，50 户居民共同起诉的，可以推选 2-5 个居民代表人参加诉讼。因此，A 项正确。

B 项：根据《行政诉讼法》第 20 条的规定：“因不动产提起的行政诉讼，由不动产所在地人民法院管辖。”以及《行诉解释》第 9 条第 1 款的规定：“行政诉讼法第二十条规定的‘因不动产提起的行政诉讼’是指因行政行为导致不动产物权变动而提起的诉讼。”本案中，将住房用地变更为商业用地，属于土地用途的改变，不涉及不动产物权的变动，不属于不动产案件，本案应当适用一般地域管辖规则，由被告所在地法院管辖。因此，B 项错误。

C 项：根据《行政诉讼证据规定》第 4 条第 1 款的规定：“公民、法人或者其他组织向人民法院起诉时，应当提供其符合起诉条件的相应的证据材料。”以及《行政诉讼法》第 49 条第 1 项的规定：“提起诉讼应当符合下列条件：（一）原告是符合本法第二十五条规定的公民、法人或者其他组织。”由此可知，起诉的居民应当对自己具有原告身份承担证明责任。因此，C 项正确。

D 项：根据《行政诉讼法》第 58 条的规定：“……【被告无正当理由拒不到庭】，或者未经法庭许可中途退庭的，【可以缺席判决】。”可知，被告无正当理由拒不到庭的，法院可以缺席审判。因此，D 项正确。

综上所述，本题答案为 ACD 项。

15 2001120

答案：B,D。

解析：A 项：根据《行政诉讼法》第 26 条第 1 款的规定："公民、法人或者其他组织直接向人民法院提起诉讼的，作出行政行为的行政机关是被告。"可知，虽然某企业有严重的环境污染问题的证据是县生态环境局调查发现的，但最终责令企业停业整顿的是县政府，也就是说行政行为是县政府作出的，所以被告应当为县政府。因此，A 项错误。

B 项：根据《行政处罚法》第 9 条第 4 项的规定："行政处罚的种类：（四）限制开展生产经营活动、责令停产停业、责令关闭、限制从业；"可知，责令停业整顿实际上就是行政处罚种类中的责令停产停业，是指行政机关暂时或永久地关停违法行为人生产经营活动和其他业务活动的制裁方法，其行为性质属于行政处罚。因此，B 项正确。

C 项：根据《行政诉讼法》第 6 条的规定："人民法院审理行政案件，对行政行为是否合法进行审查。"可知，只有行政行为才是法院的审理对象，当事人行为不是法院行政诉讼的审理对象。本题中，法院的审理对象是责令停业整顿行政处罚的合法性，不包括某企业排污行为的合法性。因此，C 项错误。

D 项：根据《行政诉讼法》第 82 条第 2 款的规定："除前款规定以外的第一审行政案件，【当事人各方同意】适用简易程序的，可以适用简易程序。"可知，D 项符合上述法条规定。因此，D 项正确。

综上所述，本题答案为 BD 项。

16 2001119

答案：A,C,D。

解析：A 项：根据《行政诉讼法》第 26 条第 1 款的规定："公民、法人或者其他组织直接向人民法院提起诉讼的，作出行政行为的行政机关是被告。"可知，责令苏某限期关闭养殖场的行为是县畜牧局作出的，县畜牧局有独立对外展开行政活动并承担行政责任的能力，所以若苏某提起诉讼，应将县畜牧局列为被告。因此，A 项正确。

BD 项：根据《行政诉讼法》第 53 条的规定："公民、法人或者其他组织认为行政行为所依据的国务院部门和地方人民政府及其部门制定的规范性文件不合法，在对行政行为提起诉讼时，可以一并请求对该规范性文件进行审查。前款规定的规范性文件不含规章。"可知，该条中的"一并"就意味着当事人不能直接起诉抽象行政行为，而只能间接地对其提出审查要求。因此，B 项错误。对抽象行政行为提起附带性审查还需要同时满足以下要件：第一，允许当事人向法院提出附带性审查的只有规章以下的其他规范性文件（国务院制定的其他规范性文件除外），《工作方案》的制定者为县政府，其无权制定规章，故该方案属于其他规范性文件。第二，附带性审查的抽象行政行为必须与被诉的具体行政行为之间具有关联性，本题中的《工作方案》是县畜牧局责令苏某限期关闭养殖场的法律依据，该要件也满足两者之间具有关联性。第三，公民、法人或者其他组织一并请求法院对其他规范性文件进行审查，应当在一审开庭前提出；有正当理由的，也可以在法庭调查中提出，该要件也满足，故若苏某起诉时一并提出附带性审查要求是合法的。因此，D 项正确。

C 项：根据《规章制定程序条例》第 36 条的规定："依法不具有规章制定权的县级以上地方人民政府制定、发布具有普遍约束力的决定、命令，【参照】本条例规定的程序执行。"因此，C 项正确。

综上所述，本题答案为 ACD 项。

17 1901052

答案：A,B,D。

解析：A 项：《限期整改通知》等责令改正行为，核心在于恢复正常状态，性质更偏于教育和纠正功能，其行为性质不属于行政处罚，法考中命题人偏向于认为其属于行政强制措施。具有强制效力的限期整改肯定不属于"柔性"的行政指导行为。因此，A 项错误，当选。

B 项：《水污染防治设施验收不合格认定书》属于

行政确认，是行政机关对特定的法律事实作出的具有法律效力的认定并且对该事实予以证明的行政行为。行政确认属于具体行政行为的一种，会给当事人的权利义务带来影响，所以，行政确认行为是可诉的。比如，在本题中，如果辉煌公司水污染防治设施是合格的，而生态环境局却作出了《验收不合格认定书》，当事人的权利义务必然会受到影响，对其不服的话，自然可以起诉。因此，B 项错误，当选。

C 项：根据《行政处罚法》第 63 条第 1 款第 4 项的规定："行政机关拟作出下列行政处罚决定，应当告知当事人有要求听证的权利，当事人要求听证的，行政机关应当组织听证：（四）责令停产停业、责令关闭、限制从业。"可知，本题的停业整顿实际上就是停产停业，所以，区生态环境局应当告知辉煌公司有申请听证的权利。因此，C 项正确，不当选。

D 项：根据《行政诉讼法》第 57 条第 1 款的规定："人民法院对起诉行政机关没有依法支付抚恤金、最低生活保障金和工伤、医疗社会保险金的案件，权利义务关系明确、不先予执行将严重影响原告生活的，可以根据原告的申请，裁定先予执行。"可知，我们将这种先予执行称为"可怜的人，申请可怜的钱"。本题申请对象为停业整顿决定，不属于先予执行的范围。因此，D 项错误，当选。

综上所述，本题为选非题，答案为 ABD 项。

18 1901153

答案：B,C。

解析：A 项：根据《行政诉讼法》第 63 条第 3 款的规定："人民法院审理行政案件，参照规章。"某市交通局没有制定规章的权限，其向社会发布的通告不属于规章，而是其他规范性文件，因此不是法院审判的参照。因此，A 项错误。

B 项：根据《行政诉讼法》第 64 条的规定："人民法院在审理行政案件中，经审查认为本法第五十三条规定的规范性文件不合法的，不作为认定行政行为合法的依据，并向制定机关提出处理建议。"又根据《行诉解释》第 149 条第 2 款的规定："规范性文件不合法的，人民法院可以在裁判生效之日起三个月内，向规范性文件制定机关提出修改或者废止该规范性文件的司法建议。"可知，法院认为通告不合法的，可以向制定机关市交通局提出修改或者废止该通告的司法建议。因此，B 项正确。

C 项：根据《行诉解释》第 150 条的规定："人民法院认为规范性文件不合法的，应当在裁判生效后报送上一级人民法院进行备案……"可知，法院认为市交通局发布的通告不合法的，应当在裁判生效后报送上一级法院进行备案。因此，C 项正确。

D 项：根据《行诉解释》第 132 条的规定："行政机关负责人和行政机关相应的工作人员均不出庭，仅委托律师出庭的或者人民法院书面建议行政机关负责人出庭应诉，行政机关负责人不出庭应诉的，人民法院应当记录在案和在裁判文书中载明，并可以建议有关机关依法作出处理。"可知，法院建议市交通局负责人出庭应诉，但市交通局负责人经传唤拒不出庭的，可以建议有关机关依法作出处理，但不能对市交通局负责人拘传到庭。因此，D 项错误。

综上所述，本题答案为 BC 项。

19 1901051

答案：A,B。

解析：本题张某系对"市政府拒绝支付 5 万元的奖励金"这一行为不服，此行为实质影响了行政相对人张某的权利与义务，具有行政性、外部性、特定性、处分性，是具体行政行为，故张某可以提起行政诉讼。区别于若张某对《通知》不服，则不可以直接提起行政诉讼，因为该通知是抽象行政行为。

A 项：行政机关朝令夕改、出尔反尔的行为是违反诚实守信原则的表现，根据诚实守信原则中的信赖利益保护原则，非因法定事由并经法定程序，行政机关不得撤销、变更已经生效的行政决定。因此，市政府的做法违背了诚实守信原则中的信赖利益保护原则。因此，A 项正确。

B 项：根据《行政复议法》第 24 条第 1 款第 2 项的规定："县级以上地方各级人民政府管辖下列行政复议案件：（二）对下一级人民政府作出的行政

行为不服的。”乙市政府的上一级地方政府为省政府，所以张某应当向省政府申请行政复议。因此，B 项正确。

C 项：根据《行诉解释》第 132 条的规定：“行政机关负责人和行政机关相应的工作人员均不出庭，仅委托律师出庭的或者人民法院书面建议行政机关负责人出庭应诉，行政机关负责人不出庭应诉的，人民法院应当记录在案和在裁判文书中载明，并可以建议有关机关依法作出处理。”可知，行政机关负责人不出庭应诉的，法院的正确做法是记录在案并在裁判文书中载明，并可以建议有关机关依法作出处理，而不需要传唤负责人出庭。如果是行政机关负责人不出庭，工作人员也不出庭，那么就说明被告行政机关不出庭，此时的正确处理方法才是传唤被告出庭，如果被告经传票传唤依然无正当理由拒不到庭，法院可以按期开庭或者继续开庭审理，对到庭的当事人诉讼请求、双方的诉辩理由以及已经提交的证据及其他诉讼材料进行审理后，依法缺席判决。因此，C 项错误。

D 项：根据《行政诉讼法》第 82 条的规定：“人民法院审理下列第一审行政案件，认为事实清楚、权利义务关系明确、争议不大的，可以适用简易程序：（一）被诉行政行为是依法当场作出的；（二）案件涉及款额二千元以下的；（三）属于政府信息公开案件的。除前款规定以外的第一审行政案件，当事人各方同意适用简易程序的，可以适用简易程序。发回重审、按照审判监督程序再审的案件不适用简易程序。”可知，本题既不满足法定简易中当场作出行政行为、涉及款额二千元以下、政府信息公开等条件，也不满足约定简易程序中双方当事人同意适用的条件，所以不应当适用简易程序进行审理。因此，D 项错误。

综上所述，本题答案为 AB 项。

20 1901050

答案：A,C,D。

解析：A 项：本题属于复议改变行为，提起行政诉讼后，法院的审理对象为“区政府撤销区公安分局处罚决定”的合法性，而区政府撤销处罚决定的理由为陈某的行为属于职务行为，不应按照普通打架纠纷去处罚公职人员，而应由行政机关内部处分陈某，此时，对陈某打人行为究竟属于公职行为还是个人行为的定性，会直接影响对撤销决定是否合法的判断。所以，陈某的行为是否是职务行为自然会成为本案的争议焦点。因此，A 项正确。

B 项：行政诉讼只能是“民告官”，不会出现“官告民”，也就是说，行政诉讼中当事人是恒定的，原告只能是行政相对人，被告只能是行政主体。所以，在行政诉讼制度中自然不会出现反诉制度。因此，B 项错误。

C 项：根据《行政诉讼法》第 26 条第 2 款的规定：“经复议的案件，复议机关决定维持原行政行为的，作出原行政行为的行政机关和复议机关是共同被告；复议机关改变原行政行为的，复议机关是被告。”可知，区政府认为原机关区公安分局法律定性错误，将行政处罚予以撤销，属于复议改变行为，此时，被告为复议机关区政府。因此，C 项正确。

D 项：综合执法局执法人员陈某将李某打伤，李某属于侵权关系的受害人，与行政处罚之间具有法律上的利害关系，在处罚被复议机关撤销后，李某自然有资格成为第三人。因此，D 项正确。

综上所述，本题答案为 ACD 项。

21 1502082

答案：A,B,C,D。

解析：A 项：根据《行政复议法》第 24 条第 1 款第 1 项的规定：“县级以上地方各级人民政府管辖下列行政复议案件：（一）对本级人民政府工作部门作出的行政行为不服的。”可知，李某对县公安局作出的行政行为不服，应当向其所属的本级人民政府即 A 县政府申请行政复议。因此，A 项正确。

B 项：根据《行政诉讼法》第 26 条第 2 款的规定：“经复议的案件，复议机关决定维持原行政行为的，作出原行政行为的行政机关和复议机关是共同被告；复议机关改变原行政行为的，复议机关是被告。”可知，本案中，A 县政府作出维持决定，A 县公安局和 A 县政府分别是作出原行政行为的行政机关和复议机关，是共同被告。因此，B

项正确。
C 项：根据《行政诉讼法》第 18 条第 1 款的规定："行政案件由最初作出行政行为的行政机关所在地人民法院管辖。经复议的案件，也可以由复议机关所在地人民法院管辖。"可知，A 县公安局是原机关，A 县政府是复议机关，二者所在地均为 A 县，故 A 县法院有管辖权。因此，C 项正确。
D 项：根据《行政诉讼法》第 51 条第 3 款的规定："起诉状内容欠缺或者有其他错误的，应当给予指导和释明，并一次性告知当事人需要补正的内容。不得未经指导和释明即以起诉不符合条件为由不接收起诉状。"可知，如李某的起诉状内容有欠缺，法院应给予指导和释明，并一次性告知需要补正的内容。因此，D 项正确。
综上所述，本题答案为 ABCD 项。

22 1901053

答案：C,D。
解析：AB 项：本题最根本的做题前提是判断《关于在市场监管领域全面推行部门联合"双随机、一公开"监管的意见》(以下简称为《意见》)的法律性质，其为国务院制定的其他规范性文件。其他规范性文件为专有名词，指的是除了行政法规和规章之外的抽象行政行为，由于其他规范性文件的制定程序随意、法律位阶较低，所以，所有的行政机关均有权制定，上至国务院，下至乡政府，也包含公安局等政府的工作部门。判断方法如下：第一，行政法规一般称"条例"，也可以称"规定""办法"等。国务院根据全国人民代表大会及其常务委员会的授权决定制定的行政法规，称"暂行条例"或者"暂行规定"。而《意见》从文件名称上可以判断它的性质不是行政法规，只能是其他规范性文件。第二，行政法规会以国务院令公布施行，比如，行政法规《食品安全法实施条例》，其文件编号为国令第 721 号，而《意见》编号为"国发〔2019〕5 号"，文件编号中的"发"字即说明其性质并非行政法规，只能是其他规范性文件。因此，B 项错误。既然《意见》的性质为其他规范性文件，则不可表达为"作为法官裁判的依据"，法律和法规是法官裁判的依据，规章是法官裁判的参照，其他规范性文件是法官裁判的参考。因此，A 项错误。
C 项：根据《规章制定程序条例》第 3 条第 2 款的规定："没有法律或者国务院的行政法规、决定、命令的依据，部门规章不得设定减损公民、法人和其他组织权利或者增加其义务的规范，不得增加本部门的权力或者减少本部门的法定职责。没有法律、行政法规、地方性法规的依据，地方政府规章不得设定减损公民、法人和其他组织权利或者增加其义务的规范。"可知，部门规章制定的依据为"法律或者国务院的行政法规、决定、命令"，其中，国务院的决定和命令即为国务院制定的其他规范性文件，该意见属于部门规章的制定依据之一。因此，C 项正确。
D 项：根据《行政诉讼法》第 53 条第 1 款的规定："公民、法人或者其他组织认为行政行为所依据的【国务院部门】和地方人民政府及其部门制定的规范性文件不合法，在对行政行为提起诉讼时，可以一并请求对该规范性文件进行审查。"可知，法律并没有将全部抽象行政行为纳入行政诉讼附带性审查范围，允许附带性审查的只有其他规范性文件，而国务院制定的其他规范性文件由于制定主体的特殊身份，不允许审查，要排除出来。因此，D 项正确。
综上所述，本题答案为 CD 项。

23 2301085

答案：A,C。
解析：A 项：根据《行政诉讼法》第 53 条的规定："公民、法人或者其他组织认为行政行为所依据的国务院部门和地方人民政府及其部门制定的规范性文件不合法，在对行政行为提起诉讼时，可以一并请求对该规范性文件进行审查。前款规定的规范性文件不含规章。"本题中，《检查通知》是由政府工作部门制定的规范性文件，属于其他规范性文件，可以进行附带性审查。因此，A 项正确。
B 项：对于处罚决定和信息进行公开的行为属于政府信息公开行为，是具体行政行为，可诉。因此，B 项错误。
C 项：根据《行政处罚法》第 48 条第 2 款的规

定："公开的行政处罚决定被行政复议机关或者人民法院依法变更、撤销、确认违法或者确认无效的，行政机关应当在三日内撤回行政处罚决定信息并公开说明理由。"因此，C项正确。

D项：责令改正行为并没有实际减损当事人的义务，实际减损当事人义务的行为是后续的罚款一万元行为。因此责令改正行为没有惩戒性，不属于行政处罚。责令改正属于一种行政强制措施。因此，D项错误。

综上所述，本题答案为AC。

24 2301078

答案：B,D。

解析：A项：我国《行政处罚法》第29条的规定："对当事人的同一违法行为，不得给予两次以上罚款的行政处罚。"但旅行社和直接责任人并不是同一主体，所以不违反一事不再罚原则。因此，A项错误。

B项：根据《行政处罚法》第58条第1款的规定："有下列情形之一，在行政机关负责人作出行政处罚的决定之前，应当由从事行政处罚决定法制审核的人员进行法制审核；未经法制审核或者审核未通过的，不得作出决定：（一）涉及重大公共利益的；（二）直接关系当事人或者第三人重大权益，经过听证程序的；（三）案件情况疑难复杂、涉及多个法律关系的；（四）法律、法规规定应当进行法制审核的其他情形。"本题中，该处罚经过了听证程序，满足上述条件，应当进行法制审核。因此，B项正确。

C项：本案中，复议机关区政府以原行政行为超出法定期限为由确认违法，属于变相的复议维持。复议维持共同告，原机关和复议机关作为共同被告，以原机关确定案件的级别管辖。本题应该以原机关某区综合执法局确定，区综合执法局属于政府工作部门，不属于中院管辖范围，故本案应当由基层法院管辖。因此，C项错误。

D项：根据《行诉解释》第135条第1款的规定："复议机关决定维持原行政行为的，人民法院应当在审查原行政行为合法性的同时，一并审查复议程序的合法性。"因此，D项正确。

综上所述，本题答案为BD。

25 2301073

答案：A,C,D。

解析：A项：根据《行政处罚法》第72条第1款第1项的规定："当事人逾期不履行行政处罚决定的，作出行政处罚决定的行政机关可以采取下列措施：（一）到期不缴纳罚款的，每日按罚款数额的百分之三加处罚款，加处罚款的数额不得超出罚款的数额；"可知，加处的罚款金额不能超过本数，即2000元，而非5000元。因此，A项错误，当选。

B项：根据《行政处罚法》第51条的规定："违法事实确凿并有法定依据，对公民处以二百元以下、对法人或者其他组织处以三千元以下罚款或者警告的行政处罚的，可以当场作出行政处罚决定。法律另有规定的，从其规定。"本题罚款2000元可以适用简易程序。因此，B项正确，不当选。

C项：根据最新修订的《行政复议法（2024.1.1生效）》第24条第1款第1项的规定："县级以上地方各级人民政府管辖下列行政复议案件：（一）对本级人民政府工作部门作出的行政行为不服的；"可知，除垂直领导等特殊情形外，申请人对县级以上地方各级人民政府工作部门及其派出机构、授权组织等作出的行政行为不服的，以前是选择向本级人民政府申请行政复议或者上一级主管部门申请行政复议，新法修订后是统一向本级人民政府申请行政复议。可知，本题复议机关为某市政府。因此，C项错误，当选。

D项：根据《行政处罚法》第63条第1款的规定："行政机关拟作出下列行政处罚决定，应当告知当事人有要求听证的权利，当事人要求听证的，行政机关应当组织听证：（一）较大数额罚款；（二）没收较大数额违法所得、没收较大价值非法财物；（三）降低资质等级、吊销许可证件；（四）责令停产停业、责令关闭、限制从业；（五）其他较重的行政处罚；（六）法律、法规、规章规定的其他情形。"本题没收违法所得50元，罚款2000元的处罚决定不属于法定听证范围。因此，D项错误，当选。

综上所述，本题选非题，答案为ACD。

26 1002086

答案：B,C。

解析：A 项：根据《行政诉讼法》第 26 条第 2 款的规定：“经复议的案件，复议机关决定维持原行政行为的，作出原行政行为的行政机关和复议机关是共同被告；复议机关改变原行政行为的，复议机关是被告。”同时《行诉解释》第 22 条第 1 款的规定：“行政诉讼法第二十六条第二款规定的‘复议机关改变原行政行为’，是指复议机关改变原行政行为的处理结果。复议机关改变原行政行为所认定的主要事实和证据、改变原行政行为所适用的规范依据，但未改变原行政行为处理结果的，视为复议机关维持原行政行为。”可知，县政府在复议决定中将征收总额中遗漏的 3000 元未婚生育社会抚养费补充列人，其实质并非是“维持该决定”，而是属于对原具体行政行为的改变，因此该案应以复议机关即县政府为被告。因此，A 项错误。

B 项：根据《行政诉讼法》第 15 条第 1 项的规定：“中级人民法院管辖下列第一审行政案件：(一)对国务院部门或者县级以上地方人民政府所作的行政行为提起诉讼的案件。”可知，本案被告为复议机关即县政府，因此该案应由中级法院管辖。因此，B 项正确。

C 项：根据《行政复议法》第 63 条第 2 款的规定：“行政复议机关不得作出对申请人更为不利的变更决定，但是第三人提出相反请求的除外。”可知，本案不存在第三人，无“第三人提出相反请求”的除外情形，而复议机关县政府在征收总额中补充列入遗漏的费用，属于作出了对申请人更为不利的行政复议决定，因此该复议决定违法。因此，C 项正确。

D 项：根据《行政诉讼法》第 67 条第 1 款的规定：“人民法院应当在立案之日起五日内，将起诉状副本发送被告。被告应当在收到起诉状副本之日起十五日内向人民法院提交作出行政行为的证据和所依据的规范性文件，并提出答辩状。人民法院应当在收到答辩状之日起五日内，将答辩状副本发送原告。”可知，被告提交答辩状的时间为 15 日。因此，D 项错误。

综上所述，本题答案为 BC 项。

【不定项】

27 2301083

答案：A,C。

解析：A 项：根据《行政复议法》第 20 条第 1 款的规定：“公民、法人或者其他组织认为行政行为侵犯其合法权益的，可以自知道或者应当知道该行政行为之日起六十日内提出行政复议申请；但是法律规定的申请期限超过六十日的除外。”因此，A 项正确。

B 项：根据《行诉解释》第 133 条的规定：“行政诉讼法第二十六条第二款规定的‘复议机关决定维持原行政行为’，包括复议机关驳回复议申请或者复议请求的情形，但以复议申请不符合受理条件为由驳回的除外。”本题中，区政府以超过复议期限为由作出驳回复议申请决定属于以不符合受理条件为由驳回，因此不属于复议维持，而是复议不作为。本案不属于复议维持共同告的情况，所以法院不应当追加区政府为共同被告。因此，B 项错误。

C 项：行政给付一般是指行政主体依照有关法律、法规，向符合条件的申请人提供物质利益或者赋予其与物质利益有关的权益的具体行政行为。行政给付的类型包括：抚恤金、生活补助费、安置费、救济费、优待费、社会福利费或者其他视实际情况的协商的费用等。行政给付体现了国家对于社会特殊群体、弱势群体的关心和帮助。本题中，政府安置房符合上述行政给付的特征，属于行政给付。因此，C 项正确。

D 项：根据《行政诉讼法》第 57 条的规定：“人民法院对起诉行政机关没有依法支付抚恤金、最低生活保障金和工伤、医疗社会保险金的案件，权利义务关系明确、不先予执行将严重影响原告生活的，可以根据原告的申请，裁定先予执行。”可知，住房补贴不属于上述款项，不能先予执行。因此 D 项错误。

综上所述，本题答案为 AC。

28 1901088

答案：D。

解析：本题根据最高人民法院 77 号指导案例“罗镕荣诉吉安市物价局物价行政处理案”改编。

AB 项：信访，是指公民、法人或者其他组织采用书信、电子邮件、传真、电话、走访等形式，向行政机关反映情况，提出建议、意见或投诉请求，依法由有关行政机关处理的活动。《行诉解释》第 1 条第 2 款第 9 项规定："下列行为不属于人民法院行政诉讼的受案范围：（九）行政机关针对信访事项作出的登记、受理、交办、转送、复查、复核意见等行为。"但本题罗某的行为并不属于信访行为，市监局的行为也不属于对信访问题的复查。行政信访办理行为不是行政机关行使"首次判断权"的行为，而是对行政机关已经处理过的行政法律关系进行的二次、甚至是多次判断行为，并未对公民的权利义务带来新的影响和变化，故而不可诉。但是，在实践中会出现公民依法要求行政机关履行职责，行政机关出具信访事项告知书、意见书的情况，这些文书即使名为"信访"，也不能一概认定为信访行为。如果是行政机关对公民合法诉求的"一次"处理，那就会影响到公民的实体权利义务，自然可诉（梁凤云著：《行政诉讼法司法解释讲义》，人民法院出版社 2018 年版，第 21 页）。

本题中，罗某认为某电信公司将手机 UIM 卡定价为 50 元 / 张属于违法收费，要求市监局对该公司进行查处。市监局进行调查后表示应当收取卡费，驳回了罗某的请求。市监局的驳回是对罗某合法请求的"一次处理"，属于行政不作为，故而可诉，但如果罗某就市监局的驳回，反复要求市监局或其上级处理，行政机关拒绝处理的行为，则属于不可诉的信访办理行为。考生可将信访行为视为重复处理行为的变种，就好理解该知识点了。因此，AB 项错误。

CD 项：附带性审查需要符合以下要求：第一，审查对象为规章以下的其他规范性文件（国务院制定的其他规范性文件除外）。其他规范性文件指的是除了行政法规和规章之外的抽象行政行为，其他规范性文件制定程序随意，法律位阶较低，所有的行政机关均有权制定。《批复》制定者为省通管局和省发改委，其性质不可能是行政法规（由国务院制定），也不可能是规章（由省级 / 地级市政府或国务院部门制定），本题用排除法可判断《批复》性质为其他规范性文件。第二，公民、法人或其他组织对部分抽象行政行为只能附带性地提出审查要求，即不能直接针对抽象行政行为申请复议或提起诉讼。正确的做法是：先对具体行政行为申请复议或提起诉讼，同时，要求复议机关或者法院予以审查抽象行政行为。因此，C 项错误，D 项正确。第三，附带性审查的抽象行政行为必须与被申请复议 / 被诉具体行政行为之间具有关联性。如果根据 A 规范性文件作出 A 具体行政行为，那么当事人在对 A 行为起诉时一并请求法院审查的只能是 A 规范性文件；如果当事人可以挑战不具有关联性的 B、C、D 等规范性文件的话，会出现滥诉的风险。

综上所述，本题答案为 D 项。

29 1702099

答案：A,B,C。

解析：A 项：根据《行政诉讼法》第 82 条的规定："人民法院审理下列第一审行政案件，认为事实清楚、权利义务关系明确、争议不大的，可以适用简易程序：（一）被诉行政行为是依法当场作出的；（二）案件涉及款额二千元以下的；（三）属于政府信息公开案件的。除前款规定以外的第一审行政案件，当事人各方同意适用简易程序的，可以适用简易程序。发回重审、按照审判监督程序再审的案件不适用简易程序。"可知，本案属于政府信息公开案件，且双方同意适用简易程序的，可以适用简易程序。因此，A 项正确。

B 项：根据《行诉解释》第 128 条第 2 款的规定："行政机关负责人出庭应诉的，可以另行委托一至二名诉讼代理人……"可知，县环保局负责人出庭应诉的，可另委托 1 至 2 名诉讼代理人。因此，B 项正确。

C 项：根据《信息案件公开规定》第 5 条第 1 款的规定："被告拒绝向原告提供政府信息的，应当对拒绝的根据以及履行法定告知和说明理由义务的情况举证。"可知，县环保局应当对拒绝的根据及履行法定告知和说明理由义务的情况举证。因此，C 项正确。

D 项：本题中，县环保局是以申请公开的内容不明确为由拒绝公开，而并不是以信息与申请人的生产、生活、科研等特殊需要无关为由而拒绝公开，所以法院不能要求原告对其所申请的信息与其自身生产、生活、科研等需要的相关性进行说明。另外，2019 年《政府信息公开条例》在申请资格中取消了申请人所申请的信息应当与“自身生产、生活、科研等特殊需要”相关的要求。因此，D 项错误。

综上所述，本题答案为 ABC 项。

30 1702100

答案：C,D。

解析：A 项：根据《行政诉讼法》第 15 条第 1 项的规定：“中级人民法院管辖下列第一审行政案件：（一）对国务院部门或者县级以上地方人民政府所作的行政行为提起诉讼的案件。”可知，本案被告为县政府，一审应由中级人民法院管辖。因此，A 项错误。

B 项：根据《行政诉讼法》第 86 条的规定：“人民法院对上诉案件，应当组成合议庭，开庭审理。经过阅卷、调查和询问当事人，对没有提出新的事实、证据或者理由，合议庭认为不需要开庭审理的，也可以不开庭审理。”可知，“不得以不开庭方式审理”的表述过于绝对。因此，B 项错误。

C 项：根据《行政诉讼法》第 87 条的规定：“人民法院审理上诉案件，应当对原审人民法院的判决、裁定和被诉行政行为进行全面审查。”可知，题目中所说二审法院应对一审法院的判决和被诉行为进行全面审查的说法符合法条的表述。因此，C 项正确。

D 项：根据《行诉解释》第 109 条第 4 款的规定：“原审判决遗漏行政赔偿请求，第二审人民法院经审查认为依法不应当予以赔偿的，应当判决驳回行政赔偿请求。”可知，一审法院遗漏赔偿请求，二审法院经审查认为不应该赔偿的，应判决驳回其赔偿请求。因此，D 项正确。

综上所述，本题答案为 CD 项。

31 1702098

答案：A,C。

解析：A 项：根据《行政诉讼法》第 18 条第 1 款的规定：“行政案件由最初作出行政行为的行政机关所在地人民法院管辖。经复议的案件，也可以由复议机关所在地人民法院管辖。”可知，本案经过复议，可以由原机关县环保局所在地的法院管辖，也可以由复议机关县政府所在地的法院管辖。而无论是县环保局还是县政府，都在同一个县，因此由县法院管辖。因此，A 项正确。

B 项：根据《行政诉讼法》第 45 条的规定：“公民、法人或者其他组织不服复议决定的，可以在收到复议决定书之日起十五日内向人民法院提起诉讼……”可知，本案经过复议，起诉期限为 15 日，并非 6 个月。因此，B 项错误。

C 项：根据《行政诉讼法》第 51 条第 2 款的规定：“对当场不能判定是否符合本法规定的起诉条件的，应当接收起诉状，出具注明收到日期的书面凭证，并在七日内决定是否立案。不符合起诉条件的，作出不予立案的裁定。裁定书应当载明不予立案的理由。原告对裁定不服的，可以提起上诉。”可知，如法院当场不能判定起诉是否符合条件的，应当接受起诉状，出具注明收到日期的书面凭证，并在 7 日内决定是否立案。因此，C 项正确。

D 项：根据《行诉解释》第 53 条第 2 款的规定：“对当事人依法提起的诉讼，人民法院应当根据行政诉讼法第五十一条的规定接收起诉状。能够判断符合起诉条件的，应当当场登记立案；当场不能判断是否符合起诉条件的，应当在接收起诉状后七日内决定是否立案；七日内仍不能作出判断的，应当先予立案。”可知，如法院当场不能判定起诉是否符合条件，应当在接收起诉状后七日内决定是否立案；七日内仍不能作出判断的，应当先予立案。因此，D 项错误。

综上所述，本题答案为 AC 项。

32 1002099

答案：A。

解析：A 项：根据《行政诉讼法》第 61 条的规定：“在涉及行政许可、登记、征收、征用和行政机关对民事争议所作的裁决的行政诉讼中，当事人申请一并解决相关民事争议的，人民法院可以一并审理。在行政诉讼中，人民法院认为行政案件的审理需以民事诉讼的裁判为依据的，可以裁定中止行政诉讼。”可知，房屋买卖合同的效力直接决定了转让登记行为作出的依据是否存在、法院是否应撤销该登记行为，民事诉讼的审理结果将确定买卖合同的效力，因此该行政诉讼案件的审判必须以民事案件的审理结果为依据，因此，行政诉讼案件应中止审理，等待民事诉讼的判决结果。因此，A项正确。

B项：根据《行政诉讼法》第61条第1款的规定："在涉及行政许可、登记、征收、征用和行政机关对民事争议所作的裁决的行政诉讼中，当事人申请一并解决相关民事争议的，人民法院可以一并审理。"可知，当事人是分别起诉，没有申请合并，所以法院不可以决定合并审理。因此，B项错误。

C项：根据《行政诉讼法》第70条的规定："行政行为有下列情形之一的，人民法院判决撤销或者部分撤销，并可以判决被告重新作出行政行为：（一）主要证据不足的；（二）适用法律、法规错误的；（三）违反法定程序的；（四）超越职权的；（五）滥用职权的；（六）明显不当的。"可知，本案中，房屋登记机关是根据买卖合同作出了转让登记的具体行政行为，如法院判决房屋买卖合同无效，则作出该具体行政行为的主要证据就不存在了，在此种情形下，法院应当判决撤销该转让登记行为，而不是"驳回王某的诉讼请求"，因此，C项错误。

D项：根据《行政诉讼法》第69条的规定："行政行为证据确凿，适用法律、法规正确，符合法定程序的，或者原告申请被告履行法定职责或者给付义务理由不成立的，人民法院判决驳回原告的诉讼请求。"可知，如果法院判决房屋买卖合同有效，则转让登记合法，法院不应当判决维持，也不应当判决确认合法，而是应当作出驳回原告诉讼请求的判决。因此，D项错误。

综上所述，本题答案为A项。

33 2201142

答案：A。

解析：A项：国务院取消29项行政许可事项，减轻了社会公众的程序负担，便利公众，符合高效便民原则。因此，A项正确。

B项：根据《行政诉讼法》第53条第1款的规定："公民、法人或者其他组织认为行政行为所依据的【国务院部门】和【地方人民政府及其部门】制定的规范性文件不合法，在对行政行为提起诉讼时，可以一并请求对该规范性文件进行审查。"可知，《决定》属于【国务院】制定的规范性文件，不可以提起附带审查。因此，B项错误。

C项：行政法规的名称一般是《令》《条例》《办法》《暂行办法》《规定》等。该《决定》属于国务院制定的其他规范性文件，不属于行政法规。因此，C项错误。

D项：根据《规章制定程序条例》第3条第2款的规定："……没有【法律、行政法规、地方性法规】的依据，地方政府规章不得设定减损公民、法人和其他组织权利或者增加其义务的规范。"可知，国务院决定不可以作为地方政府规章制定的依据。因此，D项错误。

综上所述，本题答案为A项。

34 2301067

答案：A,B,C,D。

解析：A项：核准是指针对直接关系公共安全、人身健康、生命财产安全的重要设备、设施、物品，需要按照技术标准通过检验、检测、检疫等方式进行审定的事项，针对的对象是"物"，例如电梯设备的安装许可、生猪的检验。网约车三证分别是①《网络预约出租汽车经营许可证》：针对的对象是网约车平台；②《网络预约出租汽车驾驶员证》：针对的对象是网约车司机；③《网络预约出租汽车运输证》针对的对象是网约车车辆。本题中当事人申请的"网络预约出租车运输许可证"针对的对象便是车辆，属于"物"，故该许可证性质为核准。因此，A项正确。

B项：根据《行政许可法》第29条第3款的规定："行政许可申请可以通过信函、电报、电传、传真、电子数据交换和电子邮件等方式提出。"可知，孙某可以用电子邮件的方式申请行政许可。因此，B项正确。

C项：根据《行诉解释》第147条第1、2款的规定："人民法院在对规范性文件审查过程中，发现规范性文件可能不合法的，应当听取规范性文件制定机关的意见。制定机关申请出庭陈述意见的，人民法院应当准许。”因此，C 项正确。

D 项：根据《行政许可法》第 12 条第 4 项的规定：“（四）直接关系公共安全、人身健康、生命财产安全的重要设备、设施、产品、物品，需要按照技术标准、技术规范，通过检验、检测、检疫等方式进行审定的事项；”可知，直接关系到公共安全、人身健康、生命财产安全的重要设施等需要经过技术检测，而网约车直接关系到公共安全，因此应当经技术检测部门检测。且网约车属于“物”，通过检测的方式进行审定是正确的。因此，D 项正确。

综上所述，本题答案为 ABCD。

二、模拟训练

【单选】

35 62205241

答案：C。

解析：《行政诉讼法》第 81 条：“人民法院应当在立案之日起【六个月】内作出第一审判决。有特殊情况需要延长的，由高级人民法院批准，高级人民法院审理第一审案件需要延长的，由最高人民法院批准。”第 83 条：“适用简易程序审理的行政案件，由审判员一人独任审理，并应当在立案之日起【四十五日】内审结。”第 88 条：“人民法院审理上诉案件，应当在收到上诉状之日起【三个月】内作出终审判决。有特殊情况需要延长的，由高级人民法院批准，高级人民法院审理上诉案件需要延长的，由最高人民法院批准。”

AC 项：原则上，一审适用普通程序的审限为 6 个月，二审审限为 3 个月，特殊情况下可以延长。因此，A 项错误，C 项正确。

BD 项：适用简易程序审理的行政案件审限为 45 日；二审审限为 3 个月，特殊情况下可以延长。因此，BD 项错误。

综上所述，本题答案为 C 项。

【多选】

36 61805096

答案：B,D。

解析：A 项：根据《行政诉讼法》第 51 条第 2 款的规定：“对当场不能判定是否符合本法规定的起诉条件的，应当接收起诉状，出具注明收到日期的书面凭证，并在七日内决定是否立案……”因此，A 项正确，不当选。

B 项：根据《行政诉讼法》第 51 条第 4 款的规定：“对于不接收起诉状、接收起诉状后不出具书面凭证，以及不一次性告知当事人需要补正的起诉状内容的，当事人可以向上级人民法院投诉……”可知，李某是可以向上级法院“投诉”而不是“申诉”。因此，B 项错误，当选。

C 项：根据《行政诉讼法》第 50 条第 2 款的规定：“书写起诉状确有困难的，可以口头起诉，由人民法院记入笔录，出具注明日期的书面凭证，并告知对方当事人。”因此，C 项正确，不当选。

D 项：根据《行政诉讼法》第 51 条第 3 款的规定：“起诉状内容欠缺或者有其他错误的，应当给予指导和释明，并一次性告知当事人需要补正的内容。不得未经指导和释明即以起诉不符合条件为由不接收起诉状。”可知，法院原则上不能直接拒绝接收起诉状。因此，D 项错误，当选。

综上所述，本题为选非题，答案为 BD 项。

37 62105002

答案：B,C。

解析：ABCD 项：根据《行政机关负责人出庭应诉规定》第 3 条的规定：“有共同被告的行政案件，可以由共同被告协商确定行政机关负责人出庭应诉；也可以由人民法院确定。”可知，可以由共同被告协商确定，也可以由人民法院直接确定。因此，BC 项正确，AD 项错误。

综上所述，本题答案为 BC 项。

38 62205240

答案：A,B,D。

解析：A 项：根据《行政诉讼法》第 2 条的规定：“公民、法人或者其他组织认为行政机关和行政机关工作人员的行政行为侵犯其合法权益，有权依照本法向人民法院提起诉讼。前款所称行政行为，包括法律、法规、规章授权的组织作出的行政行为。”可知，当事人对法律、法规、规章授权的组织作出的具体行政行为不服提起行政诉讼的，被授权组织为被告。甲市地铁集团有限公司取得地方性法规的有效授权，可以作为适格被告。因此，A 项正确。

B 项：根据《行政诉讼法》第 54 条的规定："人民法院公开审理行政案件，但涉及国家秘密、个人隐私和法律另有规定的除外。涉及商业秘密的案件，当事人申请不公开审理的，可以不公开审理。"可知，本案不涉及国家、商业秘密和个人隐私，所以应当公开开庭审理。因此，B 项正确。

C 项：根据《行政诉讼法》第 51 条第 2 款的规定："……不符合起诉条件的，作出不予立案的裁定。裁定书应当载明不予立案的理由。原告对裁定不服的，可以提起【上诉】。"可知，原告对不予立案裁定不服的，应该是向上一级法院上诉，而非起诉。因此，C 项错误。

D 项：根据《行政诉讼法》第 3 条第 3 款的规定："被诉行政机关负责人应当出庭应诉。不能出庭的，应当委托行政机关相应的工作人员出庭。"可知，甲市地铁集团有限公司负责人应当出庭。因此，D 项正确。

综上所述，本题答案为 ABD 项。

39　62005030

答案：A,D。

解析：A 项：根据《行政处罚法》第 51 条的规定："违法事实确凿并有法定依据，【对公民处以二百元以下】、对法人或者其他组织处以三千元以下罚款或者警告的行政处罚的，可以当场作出行政处罚决定。法律另有规定的，从其规定。"可知，对公民处以 50 元罚款可以当场作出。因此，A 项正确。

B 项：根据《行政诉讼法》第 12 条第 1 款第 1、2 项的规定："人民法院受理公民、法人或者其他组织提起的下列诉讼：（一）对……【行政处罚】不服的；（二）对……【行政强制措施】和行政强制执行不服的；"可知，罚款 50 元属于行政处罚，约束至酒醒属于行政强制措施，二者均属于行政诉讼受案范围，故法院对孙某的起诉应当受理。因此，B 项错误。

C 项：根据《行政诉讼法》第 26 条第 2 款的规定："经复议的案件，复议机关决定维持原行政行为的，作出原行政行为的行政机关和复议机关是【共同被告】……"可知，孙某应以公安海曙分局和复议机关为被告提起诉讼。又根据《行诉解释》第 26 条的规定："原告所起诉的被告不适格，人民法院【应当告知原告变更被告】；原告不同意变更的，裁定驳回起诉。应当追加被告而原告不同意追加的，人民法院应当通知其以第三人的身份参加诉讼，但行政复议机关作共同被告的除外。"可知，孙某仅以公安海曙分局为被告提起诉讼的，法院应当通知原告追加被告，不得主动追加复议机关为被告。因此，C 项错误。

D 项：根据《行诉解释》第 1 条第 2 款第 2 项的规定："下列行为不属于人民法院行政诉讼的受案范围：（二）【调解行为】以及法律规定的仲裁行为；"可知，法院不予受理调解行为。因此，D 项正确。

综上所述，本题答案为 AD 项。

【不定项】

40　61905114

答案：A,C,D。

解析：A 项：根据《行政诉讼法》第 53 条的规定："公民、法人或者其他组织认为行政行为所依据的国务院部门和【地方人民政府及其部门制定的规范性文件】不合法，在对行政行为提起诉讼时，可以一并请求对该规范性文件进行审查。前款规定的规范性文件不含规章。"可知，《通告》是县政府制定的规范性文件，付某可以一并请求法院对该规范性文件进行审查。因此，A 项正确。

BC 项：根据《行诉解释》第 146 条的规定："公民、法人或者其他组织请求人民法院一并审查行政诉讼法第五十三条规定的规范性文件，应当在【第一审开庭审理前】提出；有正当理由的，也可以在【法庭调查中】提出。"可知，付某应当在第一审开庭审理前提出而不是法庭辩论终结前；有正当理由的，也可以在法庭调查中提出。因此，B 项错误，C 项正确。

D 项：根据《行政处罚法》第 16 条的规定："除法律、法规、规章外，其他规范性文件不得设定行政处罚。"可知，《通告》是甲市乙县政府制定的其他规范性文件，无权设定行政处罚，也即《通告》本身不合法。又根据《行诉解释》第 149 条第 1 款的规定："人民法院……经审查认为【规范性文件不合法的，不作为人民法院认定行政行为合法的依据】，并在裁判理由中予以阐明……"因此，D 项正确。
综上所述，本题答案为 ACD 项。

41 61905121

答案：A,B,C。
解析：ABCD 项：根据《行政诉讼法》第 60 条第 1 款的规定："人民法院审理行政案件，不适用调解。但是，行政赔偿、补偿以及行政机关行使法律、法规规定的自由裁量权的案件可以调解。"可知，A 项属于行政赔偿案件，B 项属于行政征收补偿案件，C 项属于行使自由裁量权案件，均可以调解；D 项税收行为属于羁束行政行为，不能调解。因此，ABC 项正确，D 项错误。
综上所述，本题答案为 ABC 项。

42 62105111

答案：B,C,D。
解析：AB 项：根据《行诉解释》第 141 条的规定："人民法院一并审理相关民事争议，【适用民事法律规范的相关规定】，法律另有规定的除外。当事人在调解中对民事权益的处分，【不能】作为审查被诉行政行为合法性的根据。"因此，A 项正确，不当选；B 项错误，当选。
C 项：根据《行诉解释》第 140 条第 2 款的规定："人民法院审理行政机关对民事争议所作裁决的案件，一并审理民事争议的，【不另行立案】。"因此，C 项错误，当选。
D 项：根据《行诉解释》第 137 条的规定："公民、法人或者其他组织请求一并审理行政诉讼法第 61 条规定的相关民事争议，应当在【第一审】开庭审理前提出；有正当理由的，也可以在法庭调查中提出。"可知，此处的"法庭调查"是指"一审"法庭调查，不是二审法庭调查。因此，D 项错误，当选。
综上所述，本题为选非题，答案为 BCD 项。

第十八章 行政诉讼证据制度

参考答案

[1] AC	[2] C	[3] D	[4] D	[5] ACD
[6] ABD	[7] BCD	[8] BCD	[9] ACD	[10] AB
[11] ABD	[12] AD	[13] BCD	[14] B	[15] AC
[16] ABC	[17] AD	[18] C		

一、历年真题及仿真题

（一）证据种类与要求

【多选】

1 1502084

答案：A,C。
解析：A 项：书证是指以文字、符号、图形所记载或表示的内容、含义来证明案件事实的证据。公安局通过照片的形式来证明梁某酒后将邻居张某家门、窗等物品砸坏的事实，属于书证。因此，A 项正确。
B 项：根据《行政诉讼证据规定》第 15 条的规定："根据行政诉讼法第三十一条第一款第（七）项（现改为第三十三条第一款第（八）项）的规定，被告向人民法院提供的现场笔录，应当载明时间、地点和事件等内容，并由执法人员和当事人签名。当事人拒绝签名或者不能签名的，应当注明原因。有其他人在现场的，可由其他人签名。法律、法规和规章对现场笔录的制作形式另有规定的，从其规定。"可知，现场笔录中无当事人签名并不必然影响其效力。因此，B 项错误。
C 项：根据《行政诉讼证据规定》第 14 条的规定："根据行政诉讼法第三十一条第一款第（六）项（现改为第三十三条第一款第（七）项）的规定，被告向人民法院提供的在行政程序中采用的鉴定结论，应当载明委托人和委托鉴定的事项、向鉴定部门提交的相关材料、鉴定的依据和使用的科学技术手段、鉴定部门和鉴定人鉴定资格的说明，并应有鉴定人的签名和鉴定部门的盖章。通过分析获得的鉴定结论，应当说明分析过程。"

可知，鉴定意见应有鉴定人的签名和鉴定部门的盖章。因此，C 项正确。

D 项：根据《行诉解释》第 41 条的规定："有下列情形之一，原告或者第三人要求相关行政执法人员出庭说明的，人民法院可以准许：（一）对现场笔录的合法性或者真实性有异议的；（二）对扣押财产的品种或者数量有异议的；（三）对检验的物品取样或者保管有异议的；（四）对行政执法人员身份的合法性有异议的；（五）需要出庭说明的其他情形。"可知，原告或者第三人可以要求相关行政执法人员出庭说明情况，而不是"作为证人出庭作证"，D 项说法不够准确。因此，D 项错误。

综上所述，本题答案为 AC 项。

【本题答案和解析根据新的《行诉解释》进行了相应的修改】

（二）取证、质证与认证

【单选】

2 1002049

答案：C。

解析：ABCD 项：根据《行政诉讼证据规定》第 55 条的规定："法庭应当根据案件的具体情况，从以下方面审查证据的合法性：（一）证据是否符合法定形式；（二）证据的取得是否符合法律、法规、司法解释和规章的要求；（三）是否有影响证据效力的其他违法情形。"又根据第 56 条的规定："法庭应当根据案件的具体情况，从以下方面审查证据的真实性：（一）【证据形成的原因】；（二）【发现证据时的客观环境】；（三）证据是否为原件、原物，【复制件、复制品与原件、原物是否相符】；（四）【提供证据的人或者证人与当事人是否具有利害关系】；（五）影响证据真实性的其他因素。"可知，证据的形成原因、证人与当事人是否具有利害关系、发现证据时的客观环境和复制件与原件是否相符均是从"真实性"角度审查证据的内容，而非合法性或是关联性。因此，C 项正确，ABD 项错误。

综上所述，本题答案为 C 项。

（三）综合知识点

【单选】

3 2201049

答案：D。

解析：A 项：根据《行政诉讼证据规定》第 15 条的规定："……被告向人民法院提供的现场笔录，应当载明时间、地点和事件等内容，并由执法人员和当事人签名。当事人拒绝签名或者不能签名的，应当注明原因。有其他人在现场的，可由其他人签名。法律、法规和规章对现场笔录的制作形式另有规定的，从其规定。"可知，现场笔录无需加盖行政机关的公章。因此，A 项错误。

B 项：根据《行政诉讼证据规定》第 13 条的规定："……当事人向人民法院提供证人证言的，应当符合下列要求：（一）写明证人的姓名、年龄、性别、职业、住址等基本情况；（二）有证人的签名，不能签名的，应当以盖章等方式证明；（三）注明出具日期；（四）附有居民身份证复印件等证明证人身份的文件。"可知，询问证人李某的笔录需有李某的签名或盖章，无需加盖所属公司的公章。因此，B 项错误。

C 项：根据《行政诉讼证据规定》第 7 条第 1 款的规定："原告或者第三人应当在【开庭审理前】或者【人民法院指定的交换证据之日】提供证据……"可知，该公司应在开庭审理前或者法院指定之日提供证据，而不是法庭辩论终结前。因此，C 项错误。

D 项：根据《行诉解释》第 41 条第 1 项的规定："有下列情形之一，原告或者第三人要求相关行政执法人员出庭说明的，人民法院可以准许：（一）对现场笔录的合法性或者真实性有异议的。"可知，该公司对市监局所作的现场笔录真实性有异议，可要求市监局的相关执法人员出庭说明。因此，D 项正确。

综上所述，本题答案为 D 项。

4 1801048

答案：D。

解析：A 项：根据《治安管理处罚法》第 87 条第 1 款的规定："公安机关对与违反治安管理行为有

关的场所、物品、人身可以进行检查。检查时，人民警察不得少于二人，并应当出示工作证件和县级以上人民政府公安机关开具的检查证明文件。对确有必要立即进行检查的，人民警察经出示工作证件，可以当场检查，但检查公民住所应当出示县级以上人民政府公安机关开具的检查证明文件。”可知，警察检查张某的住所，需出示县级以上人民政府公安机关开具的检查证明文件，不能仅出示工作证件。因此，A 项错误。

B 项：根据《治安管理处罚法》第 83 条第 1 款的规定：“对违反治安管理行为人，公安机关传唤后应当及时询问查证，询问查证的时间不得超过八小时；情况复杂，依照本法规定可能适用行政拘留处罚的，询问查证的时间不得超过二十四小时。”因为本案可能适用行政拘留处罚，所以对张某询问查证的时间不得超过 24 小时，而非 48 小时。因此，B 项错误。

C 项：根据《行诉解释》第 128 条第 1 款的规定：“行政诉讼法第三条第三款（“被诉行政机关负责人应当出庭应诉。不能出庭的，应当委托行政机关相应的工作人员出庭。”）规定的行政机关负责人，包括行政机关的正职、副职负责人以及其他参与分管的负责人。”可知，本案中，公安局局长并不是必须亲自出庭，公安局副职负责人以及其他参与分管的负责人出庭也可。因此，C 项错误。

D 项：《行诉解释》第 40 条第 2 款的规定：“证人因履行出庭作证义务而支出的交通、住宿、就餐等必要费用以及误工损失，由【败诉一方当事人承担】。”因此，D 项正确。

综上所述，本题答案为 D 项。

【多选】

5 2101080

答案：A,C,D。

解析：A 项：根据《行诉解释》第 135 条第 2 款的规定：“作出原行政行为的行政机关和复议机关对原行政行为合法性共同承担举证责任，可以由其中一个机关实施举证行为。【复议机关对复议决定的合法性承担举证责任】。”因此，A 项正确。

B 项：根据《政府信息公开条例》第 19 条的规定：“对涉及公众利益调整、需要公众广泛知晓或者需要公众参与决策的政府信息，行政机关应当主动公开。”可知，只有【与公众有关】的政府信息，行政机关才应当主动公开。行政处罚决定只与行政相对人或行政相关人有关，并非一定与公众有关，所以不属于应当主动公开的信息。而且，根据《政府信息公开条例》第 20 条第 6 项的规定：“行政机关应当依照本条例第十九条的规定，主动公开本行政机关的下列政府信息：（六）实施行政处罚、行政强制的依据、条件、程序以及本行政机关认为具有一定社会影响的行政处罚决定。”可知。只有具有一定社会影响的行政处罚决定才属于行政机关应当主动公开的信息，不能据此认为只要是行政处罚决定就应当公开。因此，B 项错误。

C 项：根据《行政诉讼法》第 18 条第 1 款的规定：“行政案件由最初作出行政行为的行政机关所在地人民法院管辖。经复议的案件，也可以由复议机关所在地人民法院管辖。”可知，经过复议案件，原机关和复议机关所在地法院均有管辖权，故本案原机关区公安分局所在地法院可以管辖。因此，C 项正确。

D 项：根据《行诉解释》第 22 条第 3 款的规定：“复议机关确认原行政行为违法，属于改变原行政行为，但复议机关以违反法定程序为由确认原行政行为违法的除外。”本题就是复议机关区政府以违反法定程序为由确认原行政行为违法，所以属于复议维持，原机关区公安分局和复议机关区政府为共同被告。因此，D 项正确。

综上所述，本题答案为 ACD 项。

6 2001121

答案：A,B,D。

解析：A 项：根据《行政诉讼证据规定》第 13 条第 4 项的规定：“根据行政诉讼法第三十一条第一款第（四）项（现为第三十三条第一款第五项）的规定，当事人向人民法院提供证人证言的，应当符合下列要求：（四）附有居民身份证复印件等【证明证人身份的文件】。”因此，A 项正确。

B 项：根据《行政诉讼证据规定》第 12 条第 2 项的规定：“根据行政诉讼法第三十一条第一款第（三）项（现为第三十三条第一款第三、四项）的规定，当事人向人民法院提供计算机数据或者录音、录像等视听资料的，应当符合下列要求：（二）【注明制作方法、制作时间、制作人和证明对象】等。”因此，B项正确。

C项：现场笔录是行政机关在行政程序中当场制作而成的证据种类，监测中心站出具的检测报告，一不是由行政机关制作，二不是在执法现场形成，所以，并不属于现场笔录，而属于鉴定意见。因此，C项错误。

D项：根据《环境保护法》第67条第2款的规定：“依法应当给予行政处罚，而有关环境保护主管部门不给予行政处罚的，上级人民政府环境保护主管部门可以直接作出行政处罚的决定。”可知，本案市生态环境局在县生态环境局应予处罚却不处罚时，可以直接作出处罚决定。因此，D项正确。

综上所述，本题答案为ABD项。

7 2001123

答案：B,C,D。

解析：A项：根据《行政诉讼法》第33条第1款的规定：“证据包括：（一）书证；（二）物证；（三）视听资料；（四）电子数据；（五）证人证言；（六）当事人的陈述；（七）鉴定意见；（八）勘验笔录、现场笔录。”可知，现场笔录、鉴定意见、勘验笔录和证人证言等都是脱离于书证后，能够自立门户的独立证据种类。因此现场笔录是独立的证据种类，不是书证。因此，A项错误。

B项：根据《行诉解释》第135条第2款的规定：“作出原行政行为的行政机关和复议机关对原行政行为合法性【共同承担举证责任】，可以由其中一个机关实施举证行为。复议机关对复议决定的合法性承担举证责任。”因此，B项正确。

C项：根据《行政处罚法》第9条第4项的规定：“行政处罚的种类：（四）限制开展生产经营活动、责令停产停业、责令关闭、限制从业；”可知，行政机关责令关闭建设项目决定，属于剥夺当事人拥有的合法生产资格的惩戒行为，性质属于行政处罚。因此，C项正确。

D项：根据《行政诉讼法》第26条第2款的规定：“经复议的案件，复议机关决定维持原行政行为的，作出原行政行为的行政机关和复议机关是共同被告……”可知，本案属于复议维持的案件，所以本案被告应当是区生态环境局和区政府。因此，D项正确。

综上所述，本题答案为BCD项。

8 1002089

答案：B,C,D。

解析：A项：根据《行政诉讼法》第26条第5款的规定：“行政机关委托的组织所作的行政行为，委托的行政机关是被告。”可知，本案中，镇政府是受到市城管执法局的委托实施行政行为，所以应以委托机关即市城管执法局为被告。因此，A项错误。

B项：根据《行政诉讼法》第49条的规定：“提起诉讼应当符合下列条件：（一）原告是符合本法【第二十五条】规定的公民、法人或者其他组织；（二）有明确的被告；（三）有具体的诉讼请求和事实根据；（四）属于人民法院受案范围和受诉人民法院管辖。”《行政诉讼法》第25条第1款的规定：“行政行为的相对人以及其他与行政行为【有利害关系】的公民、法人或者其他组织，有权提起诉讼。”《行政诉讼证据规定》第4条第1款的规定：“公民、法人或者其他组织向人民法院起诉时，应当【提供其符合起诉条件的相应的证据材料】。”可知，刘某父亲和嫂子应当提供证据证明自己符合法定的起诉条件，即证明自己与拆迁行为有法律上的利害关系。因此，B项正确。

C项：根据《行政诉讼证据规定》第33条的规定：“人民法院可以依当事人申请或者依职权勘验现场。勘验现场时，勘验人必须出示人民法院的证件，并邀请当地基层组织或者当事人所在单位派人参加。当事人或其成年亲属应当到场，拒不到场的，不影响勘验的进行，但应当在勘验笔录中说明情况。”可知，法院进行现场勘验，应当邀请当地基层组织或者当事人所在单位派人参加。因此，C项正确。

D项：根据《行政诉讼法》第34条第1款的规定：“被告对作出的行政行为负有举证责任，应当提供作出该行政行为的证据和所依据的规范性文件。”可知，行政诉讼证明责任中，被告应当承担证明其作出的行政行为合法的责任。本案中，被告应当提供证据和依据证明有拆除房屋的决定权和强制执行的权力，即证明其具体行政行为合法。因此，D 项正确。
综上所述，本题答案为 BCD 项。

9 2201139

答案：A,C,D。
解析：A 项：根据《行政许可法》第 79 条的规定："被许可人【以欺骗、贿赂等不正当手段取得】行政许可的，行政机关应当依法给予行政处罚；取得的行政许可属于直接关系公共安全、人身健康、生命财产安全事项的，申请人在【三年内】不得再次申请该行政许可……"可知，被许可人以欺骗方式取得直接关系公共安全、人身健康、生命财产安全事项的行政许可的，在三年内都不得再次申请，而不是一年内。因此，A 项错误，当选。
B 项：根据《行政诉讼证据规定》第 38 条第 2 款的规定："人民法院依职权调取的证据，由法庭【出示】，并可就调取该证据的情况进行【说明】，【听取】当事人意见。"本案中，勘验笔录属于法院依职权调取的证据，在庭审中法庭应当出示勘验笔录，说明有关情况并听取当事人的意见。因此，B 项正确，不当选。
C 项：根据《行政诉讼法》第 34 条第 1 款的规定："被告对作出的行政行为负有举证责任，应当提供作出该行政行为的证据和所依据的规范性文件。"本案中，市自然资源与规划局以 A 公司提供虚假材料为由作出撤销行为，故市自然资源与规划局应当对其作出撤销行为的证据，即 A 公司是否提供虚假材料承担举证责任。因此，C 项错误，当选。
D 项：根据《行政许可法》第 69 条第 1 款的规定："有下列情形之一的，【作出行政许可决定的行政机关】或者【其上级行政机关】，根据利害关系人的请求或者依据职权，可以撤销行政许可……"以及第 71 条的规定："违反本法第十七条规定设定的行政许可，【有关机关】应当责令设定该行政许可的机关改正，或者【依法予以撤销】。"此外，根据《行政诉讼法》第 70 条的规定："行政行为有下列情形之一的，【人民法院判决撤销】或者部分撤销……"可知，有权撤销行政许可的机关包括作出机关、作出机关的上级机关、有关机关（被越权机关）以及法院。故本题中，并不是只有作出机关市自然资源与规划局有权撤销《建设工程规划许可证》。因此，D 项错误，当选。
综上所述，本题为选非题，答案为 ACD 项。

10 1602047

答案：A,B。
解析：A 项：根据《行政复议法》第 23 条第 1 款第 4 项的规定："有下列情形之一的，申请人应当先向行政复议机关申请行政复议，对行政复议决定不服的，可以再依法向人民法院提起行政诉讼：（四）申请政府信息公开，行政机关不予公开。"可知，对县工商局拒绝公开政府信息的行为不服的，应当先申请复议，对复议决定不服再向法院起诉。又根据《行政复议法》第 24 条第 1 款第 1 项的规定："县级以上地方各级人民政府管辖下列行政复议案件：（一）对本级人民政府工作部门作出的行政行为不服的。"可知，对县工商局作出的行政行为不服，应当向县政府申请复议。因此，A 项正确。
B 项：根据《信息案件公开规定》第 5 条第 1 款的规定："被告拒绝向原告提供政府信息的，应当对拒绝的根据以及履行法定告知和说明理由义务的情况举证。"可知，县工商局应当对拒绝公开的依据以及履行法定告知和说明理由义务的情况举证。因此，B 项正确。
C 项：根据《行政诉讼法》第 82 条第 1 款第 3 项的规定："人民法院审理下列第一审行政案件，认为事实清楚、权利义务关系明确、争议不大的，可以适用简易程序：（三）属于政府信息公开案件的。"可知，本题属于政府信息公开案件，若满足事实清楚、权利义务关系明确、争议不大三大条件，即可适用简易程序，C 项说法过于绝对。因此，C 项错误。
D 项：根据《政府信息公开条例》第 2 条的规定："本条例所称政府信息，是指行政机关在履行行政管理职能过程中制作或者获取的，以一定形式记录、保存的信息。"可知，乙公司的经营范围、从业人数等信息是工商部门履行其登记职能所记录、保存的信息，属于政府信息，以此为由拒绝公开不合法。因此，D 项错误。

综上所述，本题答案为 AB 项。

11 1502079

答案：A,B,D。

解析：A 项：根据《政府信息公开条例》第 32 条的规定：“依申请公开的政府信息公开会损害第三方合法权益的，行政机关应当书面征求第三方的意见。第三方应当自收到征求意见书之日起 15 个工作日内提出意见。第三方逾期未提出意见的，由行政机关依照本条例的规定决定是否公开。第三方不同意公开且有合理理由的，行政机关不予公开。行政机关认为不公开可能对公共利益造成重大影响的，可以决定予以公开，并将决定公开的政府信息内容和理由书面告知第三方。”可知，在作出拒绝公开决定前，住建委需书面征求企业联系人的意见。因此，A 项错误。

B 项：根据《行政诉讼法》第 45 条第 1 款的规定：“公民、法人或者其他组织不服复议决定的，可以在收到复议决定书之日起十五日内向人民法院提起诉讼。”可知，复议后起诉的复议期限是 15 日，而非六个月。因此，B 项错误。

C 项：根据《信息公开案件规定》第 5 条第 1 款的规定：“被告拒绝向原告提供政府信息的，应当对拒绝的根据以及履行法定告知和说明理由义务的情况举证。”可知，在本题中，住建委拒绝提供政府信息，应对拒绝公开的根据及履行法定告知和说明理由义务的情况举证。因此，C 项正确。

D 项：根据《政府信息公开条例》第 37 条的规定：“申请公开的信息中含有不应当公开或者不属于政府信息的内容，但是能够作区分处理的，行政机关应当向申请人提供可以公开的政府信息内容，并对不予公开的内容说明理由。”以及《信息公开案件规定》第 8 条的规定：“政府信息涉及国家秘密、商业秘密、个人隐私的，人民法院应当认定属于不予公开范围。政府信息涉及商业秘密、个人隐私，但权利人同意公开，或者不公开可能对公共利益造成重大影响的，不受前款规定的限制。”可知，申请公开的信息含有隐私，但是能够区分处理的，行政机关应当公开可以公开的信息内容。如果符合以上权利人同意或者不公开可能对公共利益造成重大影响的情形，也应当公开。所以住建委直接拒绝公开的答复不合法，因此，D 项错误。

综上所述，本题答案为 ABD 项。

12 1402048

答案：A,D。

解析：A 项：根据《政府信息公开条例》第 29 条第 2 款第 1 项的规定：“政府信息公开申请应当包括下列内容：（一）申请人的姓名或者名称、身份证明、联系方式。”所以，方某提出申请时应出示自己的有效身份证明。因此，A 项正确。（由于法条修改之后所有的申请都必须提供身份证明，因此本题从单选题变为多选题）

B 项：根据《政府信息公开条例》第 27 条的规定：“除行政机关主动公开的政府信息外，公民、法人或者其他组织可以向地方各级人民政府、对外以自己名义履行行政管理职能的县级以上人民政府部门（含本条例第十条第二款规定的派出机构、内设机构）申请获取相关政府信息。“可知，公民有权申请政府信息公开，故方某具备申请人资格。因此，B 项错误。

C 项：根据《政府信息公开条例》第 32 条的规定：“依申请公开的政府信息公开会损害第三方合法权益的，行政机关应当书面征求第三方的意见……”可知乡政府应当书面征求第三方意见，口头征求意见程序违法，口头征询没有证据证明已经征询意见，此时不公开 5 号文件不合法。因此，C 项错误。

D 项：根据《信息公开案件规定》第 5 条第 5 款的规定：“被告主张政府信息不存在，原告能够提供该政府信息由被告制作或者保存的相关线索的，可以申请人民法院调取证据。”若方某能够提供 210 号文件由乡政府制作的相关线索的，便可以申请法院调取证据。因此，D 项正确。

综上所述，本题答案为 AD 项。

【不定项】

13 2101078

答案：B,C,D。

解析：AB 项：行政处罚是指行政机关依法对违反

行政管理秩序的公民、法人或者其他组织，以减损权益或者增加义务的方式予以惩戒的行为。本题中，收缴车辆属于没收行为，减损了王某对车辆的权益，且没收属于法定的处罚种类，所以收缴属于行政处罚。报废则是属于销毁行为，属于对非法财物的处理方式，并不会涉及到王某的权益，不属于行政处罚。因此，A 项错误，B 项正确。

C 项：根据《行政诉讼证据规定》第 62 条的规定："对被告在行政程序中采纳的鉴定结论，原告或者第三人提出证据证明有下列情形之一的，人民法院不予采纳：（一）鉴定人不具备鉴定资格；（二）鉴定程序严重违法；（三）鉴定结论错误、不明确或者内容不完整。"可知，针对交警大队提交的鉴定意见，如果王某有证据证明有误，人民法院应不予采纳。因此，C 项正确。

D 项：根据《行政强制法》第 19 条的规定："情况紧急，需要当场实施行政强制措施的，行政执法人员应当在二十四小时内向行政机关负责人报告，并补办批准手续。行政机关负责人认为不应当采取行政强制措施的，应当立即解除。"本题题目提及"在交通排查中发现""当场作出扣押决定"，应默认为情况紧急下当场实施的情况。紧急情况下财产类的强制措施应在 24 小时后补办手续。因此，D 项正确。

综上所述，本题的答案是 BCD 项。

二、模拟训练

【单选】

14 62205153

答案：B。

解析：A 项：根据《行政诉讼证据规定》第 71 条第 2 项的规定："下列证据不能单独作为定案依据：（二）与一方当事人有亲属关系或者其他密切关系的证人所作的对该当事人有利的证言，或者与一方当事人有不利关系的证人所作的对该当事人不利的证言。"可知，与一方当事人有密切关系的证人的证言只是在能否单独作为定案依据上存疑，当有其他证据佐证时，其是可以作为定案依据的，甚至如果是对当事人不利的证言，其还可以单独作为定案依据。因此，A 项错误。

B 项：根据《行诉解释》第 41 条第 1 项的规定："有下列情形之一，原告或者第三人要求相关行政执法人员出庭说明的，人民法院可以准许：（一）对现场笔录合法性或者真实性有异议的。"可知，幸福餐馆对现场笔录的真实性有异议时，可以要求执法人员出庭。因此，B 项正确。

C 项：根据《行政诉讼法》第 35 条的规定："在诉讼过程中，被告及其诉讼代理人不得自行向原告、第三人和证人收集证据。"可知，在诉讼期间，被告市场监督管理局不得自行向证人收集证据，在这个阶段收集的证据原则上不得被用于认定被诉行为的合法性。因此，C 项错误。

D 项：根据《行政诉讼证据规定》第 62 条第 2 项的规定："对被告在行政程序中采纳的鉴定结论，原告或者第三人提出证据证明有下列情形之一的，人民法院不予采纳：（二）鉴定程序【严重违法】。"可知，在鉴定程序严重违法的情况下才不予采纳。因此，D 项错误。

综上所述，本题答案为 B 项。

【多选】

15 62005041

答案：A,C。

解析：ABD 项：根据《行政诉讼证据规定》第 47 条第 1、3 款的规定："当事人要求鉴定人出庭接受询问的，鉴定人应当出庭。鉴定人因正当事由不能出庭的，经法庭准许，可以不出庭，由当事人对其书面鉴定结论进行质证。对于出庭接受询问的鉴定人，法庭应当核实其身份、与当事人及案件的关系，并告知鉴定人如实说明鉴定情况的法律义务和故意作虚假说明的法律责任。"可知，当事人要求鉴定人出庭接受询问的，鉴定人应当出庭。因此，A 项正确。鉴定人如因正当事由不能出庭，经法庭准许，可以不出庭，而不是直接不采纳该鉴定意见。因此，B 项错误。对于出庭接受询问的鉴定人，法院【应当核实】其身份、与当事人及案件的关系，而不是自行决定是否核实。因此，D 项错误。

C 项：根据《行政诉讼证据规定》第 14 条的规定："根据行政诉讼法第三十一条第一款第（六）

项（现为第三十三条第一款第七项）的规定，被告向人民法院提供的在行政程序中采用的鉴定结论，应当载明委托人和委托鉴定的事项、向鉴定部门提交的相关材料、鉴定的依据和使用的科学技术手段、鉴定部门和鉴定人鉴定资格的说明，并【应有鉴定人的签名和鉴定部门的盖章】……”可知，鉴定意见应有鉴定中心的盖章和鉴定人的签名。因此，C 项正确。

综上所述，本题答案为 AC 项。

16 62005042

答案：A,B,C。

解析：A 项：根据《行政诉讼证据规定》第 4 条第 3 款的规定：“被告认为原告起诉超过法定期限的，由被告承担举证责任。”可知，应由被告市监局朝阳分局承担举证责任。因此，A 项正确。

B 项：根据《行政诉讼证据规定》第 9 条第 2 款的规定：“对当事人无争议，但涉及国家利益、公共利益或者他人合法权益的事实，人民法院可以责令当事人提供或者补充有关证据。”因此，B 项正确。

C 项：根据《行政诉讼证据规定》第 23 条第 1 款第 1 项的规定：“原告或者第三人不能自行收集，但能够提供确切线索的，可以申请人民法院调取下列证据材料：（一）由国家有关部门保存而须由人民法院调取的证据材料。”可知，如果登记材料由国家有关部门保存须由法院调取的，周某可以申请法院调取。因此，C 项正确。

D 项：根据《行政诉讼证据规定》第 29 条的规定：“原告或者第三人有证据或者有正当理由表明被告据以认定案件事实的鉴定结论可能有错误，在【举证期限内】书面申请重新鉴定的，人民法院应予准许。”可知，周某应在举证期限内申请重新鉴定，而非法庭辩论终结前。因此，D 项错误。

综上所述，本题答案为 ABC 项。

17 62205155

答案：A,D。

解析：A 项：根据《行政诉讼法》第 34 条的规定：“被告对作出的行政行为负有举证责任，应当提供作出该行政行为的证据和所依据的规范性文件。被告不提供或者无正当理由逾期提供证据，视为没有相应证据。但是，被诉行政行为涉及第三人合法权益，第三人提供证据的除外。”可知，本案应当由被告规划局对规划许可合法承担举证责任，规划局怠于举证时，作为第三人的蓝亚公司可以代为举证，二者并非共同承担举证责任，而是有顺序的。因此，A 项错误，当选。

B 项：根据《行政诉讼证据规定》第 60 条第 3 项的规定：“下列证据不能作为认定被诉具体行政行为合法的依据：（三）原告或者第三人在诉讼程序中提供的、被告在行政程序中未作为具体行政行为依据的证据。”可知，蓝亚公司作为本案的第三人，其在诉讼中提供的，但规划局在作出许可决定时未作为依据的证据，不能作为认定规划许可合法的依据。因此，B 项正确，不当选。

C 项：根据《行政诉讼法》第 43 条第 1 款的规定：“证据应当在法庭上出示，并由当事人互相质证。对涉及国家秘密、商业秘密和个人隐私的证据，不得在公开开庭时出示。”可知，对于涉及商业秘密的证据，不得在公开开庭时出示。因此，C 项正确，不当选。

D 项：根据《行政诉讼法》第 67 条第 1 款的规定：“……被告应当在收到起诉状副本之日起十五日内向人民法院提交作出行政行为的证据和所依据的规范性文件，并提出答辩状……”可知，被告甲市乙区规划局应当在收到起诉状副本 15 日内提交证据，并非是在开庭前。因此，D 项错误，当选。

综上所述，本题为选非题，答案为 AD 项。

【不定项】

18 62005161

答案：C。

解析：A 项：根据《行政诉讼法》第 34 条第 1 款的规定：“被告对作出的行政行为负有举证责任，应当提供作出该行政行为的证据和所依据的规范性文件。”以及第 37 条的规定：“原告可以提供证明行政行为违法的证据。原告提供的证据不成立的，不免除被告的举证责任。”可知，应由中原区政府提供证据证明其强制拆除行为的合法性。付某“可以”提供证据证明强制拆除行为违法，而不是“应当”。因此，A 项错误。

B 项：根据《行政诉讼法》第 38 条第 2 款的规

定："在行政赔偿、补偿的案件中，原告应当对行政行为造成的损害提供证据。因被告的原因导致原告无法举证的，由被告承担举证责任。"可知，本案中原区政府未提前告知付某拆迁的时间，在强拆过程中未依法对付某的室内物品进行清点、登记和保存，因为中原区政府的原因导致付某无法对屋内损失进行举证，所以应由中原区政府对屋内物品损失承担举证责任。因此，B 项错误。

C 项：根据《行政诉讼法》第 40 条的规定："人民法院有权向有关行政机关以及其他组织、公民调取证据。但是，不得为证明行政行为的合法性调取被告作出行政行为时未收集的证据。"可知，法院不得为证明强制拆除行为合法，调取中原区政府在强制拆除时未收集的证据。因此，C 项正确。

D 项：根据《行政诉讼法》第 35 条的规定："在诉讼过程中，被告及其诉讼代理人不得自行向原告、第三人和证人收集证据。"可知，在诉讼过程中，中原区政府不得自行向付某收集证据。因此，D 项错误。

综上所述，本题答案为 C 项。

第十九章 行政诉讼的裁判

参考答案

[1] AC	[2] B	[3] C	[4] B	[5] C
[6] D	[7] A	[8] A	[9] C	[10] ABD
[11] ABCD	[12] AB	[13] BC	[14] BC	[15] ABC
[16] ACD	[17] BD	[18] A	[19] B	[20] ACD
[21] BCD	[22] ABC			

一、历年真题及仿真题

（一）一审裁判

【多选】

1 1402082

答案：A,C。

解析：AC 项：根据《行政诉讼法》第 69 条的规定："行政行为证据确凿，适用法律、法规正确，符合法定程序的，……人民法院判决驳回原告的诉讼请求。"原告起诉请求变更处罚决定，法院经过审理认为，该处罚决定是合法的，则应当判决驳回原告诉讼请求。因此，A 项正确。虽然因法律变化需要变更或者废止，但该被诉具体行政行为作出之时是符合法定程序的，则该行政行为符合驳回判决的适用要求，人民法院应当判决驳回原告诉讼请求。因此，C 项正确。

B 项：《行政诉讼法》第 49 条规定了提起诉讼应当符合的条件。根据《行诉解释》第 69 条第 1 款第 1 项的规定："有下列情形之一，已经立案的，应当裁定驳回起诉：（一）不符合行政诉讼法第四十九条规定的。"可知，法院受理案件后发现起诉不符合起诉条件的，应当作出驳回起诉的裁定，而不是驳回诉讼请求的判决。前者是程序性审查，作出的是裁定；后者是实质性审查，作出的是判决。因此，B 项错误。

D 项：根据《行诉解释》第 81 条的规定："被告在一审期间改变被诉行政行为的，应当书面告知人民法院。原告或者第三人对改变后的行政行为不服提起诉讼的，人民法院应当就改变后的行政行为进行审理。被告改变原违法行政行为，原告仍要求确认原行政行为违法的，人民法院应当依法作出确认判决。原告起诉被告不作为，在诉讼中被告作出行政行为，原告不撤诉的，人民法院应当就不作为依法作出确认判决。"由此可知，被告在一审期间改变被诉行政行为，原告不撤诉的，法院就必须对原行政行为进行审理。经过审理，如果原行政行为违法，则法院应当作出确认违法的判决。因此，D 项错误。

综上所述，本题答案为 AC 项。

【不定项】

2 1502099

答案：B。

解析：ABCD 项：根据《行政诉讼法》第 74 条第 2 款的规定："行政行为有下列情形之一，不需要撤销或者判决履行的，人民法院判决确认违法：（一）行政行为违法，但不具有可撤销内容的；（二）被告改变原违法行政行为，原告仍要求确认原行政行为违法的；（三）被告不履行或者拖延履行法定职责，判决履行没有意义的。”可知，镇政府已经强制拆除了违建大棚，不具有可撤销内容，本案符合第1项的规定。所以，法院应作出确认违法判决。因此，ACD项错误，B项正确。

综上所述，本题答案为B项。

（二）综合知识点

【单选】

3 1102050

答案：C。

解析：A项：行政处罚是指行政机关依法对违反行政管理秩序的公民、法人或者其他组织，以减损权益或者增加义务的方式予以惩戒的行为。根据《行政处罚法》第9条的规定：“行政处罚的种类：（一）警告、通报批评；（二）罚款、没收违法所得、没收非法财物；（三）暂扣许可证件、降低资质等级、吊销许可证件；（四）限制开展生产经营活动、责令停产停业、责令关闭、限制从业；（五）行政拘留；（六）法律、行政法规规定的其他行政处罚。”可知，罚款1万元符合上述（二）的规定，属于行政处罚。但加收超标准排污费不具有惩戒性，不是行政处罚，加收超标准排污费属于行政征收。因此，A项错误。

B项：根据《行政诉讼法》第58条的规定：“经人民法院传票传唤，原告无正当理由拒不到庭，或者未经法庭许可中途退庭的，可以按照撤诉处理；被告无正当理由拒不到庭，或者未经法庭许可中途退庭的，可以缺席判决。”可知，企业作为原告未经允许中途退庭，法院可按撤诉处理而非应予训诫。因此，B项错误。

C项：根据《行政诉讼法》第89条第3款的规定：“人民法院审理上诉案件，需要改变原审判决的，应当同时对被诉行政行为作出判决。”可知，二审法院同时对县环保局的决定作出判决的做法符合法律的规定。因此，C项正确。

D项：根据《行诉解释》第109条第4、5款的规定：“原审判决遗漏行政赔偿请求，第二审人民法院经审查认为依法不应当予以赔偿的，应当判决驳回行政赔偿请求。原审判决遗漏行政赔偿请求，第二审人民法院经审理认为依法应当予以赔偿的，在确认被诉行政行为违法的同时，可以就行政赔偿问题进行调解；调解不成的，应当就行政赔偿部分发回重审。”可知，原审判决遗漏赔偿请求要区分是否应当予以赔偿，而不是一律撤销原审判决，发回重审。因此，D项错误。

综上所述，本题答案为C项。

4 2001108

答案：B。

解析：A项：根据《行政复议法》第20条第1款的规定：“公民、法人或者其他组织认为行政行为侵犯其合法权益的，可以自知道或者应当知道该行政行为之日起六十日内提出行政复议申请；但是法律规定的申请期限超过六十日的除外。”可知，行政复议申请期限为60日。本案中，杨某3月10日得知县政府为汪某颁发了集体土地使用证，4月20日申请复议，未超过60日的复议申请期。因此，A项错误。

BC项：根据《行政复议法》第23条第1款第2项的规定：“有下列情形之一的，申请人应当先向行政复议机关申请行政复议，对行政复议决定不服的，可以再依法向人民法院提起行政诉讼：（二）对行政机关作出的侵犯其已经依法取得的自然资源的所有权或者使用权的决定不服。”可知，本案中，杨某认为县政府为汪某颁发集体土地使用证侵犯了自己已有的集体土地使用权，因此，本案属于复议前置案件。复议前置案件，当事人只能诉复议机关复议不作为，而不能直接对原行政行为提起行政诉讼。而本案中，市政府以复议申请超期驳回杨某的复议申请，原行政行为没有经过复议程序的实体审查，杨某在此情形下对原行政行为直接提起诉讼，不符合复议前置案件起诉的法定条件。故法院不应受理本案，应当以本案未经过复议为由，裁定驳回杨某的起诉。因此，B项正确，C项错误。

D项：如C项所述，法院不能受理杨某就县政府颁发集体土地使用证行为向法院提起的行政诉讼，对于不能受理的案件，不会涉及判决问题。退一步讲，即使原行为可以受理，根据“不诉不理”的理念，杨某仅就县政府颁发集体土地使用证行为向法院提起行政诉讼，法院也只能对原行为

（颁发集体土地使用证）作出判决，而无权对复议不作为作出判决。因此，D 项错误。
综上所述，本题答案为 B 项。

5 1102046

答案：C。
解析：A 项：根据《治安管理处罚法》第 82 条第 1 款的规定："需要传唤违反治安管理行为人接受调查的，经公安机关办案部门负责人批准，使用传唤证传唤。对现场发现的违反治安管理行为人，人民警察经出示工作证件，可以口头传唤，但应当在询问笔录中注明。"可知，本题中，牛某对现场施工进行阻挠，市公安局接警后派警察到现场处理符合现场发现违反治安管理行为人的情形，人民警察经出示工作证件，可以口头传唤。因此，A 项错误。
B 项：根据《治安管理处罚法》第 84 条第 2 款的规定："被询问人要求就被询问事项自行提供书面材料的，应当准许；必要时，人民警察也可以要求被询问人自行书写。"可知，对牛某要求自行提供书面材料不予准许的做法是违法的。因此，B 项错误。
C 项：牛某起诉的是被处十日行政拘留的行政处罚，根据"不诉不理"的原则，本案中人民法院审理范围是市公安局作出行政处罚的合法性，而不包括市政府征收土地决定的合法性。因此，C 项正确。
D 项：根据《行政诉讼法》第 77 条第 1 款的规定："行政处罚明显不当，或者其他行政行为涉及对款额的确定、认定确有错误的，人民法院可以判决变更。"可知，若法院经审理认为本案中的行政处罚确实明显不当，则可以适用变更判决。因此，D 项错误。
综上所述，本题答案为 C 项。

6 2101081

答案：D。
解析：AB 项：根据《政府信息公开条例》第 16 条的规定："行政机关的【内部事务信息】，包括人事管理、后勤管理、内部工作流程等方面的信息，可以不予公开。行政机关在履行行政管理职能过程中形成的讨论记录、过程稿、磋商信函、请示报告等【过程性信息】以及行政执法案卷信息，可以不予公开。法律、法规、规章规定上述信息应当公开的，从其规定。"可知，会议纪要属于过程性信息，而不是内部信息。对于过程性信息行政机关可以不予公开，所以法院判决时也并非应当要求区政府公开。B 项说法过于绝对。因此，AB 项错误。
C 项：根据《政府信息公开条例》第 31 条第 3 项的规定："（三）申请人通过互联网渠道或者政府信息公开工作机构的传真提交政府信息公开申请的，以【双方确认之日】为收到申请之日。"可知，吴某的申请之日是双方确定之日而不是区政府单方收到邮件之日。因此，C 项错误。
D 项：根据《信息公开案件规定》第 5 条第 1 款的规定："被告拒绝向原告提供政府信息的，应当对拒绝的根据以及履行法定告知和说明理由义务的情况举证。"可知，区政府应当向法院证明自己已经尽力检索了相关信息但相关信息的确不存在。因此，D 项正确。
综上所述，本题答案为 D 项。

7 1901031

答案：A。
解析：本题根据最高人民法院指导案例 101 号"罗元昌诉重庆市彭水苗族土家族自治县地方海事处政府信息公开案"改编。
AB 项：根据《政府信息公开条例》第 29 条第 2 款的规定："政府信息公开申请应当包括下列内容：（一）申请人的姓名或者名称、身份证明、联系方式；（二）申请公开的政府信息的名称、文号或者便于行政机关查询的其他特征性描述；（三）申请公开的政府信息的形式要求，包括获取信息的方式、途径。"可知，法条要求无论申请何种政府信息，均需要提供身份证明。因此，A 项正确。新《政府信息公开条例》取消了申请公开政府信息，申请人需要基于自身生产、生活、科研等特殊需要的规定，即申请人无需说明政府信息公开用途。因此，B 项错误。
C 项：海事局以该信息不存在为由而拒绝公开，但是，该信息是否确实不存在，题干没有相应的信息，无法判断拒绝公开行为是否合法，所以，也无法判断应当作出何种判决。因此，C 项错误。

D 项：根据《行政诉讼法》第 34 条的规定："被告对作出的行政行为负有举证责任，应当提供作出该行政行为的证据和所依据的规范性文件。被告不提供或者无正当理由逾期提供证据，视为没有相应证据。但是，被诉行政行为涉及第三人合法权益，第三人提供证据的除外。"可知，行政诉讼中，证明被诉行政行为合法的举证责任应当由被告承担，法院应审查被告是否已经尽到充分合理的查找、检索义务，若被告不能提供相反证据，并举证证明已尽到充分合理的查找、检索义务，则法院不予支持被告有关政府信息不存在的主张。因此，D 项错误。

综上所述，本题答案为 A 项。

8 2201124

答案：A。

解析：A 项：证明同一事实的数个证人证言，其证明效力一般是，与案件无利害关系的人的证言证明力优先于与案件有利害关系的人的证言。本题中，张某作为李某邻居与强拆行为无利害关系，王某作为区政府的工作人员与强拆行为有利害关系，故张某的证言的证明力优先于王某的证言。因此，A 项正确。

B 项：根据《行政诉讼法》第 38 条第 2 款的规定："在行政赔偿、补偿的案件中，原告应当对行政行为造成的损害提供证据。因被告的原因导致原告无法举证的，由被告承担举证责任。"本题中，并没有表达是由于被告的原因导致原告无法举证，所以，损害结果的举证责任应当由原告承担。因此，B 项错误。

C 项：如果法院认定强拆行为合法，被告无需承担赔偿责任；但即使合法的行政行为，行政机关也可能承担补偿责任。比如在强拆过程中导致李某其他财物不可避免地遭受损失，那么行政机关也应承担相应补偿责任，C 项说法过于绝对。因此，C 项错误。

D 项：根据《行政诉讼法》第 74 条第 2 款第 1 项的规定："行政行为有下列情形之一，不需要撤销或者判决履行的，人民法院判决确认违法：（一）行政行为违法，但【不具有可撤销内容的】。"本案中，若认定强拆行为违法，此时李某房屋已经被拆除，不具有可撤销的内容，法院应当判决确认违法。因此，D 项错误。

综上所述，本题答案为 A 项。

9 1602049

答案：C。

解析：A 项：根据《行诉解释》第 134 条第 1 款的规定："复议机关决定维持原行政行为的，作出原行政行为的行政机关和复议机关是共同被告。原告只起诉作出原行政行为的行政机关或者复议机关的，人民法院应当告知原告追加被告。原告不同意追加的，人民法院应当将另一机关列为共同被告。"可知，本题为复议维持，区卫计局和区政府为共同被告，董某只起诉区卫计局，法院应告知原告追加被告，如果原告不同意，则应当将区政府列为共同被告，而非第三人。因此，A 项错误。

B 项：根据《行诉解释》第 134 条第 3 款的规定："复议机关作共同被告的案件，以作出原行政行为的行政机关确定案件的级别管辖。"可知，本题应以作出原行政行为的区卫计局确定级别管辖，而非区政府。因此，B 项错误。

C 项：根据《行政诉讼法》第 18 条第 1 款的规定："行政案件由最初作出行政行为的行政机关所在地人民法院管辖。经复议的案件，也可以由复议机关所在地人民法院管辖。"可知，本案中区政府维持原处罚决定，属于经复议的案件，因此，可以由原行政机关区卫计局所在地法院或者复议机关区政府所在地法院管辖。因此，C 项正确。

D 项：根据《行诉解释》第 136 条第 1 款规定："人民法院对原行政行为作出判决的同时，应当对复议决定一并作出相应判决。"可知，法院应当对复议决定一并作出相应判决。因此，D 项错误。

综上所述，本题答案为 C 项。

【多选】

10 2301068

答案：A,B,D。

解析：A 项：按照《地方各级人民代表大会和地方各级人民政府组织法》规定，政府派出机关是指由县级以上地方人民政府经有权机关批准，在一定区域内设立的行政机关。主要有三种类型：一是省、自治区人民政府设立的行政公署；二是县、自治县人民政府经省、自治区、直辖市人民政府批准设立的区公所；三是市辖区、不设区的市人民政府经上一级人民政府批准设立的街道办事处。派出机关是独立的行政主体，能够以自己的名义行使行政职权、实施行政行为，独立承担行政责任。因此，A 项正确。

B 项:《行政复议法》第 13 条规定:“公民、法人或者其他组织认为行政机关的行政行为所依据的下列规范性文件不合法，在对行政行为申请行政复议时，可以一并向行政复议机关提出对该规范性文件的附带审查申请:（一）国务院部门的规范性文件;（二）县级以上地方各级人民政府及其工作部门的规范性文件;（三）乡、镇人民政府的规范性文件;（四）法律、法规、规章授权的组织的规范性文件。 前款所列规范性文件不含规章。规章的审查依照法律、行政法规办理。本案中《通知》是由市民政局、市财政局发布，因此不属于规章，而是地方政府工作部门发布的其他规范性文件，因此王某有权请求对该《通知》一并进行审查。因此，B 项正确。

C 项：行政法规是由国务院制定的，而本案《通知》为市民政局、市财政局制定发布，属于其他规范性文件，不属于行政法规。因此，C 项错误。

D 项:《行政复议法》第 66 条规定:“被申请人不履行法定职责的，行政复议机关决定被申请人在一定期限内履行。”若街道办不作为不合法，复议机关可作出要求其履行相应给付义务的决定。因此，D 选项正确。

综上所述，本题答案为 ABD。

11 1102082

答案: A,B,C,D。

解析: A 项：根据《行政诉讼证据规定》第 10 条第 1 款第 2 项的规定:“根据行政诉讼法第三十一条第一款第（一）项的规定，当事人向人民法院提供书证的，应当符合下列要求:（二）提供由有关部门保管的书证原件的复制件、影印件或者抄录件的，应当注明出处，经该部门核对无异后【加盖其印章】;”可知，该复印件由县政府批准和保存，该县规划局提交的该复印件，应加盖保管部门也就是县政府的印章。因此，A 项正确。

B 项：根据《行政诉讼证据规定》第 12 条第 2 项的规定:“根据行政诉讼法第三十一条第一款第（三）项（现为第三十三条第一款第三、四项）的规定，当事人向人民法院提供计算机数据或者录音、录像等视听资料的，应当符合下列要求:（二）注明【制作方法、制作时间】、制作人和证明对象等;”可知，B 项说法符合法律的相关规定。因此，B 项正确。

C 项：根据《行政诉讼法》第 69 条的规定:“行政行为证据确凿，适用法律、法规正确，符合法定程序的，或者原告申请被告履行法定职责或者给付义务理由不成立的，人民法院判决驳回原告的诉讼请求。”可知，从原告余某的角度看，县规划局对其大修房屋的申请不予批准的行为属于不作为，如果法院认定余某的请求不成立，应当判决驳回余某的诉讼请求。因此，C 项正确。

D 项：根据《行政诉讼法》第 79 条的规定:“复议机关与作出原行政行为的行政机关为共同被告的案件，人民法院应当对复议决定和原行政行为一并作出裁判。”本案属于复议维持案件，复议机关与原机关为共同被告，所以如法院认定余某的请求成立，在对原机关县规划局的行为作出裁判的同时，应对复议机关市规划局的复议决定一并作出裁判。因此，D 项正确。

综上所述，本题答案为 ABCD 项。

12 1302081

答案: A,B。

解析: A 项：根据《行政强制法》第 45 条第 2 款的规定:“加处罚款或者滞纳金的数额不得超出金钱给付义务的数额。”可知对二人加处的滞纳金数额不得超出 12 万元。因此，A 项正确。

B 项：根据《行政诉讼法》第 27 条的规定:“当事人一方或者双方为二人以上，因同一行政行为发生的行政案件，或者因同类行政行为发生的行政案件、人民法院认为可以合并审理并经当事人同意的，为共同诉讼。”可知，本案中同一个行政行为的相对人为李某、周某二人，故本案属于共同诉讼。因此，B 项正确。

C 项：根据《行政处罚法》第 36 条的规定："【违法行为】在二年内未被发现的，不再给予行政处罚；涉及公民生命健康安全、金融安全且有危害后果的，上述期限延长至五年……"可知，《行政处罚法》规制的是违法行为，社会抚养费是对不符合法定条件生育子女的公民征收的费用，属于行政性收费，是一种独立的行政行为，没有惩戒性，不属于行政处罚，不适用行政处罚时效的规定。因此，C 项错误。

D 项：根据《行政诉讼法》第 77 条的规定："行政处罚明显不当，或者其他行政行为涉及【对款额的确定、认定确有错误】的，人民法院可以判决变更。人民法院判决变更，不得加重原告的义务或者减损原告的权益。但利害关系人同为原告，且诉讼请求相反的除外。"可知，征收社会抚养费涉及对款额的确定，如果确有错误，应当适用上述规定，可以予以变更，D 项说法过于绝对。因此，D 项错误。

综上所述，本题答案为 AB 项。

13　2201136

答案：B,C。

解析：A 项：根据《治安管理处罚法》第 12 条的规定："已满十四周岁不满十八周岁的人违反治安管理的，从轻或者减轻处罚……"可知，本案的处罚对象为 17 岁的未成年人，应当从轻或减轻处罚。因此，A 项正确，不当选。

B 项：根据《治安管理处罚法》第 21 条第 2 项的规定："违反治安管理行为人有下列情形之一，依照本法应当给予行政拘留处罚的，不执行行政拘留处罚：（二）已满十六周岁不满十八周岁，初次违反治安管理的。"可知，本案中未给出信息表明李某是否为初次违反治安管理，故无法判断是否应对李某执行拘留，B 项说法过于绝对。因此，B 项错误，当选。

C 项：根据《行政诉讼法》第 19 条的规定："对【限制人身自由的行政强制措施】不服提起的诉讼，由被告所在地或者原告所在地人民法院管辖。"本案中，拘留属于行政处罚，不属于限制人身自由的行政强制措施，故不能向原告所在地甲市乙区法院起诉。因此，C 项错误，当选。

D 项：根据《行诉解释》第 109 条第 1 款的规定："第二审人民法院经审理认为原审人民法院【不予立案】或者驳回起诉的裁定确有错误且当事人的起诉符合起诉条件的，应当裁定撤销原审人民法院的裁定，【指令原审人民法院依法立案】或者继续审理。"可知，若二审法院认为未超过起诉期限应当予以立案的，需指令一审法院依法立案。因此，D 项正确，不当选。

综上所述，本题为选非题，答案为 BC 项。

14　1801129

答案：B,C。

解析：A 项：2019 年《政府信息公开条例》取消了信息公开申请的关联性要求，故信息公开申请时不需要说明申请信息的具体用途。因此，A 项错误。

B 项：根据《行政复议法》第 23 条第 1 款第 4 项的规定："有下列情形之一的，申请人应当先向行政复议机关申请行政复议，对行政复议决定不服的，可以再依法向人民法院提起行政诉讼：（四）申请政府信息公开，【行政机关不予公开】。"可知，新《行政复议法》将不予公开政府信息决定列入复议前置范围。本案中，省财政厅作出不予公开政府信息决定，夏某不服应当先申请复议。因此，B 项正确。

C 项：根据《政府信息公开案件规定》第 5 条第 5 款的规定："被告主张政府信息不存在，原告能够提供该政府信息系由被告制作或者保存的相关线索的，可以申请人民法院调取证据。"可知，若夏某能够提供所申请的信息是省财政厅制作或者保存的相关线索，可申请法院调取证据。因此，C 项正确。

D 项：只有在确定被诉行政行为合法或违法的基础上，法院才能作出对应的判决。本题中，题干并没有具体交代被诉行为是否合法，所以法院应如何判决是无法判断的。因此，D 项错误。

综上所述，本题答案为 BC 项。

【由于《行政复议法》修订，本题原答案为 C，现修改为 BC。】

15　1202081

答案：A,B,C。

解析：A 项：根据《政府信息公开条例》第 51 条的规定："公民、法人或者其他组织认为行政机关在政府信息公开工作中侵犯其合法权益的，可以向上一级行政机关或者政府信息公开工作主管部门投诉、举报，也可以依法申请行政复议或者提起行政诉讼。"以及《行政复议法》第 23 条第 1 款第 3 项的规定："有下列情形之一的，申请人应当先向行政复议机关申请行政复议，对行政复议决定不服的，可以再依法向人民法院提起行政诉讼：（三）认为行政机关存在本法第十一条规定的未履行法定职责情形。"可知，行政不作为采用广义理解，既包括"不予更正、不予公开、不予许可"等积极不作为；也包括"不予受理、逾期不作出决定"等消极不作为。本案行政机关拒绝更正信息，属于行政不作为，应当复议前置。因此，A 项正确。

B 项：根据《信息公开案件规定》第 5 条第 3 款的规定："被告拒绝更正与原告相关的政府信息记录的，应当对拒绝的理由进行举证和说明。"可知，区人社局应对拒绝更正的理由进行举证和说明。因此，B 项正确。

C 项：根据《信息公开案件规定》第 5 条第 7 款的规定："原告起诉被告拒绝更正政府信息记录的，应当提供其向被告提出过更正申请以及政府信息与其自身相关且记录不准确的事实根据。"可知，田某应提供区人社局记载有关他的社会保障信息有误的事实根据。因此，C 项正确。

D 项：根据《信息公开案件规定》第 9 条第 4 款的规定："被告依法应当更正而不更正与原告相关的政府信息记录的，人民法院应当判决被告在一定期限内更正。尚需被告调查、裁量的，判决其在一定期限内重新答复。被告无权更正的，判决其转送有权更正的行政机关处理。"可知，判决结果因情形的不同而不同，不能一概认为"应判决人社局在一定期限内更正"。因此，D 项错误。

综上所述，本题答案为 ABC 项。

16 1402098

答案：A,C,D。

解析：A 项：根据《行政诉讼法》第 29 条第 1 款的规定："公民、法人或者其他组织同被诉行政行为有利害关系但没有提起诉讼，或者同案件处理结果有利害关系的，可以作为第三人申请参加诉讼，或者由人民法院通知参加诉讼。"本案中，被提起行政诉讼的具体行政行为是社保局对夏某工伤的认定，夏某是与该具体行政行为有利害关系的公民，可以作为本案的第三人主动申请参加诉讼或者由人民法院通知其参加诉讼。因此，A 项正确。

B 项：根据《行政诉讼法》第 33 条的规定："证据包括：（一）书证；（二）物证；（三）视听资料；（四）电子数据；（五）证人证言；（六）当事人的陈述；（七）鉴定意见；（八）勘验笔录、现场笔录。以上证据经法庭审查属实，才能作为认定案件事实的根据。"书证是以文字、符号、图形所记载或表示的内容、含义来证明案件事实的证据。证人证言是指证人就自己了解的案件事实向法院所作的陈述，它可以以口头形式表现，也可以以书面方式呈现。本题中社保局提供的夏某同事孙某的证言，应为证人证言而非书证。因此，B 项错误。

C 项：根据《行政诉讼证据规定》第 56 条第 3 项的规定："法庭应当根据案件的具体情况，从以下方面审查证据的真实性：（三）证据是否为原件、原物，复制件、复制品与原件、原物是否相符。"可知法院对病案是否为原件的审查，系对证据真实性的审查。因此，C 项正确。

D 项：根据《行政诉讼法》第 70 条第 1 项的规定："行政行为有下列情形之一的，人民法院判决撤销或者部分撤销，并可以判决被告重新作出行政行为：（一）主要证据不足的。"可知，若有证据证明交通事故确系夏某醉酒所致，那表明对夏某工伤认定的证据不足，法院应判决撤销某县社保局的认定。因此，D 项正确。

综上所述，本题答案为 ACD 项。

17 1202098

答案：B,D。

解析：A 项：根据《行政诉讼法》第 6 条的规定："人民法院审理行政案件，对行政行为是否合法进行审查。"可知，行政诉讼的审理对象为行政机关作出的具体行政行为的合法性，不包括行政相对人行为的合法性。药厂的行为是否合法并非本案审理对象。因此，A 项错误。

B 项：根据《行政诉讼证据规定》第 6 条的规定："原告可以提供证明被诉具体行政行为违法的证据。原告提供的证据不成立的，不免除被告对被诉具体行政行为合法性的举证责任。"可知，行政诉讼中被告对具体行政行为的合法性负举证责任，原告举证证明具体行政行为违法是行使举证权利而不是履行举证义务，B 项说法符合法律规定。因此，B 项正确。

C 项：根据《行政诉讼证据规定》第 43 条第 2 款的规定："当事人在庭审过程中要求证人出庭作证的，法庭可以根据审理案件的具体情况，决定是否准许以及是否延期审理。"可知，庭审过程中药厂申请证人出庭作证的，法院应该根据具体情况决定是否准许，而不是一律不予准许。因此，C 项错误。

D 项：根据《行政诉讼证据规定》第 53 条的规定："人民法院裁判行政案件，应当以【证据证明的案件事实】为依据。"因此，D 项正确。

综上所述，本题答案为 BD 项。

【不定项】

18 2201063

答案：A。

解析：A 项：根据《行诉解释》第 136 条第 7 款的规定："原行政行为不符合复议或者诉讼受案范围等受理条件，复议机关作出维持决定的，人民法院应当【裁定一并驳回】对原行政行为和复议决定的起诉。"可知，法院认为原行政行为不属于受案范围，而复议机关作出维持决定的，应当裁定一并驳回对市政府和市人社局的起诉。因此，A 项正确。

B 项：根据《行诉解释》第 135 条第 2 款的规定："作出原行政行为的行政机关和复议机关对原行政行为合法性共同承担举证责任……"可知，市政府作为复议机关，应当对原机关市人社局作出的行政行为承担举证责任。因此，B 项错误。

C 项：根据《行政诉讼法》第 45 条的规定："公民、法人或者其他组织不服复议决定的，可以在收到复议决定书之日起【十五日】内向人民法院提起诉讼……"可知，经过复议的案件的起诉期为 15 日而非 60 日。本案中，田某应当在收到复议决定之日起 15 日内起诉。因此，C 项错误。

D 项：根据《行政诉讼法》第 26 条第 2 款的规定："经复议的案件，复议机关决定维持原行政行为的，作出原行政行为的行政机关和复议机关是【共同被告】……"以及《行诉解释》第 134 条第 3 款的规定："复议机关作共同被告的案件，以【作出原行政行为的行政机关】确定案件的级别管辖。"可知，本案属于复议维持的案件，市人社局和市政府为共同被告，以市人社局确定本案的级别管辖。又根据《行政诉讼法》第 15 条第 1 项的规定："中级人民法院管辖下列第一审行政案件：（一）对国务院部门或者县级以上地方人民政府所作的行政行为提起诉讼的案件。"可知，市人社局为被告的案件不属于中院的管辖范围，故本案应由基层法院管辖。因此，D 项错误。

综上所述，本题答案为 A 项。

二、模拟训练

【单选】

19 62105084

答案：B。

解析：A 项：根据《治安管理处罚法》第 22 条第 1 款的规定："违反治安管理行为在六个月内没有被公安机关发现的，不再处罚。"可知，甲的嫖娼行为已经超过了处罚时效，行政机关不应再给予处罚，故行政机关的处罚决定违法，法院应判决撤销对甲的处罚决定。因此，A 项错误。

B 项：根据《行政诉讼法》第 69 条的规定："行政行为证据确凿，适用法律、法规正确，符合法定程序的，或者原告申请被告履行法定职责或者给付义务理由不成立的，人民法院判决驳回原告的诉讼请求。"可知，法院经审理认为被告无法定职责的，应该判决驳回原告的诉讼请求。因此，B 项正确。

C 项：根据《行诉解释》第 101 条第 1 款第 11 项的规定："裁定适用于下列范围：（十一）补正裁判文书中的笔误。"可知，法院应作出裁定而非决定，补正判决书中的笔误。因此，C 项错误。

D 项：根据《行政处罚法》第 18 条第 3 款的规定："限制人身自由的行政处罚权只能由公安机关

和法律规定的其他机关行使。”可知，市林业局无权作出限制公民人身自由的行政处罚，所以市林业局给予乙拘留5日的处罚是超越职权。又根据《行政诉讼法》第70条第4项的规定：“行政行为有下列情形之一的，人民法院判决撤销或者部分撤销，并可以判决被告重新作出行政行为：（四）超越职权的。”可知，此时拘留未实施，具有可撤销内容，法院应判决撤销对乙的拘留，而非判决变更。因此，D项错误。
综上所述，本题答案为B项。

【多选】

20 61805123

答案：A,C,D。
解析：根据《行政诉讼法》第74条的规定：“行政行为有下列情形之一的，人民法院判决确认违法，但不撤销行政行为：（一）行政行为依法应当撤销，但撤销会给国家利益、社会公共利益造成重大损害的；（二）行政行为程序轻微违法，但对原告权利不产生实际影响的。行政行为有下列情形之一，不需要撤销或者判决履行的，人民法院判决确认违法：（一）行政行为违法，但不具有可撤销内容的；（二）被告改变原违法行政行为，原告仍要求确认原行政行为违法的；（三）被告不履行或者拖延履行法定职责，判决履行没有意义的。”
A项：甲市生态环境局的行政行为违法，但不具有可撤销内容的，适用确认违法判决。因此，A项正确。
B项：法院已经查明了公安局的原行为合法，故不适用确认违法判决。因此，B项错误。
C项：行政行为依法应当撤销，但撤销会给国家利益、社会公共利益造成重大损害的，适用确认违法判决。因此，C项正确。
D项：被告改变原所作具体行政行为，原告不撤诉，坚持起诉原具体行政行为，法院经审查认定原具体行政行为违法的，应作出确认原具体行政行为违法的判决。因此，D项正确。
综上所述，本题答案为ACD项。

21 61805147

答案：B,C,D。
解析：ABCD项：根据《行诉解释》第89条的规定：“复议决定改变原行政行为错误，人民法院判决【撤销】复议决定时，可以一并责令【复议机关重新作出】复议决定或者判决【恢复原行政行为】的法律效力。”可知，法院可以责令复议机关重新作出复议决定，不责令原机关重新作出行政决定。因此，A项错误，BCD项正确。
综上所述，本题答案为BCD项。

【不定项】

22 62205243

答案：A,B,C。
解析：ABCD项：根据《行诉解释》第94条第2款的规定：“公民、法人或者其他组织起诉请求确认行政行为无效，人民法院审查认为行政行为不属于无效情形，经释明，原告请求撤销行政行为的，应当继续审理并依法作出相应判决；原告请求撤销行政行为但超过法定起诉期限的，裁定驳回起诉；原告拒绝变更诉讼请求的，判决驳回其诉讼请求。”可知，原告提起确认无效之诉，法院认为应该是撤销之诉的，【应当先向原告释明，建议原告变更诉讼请求】，然后作出撤销判决；原告拒绝变更诉讼请求的，才判决驳回原告诉讼请求，而不能直接判决驳回原告诉讼请求或者直接作出撤销、变更等判决。因此，ABC项错误，当选；D项正确，不当选。
综上所述，本题为选非题，答案为ABC项。

第二十章 行政协议案件

参考答案

[1] B	[2] D	[3] D	[4] ACD	[5] BCD
[6] B	[7] ABD	[8] BD	[9] ABC	[10] ABD
[11] AB	[12] BD			

一、历年真题及仿真题

（一）行政协议审理规则

【单选】

1 2101085

答案：B。

解析：AD项：根据《行政协议案件规定》第26条的规定："行政协议约定仲裁条款的，人民法院应当确认该条款无效，但法律、行政法规或者我国缔结、参加的国际条约另有规定的除外。"可知，行政协议约定仲裁条款的，仲裁条款无效，但行政协议还是有效的。因此，D项错误。根据《行政协议案件规定》第2条第2项的规定："公民、法人或者其他组织就下列行政协议提起行政诉讼的，人民法院应当依法受理：(二)土地、房屋等征收征用补偿协议；"《最高人民法院关于适用〈中华人民共和国民事诉讼法〉的解释》第215条依照民事诉讼法第124条第2项的规定："当事人在书面合同中订有仲裁条款，或者在发生纠纷后达成书面仲裁协议，一方向人民法院起诉的，人民法院应当告知原告向仲裁机构申请仲裁，其坚持起诉的，裁定不予受理，但仲裁条款或者仲裁协议不成立、无效、失效、内容不明确无法执行的除外。"本案王某以受到胁迫为由，故法院应当受理本案，不能裁定不予受理。因此，A项错误。

B项：根据《行政协议案件规定》第10条第2款的规定："原告主张撤销、解除行政协议的，对撤销、解除行政协议的事由承担举证责任。"可知，王某应对解除事由即自己受胁迫承担举证责任。因此，B项正确。

C项：根据《行政协议案件规定》第23条第1款的规定："人民法院审理行政协议案件，可以依法进行调解。"可知，本案属于行政协议案件，可以适用调解。因此，C项错误。

综上所述，本题答案为B项。

（二）综合知识点

【单选】

2 2301080

答案：D。

解析：A项：根据《行政诉讼法》第26条第5款的规定："行政机关委托的组织所作的行政行为，委托的行政机关是被告。"可知，委托机关是区规划和自然资源局，被告是区规划和自然资源局。因此，A项错误。

B项：根据《行政协议案件规定》第7条的规定："当事人书面协议约定选择被告所在地、原告所在地、协议履行地、协议订立地、标的物所在地等与争议有实际联系地点的人民法院管辖的，人民法院从其约定，但违反级别管辖和专属管辖的除外。"可知，行政协议案件可以约定管辖法院。因此，B项错误。

C项：根据《行政协议案件规定》第23条的规定："人民法院审理行政协议案件，可以依法进行调解。人民法院进行调解时，应当遵循自愿、合法原则，不得损害国家利益、社会公共利益和他人合法权益。"因此，C项错误。

D项：根据《行政诉讼法》第15条第1款的规定："中级人民法院管辖下列第一审行政案件：(一)对国务院部门或者县级以上地方人民政府所作的行政行为提起诉讼的案件；"可知，该案被告为区规划和自然资源局，不属于中院管辖范围，应该由基层的区法院管辖。因此，D项正确。

综上所述，本题答案为D。

3 2201041

答案：D。

解析：A项：根据《行政协议案件规定》第12条第2款的规定："人民法院可以适用民事法律规范确认行政协议无效。"因此，A项错误。

B项：根据《行政协议案件规定》第7条的规定：

“当事人书面协议约定选择被告所在地、原告所在地、协议履行地、协议订立地、标的物所在地等与争议有实际联系地点的人民法院管辖的，人民法院从其约定，但违反级别管辖和专属管辖的除外。”可知，行政协议的当事人可以书面约定与争议有实际联系地点的法院管辖，并非约定管辖一律无效。因此，B 项错误。

C 项：根据《行政协议案件规定》第 12 条第 3 款的规定：“行政协议无效的原因在一审法庭辩论终结前消除的，人民法院可以确认行政协议有效。”可知，无效事由在一审法庭辩论终结前消除的，法院是可以“确认行政协议有效”，而非“驳回起诉”。因此，C 项错误。

D 项：根据《行政协议案件规定》第 11 条第 1 款的规定：“人民法院审理行政协议案件，应当对被告【订立】、履行、变更、解除行政协议的行为是否具有法定职权、是否滥用职权、适用法律法规是否正确、是否遵守法定程序、是否明显不当、是否履行相应法定职责【进行合法性审查】。”因此，D 项正确。

综上所述，本题答案为 D 项。

【多选】

4 2201053

答案：A,C,D。

解析：A 项：根据《行政协议案件规定》第 22 条的规定：“原告以被告违约为由请求人民法院判令其承担违约责任，人民法院经审理认为行政协议无效的，应当向原告释明，并根据原告变更后的诉讼请求判决确认行政协议无效；因被告的行为造成行政协议无效的，人民法院可以依法判决被告承担赔偿责任。原告经释明后拒绝变更诉讼请求的，人民法院可以判决驳回其诉讼请求。”可知，本案法院认为协议无效，告知方某变更诉讼请求，方某拒绝变更，故法院可以判决驳回方某的诉讼请求。因此，A 项正确。

B 项：根据《行政协议案件规定》第 25 条的规定：“公民、法人或者其他组织对行政机关不依法履行、未按照约定履行行政协议提起诉讼的，【诉讼时效参照民事法律规范确定】；对行政机关变更、解除行政协议等行政行为提起诉讼的，起诉期限依照行政诉讼法及其司法解释确定。”又根据《行诉解释》第 69 条第 1 款第 2 项的规定：“有下列情形之一，已经立案的，应当裁定驳回起诉：（二）超过法定起诉期限且无行政诉讼法第四十八条规定情形的。”本题属于方某认为政府未按约履行行政协议提起诉讼，诉讼时效参照民事法律规范确定，即适用 3 年诉讼时效的规定；同时，被诉行政行为于 2016 年 10 月作出，方某于 2017 年 3 月 15 日起诉，并未超过 3 年诉讼时效期间，故不属于法定驳回起诉的情形。因此，B 项错误。

C 项：根据《行政协议案件规定》第 1 条的规定：“行政机关【为了实现行政管理或者公共服务目标】，与公民、法人或者其他组织协商订立的具有行政法上权利义务内容的协议，属于行政诉讼法第十二条第一款第十一项规定的行政协议。”以及第 2 条第 2 项的规定：“公民、法人或者其他组织就下列行政协议提起行政诉讼的，人民法院应当依法受理：（二）土地、房屋等【征收征用补偿协议】。”可知，征收补偿协议属于行政协议，具备公益性质。因此，C 项正确。

D 项：根据《行政诉讼法》第 15 条第 1 项的规定：“中级人民法院管辖下列第一审行政案件：（一）对国务院部门或者【县级以上地方人民政府】所作的行政行为提起诉讼的案件。”可知，本案中的征收补偿协议是区政府作出的，属于被告为县级政府的案件，应由中级人民法院管辖。因此，D 项正确。

综上所述，本题答案为 ACD 项。

5 2101086

答案：B,C,D。

解析：AD 项：根据《行政协议案件规定》第 2 条第 2 项的规定：“公民、法人或者其他组织就下列行政协议提起行政诉讼的，人民法院应当依法受理：（二）土地、房屋等征收征用补偿协议。”以及第 25 条的规定：“公民、法人或者其他组织对行政机关不依法履行、未按照约定履行行政协议提起诉讼的，诉讼时效参照民事法律规范确定；对行政机关变更、解除行政协议等行政行为提起诉讼的，起诉期限依照行政诉讼法及其司法解释确定。”可知，因拆迁争议引起的行政协议案件不属于复议前置的案件，黄某可以直接提起行政诉讼，而黄某因甲县政府单方变更协议提起行政诉讼的，其起诉期限应当依照行政诉讼法及其司法解释确定。因此，A 项正确，不当选；D 项错误，当选。

B 项：根据《行政协议案件规定》第 16 条第 1、3 款的规定："在履行行政协议过程中，可能出现严重损害国家利益、社会公共利益的情形，被告作出变更、解除协议的行政行为后，原告请求撤销该行为，人民法院经审理认为该行为合法的，判决驳回原告诉讼请求；给原告造成损失的，判决被告予以补偿。被告变更、解除行政协议的行政行为违法，人民法院可以依据行政诉讼法第七十八条的规定判决被告继续履行协议、采取补救措施；给原告造成损失的，判决被告予以赔偿。"可知，只有在出现严重损害国家利益、社会公共利益的情形下，行政机关才能单方变更协议，甲县政府单方认定黄某房屋面积不足而缩减拆迁款的行为违法，缺乏法定职权，违反职权法定原则。法院应当判决被告继续履行、采取补救措施等，而不是直接判决确认违法，因为此时履行仍有意义。因此，B 项错误，当选。

C 项：根据《行政协议案件规定》第 6 条的规定："人民法院受理行政协议案件后，被告就该协议的订立、履行、变更、终止等提起反诉的，人民法院不予准许。"可知，行政协议不同于民事合同，行政诉讼中被告甲县政府不能对原告黄某提起反诉。因此，C 项错误，当选。

综上所述，本题为选非题，答案为 BCD 项。

【不定项】

6 2001134

答案：B。

解析：A 项：根据《行政协议案件规定》第 25 条的规定："公民、法人或者其他组织对行政机关【不依法履行、未按照约定履行】行政协议提起诉讼的，诉讼时效参照【民事法律规范】确定；对行政机关【变更、解除行政协议】等行政行为提起诉讼的，起诉期限依照【行政诉讼法及其司法解释】确定。"可知，本案属于行政协议诉讼，在起诉期的问题上，行政协议案件采用了"二分法"，即除了行政机关单方变更或解除协议外，其他内容同民法、同民诉。本题中，县政府以会议纪要形式通知沈某不再履行协议，属于【行政机关不依法履行协议】的行为，沈某对此违约行为起诉的，应当适用民法中 3 年的诉讼时效。因此，A 项错误。

B 项：根据《行政协议案件规定》第 10 条第 2 款的规定："原告主张撤销、解除行政协议的，对【撤销、解除行政协议的事由承担举证责任】。"因此，B 项正确。

C 项：根据《行政协议案件规定》第 7 条的规定："当事人书面协议约定选择被告所在地、原告所在地、协议履行地、协议订立地、标的物所在地等与争议有实际联系地点的人民法院管辖的，人民法院从其约定，但违反【级别管辖和专属管辖】的除外。"可知，本案的被告为县政府，应当由中院管辖，故双方当事人约定由基层法院管辖会违反级别管辖。因此，C 项错误。

D 项：根据《行政协议案件规定》第 19 条第 1 款的规定："被告未依法履行、未按照约定履行行政协议，人民法院可以依据行政诉讼法第七十八条的规定，结合原告诉讼请求，判决被告继续履行，并明确继续履行的具体内容；被告无法履行或者继续履行无实际意义的，人民法院可以判决被告采取相应的补救措施；给原告造成损失的，判决被告【予以赔偿】。"可知，如果县政府确实构成违约，法院可以根据沈某的诉请判决县政府赔偿沈某的实际损失。因此，D 项错误。

综上所述，本题答案为 B 项。

二、模拟训练

【多选】

 62005040

答案：A,B,D。

解析：A 项：根据《行政协议案件规定》第 2 条第 2 项的规定："公民、法人或者其他组织就下列行政协议提起行政诉讼的，人民法院应当依法受理：（二）土地、房屋等征收征用补偿协议。"可知，针对本案的房屋征收补偿协议，可以提起行政诉讼。因此，A 项正确。

B项：根据《行政协议案件规定》第5条第2项的规定："下列与行政协议有利害关系的公民、法人或者其他组织提起行政诉讼的，人民法院应当依法受理：（二）认为征收征用补偿协议损害其合法权益的被征收征用土地、房屋等不动产的用益物权人、公房承租人。"可知，地役权人李某认为黄某和临澧县发展和改革局所达成的协议损害了自己合法权益提起行政诉讼的，法院应当依法受理。因此，B项正确。

C项：根据《行政协议案件规定》第7条的规定："当事人书面协议约定选择被告所在地、原告所在地、协议履行地、协议订立地、标的物所在地等与争议有实际联系地点的人民法院管辖的，人民法院从其约定，但违反级别管辖和专属管辖的除外。"可知，如果当事人约定由原告所在地法院管辖，原告所在地与案件有实际联系，且不违反级别管辖和专属管辖的，约定有效，C项说法过于绝对。因此，C项错误。

D项：根据《行政协议案件规定》第16条第1款的规定："在履行行政协议过程中，可能出现严重损害国家利益、社会公共利益的情形，被告作出变更、解除协议的行政行为后，原告请求撤销该行为，人民法院经审理认为该行为合法的，判决驳回原告诉讼请求；给原告造成损失的，判决被告予以补偿。"因此，D项正确。

综上所述，本题答案为ABD项。

8 62205205

答案：B,D。

解析：根据《行政协议案件规定》第2条第1项的规定："公民、法人或者其他组织就下列行政协议提起行政诉讼的，人民法院应当依法受理：（一）政府特许经营协议；"可知，本案中，山南市政府与甲燃气公司签订的《天然气综合利用项目合作协议》属于行政协议。

A项：根据《行政协议案件规定》第16条第1款的规定："在履行行政协议过程中，可能出现【严重损害国家利益、社会公共利益的情形】，被告作出变更、解除协议的行政行为后，原告请求撤销该行为，人民法院经审理认为该行为合法的，判决驳回原告诉讼请求；给原告造成损失的，判决被告予以【补偿】。"可知，仅在行政机关因国家利益、社会公共利益单方解除或变更行政协议，给原告造成损失时，才需给予补偿。本题中，山南市政府解除协议的行为是基于甲燃气公司的违约行为，不符合判决补偿原告损失的条件。因此，A项错误。

B项：根据《行政协议案件规定》第23条第1款的规定："人民法院审理行政协议案件，【可以依法进行调解】。"可知，法院审理行政协议案件有权组织双方当事人进行调解。因此，B项正确。

C项：根据《行政协议案件规定》第7条的规定："当事人书面协议约定选择被告所在地、原告所在地、协议履行地、协议订立地、标的物所在地等与争议有实际联系地点的人民法院管辖的，人民法院从其约定，但违反【级别管辖】和专属管辖的除外。"又根据《行政诉讼法》第15条第1项的规定："中级人民法院管辖下列第一审行政案件：（一）对国务院部门或者【县级以上地方人民政府】所作的行政行为提起诉讼的案件。"可知，本题中被告为山南市政府，依法应当由中级法院管辖，而本案双方的约定明显违反级别管辖的规定，故该约定不能适用。此外，合同履行地香山区法院属于基层法院，对本案也没有管辖权。因此，C项错误。

D项：根据《行政协议案件规定》第5条第1项的规定："下列与行政协议有利害关系的公民、法人或者其他组织提起行政诉讼的，人民法院应当依法受理：（一）参与招标、拍卖、挂牌等竞争性活动……认为行政机关与他人订立行政协议损害其合法权益的公民、法人或者其他组织；"可知，乙燃气公司作为在招标中未获得与政府缔约机会的竞争权人，与合作协议有利害关系，有权就该协议提起行政诉讼。因此，D项正确。

综上所述，本题答案为BD项。

9 62205242

答案：A,B,C。

解析：A项：根据《行政协议案件规定》第2条第2项的规定："公民、法人或者其他组织就下列行政协议提起行政诉讼的，人民法院应当依法受理：（二）土地、房屋等征收征用补偿协议。"可知，房屋征收补偿安置协议属于行政协议。因此，A项正确。

B项：一般认为，行政机关只有在国家法律政策和协议基础事实发生变化，履行协议会给国家利益或者社会公共利益带来重大损失时才能单方变更、解除协议。也就是说，行政机关单方变更、解除协议必须基于行政优益权，从而最大程度地维护行政协议的稳定及行政机关的公信力。基于公共利益需要，南张街道办事处为公平公正执行拆迁补偿安置政策，对被征收人孙某作出变更涉案《房屋征收补偿安置协议》相关内容的决定，是行政机关正当行使优益权作出的行政行为，符合法律规定，并无不当。因此，B项正确。

C项：根据《行政协议案件规定》第25条的规定："公民、法人或者其他组织……对行政机关变更、解除行政协议等行政行为提起诉讼的，起诉期限依照行政诉讼法及其司法解释确定。"可知，本案孙某对南张街道办事处单方变更行政协议的行为不服，应当按照行政诉讼法及其司法解释关于起诉期限的规定提起行政诉讼。因此，C项正确。

D项：根据《行政协议案件规定》第26条的规定："行政协议约定仲裁条款的，人民法院应当确认该条款无效，但法律、行政法规或者我国缔结、参加的国际条约另有规定的除外。"可知，若《房屋征收补偿安置协议》约定采用仲裁方式解决纠纷的，该仲裁条款无效，不能排除法院的管辖权，人民法院应当依法受理本案。因此，D项错误。

综上所述，本题答案为ABC项。

10 62205149

答案：A,B,D。

解析：根据《行政协议案件规定》第1条的规定："行政机关为了实现【行政管理或者公共服务】目标，与公民、法人或者其他组织协商订立的具有行政法上权利义务内容的协议，属于行政诉讼法第十二条第一款第十一项规定的行政协议。"可知，临海市政府签订该合同是为了履行公共服务目标，故该合同属于行政协议。

A项：根据《行政协议案件规定》第26条的规定："行政协议约定仲裁条款的，人民法院应当【确认该条款无效】，但法律、行政法规或者我国缔结、参加的国际条约另有规定的除外。"可知，行政协议约定仲裁条款的，仅仅是仲裁条款无效，并不会导致法院不予受理。因此，A项错误，当选。

B项：根据《行政协议案件规定》第6条的规定："人民法院受理行政协议案件后，被告就该协议的订立、履行、变更、终止等提起反诉的，人民法院不予准许。"可知，行政协议案件中被告不可以提起反诉。因此，B项错误，当选。

C项：根据《行政协议案件规定》第10条第2款的规定："原告主张撤销、解除行政协议的，对撤销、解除行政协议的事由承担举证责任。"可知，衡态公司主张要求解除合同，应由衡态公司承担举证责任。因此，C项正确，不当选。

D项：根据《行政协议案件规定》第23条第1款的规定："人民法院审理行政协议案件，可以依法进行调解。"可知，行政协议案件可以适用调解。因此，D项错误，当选。

综上所述，本题为选非题，答案为ABD项。

11 62205150

答案：A,B。

解析：A项：根据《行政协议案件规定》第15条第2款的规定："因被告的原因导致行政协议被确认无效或者被撤销，可以同时判决【责令被告采取补救措施】……"因此，A项正确。

B项：根据《行政协议案件规定》第14条的规定："原告认为行政协议存在【胁迫】、欺诈、重大误解、显失公平等情形而请求撤销，人民法院经审理认为符合法律规定可撤销情形的，可以依法判决撤销该协议。"因此，B项正确。

C项：《行政协议案件规定》第12条第3款的规定："行政协议无效的原因在一审【法庭辩论终结前】消除的，人民法院可以确认行政协议有效。"可知，判决前不等于法庭辩论终结前。因此，C项错误。

D项：根据《行政协议案件规定》第13条第1款的规定："法律、行政法规规定应当经过其他机关批准等程序后生效的行政协议，在一审法庭辩论终结前未获得批准的，人民法院应当确认该协议

【未生效】。”可知，在一审法庭辩论终结前未获批准的，应当确认未生效而不是无效。因此，D项错误。
综上所述，本题答案为AB项。

【不定项】

12 62205151

答案：B,D。
解析：根据《行政协议案件规定》第2条第1项的规定：“公民、法人或者其他组织就下列行政协议提起行政诉讼的，人民法院应当依法受理：（一）政府特许经营协议；”可知，本案中，甲市政府与清净公司签订的特许经营协议属于行政协议。
A项：根据《行政诉讼法》第12条第1款第11项的规定：“人民法院受理公民、法人或者其他组织提起的下列诉讼：（十一）认为行政机关不依法履行、未按照约定履行或者违法变更、【解除】政府特许经营协议、土地房屋征收补偿协议等协议的；”可知，对于甲市政府单方面解除协议的行为，清净公司有权提起行政诉讼。因此，A项错误。
B项：根据《行政协议案件规定》第25条的规定：“公民、法人或者其他组织对行政机关不依法履行、未按照约定履行行政协议提起诉讼的，诉讼时效参照民事法律规范确定；对行政机关变更、【解除】行政协议等行政行为提起诉讼的，起诉期限依照【行政诉讼法及其司法解释】确定。”可知，甲市政府单方面解除协议，其起诉期限应当依照行政诉讼法及其司法解释确定。因此，B项正确。
C项：根据《行政协议案件规定》第16条第1、3款的规定：“在履行行政协议过程中，可能出现【严重损害国家利益、社会公共利益】的情形，被告作出变更、解除协议的行政行为后，原告请求撤销该行为，人民法院经审理认为该行为合法的，判决驳回原告诉讼请求……被告变更、解除行政协议的行政行为违法，人民法院可以依据行政诉讼法第七十八条的规定判决被告【继续履行协议、采取补救措施】；给原告造成损失的，判决被告予以赔偿。”可知，只有出现严重损害国家利益、社会公共利益的情形下，行政机关才能单方变更、解除协议，但本题题干中没有相应的表述，故无法判断甲市政府单方解除协议的行为是否违反职权法定原则；即使甲市政府的行为违法，法院也应当根据具体案情判决被告继续履行、采取补救措施等，而不是直接判决确认违法。因此，C项错误。
D项：根据《行政协议案件规定》第7条的规定：“当事人【书面协议约定】选择被告所在地、原告所在地、协议履行地、协议订立地、标的物所在地等与争议有实际联系地点的人民法院管辖的，人民法院从其约定，但违反级别管辖和专属管辖的除外。”可知，当事人可以书面约定行政协议诉讼的管辖。因此，D项正确。
综上所述，本题答案为BD项。

第二十一章 行政公益诉讼

参考答案

[1] ABD　[2] ABC　[3] ABCD　[4] C　[5] AC
[6] D

一、历年真题及仿真题

（一）综合知识点

【多选】

1 2101084

答案：A,B,D。
解析：A项：根据《行政诉讼法》第46条第1款的规定：“公民、法人或者其他组织直接向人民法院提起诉讼的，应当自知道或者应当知道作出行政行为之日起【六个月】内提出。法律另有规定的除外。”法律并未对行政公益诉讼起诉期作出另行规定，故仍遵循行政诉讼一般起诉期限，即六个月。因此，A项正确。
BC项：根据《公益诉讼案件解释》第21条第2、3款的规定：“行政机关应当在收到【检察建议书】

之日起两个月内依法履行职责，并书面回复人民检察院。出现国家利益或者社会公共利益损害继续扩大等紧急情形的，行政机关应当在十五日内书面回复。行政机关【不依法履行职责的】，人民检察院依法向人民法院提起诉讼。”可知，检察建议是法定的诉前程序，而C项的意思即检察机关提起公益诉讼具有补充性，这一特点是民事公益诉讼中的知识点。因此，B项正确，C项错误。

D项：根据《行政诉讼法》第25条第4款的规定：“人民检察院在履行职责中发现生态环境和资源保护、食品药品安全、国有财产保护、国有土地使用权出让等领域负有监督管理职责的【行政机关违法行使职权或者不作为】，致使国家利益或者社会公共利益受到侵害的，应当向行政机关提出检察建议，督促其依法履行职责。行政机关不依法履行职责的，人民检察院依法向人民法院提起诉讼。”可知，本题中公安局不依法履行职责，检察机关提起行政诉讼的行为属于行政公益诉讼。因此，D项正确。

综上所述，本题答案为ABD项。

2 2201061

答案：A,B,C。

解析：AC项：根据《行政许可法》第12条第2项的规定：“下列事项可以设定行政许可：（二）有限自然资源开发利用、公共资源配置以及直接关系公共利益的特定行业的市场准入等，需要赋予特定权利的事项。”可知，设置渡口涉及有限自然资源开发利用、公共资源配置以及直接关系公共利益的特定行业的市场准入，需要赋予特定权利，属于特许事项。因此，AC项正确。

B项：根据《公益诉讼案件解释》第21条第1款的规定：“人民检察院在履行职责中发现生态环境和资源保护、食品药品安全、国有财产保护、国有土地使用权出让等领域负有监督管理职责的行政机关违法行使职权或者不作为，致使国家利益或者社会公共利益受到侵害的，【应当向行政机关提出检察建议】，督促其依法履行职责。”可知，提出检察建议是行政公益诉讼案件的前置程序，故县检察院应当给县交通运输局提出检察建议。因此，B项正确。

D项：根据《行政强制法》第50条的规定：“行政机关依法作出要求当事人履行排除妨碍、恢复原状等义务的行政决定，当事人逾期不履行，【经催告仍不履行】，其后果已经或者将危害交通安全、造成环境污染或者破坏自然资源的，行政机关可以代履行，或者委托没有利害关系的第三人代履行。”本案并非情况紧急，应当立即代履行的情形，而是属于一般代履行的情形。故，县交通运输局应当先进行催告，其尚未催告，不可以代为履行。因此，D项错误。

综上所述，本题答案为ABC项。

【不定项】

3 2201062

答案：A,B,C,D。

解析：A项：根据《公益诉讼案件解释》第21条第1、3款的规定：“人民检察院在履行职责中发现生态环境和资源保护、食品药品安全、国有财产保护、国有土地使用权出让等领域负有监督管理职责的行政机关违法行使职权或者不作为，致使国家利益或者社会公共利益受到侵害的，应当向行政机关【提出检察建议】，督促其依法履行职责。行政机关不依法履行职责的，人民检察院依法向人民法院提起诉讼。”可知，检察院提出检察建议后行政机关不依法履行职责的，才能提起行政诉讼，即行政公益诉讼以检察院提出检察建议为前提。因此，A项正确。

B项：根据《行政强制法》第50条的规定：“行政机关依法作出要求当事人履行排除妨碍、恢复原状等义务的行政决定，当事人逾期不履行，经催告仍不履行，其后果已经或者将危害交通安全、造成环境污染或者破坏自然资源的，行政机关可以代履行，或者委托没有利害关系的第三人代履行。”可知，本案中该公司逾期不履行恢复原状的义务，其后果已经或将破坏自然资源，县林草局可以代履行。因此，B项正确。

C项：该公司未获取相关行政许可非法开挖国有林地，县林草局作出责令限期恢复原状的处罚决定合法，该公司有义务对该林地进行恢复。因此，C项正确。

D项：根据《行政诉讼法》第46条第1款的规

定："公民、法人或者其他组织直接向人民法院提起诉讼的，应当自知道或者应当知道作出行政行为之日起六个月内提出。法律另有规定的除外。"可知，法律并未对行政公益诉讼起诉期作出另行规定，仍需遵循行政诉讼一般起诉期限，故检察院向法院提起公益诉讼的起诉期限为6个月。因此，D项正确。

综上所述，本题答案为ABCD项。

二、模拟训练

【单选】

4 61805150

答案：C。

解析：ABC项：根据《行政诉讼法》第25条第4款的规定："人民检察院在履行职责中发现生态环境和资源保护、食品药品安全、国有财产保护、国有土地使用权出让等领域负有监督管理职责的行政机关违法行使职权或者不作为，致使国家利益或者社会公共利益受到侵害的，应当向行政机关提出检察建议，督促其依法履行职责。行政机关不依法履行职责的，人民检察院依法向人民法院提起诉讼。"可知，行政公益诉讼是指检察院认为行政主体行使职权的行为或者不作为违法，侵害了公共利益或有侵害之虞时，为维护公共利益，向行政机关提出检察建议，督促其依法履行职责。行政机关不依法履行职责的，人民检察院依法向人民法院提起诉讼的制度。即人民检察院具有行政公益诉讼的原告资格，且以其曾向行政机关提出检察建议为诉讼的前提。因此，AB项错误，C项正确。

D项：根据《公益诉讼案件解释》第21条第2款的规定："行政机关应当在收到检察建议书之日起【两个月内】依法履行职责，并书面回复人民检察院。出现国家利益或者社会公共利益损害继续扩大等紧急情形的，行政机关应当在十五日内书面回复。"即生态环境局应当在收到检察建议书之日起2个月内依法履行职责，而不是1个月。因此，D项错误。

综上所述，本题答案为C项。

【多选】

 62205159

答案：A,C。

解析：A项：根据《公益诉讼案件解释》第21条第1、3款的规定："人民检察院在履行职责中发现生态环境和资源保护、食品药品安全、国有财产保护、国有土地使用权出让等领域负有监督管理职责的行政机关违法行使职权或者不作为，致使国家利益或者社会公共利益受到侵害的，【应当】向行政机关提出检察建议，督促其依法履行职责。行政机关不依法履行职责的，人民检察院依法向人民法院提起诉讼。"可知，向行政机关提出检察建议是必经的诉前程序。因此，A项正确。

B项：根据《公益诉讼案件解释》第21条第2款的规定："行政机关应当在收到检察建议书之日起【两个月内】依法履行职责，并【书面回复】人民检察院。出现国家利益或者社会公共利益损害继续扩大等紧急情形的，行政机关应当在【十五日内书面回复】。"可知，B选项存在两处错误：一是书面回复的期限应为2个月，紧急情况15日；二是即使行政机关遇到紧急情形，也应当书面回复，不得口头回复。因此，B项错误。

C项：根据《公益诉讼案件解释》第7条的规定："人民法院审理人民检察院提起的第一审公益诉讼案件，适用人民陪审制。"又根据《人民陪审员法》第16条第2项的规定："人民法院审判下列第一审案件，由人民陪审员和法官组成【七人合议庭】进行：（二）根据民事诉讼法、行政诉讼法提起的公益诉讼案件。"可知，行政公益诉讼案件适用人民陪审制，可以由7人合议庭审理。因此，C项正确。

D项：根据《公益诉讼案件解释》第8条第1款的规定："人民法院开庭审理人民检察院提起的公益诉讼案件，应当在开庭三日前向人民检察院送达【出庭通知书】。"可知，人民法院应当向人民检察院送达的是出庭通知书而不是传票。因此，D项错误。

综上所述，本题答案为AC项。

【不定项】

6 62205160

答案：D。

解析：A项：根据《公益诉讼案件解释》第21条规定："人民检察院在履行职责中发现生态环境和资源保护、食品药品安全、国有财产保护、国有土地使用权出让等领域负有监督管理职责的行政机关违法行使职权或者不作为，致使国家利益或者社会公共利益受到侵害的，应当向行政机关提出检察建议，督促其依法履行职责。行政机关应当在收到检察建议书之日起两个月内依法履行职责，并书面回复人民检察院。出现国家利益或者社会公共利益损害继续扩大等紧急情形的，行政机关应当在十五日内书面回复。【行政机关不依法履行职责的】，人民检察院依法向人民法院提起诉讼。"可知，检察院向税务局送达检察建议后，行政机关不依法履行职责的，检察院才能依法向法院提起诉讼，并不能直接向法院提起诉讼。因此，A项错误。

B项：根据《公益诉讼案件解释》第11条的规定："人民法院审理第二审案件，由提起公益诉讼的人民检察院派员出庭，上一级人民检察院也【可以】派员参加。"可知，上一级检察院是"可以"派员参加，而非"应当"派员参加。因此，B项错误。

C项：根据《公益诉讼案件解释》第24条的规定："在行政公益诉讼案件审理过程中，被告纠正违法行为或者依法履行职责而使人民检察院的诉讼请求全部实现，人民检察院【撤回起诉】的，人民法院应当裁定准许；人民检察院变更诉讼请求，请求【确认原行政行为违法】的，人民法院应当判决确认违法。"可知，当税务局依法履行职责使检察院的诉讼请求全部实现时，检察院既可以选择撤诉也可以选择变更诉讼请求，请求确认原行政行为违法。因此，C项错误。

D项：根据《公益诉讼案件解释》第12条的规定："人民检察院提起公益诉讼案件判决、裁定发生法律效力，被告不履行的，人民法院应当移送执行。"可知，区税务局不履行生效裁判，法院应当移送执行。因此，D项正确。

综上所述，本题答案为D项。

第二十二章 行政赔偿

参考答案

[1]CD	[2]ACD	[3]BD	[4]BD	[5]ABC
[6]AB	[7]CD	[8]ABC	[9]BC	[10]AB

一、历年真题及仿真题

（一）行政赔偿程序（诉讼）

【多选】

1 1002088

答案：C,D。

解析：本题根据新法修改原真题答案。

A项：原《行政赔偿规定》中规定，当事人在提起行政诉讼的同时一并提出行政赔偿请求应当分别立案。但2022年的新《行政赔偿规定》中删除了该内容，可知对于一并提起行政赔偿诉讼的情况不再分别立案。因此，A项错误。

B项：原《行政赔偿规定》中规定，单独受理的一审行政赔偿案件的审理期限为三个月。但在2022年新《行政赔偿规定》中删除了相关规定，可知今后行政赔偿诉讼的审理期限不再适用该特殊期限。因此，B项错误。

C项：根据《行政赔偿规定》第9条的规定："原行政行为造成赔偿请求人损害，复议决定加重损害的，复议机关与原行政行为机关为共同被告。赔偿请求人坚持对作出原行政行为机关或者复议机关提起行政赔偿诉讼，以被起诉的机关为被告，未被起诉的机关追加为第三人。"可知，赔偿请求人只对复议机关提出行政赔偿诉讼的，复议机关为被告，原机关追加为第三人。因此，C项正确。

D项：根据《行政赔偿规定》第14条第2款的规定："原告在第一审庭审终结前提起行政赔偿诉讼，符合起诉条件的，人民法院应当依法受理；原告在第一审庭审终结后、宣判前提起行政赔偿诉讼的，是否准许由人民法院决定。”可知，原告可以在提起诉讼后至法院一审判决前提起行政赔偿诉讼，但是在一审庭审终结后至一审判决前提起的，由法院决定是否准许。法院是否准许不影响原告可以依法提出。因此，D 项正确。
综上所述，本题答案为 CD 项。

（二）综合知识点

【多选】

2 1502085

答案：A,C,D。
解析：A 项：根据《行政诉讼法》第 57 条第 1 款的规定：“人民法院对起诉行政机关没有依法支付抚恤金、最低生活保障金和工伤、医疗社会保险金的案件，权利义务关系明确、不先予执行将严重影响原告生活的，可以根据原告的申请，裁定先予执行。”可知，先予执行适用于特定类型的案件，并且有不先予执行将严重影响原告生活的限制条件，本题中的案件不符合法定要求。因此，A 项错误，当选。
B 项：根据《国家赔偿法》第 15 条第 1 款的规定：“人民法院审理行政赔偿案件，赔偿请求人和赔偿义务机关对自己提出的主张，应当提供证据。”可知，行政赔偿案件举证责任原则上为“谁主张、谁举证。”房管局的行为造成损失是孙某主张的，故应当由孙某举证。因此，B 项正确，不当选。
C 项：原《行政赔偿规定》规定，当事人在提起行政诉讼的同时一并提出行政赔偿请求应当分别立案。但 2022 年的新《行政赔偿规定》删除了该内容，可知对于一并提起行政赔偿诉讼的情况不再分别立案，但是也存在分别立案的情况，法院应当根据案件的具体情况合并审理，或者单独审理，C 项说法过于绝对。因此，C 项错误，当选。
D 项：根据《民法典》第 222 条第 2 款的规定：“因登记错误，造成他人损害的，登记机构应当承担赔偿责任。登记机构赔偿后，可以向造成登记错误的人追偿。”以及《国家赔偿法》第 4 条的规定：“行政机关及其工作人员在行使行政职权时有下列侵犯财产权情形之一的，受害人有取得赔偿的权利：（一）违法实施罚款、吊销许可证和执照、责令停产停业、没收财物等行政处罚的；（二）违法对财产采取查封、扣押、冻结等行政强制措施的；（三）违法征收、征用财产的；（四）造成财产损害的其他违法行为。”可知，房管局在审查环节未发现房产证原件和房产抵押合同中关于房屋面积的差异，导致登记错误，造成了孙某的财产损失，属于国家赔偿的范围。因此，D 项错误，当选。
综上所述，本题为选非题，答案为 ACD 项。

3 1302084

答案：B,D。
解析：AB 项：根据《国家赔偿法》第 7 条第 1 款的规定：“行政机关及其工作人员行使行政职权侵犯公民、法人和其他组织的合法权益造成损害的，该行政机关为赔偿义务机关。”可知，强制拆除的行为是区政府作出的，故应以区政府为赔偿义务机关，不能向区规划局提出赔偿请求。因此，A 项错误，B 项正确。
C 项：修改后的《国家赔偿法》，在赔偿请求人向赔偿义务机关提出赔偿请求的程序中，不再将违法确认作为一项前置程序。因此，C 项错误。
D 项：根据《国家赔偿法》第 15 条第 1 款的规定：“人民法院审理行政赔偿案件，赔偿请求人和赔偿义务机关对自己提出的主张，应当提供证据。”可知，该公司作为赔偿请求人也要对自己的主张提供证据。因此，D 项正确。
综上所述，本题答案为 BD 项。

二、模拟训练

【多选】

4 62005152

答案：B,D。
解析：A 项：根据《国家赔偿法》第 2 条第 1 款的规定：“国家机关和国家机关工作人员行使职权，有本法规定的侵犯公民、法人和其他组织【合法权益】的情形，造成损害的，受害人有依照本法取得国家赔偿的权利。”可知，《国家赔偿法》保护的是公民、法人和其他组织的“合法”权益，赔偿的前提是“合法”权益遭到损害。本案中，祁县华誉纤维厂在未取得安全生产许可证的情况下，生产危险化学品二硫化碳，其行为违反国家禁止性规定，因而不存在合法利益，故祁县人民政府无须赔偿。因此，A 项错误。

B 项：根据《国家赔偿法》第 9 条第 2 款的规定："赔偿请求人要求赔偿，应当先向赔偿义务机关提出，也可以在申请行政复议或者提起行政诉讼时一并提出。"可知，华誉纤维厂对祁县政府的具体行政行为不服提起诉讼时，可一并提出赔偿请求。因此，B 项正确。

C 项：根据《国家赔偿法》第 13 条第 3 款的规定："赔偿义务机关决定不予赔偿的，应当自作出决定之日起十日内书面通知赔偿请求人，并说明不予赔偿的理由。"可知，祁县政府决定不予赔偿的，应当说明不予赔偿的理由。因此，C 项错误。

D 项：根据《国家赔偿法》第 15 条第 1 款的规定："人民法院审理行政赔偿案件，赔偿请求人和赔偿义务机关对自己提出的主张，应当提供证据。"可知，华誉纤维厂应对自己提出的赔偿主张提供证据。因此，D 项正确。

综上所述，本题答案为 BD 项。

5　62205181

答案：A,B,C。

解析：A 项：根据《行政赔偿规定》第 11 条第 1 款的规定："行政赔偿诉讼中，原告应当对行政行为造成的损害提供证据；【因被告的原因导致原告无法举证的】，由被告承担举证责任。"可知，本案因为市政府未清点屋内财产，导致陈某举证不能，故应由市政府对损失承担举证责任。因此，A 项错误，当选。

B 项：根据《国家赔偿法》第 7 条第 1 款的规定："行政机关及其工作人员行使行政职权侵犯公民、法人和其他组织的合法权益造成损害的，该行政机关为赔偿义务机关。"可知，陈某就拆除行为申请赔偿，而强制拆除的行为是由市政府作出的，应以市政府为赔偿义务机关，不能向市规划局提出赔偿请求。因此，B 项错误，当选。

C 项：根据《行政强制法》第 35 条的规定："行政机关作出强制执行决定前，应当事先催告当事人履行义务……"可知，市政府向陈某送达拆除催告书是必经的前置程序。因此，C 项错误，当选。

D 项：根据《行政强制法》第 2 条第 3 款的规定："行政强制执行，是指行政机关或者行政机关申请人民法院，对不履行行政决定的公民、法人或者其他组织，依法强制履行义务的行为。"可知，行政机关实施行政强制执行的前提之一是相对人逾期不履行行政决定。因此，D 项正确，不当选。

综上所述，本题为选非题，答案为 ABC 项。

6　62205188

答案：A,B。

解析：A 项：根据《行政复议法》第 24 条第 1 款第 1 项的规定："县级以上地方各级人民政府管辖下列行政复议案件：（一）对本级人民政府工作部门作出的行政行为不服的。"可知，复议机关应当是本级政府即乙县政府。因此，A 项正确。

B 项：根据《行政赔偿规定》第 14 条第 2 款的规定："原告在【第一审庭审终结前】提起行政赔偿诉讼，符合起诉条件的，人民法院应当依法受理；原告在第一审庭审终结后、宣判前提起行政赔偿诉讼的，是否准许由人民法院决定。"可知，本案中张某可以在一审庭审终结前提出行政赔偿请求，但是否准许由法院决定。因此，B 项正确。

C 项：在行政诉讼中未一并提出行政赔偿请求，但在诉讼中已经确认行为违法的，此时另行提起赔偿诉讼【无需赔偿义务机关先行处理】。本案中法院已认定处罚决定违法，故张某另行提起赔偿诉讼无需乙县市场监督管理局和复议机关先行处理。因此，C 项错误。

D 项：根据《国家赔偿法》第 36 条第 6 项的规定："侵犯公民、法人和其他组织的财产权造成损害的，按照下列规定处理：（六）吊销许可证和执照、责令停产停业的，赔偿停产停业期间【必要的经常性费用开支】。"可知，停业期间只有必要的经常性费用开支才可以获得赔偿，而不是所有停业损失。因此，D 项错误。

综上所述，本题答案为 AB 项。

【不定项】

7　62005048

答案：C,D。

解析：A 项：根据《国家赔偿法》第 39 条第 1 款的规定："赔偿请求人请求国家赔偿的时效为【两年】，自其知道或者应当知道国家机关及其工作人员行使职权时的行为侵犯其人身权、财产权之日起计算……"可知，赔偿请求人应当在知道或者应当知道国家机关及其工作人员行使职权时的行为侵犯其人身权、财产权之日起 2 年内请求国家赔偿。本题中，俞某于 2019 年 1 月 22 日通过判决得知拆除行为违法，所以应在 2021 年 1 月 22 日前提出赔偿申请。因此，A 项错误。

B 项：根据《行政赔偿案件规定》第 13 条第 2 款规定："行政行为已被确认为违法，并符合下列条件的，公民、法人或者其他组织可以单独提起行政赔偿诉讼：......"可知，行政行为被确认为违法是赔偿请求人单独提起行政赔偿诉讼的前提，俞某在请求赔偿前，强制拆除行为应当先被确认为违法。因此，B 项错误。

C 项：根据《国家赔偿法》第 4 条第 4 项的规定："行政机关及其工作人员在行使行政职权时有下列侵犯财产权情形之一的，受害人有取得赔偿的权利：(四)造成财产损害的其他违法行为。"可知，本案中，巧英乡政府违法拆除俞某的房屋，给俞某造成财产损失，应当对此承担赔偿责任。因此，C 项正确。

D 项：根据《国家赔偿法》第 15 条第 1 款的规定："人民法院审理行政赔偿案件，赔偿请求人和赔偿义务机关对自己提出的主张，应当提供证据。"可知，俞某作为赔偿请求人，应当对自己的主张承担举证责任。因此，D 项正确。

综上所述，本题答案为 CD 项。

8 62005153

答案：A,B,C。

解析：A 项：根据《行政赔偿规定》第 13 条第 2 款的规定："行政行为已被确认为违法，并符合下列条件的，公民、法人或者其他组织可以单独提起行政赔偿诉讼……"可知，若行政行为在诉讼中被确认违法，则赔偿申请人可以在符合条件的情况下单独提起行政赔偿诉讼。本案中，三机关的行为已通过行政诉讼程序确认违法，当事人提起行政赔偿诉讼无需经过赔偿义务机关先行处理程序。因此，A 项正确。

B 项：根据《国家赔偿法》第 7 条第 2 款的规定："两个以上行政机关【共同行使行政职权】时侵犯公民、法人和其他组织的合法权益造成损害的，共同行使行政职权的行政机关为共同赔偿义务机关。"可知，两个以上行政机关共同实施行政行为造成侵害，才是共同赔偿义务机关，共同承担赔偿责任。但本案三被告的行政行为是在各自不同的时间内独立行使职权作出的。因此，原告以三机关为共同赔偿义务机关提起赔偿诉讼的做法错误。因此，B 项正确。

C 项：根据《国家赔偿法》第 11 条的规定："赔偿请求人根据受到的不同损害，可以【同时提出数项赔偿要求】。"因此，C 项正确。

D 项：根据《行政诉讼法》第 62 条的规定："人民法院对行政案件宣告判决或者裁定前，原告申请撤诉的，或者被告改变其所作的行政行为，原告同意并申请撤诉的，是否准许，由人民法院裁定。"可知，法院不是应当裁定准许，而是由法院进行判断后裁定是否准许。因此，D 项错误。

综上所述，本题答案为 ABC 项。

9 62105088

答案：B,C。

解析：AB 项：根据《国家赔偿法》第 3 条第 4 项的规定："行政机关及其工作人员在行使行政职权时有下列侵犯人身权情形之一的，受害人有取得赔偿的权利：(四)违法使用武器、警械造成公民身体伤害或者死亡的。"以及第 16 条第 1 款的规定："赔偿义务机关赔偿损失后，应当责令有故意或者重大过失的工作人员或者受委托的组织或者个人承担部分或者全部赔偿费用。"可知，民警王某违法使用武器造成胡某身体伤害，应由县公安局承担赔偿责任，县公安局赔偿损失后，可以依法向王某追偿。因此，A 项正确，不当选；B 项错误，当选。

CD 项：根据《国家赔偿法》第 8 条的规定："经复议机关复议的，最初造成侵权行为的行政机关为赔偿义务机关，但复议机关的【复议决定加重损害】的，复议机关【对加重的部分履行赔偿义务】。"可知，县公安局为赔偿义务机关，县政府作为复议机关加重损害的，应对加重的部分承担赔偿责任。胡某既可以向作出原行政行为的机关主张赔偿，也可以向复议机关主张加重损害部分的赔偿，所以胡某可以向两者中的任何一个要求赔偿。因此，C 项错误，当选；D 项正确，不当选。

综上所述，本题为选非题，答案为 BC 项。

10 62205183

答案：A,B。

解析：A 项：根据《行政诉讼法》第 26 条第 2 款的规定："经复议的案件……复议机关【改变】原行政行为的，【复议机关】是被告。"可知，本案中乙县政府变更原处罚决定，属于复议改变的情形，应当以复议机关乙县政府为被告。因此，A 项正确。

B 项：根据《行政赔偿规定》第 14 条第 1 款的规定："原告提起行政诉讼时未一并提起行政赔偿诉讼，人民法院审查认为可能存在行政赔偿的，【应当告知】原告可以一并提起行政赔偿诉讼。"可知，本案中王某未一并提起行政赔偿诉讼，故法院审查认为可能存在行政赔偿的，应告知其可以一并提起。因此，B 项正确。

C 项：根据《国家赔偿法》第 35 条的规定："有本法第三条或者第十七条规定情形之一，致人精神损害……【造成严重后果】的，应当支付相应的精神损害抚慰金。"以及第 3 条的规定："行政机关及其工作人员在行使行政职权时有下列侵犯【人身权】情形之一的，受害人有取得赔偿的权利……"可知，只有侵害人身权致人精神损害，且造成严重后果的才适用精神损害抚慰金。本案属于侵害财产权的情况，不适用精神损害抚慰金。因此，C 项错误。

D 项：根据《行诉解释》第 136 条第 6 款的规定："原行政行为被撤销、确认违法或者无效，给原告造成损失的，应当由作出原行政行为的行政机关承担赔偿责任；因复议决定加重损害的，由复议机关对【加重部分】承担赔偿责任。"可知，复议机关乙县政府与乙县公安局承担按份责任，其仅对加重的 300 元罚款承担赔偿责任。因此，D 项错误。

综上所述，本题答案为 AB 项。

第二十三章 司法赔偿

参考答案

[1] D	[2] ABD	[3] C	[4] C	[5] B
[6] A	[7] C	[8] D	[9] A	[10] AD
[11] ABCD	[12] BC	[13] BC	[14] BC	[15] AB
[16] ABCD	[17] C	[18] BCD	[19] AD	[20] C
[21] C	[22] ACD	[23] CD	[24] BC	[25] ABC

一、历年真题及仿真题

（一）司法赔偿范围

【单选】

1 1002050

答案：D。

解析：根据《国家赔偿法》第 17 条的规定："行使侦查、检察、审判职权的机关以及看守所、监狱管理机关及其工作人员在行使职权时有下列侵犯人身权情形之一的，受害人有取得赔偿的权利：（一）违反刑事诉讼法的规定对公民采取拘留措施的，或者依照刑事诉讼法规定的条件和程序对公民采取拘留措施，但是拘留时间超过刑事诉讼法规定的时限，其后决定撤销案件、不起诉或者判决宣告无罪终止追究刑事责任的；（二）对公民采取逮捕措施后，决定撤销案件、不起诉或者判决宣告无罪终止追究刑事责任的；（三）依照审判监督程序再审改判无罪，原判刑罚已经执行的……"可知，《国家赔偿法》对于限制人身自由的司法赔偿范围仅限于拘留、逮捕及已经执行刑罚的情形，取保候审是责令相对人提供保证人或缴纳保证金，保证随传随到的强制措施，并不属于《国家赔偿法》规定的赔偿范围。

ABCD 项：本案中，王某再审认定为无罪，则应当对其在拘留与逮捕期间人身自由受到的侵害予以赔偿。对王某的赔偿期间应由 2009 年 2 月 10

日王某被刑事拘留开始计算，至5月10日县公安局变更强制措施，对王某采取取保候审措施为止。一审中县法院判决王某3年有期徒刑缓期执行，说明刑罚尚未执行，故对此部分国家无需赔偿。因此，D项正确，ABC项错误。
综上所述，本题答案为D项。
【另，这道题是10年的题，在旧法时，不区分是否超期羁押，从拘留之日起赔偿，不仅只赔偿超期羁押的部分。但根据12年修改的新《国家赔偿法》，对于刑事拘留的赔偿限于违法的刑事拘留以及合法刑事拘留但是超期羁押的。对于未超期羁押的合法的刑事拘留，是不实行国家赔偿的。】

【多选】

2 1702085

答案：A,B,D。
解析：A项：根据《司法赔偿解释》第2条的规定："违法采取对妨害诉讼的强制措施，包括以下情形：（一）对没有实施妨害诉讼行为的人采取罚款或者拘留措施的；（二）超过法律规定金额采取罚款措施的；（三）超过法律规定期限采取拘留措施的；（四）【对同一妨害诉讼的行为重复采取罚款、拘留措施的】；（五）其他违法情形。"可知，A项情形符合第（四）项。因此，A项正确。
B项：根据《司法赔偿解释》第5条第1项的规定："对判决、裁定及其他生效法律文书执行错误，包括以下情形：（一）执行未生效法律文书的。"可知，执行未生效法律文书的，属于对判决、裁定及其他生效法律文书执行错误。因此，B项正确。
C项：根据《司法赔偿解释》第9条的规定："受害人对损害结果的发生或者扩大也有过错的，应当根据其过错对损害结果的发生或者扩大所起的作用等因素，依法减轻国家赔偿责任。"可知，受害人对损害结果的发生或者扩大也有过错的，国家减轻赔偿责任而非不承担赔偿责任。因此，C项错误。
D项：根据《司法赔偿解释》第7条第5项的规定："具有下列情形之一的，国家不承担赔偿责任：（五）因不可抗力、正当防卫和紧急避险造成损害后果的。"可知，因不可抗力、正当防卫和紧急避险造成损害后果的，国家不承担赔偿责任。因此，D项正确。
综上所述，本题答案为ABD项。

（二）赔偿义务机关

【单选】

3 1901033

答案：C。
解析：根据《国家赔偿法》第21条第4款的规定："再审改判无罪的，作出原生效判决的人民法院为赔偿义务机关。二审改判无罪，以及二审发回重审后作无罪处理的，作出一审有罪判决的人民法院为赔偿义务机关。"
ABCD项：刑事司法赔偿义务机关的确定遵循后置原则，最后一个作出错误法律文书的机关为赔偿义务机关。本案中，县法院是最后一个作出有罪决定（错误法律文书）的司法机关，因此，县法院是赔偿义务机关。因此，ABD项错误，C项正确。
综上所述，本题答案为C项。

（三）综合知识点

【单选】

4 2201133

答案：C。
解析：A项：根据《国家赔偿法》第34条第1款第1项的规定："侵犯公民生命健康权的，赔偿金按照下列规定计算：（一）造成身体伤害的，应当支付医疗费、护理费，以及赔偿因误工减少的收入……"可知，伤情鉴定费不属于法定国家赔偿范围。因此，A项错误。
B项：根据《国家赔偿法》第39条第1款的规定："赔偿请求人请求国家赔偿的时效为【两年】，自其知道或者应当知道国家机关及其工作人员行使职权时的行为侵犯其人身权、财产权之日起计算，但【被羁押等限制人身自由期间不计算在内】……"可知，徐某被限制人身自由期间不计算在请求时限内，2021年3月23日徐某才出狱，故请求时限自2021年3月23日起算，徐某于2021年6月28日申请国家赔偿未超过2年时效。因此，B 项错误。

C 项：根据《国家赔偿法》第 21 条第 1 款的规定："行使侦查、检察、审判职权的机关以及看守所、【监狱管理机关及其工作人员】在行使职权时侵犯公民、法人和其他组织的合法权益造成损害的，该机关为赔偿义务机关。"可知，监狱管理人员行使职权的过程中侵犯徐某人身权的，监狱管理机关为赔偿义务机关，故应向监狱管理机关提出赔偿请求。因此，C 项正确。

D 项：根据《国家赔偿法》第 17 条第 4 项的规定："行使侦查、检察、审判职权的机关以及看守所、【监狱管理机关】及其工作人员在行使职权时有下列侵犯人身权情形之一的，受害人有取得赔偿的权利：（四）刑讯逼供或者以【殴打】、虐待等行为或者唆使、放纵他人以殴打、虐待等行为造成公民身体伤害或者死亡的。"可知，本案属于司法赔偿的范围，不可提起行政赔偿诉讼。因此，D 项错误。

综上所述，本题答案为 C 项。

5 1901034

答案：B。

解析：A 项：根据《国家赔偿法》第 21 条第 4 款的规定："……二审改判无罪，以及二审发回重审后作无罪处理的，作出一审有罪判决的人民法院为赔偿义务机关。"同时根据赔偿义务机关"谁最后作有罪决定，谁赔偿"的后置原理，可知，本题应当由最终判处当事人有罪的市中院赔偿，即市中院为赔偿义务机关。因此，A 项错误。

B 项：根据《国家赔偿法》第 23 条第 1 款的规定："赔偿义务机关应当自收到申请之日起两个月内，作出是否赔偿的决定……"可知，赔偿义务机关先行处理期限是收到受害人申请之日起 2 个月。因此，B 项正确。

C 项：根据《国家赔偿法》第 24 条第 2、3 款的规定："赔偿请求人对赔偿的方式、项目、数额有异议的，或者赔偿义务机关作出不予赔偿决定的，赔偿请求人可以自赔偿义务机关作出赔偿或者不予赔偿决定之日起三十日内，向赔偿义务机关的上一级机关申请复议。赔偿义务机关是人民法院的，赔偿请求人可以依照本条规定向其上一级人民法院赔偿委员会【申请作出赔偿决定】。"可知，当赔偿义务机关为法院时，司法赔偿程序应当遵循"两步走"的程序步骤。赔偿义务机关先行处理，对赔偿决定不服的，直接向上一级法院赔偿委员会申请作出赔偿决定，而非申请复议。因此，C 项错误。

D 项：根据《国家赔偿法》第 33 条的规定："侵犯公民人身自由的，每日赔偿金按照国家上年度职工日平均工资计算。"另外，根据《刑事赔偿解释》第 21 条第 1 款的规定："国家赔偿法第三十三条、第三十四条规定的上年度，是指赔偿义务机关作出赔偿决定时的上一年度；复议机关或者人民法院赔偿委员会改变原赔偿决定，按照新作出决定时的上一年度国家职工平均工资标准计算人身自由赔偿金。"可知，对马某的赔偿金标准应按照赔偿义务机关作出赔偿决定时的上一年度国家职工日平均工资计算，马某 2015 年才提出赔偿申请，那么赔偿义务机关作出赔偿决定最早也是 2015 年，不可能是按照 2010 年度国家职工日平均工资计算。因此，D 项错误。

综上所述，本题答案为 B 项。

6 1702050

答案：A。

解析：A 项：根据《国家赔偿法》第 21 条第 3 款的规定："对公民采取逮捕措施后决定撤销案件、不起诉或者判决宣告无罪的，作出逮捕决定的机关为赔偿义务机关。"可知，朱某逮捕后被宣告无罪，逮捕决定由市检察院作出，因此，赔偿义务机关为市检察院，因此，A 项正确。

B 项：根据《国家赔偿法》第 12 条第 2 款的规定："赔偿请求人书写申请书确有困难的，可以委托他人代书；也可以口头申请，由赔偿义务机关记入笔录。"可知，选项中说朱某不能以口头方式提出赔偿申请的说法错误，因此，B 项错误。

C 项：根据《国家赔偿法》第 35 条的规定："有本法第三条或者第十七条规定情形之一，致人精神损害的，应当在侵权行为影响的范围内，为受害人消除影响，恢复名誉，赔礼道歉；造成严重后果的，应当支付相应的精神损害抚慰金。"又根据《国赔精神损害解释》第 9 条的规定："精神损害抚慰金的具体数额，应当在兼顾社会发展整体水平的同时，参考下列因素合理确定：（一）精神受到损害以及造成严重后果的情况；（二）侵权行为的目的、手段、方式等具体情节；（三）侵权机关及其工作人员的违法、过错程度、原因力比例；（四）原错判罪名、刑罚轻重、羁押时间；（五）受害人的职业、影响范围；（六）纠错的事由以及过程；（七）其他应当考虑的因素。”可知，计算精神抚慰金要综合考虑诸多因素，不仅是限制人身自由的时间，“唯一”的表述过于绝对，因此，C 项错误。

D 项：根据《国家赔偿法》第 33 条的规定：“侵犯公民人身自由的，每日赔偿金按照国家上年度职工日平均工资计算。”又根据《刑事赔偿解释》第 21 条第 1 款的规定：“国家赔偿法第三十三条、第三十四条规定的上年度，是指赔偿义务机关作出赔偿决定时的上一年度；复议机关或者人民法院赔偿委员会改变原赔偿决定，按照新作出决定时的上一年度国家职工平均工资标准计算人身自由赔偿金。”可知，上年度是指作出赔偿决定时的上年度。2016 年申请国家赔偿，所以每日赔偿金的标准至少是按照 2015 年的标准，题目中说按照 2014 年的标准的说法错误，因此，D 项错误。

综上所述，本题答案为 A 项。

7 1602050

答案：C。

解析：A 项：根据《国家赔偿法》第 21 条第 3 款的规定：“对公民采取逮捕措施后决定撤销案件、不起诉或者判决宣告无罪的，作出逮捕决定的机关为赔偿义务机关。”可知，本题的赔偿义务机关为检察院，而非公安局。因此，A 项错误。

B 项：根据《国家赔偿法》第 23 条第 1 款的规定：“赔偿义务机关应当自收到申请之日起两个月内，作出是否赔偿的决定。赔偿义务机关作出赔偿决定，应当充分听取赔偿请求人的意见，并可以与赔偿请求人就赔偿方式、赔偿项目和赔偿数额依照本法第四章的规定进行协商。”可知，赔偿方式、项目和数额均可协商。因此，B 项错误。

C 项：根据《最高人民法院关于取保候审期间国家不承担赔偿责任问题的批复》规定，在取保候审期间人身自由虽受到部分限制，但【实际上没有被羁押】，根据国家赔偿法的有关规定，宣告无罪后，【取保候审期间国家不承担赔偿责任】。因此，C 项正确。

D 项：根据《国家赔偿法》第 33 条的规定：“侵犯公民人身自由的，每日赔偿金按照国家上年度职工日平均工资计算。”以及《刑事赔偿解释》第 21 条第 1 款规定：“国家赔偿法第三十三条、第三十四条规定的上年度，是指赔偿义务机关作出赔偿决定时的上一年度；复议机关或者人民法院赔偿委员会改变原赔偿决定，按照新作出决定时的上一年度国家职工平均工资标准计算人身自由赔偿金。”可知，对方某的赔偿金标准应按照作出赔偿决定时的上一年度的职工日平均工资计算，而本题 2014 年才申请赔偿，不会以 2012 年的标准计算。因此，D 项错误。

综上所述，本题答案为 C 项。

8 1202050

答案：D。

解析：A 项：根据《国家赔偿法》第 21 条第 4 款的规定：“再审改判无罪的，作出原生效判决的人民法院为赔偿义务机关。二审改判无罪，以及二审发回重审后作无罪处理的，作出一审有罪判决的人民法院为赔偿义务机关。”本题二审改判无罪，所以赔偿义务机关应为一审法院即县法院。因此，A 项错误。

B 项：2012 年的《国家赔偿法》取消了确认违法的程序。因此，B 项错误。

C 项：根据《国家赔偿法》第 39 条第 1 款的规定：“赔偿请求人请求国家赔偿的时效为两年，自其知道或者应当知道国家机关及其工作人员行使职权时的行为侵犯其人身权、财产权之日起计算，但被羁押等限制人身自由期间不计算在内……”可知，李某请求国家赔偿的时效自其知道或应当知道国家机关及其工作人员行使职权时的行为侵犯其人身权、财产权之日起计算。因此，C 项错误。

D 项：根据《国家赔偿法》第 23 条第 1 款的规定：“赔偿义务机关应当自收到申请之日起两个月内，作出是否赔偿的决定。赔偿义务机关作出赔偿决定，应当充分听取赔偿请求人的意见，并可以与赔偿请求人就赔偿方式、赔偿项目和赔偿数额依照本法第四章的规定进行协商。”可知，赔偿义务机关可以与李某就赔偿方式进行协商。因此，D 项正确。

综上所述，本题答案为 D 项。

9 1102045

答案：A。

解析：A 项：根据《国赔案件程序规定》第 1 条的规定：“赔偿请求人向赔偿委员会申请作出赔偿决定，应当递交赔偿申请书【一式四份】。赔偿请求人书写申请书确有困难的，可以口头申请。口头提出申请的，人民法院应当填写《申请赔偿登记表》，由赔偿请求人签名或者盖章。”因此，A 项正确。

B 项：根据《国赔案件程序规定》第 5 条第 2 款的规定：“赔偿义务机关、复议机关可以委托本机关工作人员一至二人作为代理人。”可知，县公安局不可以委托律师作为代理人，代理人应为本机关工作人员。因此，B 项错误。

C 项：根据《国家赔偿法》第 26 条的规定：“人民法院赔偿委员会处理赔偿请求，赔偿请求人和赔偿义务机关对自己提出的主张，应当提供证据。被羁押人在羁押期间死亡或者丧失行为能力的，赔偿义务机关的行为与被羁押人的死亡或者丧失行为能力是否存在因果关系，赔偿义务机关应当提供证据。”可知，本题不存在被羁押人在羁押期间死亡或者丧失行为能力的例外情形，所以应由李某对其损失与刑事拘留行为之间是否存在因果关系进行证明。因此，C 项错误。

D 项：根据《国家赔偿法》第 30 条第 1 款的规定：“赔偿请求人或者赔偿义务机关对赔偿委员会作出的决定，认为确有错误的，可以向上一级人民法院赔偿委员会提出申诉。”可知，认为决定有错误的，是向上一级人民法院赔偿委员会提出申诉，而不是申请复议，因此，D 项错误。

综上所述，本题答案为 A 项。

【多选】

10 2201055

答案：A,D。

解析：A 项：根据《国家赔偿法》第 21 条第 3 款的规定：“对公民采取逮捕措施后决定撤销案件、不起诉或者判决宣告无罪的，【作出逮捕决定的机关为赔偿义务机关】。”可知，县检察院是最后作出逮捕决定的机关，为赔偿义务机关。因此，A 项正确。

B 项：根据《国赔解释》第 6 条第 1 款的规定：“赔偿法第二十六条关于‘侵犯公民人身自由的，每日的赔偿金按照国家上年度职工日平均工资计算’中规定的上年度，应为赔偿义务机关、复议机关或者人民法院赔偿委员会【作出赔偿决定时】的上年度……”可知，本案尚未作出赔偿决定，故无从得知应按哪一年的国家职工日平均工资计算赔偿金。因此，B 项错误。

C 项：根据《国家赔偿法》第 24 条第 2 款的规定：“赔偿请求人对赔偿的方式、项目、数额有异议的，或者赔偿义务机关作出不予赔偿决定的，赔偿请求人可以自赔偿义务机关作出赔偿或者不予赔偿决定之日起三十日内，向【赔偿义务机关】的上一级机关申请复议。”可知，本案赔偿义务机关为县检察院，应向县检察院的上一级机关申请复议，而不是县公安局的上一级公安机关。因此，C 项错误。

D 项：根据《国赔精神损害解释》第 8 条的规定：“致人精神损害，造成严重后果的，精神损害抚慰金一般应当在国家赔偿法第三十三条、第三十四条规定的人身自由赔偿金、生命健康赔偿金总额的【百分之五十以下】（包括本数）酌定；后果特别严重，或者虽然不具有本解释第七条第二款规定情形，但是确有证据证明前述标准不足以抚慰的，可以在百分之五十以上酌定。”又根据第 7 条第 1 款第 1 项的规定：“有下列情形之一的，可以认定为国家赔偿法第三十五条规定的‘造成严重后果’：（一）无罪或者终止追究刑事责任的人被羁押【六个月以上】。”第 7 条第 2 款规定：“受害人无罪被羁押十年以上…可以认定为后果特别严重。”可知，方某从 2020 年 9 月 25 日被羁押至 2022 年 5 月 11 日，被羁押超过六个月，不足十年，属于造成严重后果的情形，应当在人身自由赔偿金、生命健康赔偿金总额的百分之五十以下酌定。方某申请 6 万元精神损害赔偿金，超过了

请求人生自由损害赔偿金 10 万元的 50%。故方某的精神损害赔偿请求不能得到全面支持。因此，D 项正确。

综上所述，本题答案为 AD 项。

11 2101088

答案：A,B,C,D。

解析：AD 项：根据《国家赔偿法》第 17 条的规定："行使侦查、检察、审判职权的机关以及看守所、监狱管理机关及其工作人员在行使职权时有下列侵犯人身权情形之一的，受害人有取得赔偿的权利：(一) 违反刑事诉讼法的规定对公民采取拘留措施的，或者依照刑事诉讼法规定的条件和程序对公民采取拘留措施，但是拘留时间超过刑事诉讼法规定的时限，其后决定撤销案件、不起诉或者判决宣告无罪终止追究刑事责任的；(二) 对公民采取逮捕措施后，决定撤销案件、不起诉或者判决宣告无罪终止追究刑事责任的；(三) 依照审判监督程序再审改判无罪，原判刑罚已经执行的……" 可知，《国家赔偿法》对于限制人身自由的司法赔偿范围仅限于拘留、逮捕及已经执行刑罚的情形，改判后甲仍然构成抢夺罪，其之前的逮捕措施并没有错误，因此逮捕期间无需赔偿。而甲被判处缓刑，人身自由并没有完全受限，也不需要赔偿，因此 AD 项正确。

B 项：根据《国家赔偿法》第 21 条第 4 款的规定："再审改判无罪的，作出原生效判决的人民法院为赔偿义务机关。二审改判无罪，以及二审发回重审后作无罪处理的，作出一审有罪判决的人民法院为赔偿义务机关。" 可知，中院是最后一个作出有罪认定的机关，应当向其申请赔偿。因此，B 项正确。

C 项：我国国家赔偿的范围采取了明列的方式，根据《国家赔偿法》第 34、35、36 条的规定可知赔偿范围并不包含律师费，因此，C 项正确。

综上所述，本题的答案为 ABCD 项。

12 2101087

答案：B,C。

解析：A 项：根据《国赔精神损害解释》第 8 条的规定："致人精神损害，造成严重后果的，精神损害抚慰金一般应当在国家赔偿法第三十三条、第三十四条规定的人身自由赔偿金、生命健康赔偿金总额的百分之五十以下（包括本数）酌定；后果特别严重，或者虽然不具有本解释第七条第二款规定情形，但是确有证据证明前述标准不足以抚慰的，可以在百分之五十以上酌定。" 可知，精神损害抚慰金一般应在人身自由赔偿金的 50% 以下，而非 2 倍以上。因此，A 项错误。

B 项：根据《国家赔偿法》第 21 条第 3 款的规定："对公民采取逮捕措施后决定撤销案件、不起诉或者判决宣告无罪的，作出逮捕决定的机关为赔偿义务机关。" 可知，赔偿义务机关的确定采后置原则，即最后作出有罪决定的机关是赔偿义务机关。本题中，县检察院批准了对康某的逮捕，但又在法院审理过程中撤回起诉，所以最后的有罪决定是县检察院作出的，故县检察院为赔偿义务机关。因此，B 项正确。

C 项：根据《国家赔偿法》第 24 条第 2 款的规定："赔偿请求人对赔偿的方式、项目、数额有异议的，或者赔偿义务机关作出不予赔偿决定的，赔偿请求人可以自赔偿义务机关作出赔偿或者不予赔偿决定之日起三十日内，向赔偿义务机关的上一级机关申请复议。" 可知，康某不服县检察院的赔偿决定的，可向上一级机关即市检察院申请复议。因此，C 项正确。

D 项：根据《国家赔偿法》第 23 条第 1 款的规定："……赔偿义务机关作出赔偿决定，应当充分听取赔偿请求人的意见，并可以与赔偿请求人就赔偿方式、【赔偿项目】和赔偿数额依照本法第四章的规定进行协商。" 可知，县检察院可以就赔偿项目与康某进行协商。因此，D 项错误。

综上所述，本题答案为 BC 项。

13 1801124

答案：B,C。

解析：ABD 项：根据《国家赔偿法》第 21 条第 4 款的规定："再审改判无罪的，作出原生效判决的人民法院为赔偿义务机关……" 可知，本案属于再审改判无罪的情形，故赔偿义务机关是作出原生效判决的法院即区法院。因此，D 项错误。

赔偿义务机关为法院时，国家赔偿的程序为二步走：第一步，承担赔偿责任的法院自身先行处理；

第二步，向上一级法院赔偿委员会申请司法赔偿。由于本案赔偿义务机关为区法院，所以，“向区检察院的上一级检察院申请复议”的表述是不正确的。因此，A项错误。在区法院决定不予赔偿后，甲可以向上一级法院，也就是市中级法院赔偿委员会申请赔偿。因此，B项正确。

C项：根据《国家赔偿法》第17条第2项的规定：“行使侦查、检察、审判职权的机关以及看守所、监狱管理机关及其工作人员在行使职权时有下列侵犯人身权情形之一的，受害人有取得赔偿的权利：（二）对公民采取逮捕措施后，决定撤销案件、不起诉或者判决宣告无罪终止追究刑事责任的。”可知，区法院免于追究甲的刑事责任，所以一审判决后，对甲不存在实际羁押，不需要赔偿，但是一审判决前检察院对甲采取了逮捕措施，直至判决前，甲处于被羁押的状态，对于这段时间的实际羁押，国家需要承担赔偿责任，法院赔偿委员会不予赔偿的理由不符合法律规定。因此，C项正确。

综上所述，本题答案为BC项。

14 1801084

答案：B,C。

解析：AB项：根据《国家赔偿法》第21条第4款的规定：“……二审改判无罪，以及二审发回重审后作无罪处理的，作出一审有罪判决的人民法院为赔偿义务机关。”本案属于“二审改判无罪”情形，故作出一审有罪判决的法院即区法院为赔偿义务机关。因此，A项正确，不当选；B项错误，当选。

C项：根据《国家赔偿法》第17条第2项的规定：“行使侦查、检察、审判职权的机关以及看守所、监狱管理机关及其工作人员在行使职权时有下列侵犯人身权情形之一的，受害人有取得赔偿的权利：（二）对公民采取逮捕措施后，决定撤销案件、不起诉或者判决宣告无罪终止追究刑事责任的。”可知，本案中甲市中级法院最终判决曹某无罪，所以区法院的有罪判决是错误的，曹某受到了实际羁押（刑事拘留和批捕），故国家应当承担赔偿责任。因此，C项错误，当选。

D项：根据《国家赔偿法》第22条第2款的规定：“赔偿请求人要求赔偿，应当先向赔偿义务机关提出。”可知，司法赔偿的程序需遵循赔偿义务机关先行处理原则。因此，D项正确，不当选。

综上所述，本题为选非题，答案为BC项。

15 1202083

答案：A,B。

解析：AB项：根据《国家赔偿法》第21条第4款的规定：“再审改判无罪的，作出原生效判决的人民法院为赔偿义务机关。二审改判无罪，以及二审发回重审后作无罪处理的，作出一审有罪判决的人民法院为赔偿义务机关。”可知，本题属于二审发回重审后作无罪处理的案件，因此作出一审有罪判决的人民法院即区法院为赔偿义务机关。因此，AB项错误，当选。

C项：根据《国家赔偿法》第22条第1、2款的规定：“赔偿义务机关有本法第十七条、第十八条规定情形之一的，应当给予赔偿。赔偿请求人要求赔偿，应当先向赔偿义务机关提出。”可知，本案中的赔偿义务机关是区法院，方某应当先向区法院提出赔偿请求。因此，C项正确，不当选。

D项：根据《国家赔偿法》第21条第3款的规定：“对公民采取逮捕措施后决定撤销案件、不起诉或者判决宣告无罪的，【作出逮捕决定的机关】为赔偿义务机关。”可知，若区检察院在审查起诉阶段决定撤销案件，作出逮捕决定的机关即区检察院为赔偿义务机关。因此，D项正确，不当选。

综上所述，本题为选非题，答案为AB项。

【不定项】

16 2201130

答案：A,B,C,D。

解析：A项：根据《国家赔偿法》第19条第3项的规定：“属于下列情形之一的，国家【不承担】赔偿责任：（三）依照刑事诉讼法第十五条、第一百七十三条第二款（现为第177条第2款）、第二百七十三条第二款、第二百七十九条规定不追究刑事责任的人被羁押的。”以及《刑事诉讼法》第177条第2款的规定：“对于【犯罪情节轻微，依照刑法规定不需要判处刑罚或者免除刑罚的】，人民检察院可以作出不起诉决定。”可知，被羁押后检察院作出酌定不起诉决定的，国家不承担赔偿责任，故不予赔偿的决定正确。因此，A 项正确。

B 项：根据《国家赔偿法》第 21 条第 3 款的规定："对公民采取逮捕措施后决定撤销案件、不起诉或者判决宣告无罪的，【作出逮捕决定的机关】为赔偿义务机关。"可知，甲被县检察院批准逮捕后，县检察院作出不起诉决定，赔偿义务机关为作出逮捕决定的县检察院。因此，B 项正确。

C 项：根据《国家赔偿法》第 24 条第 2 款的规定："赔偿请求人对赔偿的方式、项目、数额有异议的，或者赔偿义务机关作出不予赔偿决定的，赔偿请求人可以自赔偿义务机关作出赔偿或者不予赔偿决定之日起三十日内，【向赔偿义务机关的上一级机关申请复议】。"因此，甲对赔偿决定不服的，可以向上一级机关申请复议。因此，C 项正确。

D 项：根据《国家赔偿法》第 29 条第 1、2 款的规定："中级以上的人民法院设立赔偿委员会，由人民法院【三名以上审判员】组成，组成人员的人数应当为单数。赔偿委员会作赔偿决定，实行【少数服从多数】的原则。"因此，D 项正确。

综上所述，本题答案为 ABCD 项。

【本题错误率较高，在此进一步解释：A 选项中"检察院认为甲犯罪情节轻微，不需要判处刑罚，遂作出不起诉决定"，即刑诉中所学的酌定不起诉情况，归属于"免罪"情形（注意不是无罪），免罪只赔偿判决后的羁押、判决前的不赔，"赔后不赔前"，因此本案是不赔的。BC 选项中，尽管结果是不赔，但当事人仍有申请赔偿的权利，还是可以申请司法赔偿。除此之外，均为常规考点，正常作答即可。】

17 1502100

答案：C。

解析：A 项：根据《国家赔偿法》第 21 条第 3 款的规定："对公民采取逮捕措施后决定撤销案件、不起诉或者判决宣告无罪的，作出逮捕决定的机关为赔偿义务机关。"可知，赔偿义务机关为县检察院。因此，A 项错误。

B 项：根据《国家赔偿法》第 17 条第 2 项的规定："行使侦查、检察、审判职权的机关以及看守所、监狱管理机关及其工作人员在行使职权时有下列侵犯人身权情形之一的，受害人有取得赔偿的权利：（二）对公民采取逮捕措施后，决定撤销案件、不起诉或者判决宣告无罪终止追究刑事责任的。"本案中，张某属于无罪之人受实刑，有权取得国家赔偿。因此，B 项错误。

C 项：根据《国家赔偿法》第 12 条第 4 款的规定："赔偿请求人当面递交申请书的，赔偿义务机关应当当场出具加盖本行政机关专用印章并注明收讫日期的书面凭证。申请材料不齐全的，赔偿义务机关应当当场或者在五日内一次性告知赔偿请求人需要补正的全部内容。"在本题中，张某当面递交赔偿申请书，赔偿义务机关应当场出具加盖本机关专用印章并注明收讫日期的书面凭证。因此，C 项正确。

D 项：根据《国家赔偿法》第 24 条第 2、3 款的规定："赔偿请求人对赔偿的方式、项目、数额有异议的，或者赔偿义务机关作出不予赔偿决定的，赔偿请求人可以自赔偿义务机关作出赔偿或者不予赔偿决定之日起三十日内，向赔偿义务机关的上一级机关申请复议。赔偿义务机关是人民法院的，赔偿请求人可以依照本条规定向其上一级人民法院赔偿委员会申请作出赔偿决定。"以及第 25 条第 2 款的规定："赔偿请求人不服复议决定的，可以在收到复议决定之日起三十日内向复议机关所在地的同级人民法院赔偿委员会申请作出赔偿决定；复议机关逾期不作决定的，赔偿请求人可以自期限届满之日起三十日内向复议机关所在地的同级人民法院赔偿委员会申请作出赔偿决定。"可知，如果赔偿义务机关拒绝赔偿，张某可以向县检察院的上一级机关申请复议，对复议决定不服的，可以在收到复议决定之日起三十日内向复议机关所在地的同级人民法院赔偿委员会申请作出赔偿决定，而不能未经复议直接向法院提起赔偿诉讼。因此，D 项错误。

综上所述，本题答案为 C 项。

18 1402100

答案：B,C,D。

解析：A 项：根据《国家赔偿法》第 21 条第 3 款

的规定："对公民采取逮捕措施后决定撤销案件、不起诉或者判决宣告无罪的，作出逮捕决定的机关为赔偿义务机关。"可知，沈某经县检察院批准逮捕后又被作出不起诉决定，赔偿义务机关应为县检察院。因此，A 项错误。

B 项：根据《国家赔偿法》第 23 条第 3 款的规定："赔偿义务机关决定不予赔偿的，应当自作出决定之日起十日内【书面通知】赔偿请求人，并说明不予赔偿的理由。"可知，赔偿义务机关拒绝赔偿的，应当书面通知沈某。因此，B 项正确。

C 项：根据《国家赔偿法》第 17 条第 2 项的规定："行使侦查、检察、审判职权的机关以及看守所、监狱管理机关及其工作人员在行使职权时有下列侵犯人身权情形之一的，受害人有取得赔偿的权利：（二）对公民采取逮捕措施后，决定撤销案件、不起诉或者判决宣告无罪终止追究刑事责任的。"可知，沈某的情况符合该项规定，有权获得国家赔偿。因此，C 项正确。

D 项：根据《国家赔偿法》第 24 条第 2 款的规定："赔偿请求人对赔偿的方式、项目、数额有异议的，或者赔偿义务机关作出不予赔偿决定的，赔偿请求人可以自赔偿义务机关作出赔偿或者不予赔偿决定之日起三十日内，向赔偿义务机关的上一级机关申请复议。"可知，若赔偿义务机关拒绝赔偿，沈某可以向其上一级机关申请复议。因此，D 项正确。

综上所述，本题答案为 BCD 项。

19 1302099

答案：A,D。

解析：A 项：根据《国家赔偿法》第 13 条第 3 款的规定："赔偿义务机关决定不予赔偿的，应当自作出决定之日起十日内【书面】通知赔偿请求人，并【说明不予赔偿的理由】。"因此，A 项正确。

B 项：根据《国家赔偿法》第 21 条第 4 款的规定："再审改判无罪的，作出原生效判决的人民法院为赔偿义务机关。二审改判无罪，以及二审发回重审后作无罪处理的，作出一审有罪判决的人民法院为赔偿义务机关。"本案属于二审发回重审后作无罪处理的案件，故赔偿义务机关是一审法院。又根据《国家赔偿法》第 24 条第 3 款的规定："赔偿义务机关是人民法院的，赔偿请求人可以依照本条规定向其上一级人民法院赔偿委员会申请作出赔偿决定。"赔偿请求人李某可以直接向上一级法院赔偿委员会申请作出赔偿决定，不存在申请复议。因此，B 项错误。

C 项：《国家赔偿法》第 29 条第 1 款的规定："中级以上的人民法院设立赔偿委员会，由人民法院【三名以上】审判员组成，组成人员的人数应当为单数。"可知，对李某申请赔偿案件，甲市中级法院赔偿委员会不可以指定一名审判员审理和作出决定。因此，C 项错误。

D 项：根据《国家赔偿法》第 30 条第 1 款的规定："赔偿请求人或者赔偿义务机关对赔偿委员会作出的决定，认为确有错误的，可以向上一级人民法院赔偿委员会提出申诉。"甲市中级法院赔偿委员会作出赔偿决定，赔偿义务机关认为确有错误的，可以向该省高级法院赔偿委员会提出申诉。因此，D 项正确。

综上所述，本题答案为 AD 项。

二、模拟训练

【单选】

20 62105040

答案：C。

解析：A 项：根据《国赔解释》第 4 条的规定："根据赔偿法第二十六条、第二十七条（现第 33、34 条）的规定，人民法院判处管制、有期徒刑缓刑、剥夺政治权利等刑罚的人被依法改判无罪的，国家不承担赔偿责任，但是，赔偿请求人在判决生效前【被羁押】的，依法有权取得赔偿。"可知，我国对于限制人身自由的赔偿范围采取的是实际羁押的标准，取保候审并未实际限制乙的人身自由，故 1 月 20 日至 2 月 20 日期间不属于国家赔偿的范围。因此，A 项错误。

B 项：根据《国家赔偿法》第 23 条第 1 款的规定："赔偿义务机关应当自收到申请之日起【两个月内】，作出是否赔偿的决定……"可知，甲区检察院作出赔偿决定超出法定期限。因此，B 项错误。

C 项：根据《国家赔偿法》第 35 条的规定："有

本法第三条或者第十七条规定情形之一，致人精神损害的，应当在侵权行为影响的范围内，为受害人消除影响，恢复名誉，【赔礼道歉】……”可知，如乙受到精神损害，其有权请求甲区检察院向其赔礼道歉。因此，C 项正确。

D 项：根据《国家赔偿法》第 24 条第 2 款的规定：“赔偿请求人对赔偿的方式、项目、数额有异议的，或者赔偿义务机关作出不予赔偿决定的，赔偿请求人可以自赔偿义务机关作出赔偿或者不予赔偿决定之日起三十日内，向【赔偿义务机关的上一级机关】申请复议。”又根据第 25 条第 2 款的规定：“赔偿请求人不服复议决定的，可以在收到复议决定之日起三十日内向【复议机关所在地的同级人民法院赔偿委员会】申请作出赔偿决定；复议机关逾期不作决定的，赔偿请求人可以自期限届满之日起三十日内向复议机关所在地的同级人民法院赔偿委员会申请作出赔偿决定。”可知，对不予赔偿决定，乙应当先向市检察院申请复议，对复议决定不服的，向市中院赔偿委员会申请作出赔偿决定，而不是向市中院提起赔偿诉讼。因此，D 项错误。

综上所述，本题答案为 C 项。

21 62205170

答案：C。

解析：A 项：根据《国家赔偿法》第 21 条第 4 款的规定：“再审改判无罪的，【作出原生效判决的人民法院】为赔偿义务机关……”可知，本案中赔偿义务机关为作出原生效判决的市中院，而非县法院。因此，A 项错误。

BC 项：根据《国家赔偿法》第 24 条第 2、3 款的规定：“赔偿请求人对赔偿的方式、项目、数额有异议的，或者赔偿义务机关作出不予赔偿决定的，赔偿请求人可以自赔偿义务机关作出赔偿或者不予赔偿决定之日起三十日内，向赔偿义务机关的上一级机关申请复议。赔偿义务机关是【人民法院】的，赔偿请求人可以依照本条规定向其【上一级人民法院赔偿委员会】申请作出赔偿决定。”可知，本案中，赔偿义务机关为市中院，张某应当向省高院（市中院的上一级人民法院）赔委会申请作出赔偿决定。因此，C 项正确；B 项错误。

D 项：根据《国赔案件程序规定》第 9 条的规定：“赔偿委员会审理赔偿案件，可以组织赔偿义务机关与赔偿请求人就【赔偿方式、赔偿项目和赔偿数额】依照国家赔偿法第四章的规定进行协商。”因此，D 项错误。

综上所述，本题答案为 C 项。

【多选】

22 62005049

答案：A,C,D。

解析：AB 项：看守所对在押犯罪嫌疑人的监管属于刑事司法行为，非行政行为，故燕某应当申请司法赔偿而非行政赔偿。因此，A 项错误，当选；B 项正确，不当选。

C 项：根据《国家赔偿法》第 17 条第 4 项的规定：“行使侦查、检察、审判职权的机关以及看守所、监狱管理机关及其工作人员在行使职权时有下列侵犯人身权情形之一的，受害人有取得赔偿的权利：（四）刑讯逼供或者以殴打、虐待等行为或者唆使、放纵他人以殴打、虐待等行为造成公民身体伤害或者死亡的。”可知，燕某的情况符合第 4 项的规定，有权获得国家赔偿。因此，C 项错误，当选。

D 项：根据《国家赔偿法》第 22 条第 2 款的规定：“赔偿请求人要求赔偿，应当先向赔偿义务机关提出。”可知，燕某应当先向赔偿义务机关申请赔偿，不能直接提起行政诉讼。因此，D 项错误，当选。

综上所述，本题为选非题，答案为 ACD 项。

23 62105091

答案：C,D。

解析：ABC 项：根据《国家赔偿法》第 21 条第 4 款的规定：“再审改判无罪的，作出原生效判决的人民法院为赔偿义务机关……”可知，本案原生效判决是市中院作出的，所以市中院为赔偿义务机关。因此，AB 项错误，C 项正确。

D 项：根据《赔委会适用质证程序审理国赔案件规定》第 6 条第 1、2 项的规定：“下列事实需要证明的，由赔偿义务机关负举证责任：（一）赔偿义务机关行为的【合法性】；（二）赔偿义务机关

【无过错】。” 因此，D 项正确。
综上所述，本题答案为 CD 项。

【不定项】

24 62205200

答案：B,C。
解析：A 项：根据《国家赔偿法》第 21 条第 4 款的规定：“再审改判无罪的，【作出原生效判决的人民法院】为赔偿义务机关……” 可知，省高级人民法院是作出原生效判决的人民法院，故为赔偿义务机关。因此，A 项错误。
B 项：根据《国赔解释》第 4 条的规定：“根据赔偿法第二十六条、第二十七条（现第 33、34 条）的规定，人民法院判处管制、有期徒刑缓刑、剥夺政治权利等刑罚的人被依法改判无罪的，国家不承担赔偿责任，但是，赔偿请求人在判决生效前被羁押的，依法有权取得赔偿。” 可知，国家赔偿中坚持“实际羁押”原则。张某于 1997 年 10 月 27 日被批捕，于 2020 年 8 月 4 日被释放，故 1997 年 10 月 27 日至 2020 年 8 月 4 日均为“实际羁押期间”，国家应当对此期间予以赔偿。因此，B 项正确。
C 项：根据《国家赔偿法》第 35 条的规定：“有本法第三条或者第十七条规定情形之一，致人精神损害的，应当在侵权行为影响的范围内，为受害人消除影响，恢复名誉，赔礼道歉；【造成严重后果的】，应当支付相应的精神损害抚慰金。” 又根据第 17 条第 3 项的规定：“行使侦查、检察、审判职权的机关以及看守所、监狱管理机关及其工作人员在行使职权时有下列侵犯【人身权】情形之一的，受害人有取得赔偿的权利：（三）依照审判监督程序再审改判无罪，原判刑罚已经执行的。” 再根据《国赔精神损害解释》第 7 条第 2 款的规定：“受害人【无罪被羁押十年以上】……可以认定为后果特别严重。” 可知，张某改判无罪前被错误羁押十年以上，属于侵害了张某的人身权且后果特别严重的情形，应给予精神损害抚慰金。因此，C 项正确。
D 项：根据《国家赔偿法》第 24 条第 2、3 款的规定：“赔偿请求人对赔偿的方式、项目、数额有异议的，或者赔偿义务机关作出不予赔偿决定的，赔偿请求人可以自赔偿义务机关作出赔偿或者不予赔偿决定之日起三十日内，向赔偿义务机关的上一级机关申请复议。赔偿义务机关是【人民法院】的，赔偿请求人可以依照本条规定向其【上一级人民法院赔偿委员会】申请作出赔偿决定。” 可知，法院作为赔偿义务机关，赔偿请求人对赔偿决定不服的，向上一级法院赔委会申请作出赔偿决定，无需申请复议。因此，D 项错误。
综上所述，本题答案为 BC 项。

25 62205248

答案：A,B,C。
解析：A 项：根据《刑事赔偿解释》第 6 条的规定：“数罪并罚的案件经再审改判部分罪名不成立，监禁期限超出再审判决确定的刑期，公民对超期监禁申请国家赔偿的，应当决定予以赔偿。” 可知，黄某盗窃罪不成立，盗窃罪已执行的这 1 年刑期属于超期监禁，对此，国家应当赔偿。因此，A 项错误，当选。
B 项：根据《国家赔偿法》第 21 条第 4 款的规定：“再审改判无罪的，作出原生效判决的人民法院为赔偿义务机关……” 可知，本案生效判决是甲市中级法院作出的，故甲市中级法院为赔偿义务机关。因此，B 项错误，当选。
C 项：根据《国家赔偿法》第 24 条第 3 款的规定：“赔偿义务机关是人民法院的，赔偿请求人可以依照本条规定向其上一级人民法院赔偿委员会申请作出赔偿决定。” 可知，赔偿义务机关为法院的，没有复议前置程序。本案赔偿义务机关是甲市中级法院，黄某对其赔偿决定不服的，应向该省高级法院赔偿委员会申请作出赔偿决定，而不是申请复议。因此，C 项错误，当选。
D 项：根据《国家赔偿法》第 23 条第 1 款的规定：“赔偿义务机关应当自收到申请之日起两个月内，作出是否赔偿的决定。赔偿义务机关作出赔偿决定，【应当充分听取赔偿请求人的意见】，并可以与赔偿请求人就赔偿方式、赔偿项目和赔偿数额依照本法第四章的规定进行协商。” 可知，赔偿义务机关作出赔偿决定，应当充分听取黄某的意见。因此，D 项正确，不当选。
综上所述，本题为选非题，答案为 ABC 项。

第二十四章 国家赔偿

参考答案

[1]ACD	[2]ABC	[3]ABC	[4]B	[5]AB
[6]A	[7]B	[8]CD	[9]ACD	[10]AC

一、历年真题及仿真题

(一)赔偿项目

【多选】

1 1801085

答案:A,C,D。

解析:ABCD项:根据《国家赔偿法》第34条第1款第2项的规定:"侵犯公民生命健康权的,赔偿金按照下列规定计算:(二)造成部分或者全部丧失劳动能力的,应当支付【医疗费】、护理费、【残疾生活辅助具费】、康复费等因残疾而增加的必要支出和继续治疗所必需的费用,以及【残疾赔偿金】。残疾赔偿金根据丧失劳动能力的程度,按照国家规定的伤残等级确定,最高不超过国家上年度职工年平均工资的二十倍。造成【全部】丧失劳动能力的,对其扶养的无劳动能力的人,还应当支付生活费。"可知,医疗费、残疾生活辅助具费、残疾赔偿金属于国家赔偿范围。因此,ACD项正确。只有造成全部丧失劳动能力的,才给予未成年子女生活费。本案中孙某为7级伤残,属于部分丧失劳动能力,不符合对扶养的无劳动能力的人支付生活费的法定条件。因此,B项错误。

综上所述,本题答案为ACD项。

【不定项】

2 1901090

答案:A,B,C。

解析:ABC项:根据《行政赔偿规定》第28条的规定:"下列损失属于国家赔偿法第三十六条第六项规定的'停产停业期间必要的经常性费用开支':(一)必要留守职工的工资;(二)必须缴纳的税款、社会保险费;(三)应当缴纳的水电费、保管费、仓储费、承包费;(四)合理的房屋场地租金、设备租金、设备折旧费;(五)维系停产停业期间运营所需的其他基本开支。"可知,ABC分别属于第(四)、(一)和(三)项的内容,属于应当赔偿的项目。因此,ABC项正确。

D项:国家赔偿原则上只赔偿直接损失。直接损失,是指因遭受不法侵害对现有财产带来的必然性、直接性的侵害。企业被吊销许可证和执照、责令停产停业的,预期利润属于可能有、可能没有、可能多、可能少的"或然性"损害,国家不予赔偿。因此,D项错误。

综上所述,本题答案为ABC项。

3 1202100

答案:A,B,C。

解析:ABCD项:根据《国家赔偿法》第34条第1款第2项的规定:"侵犯公民生命健康权的,赔偿金按照下列规定计算:(二)造成部分或者全部丧失劳动能力的,应当支付【医疗费】、护理费、【残疾生活辅助具费】、康复费等因残疾而增加的必要支出和继续治疗所必需的费用,以及【残疾赔偿金】。残疾赔偿金根据丧失劳动能力的程度,按照国家规定的伤残等级确定,最高不超过国家上年度职工年平均工资的二十倍。造成【全部】丧失劳动能力的,对其扶养的无劳动能力的人,还应当支付生活费。"可知,支付申请人抚养的无劳动能力的人生活费要求申请人全部丧失劳动能力,而廖某只是部分丧失劳动能力,不符合要求。因此,ABC项正确,D项错误。

综上所述,本题答案为ABC项。

(二)综合知识点

【单选】

4 1302049

答案:B。

解析:A项:根据《国家赔偿法》第38条的规定:"人民法院在民事诉讼、行政诉讼过程中,违法采取对妨害诉讼的强制措施、保全措施或者对判决、裁定及其他生效法律文书执行错误,造成损害的,赔偿请求人要求赔偿的程序,适用本法刑事赔偿程序的规定。"以及第18条的规定:"行使侦查、检察、审判职权的机关以及看守所、监狱管理机关及其工作人员在行使职权时有下列侵犯财产权情形之一的，受害人有取得赔偿的权利：（一）违法对财产采取查封、扣押、冻结、追缴等措施的；（二）依照审判监督程序再审改判无罪，原判罚金、没收财产已经执行的。”可知，本案中只对当事人的财产采取了查封措施，误工损失并不在财产权受损的法定赔偿范围内。因此，A 项错误。

B 项：根据《司法赔偿解释》第 1 条的规定：“人民法院在民事、行政诉讼过程中，违法采取对妨害诉讼的强制措施、保全措施、先予执行措施，或者对判决、裁定及其他生效法律文书执行错误，侵犯公民、法人和其他组织合法权益并造成损害的，赔偿请求人可以依法向人民法院申请赔偿。”以及第 5 条第 8 项的规定：“对判决、裁定及其他生效法律文书执行错误，包括以下情形：（八）对执行中查封、扣押、冻结的财产不履行监管职责，造成财产毁损、灭失的。”可知，本案中，如果因为法院查封造成杜某屋内财产毁损和丢失，则该 5000 元损失属于国家赔偿的法定范围。因此，B 项正确。

C 项：根据《国家赔偿法》第 35 条的规定：“有本法第三条或者第十七条规定情形之一，致人精神损害的，应当在侵权行为影响的范围内，为受害人消除影响，恢复名誉，赔礼道歉；造成严重后果的，应当支付相应的精神损害抚慰金。”而第 3 条和第 17 条规定的都是侵犯人身权的情形，即只有侵犯了人身权才能申请精神损害赔偿，本案中法院只对杜某的房屋进行了查封，涉及的是他的财产权，并未对其人身采取任何措施，故杜某无权提出精神损害赔偿请求。因此，C 项错误。

D 项：房屋为法院合法强制执行的对象，过户是法院执行的必经程序，杜某主张所谓过户损失并无正当依据。因此，D 项错误。

综上所述，本题答案为 B 项。

【多选】

5 1102083

答案：A,B。

解析：A 项：根据《国家赔偿法》第 33 条的规定：“侵犯公民人身自由的，每日赔偿金【按照国家上年度职工日平均工资】计算。”因此，A 项正确。

B 项：根据《国家赔偿法》第 36 条第 7 项的规定：“【返还执行的罚款或者罚金】、追缴或者没收的金钱，解除冻结的存款或者汇款的，应当【支付银行同期存款利息】。”因此，B 项正确。

C 项：根据《国家赔偿法》第 36 条第 5 项的规定：“财产已经拍卖或者变卖的，给付拍卖或者变卖所得的价款；变卖的价款明显低于财产价值的，应当支付相应的赔偿金。”可知，只有在变卖价格低于财产价值的情况下要支付相应的赔偿金，一般的拍卖无需支付赔偿金。因此，C 项错误。

D 项：根据《国家赔偿法》第 35 条的规定：“有本法第三条或者第十七条规定情形之一，致人精神损害的，应当在侵权行为影响的范围内，为受害人消除影响，恢复名誉，赔礼道歉；造成严重后果的，应当支付相应的精神损害抚慰金。”又根据《国赔精神损害规定》第 7 条第 1 款第 1 项：“有下列情形之一的，可以认定为国家赔偿法第三十五条规定的‘造成严重后果’：（一）无罪或者终止追究刑事责任的人被羁押六个月以上；”可知，本案杨某在提起审判监督程序后被改判无罪，其被羁押的时间超过 6 个月，符合申请精神损害抚慰金的条件，杨某可以申请精神损害抚慰金。因此，D 项错误。

综上所述，本题答案为 AB 项。

二、模拟训练

【单选】

6 62205245

答案：A。

解析：《国家赔偿法》第 34 条第 1 款：“侵犯公民生命健康权的，赔偿金按照下列规定计算：（一）造成身体伤害的，应当支付医疗费、护理费，以及赔偿因误工减少的收入。减少的收入每日的赔偿金按照国家上年度职工日平均工资计算，最高额为国家上年度职工年平均工资的五倍；（二）造成部分或者全部丧失劳动能力的，应当支付医疗费、护理费、残疾生活辅助具费、康复费等因残疾而增加的必要支出和继续治疗所必需的费用，以及残疾赔偿金。残疾赔偿金根据丧失劳动能力的程度，按照国家规定的伤残等级确定，最高不超过国家上年度职工年平均工资的二十倍。造成全部丧失劳动能力的，对其扶养的无劳动能力的人，还应当支付生活费；（三）造成死亡的，应当支付死亡赔偿金、丧葬费，总额为国家上年度职工年平均工资的【二十倍】。对死者生前扶养的无劳动能力的人，还应当支付生活费。”

A 项：本案中，张某死亡，故赔偿义务机关应当支付死亡赔偿金、丧葬费，对死者生前扶养的无劳动能力的人，还应当支付生活费。因此，A 项正确。

B 项：“医疗费”、“残疾赔偿金”不属于“造成死亡”情形的赔偿内容。因此，B 项错误。

C 项：赔偿“车旅费”于法无据。因此，C 项错误。

D 项：死亡赔偿金、丧葬费的总额为国家上年度职工年平均工资的“20 倍”，而非“10 倍”。因此，D 项错误。

综上所述，本题答案为 A 项。

7 62205037

答案：B。

解析：ABCD 项：根据《国赔精神损害解释》第 2 条的规定：“公民以人身权受到侵犯为由提出国家赔偿申请，未请求精神损害赔偿，或者未同时请求消除影响、恢复名誉、赔礼道歉以及精神损害抚慰金的，人民法院应当向其释明。经释明后不变更请求，案件审结后又基于同一侵权事实另行提出申请的，人民法院不予受理。”可知，韩某在申请国家赔偿时未同时请求精神损害赔偿的，法院应当向其释明。遵行“不告不理”的原则，只有原告申请精神损害赔偿，法院才能根据审理情况进行赔偿判定。因此，AD 项错误，B 项正确。经释明原告拒不变更请求的，原诉讼请求不受影响，案件审结后又基于同一侵权事实另行提出申请的，人民法院不予受理。因此，C 项错误。

综上所述，本题答案为 B 项。

【多选】

8 62205162

答案：C,D。

解析：ABC 项：根据《国家赔偿法》第 3 条的规定：“行政机关及其工作人员在行使行政职权时有下列侵犯【人身权】情形之一的，受害人有取得赔偿的权利……”以及第 35 条的规定：“有本法第三条或者第十七条规定情形之一，【致人精神损害】的，应当在侵权行为影响的范围内，为受害人消除影响，恢复名誉，赔礼道歉；【造成严重后果】的，应当支付相应的精神损害抚慰金。”可知，只有侵犯人身权且致人精神损害时才能获取精神损害赔偿，故李某不能就其祖传玉佩受到损毁为由申请精神损害赔偿。又根据《国赔精神损害解释》第 7 条第 1 款第 1、2 项的规定：“有下列情形之一的，可以认定为国家赔偿法第三十五条规定的‘造成严重后果’：（一）【无罪】或者终止追究刑事责任的人【被羁押六个月以上】；（二）受害人经鉴定为【轻伤以上】或者残疾；”可知，李某遭到刑讯逼供仅造成轻微伤，不属于“造成严重后果”的情形，不能申请精神损害抚慰金，但李某可就无罪被关押 3 年申请精神损害赔偿。因此，AB 项错误，C 项正确。

D 项：根据《国赔精神损害解释》第 4 条第 1 款的规定：“……侵权行为致人精神损害并造成严重后果，应当在支付精神损害抚慰金的同时，视案件具体情形，为受害人【消除影响、恢复名誉或者赔礼道歉】。”可知，李某因无罪被关押遭受周围人的轻蔑，名誉受损，可要求为其消除影响，恢复名誉，赔礼道歉。因此，D 项正确。

综上所述，本题答案为 CD 项。

【不定项】

9 62205246

答案：A,C,D。

解析：《国家赔偿法》第 35 条规定：“有本法第三条或者第十七条规定情形之一，致人精神损害的，应当在侵权行为影响的范围内，为受害人消除影响，恢复名誉，赔礼道歉；造成严重后果的，应当支付相应的精神损害抚慰金。”以及《国赔精神损害解释》第 7 条规定：“有下列情形之一的，可以认定为国家赔偿法第三十五条规定的‘造成严重后果’：（一）无罪或者终止追究刑事责任的人被羁押六个月以上；（二）受害人经鉴定为轻伤以上或者残疾；（三）受害人经诊断、鉴定为精神障碍或者精神残疾，且与侵权行为存在关联；（四）受害人名誉、荣誉、家庭、职业、教育等方面遭受严重损害，且与侵权行为存在关联。受害人无罪被羁押十年以上；受害人死亡；受害人经鉴定为重伤或者残疾一至四级，且生活不能自理；受害人经诊断、鉴定为严重精神障碍或者精神残疾一至二级，生活不能自理，且与侵权行为存在关联的，可以认定为后果特别严重。”

AD 项：根据《国家赔偿法》第 3 条第 3、4 项的规定：“行政机关及其工作人员在行使行政职权时有下列侵犯人身权情形之一的，受害人有取得赔偿的权利：（三）以殴打、虐待等行为或者唆使、放纵他人以殴打、虐待等行为造成公民身体伤害或者死亡的；（四）违法使用武器、警械造成公民身体伤害或者死亡的。”可知，A 项符合第 3 项的规定，身体残疾属于造成严重后果的情形；D 项符合第 4 项的规定，死亡属于后果特别严重的情形，均可以适用精神损害抚慰金。因此，AD 项正确。

B 项：根据《国赔精神损害解释》第 1 条第 2 款的规定：“法人或者非法人组织请求精神损害赔偿的，人民法院不予受理。”可知，精神损害抚慰金仅适用于自然人，不适用于法人、非法人组织。因此，B 项错误。

C 项：根据《国家赔偿法》第 17 条第 2 项的规定：“行使侦查、检察、审判职权的机关以及看守所、监狱管理机关及其工作人员在行使职权时有下列侵犯人身权情形之一的，受害人有取得赔偿的权利：（二）对公民采取逮捕措施后，决定撤销案件、【不起诉】或者判决宣告无罪终止追究刑事责任的。”可知，C 项符合该项规定，且属于“非法被羁押六个月以上”的造成严重后果的情形，可以适用精神损害抚慰金。因此，C 项正确。

综上所述，本题答案为 ACD 项。

10　62205163

答案：A,C。

解析：A 项：根据《国家赔偿法》第 3 条第 3 项的规定：“行政机关及其工作人员在行使行政职权时有下列侵犯人身权情形之一的，受害人有取得赔偿的权利：（三）以殴打、虐待等行为或者唆使、放纵他人以殴打、虐待等行为造成公民身体伤害或者死亡的。”以及第 35 条的规定：“有本法第三条或者第十七条规定情形之一，致人精神损害的，应当在侵权行为影响的范围内，为受害人消除影响，恢复名誉，赔礼道歉；造成严重后果的，应当支付相应的精神损害抚慰金。”又根据《国赔精神损害解释》第 7 条第 1 款第 2 项的规定：“有下列情形之一的，可以认定为国家赔偿法第三十五条规定的‘造成严重后果’：（二）受害人经鉴定为【轻伤以上或者残疾】；”可知，本案中，杨某因狱警虐待造成 6 级伤残，属于造成严重后果的情形。所以杨某有权请求国家在侵权行为影响的范围内，为其消除影响，恢复名誉，赔礼道歉，并请求一定数额的精神损害抚慰金。因此，A 项正确。

BC 项：根据《国家赔偿法》第 34 条第 1 款第 2 项的规定：“侵犯公民生命健康权的，赔偿金按照下列规定计算：（二）造成部分或者全部丧失劳动能力的，应当支付医疗费、护理费、残疾生活辅助具费、康复费等因残疾而增加的必要支出和继续治疗所必需的费用，以及残疾赔偿金。残疾赔偿金根据丧失劳动能力的程度，按照国家规定的伤残等级确定，最高不超过国家上年度职工年平均工资的【二十倍】。造成【全部丧失劳动能力的】，对其扶养的无劳动能力的人，还应当支付【生活费】；”又根据《刑事赔偿解释》第 17 条第 1 款第 1 项的规定：“造成公民身体伤残的赔偿，应当根据司法鉴定人的伤残等级鉴定确定公民丧失劳动能力的程度，并参照以下标准确定残疾赔偿金：（一）按照国家规定的伤残等级确定公民为【一级至四级】伤残的，视为全部丧失劳动能力……”可知，只有 1 级到 4 级伤残才属于全部丧失劳动能力，杨某为 6 级伤残，无需赔偿抚养未成年子女的生活费。因此，B 项错误，C 项正确。

D 项：根据《国家赔偿法》第 36 条第 5 项的规定：“侵犯公民、法人和其他组织的财产权造成损害的，按照下列规定处理：（五）财产已经拍卖或者变卖的，给付拍卖或者变卖所得的价款；【变卖】的价款明显低于财产价值的，应当支付相应的赔偿金。”可知，本案对轿车进行的是拍卖，无需支付赔偿金。因此，D 项错误。

综上所述，本题答案为 AC 项。